U0877162

经营范围
BUSINESS SCOPE

国家储备棉的购销、储存、运输、加工业务；仓储设施的租赁、服务业务；棉花储备库的建设、维修、管理；相关的信息咨询服务，自营和代理各类商品和技术的进出口；棉花国营贸易进出口。

经营宗旨
BUSINESS AIM

遵守国家法律法规，执行国家棉花政策，强化管理，搞活经营，不断提高企业经营管理水平和经济效益，确保国家储备棉存储安全，质量良好，调运通畅，促进国有资产的保值增值，完成国家宏观调控任务。

全资子企业
SUBSIDIARY COMPANY

中储棉徐州有限公司
中储棉盐城有限公司
中储棉阜阳有限公司
中储棉绍兴有限公司
中储棉漯河有限公司
中储棉武汉有限公司
中储棉岳阳有限公司
中储棉九江有限公司
中储棉西安有限公司
中储棉兰州有限公司
中储棉花信息中心有限公司
中储棉新疆有限责任公司
中储棉阿克苏有限责任公司
中储棉四川有限责任公司
中储棉菏泽有限责任公司
中储棉乌鲁木齐有限责任公司
中储棉襄阳有限责任公司
华远盈盛有限公司
中储棉永安有限公司
中储棉如皋有限公司
中储棉山东诸城有限公司

控股公司
HOLDING COMPANY

中储棉库尔勒有限责任公司
中储棉青岛有限公司
中储棉广东有限责任公司
天津中储棉有限公司
中储棉德州有限责任公司

地址：北京市西城区华远街17号
邮编：100032
电话：010-83326505

郑州商品交易所
Zhengzhou Commodity Exchange

郑州商品交易所简介

郑州商品交易所（以下简称“郑商所”）是国务院批准成立的中国首家期货市场试点单位，成立于1990年10月，由中国证监会管理。

郑商所按照《期货交易管理条例》和《期货交易所管理办法》履行职能。依据《郑州商品交易所章程》、《郑州商品交易所交易规则》及其实施细则和办法实行自律性管理。遵循公开、公平、公正和诚实信用的原则，为期货合约集中竞价交易提供场所、设施及相关服务，对期货交易进行市场一线监管，防范市场风险，安全组织交易。

郑商所实行会员制。会员大会是郑商所权力机构，由全体会员组成。理事会是会员大会常设机构，下设咨询顾问委员会和品种、交易、监察、自律管理、财务与审计、技术等6个专门委员会。截至2017年底，郑商所共有会员164家，分布在全国26个省（市）、自治区。其中期货公司会员149家，占会员总数的91%；非期货公司会员15家，占会员总数的9%。共有交割仓（厂）库297家，期货保证金存管银行14家。

郑商所内设办公室、党委办公室（理事会办公室/监事会办公室）、农产品部、非农产品部、期货衍生品部、市场服务部、会员部、交易部、结算部、交割部、市场监察部、系统运行中心、法律合规部、新闻信息部、国际合作部、人力资源部（党委组织部）、财务部、行政部（安全保卫部）、内审部、纪检监察室等20个职能部门，北京研发中心、上海服务与发展中心和乌鲁木齐服务与发展中心等3个分支机构，易盛信息技术有限公司、郑州商品交易所期货及衍生品研究所有限公司、未来大酒店和未来物业管理有限公司等4个下属单位。

郑商所目前上市交易普通小麦、优质强筋小麦、早籼稻、晚籼稻、粳稻、棉花、棉纱、油菜籽、菜籽油、菜籽粕、白糖、苹果、动力煤、甲醇、精对苯二甲酸（PTA）、玻璃、硅铁和锰硅等18个期货品种和白糖期权，范围覆盖粮、棉、油、糖、林果和能源、化工、纺织、冶金、建材等多个国民经济重要领域。

中国储备棉管理有限公司
China National Cotton Reserves Ltd. Company

中国储备棉管理有限公司（简称中储棉公司）于2003年3月成立，2016年11月整体并入中国储备粮管理总公司，注册资金10亿元。在国家宏观调控和监督管理下，实行自主经营、统一核算、自负盈亏。中国储备棉管理有限公司负责对中央储备棉经营管理系统的人、财、物实行垂直管理，公司所属储备库主要分布于全国各主要棉花产销区，初步形成了布局合理、设施先进、管理规范的棉花仓储体系。

自成立以来，在国家有关部门的支持和指导下，中储棉公司发扬艰苦创业的精神，脚踏实地，扎实工作，充分利用国内、国际两个市场、两种资源，卓有成效地完成国家下达的各项棉花市场调控任务。公司改革发展取得长足进步，管理日趋规范，规模稳步扩大，核心竞争力不断增强，已经成为在国内、国际棉花行业具有较强影响力的企业。

郑商所实行保证金制、每日涨跌停板制、每日无负债结算制、实物交割制等期货交易制度。积极适应市场创新发展要求，不断优化制度安排。

郑商所拥有功能完善的交易、交割、结算、风险监控、信息发布和会员服务等电子化系统。会员和投资者可以通过远程交易系统进行期货交易。期货交易行情信息通过路透社、彭博资讯、世华信息等多条报价系统向国内外同步发布。

郑商所注重加强对外交流与合作。1995年6月加入国际期权（期货）市场协会。2012年10月加入世界交易所联合会（WFE）。先后与美国芝加哥期权交易所、芝加哥商业交易所、纽约－泛欧交易所集团、印度多种商品交易所、尼日利亚证券与商品交易所、香港交易及结算所有限公司、墨西哥衍生品交易所、泰国农产品期货交易所、加拿大多伦多蒙特利尔交易所集团等多家期货交易所签订了友好合作协议，定期交换市场信息，进一步扩大了郑商所在国际上的影响力。

面向未来，郑商所将以习近平新时代中国特色社会主义思想为指导，深入贯彻党的十九大精神、全国金融工作会议和中央经济工作会议精神，狠抓创新发展，强化市场监管，筑牢发展保障，努力把郑商所打造成品种工具丰富、场内场外协同、运行安全高效、功能发挥充分，位居世界前列的期货及衍生品交易所。

联系方式 contact

- 通讯地址：郑州市郑东新区商务外环路30号
- 邮政编码：450018
- 电话：0371-65610069
- 传真：0371-65613068
- E-mail：czce@czce.com.cn
- 网址：www.czce.com.cn

土地流转及高标准农田建设

机械化种植

现代化种植

机械化采收

先进的棉花加工生产线

主营产品皮棉

国际先进纺织生产线

主营产品棉纱

地址：新疆库尔勒市新华路龙兴大厦二楼

Address: Floor 2, Longxing Building, Xinhua Road, Korla, Xinjiang

电话(Phone)：0996-2707182

传真(Fax)：0996-2707182

邮箱(Email)：lihuacotton@lihuacotton.com

网址(Website)：www.lihuacotton.com

邮编(Postcode)：841000

新疆鲁泰丰收棉业有限责任公司

XINJIANGLUTAIFENGSHOUMIANYE CO.,LTD

总经理：李景泉先生

ABOUT US 企业简介

新疆鲁泰丰收棉业有限责任公司成立于2003年6月，是阿瓦提县委、县人民政府通过招商引资渠道，引进鲁泰纺织股份有限公司参与原阿瓦提县丰收三场的改制，共同组建的一家农、工、贸一体化经营的综合型企业。公司注册总资本2.5亿元，主要从事棉花育种、种植、皮棉及棉副产品的生产、加工、销售及棉纱的生产销售。公司现有棉花基地面积19万亩，有3座棉花加工厂和23万锭精梳纺纱厂，具有年产皮棉2万吨和高支纱1万吨的能力。

公司引进推广鲁泰集团公司先进的管理理念和优秀的企业文化，完整引进工作计划、全面预算、绩效管理、6S目视化管理等先进的管理方法，并通过良好棉花体系认证、ISO9000质量管理体系认证、安全生产标准化三级企业，促进公司管理制度化、规范化、标准化。

公司现已被中国特产之乡推荐及评审委员会命名为“中国长绒棉之乡”“中国红提子葡萄之乡”，被国家农业部评为“全国诚信守法乡镇企业”“全国乡镇企业创名牌重点企业”，被国家工商行政管理总局认定为“守合同重信用企业”，被中国科协、国家发展改革委、科技部、国务院国资委、全国总工会联合评为“全国‘讲理想、比贡献’活动先进集体”，被自治区确定为“农业产业化重点龙头企业”“扶贫开发重点龙头企业”“自治区就业先进企业”“自治区民营企业‘千企帮千村’精准扶贫行动先进单位”，连续被阿克苏地委、行署确定为地区“重点扶优扶强企业”。公司生产的“丰海”牌长绒棉已连续五届被评为“新疆农业名牌产品”，并荣获“第十届国际农产品交易会金奖”，“丰海”牌长绒棉、精梳纱被自治区名牌战略推进委员会认定为“新疆名牌”产品，“丰海”商标连续五届被评为“新疆著名商标”。

为充分利用长绒棉资源优势，拉长棉花产业链，向棉花深加工、精加工要效益，推动公司经济持续稳步发展，公司先后累计投资8.5亿元，建成了23万锭精梳纺纱厂，累计吸纳安置就业人员1100余名，为解决当地富余劳动力就地就近就业，进一步为当地经济发展和社会稳定发挥积极作用。

棉花新品种

农业全程机械化

棉花滴灌节水技术

高产棉田

皮棉加工车间

优质长绒棉

纺纱车间

优质精梳纱

公司办公区外景

室内游泳馆

业余文化丰富多彩

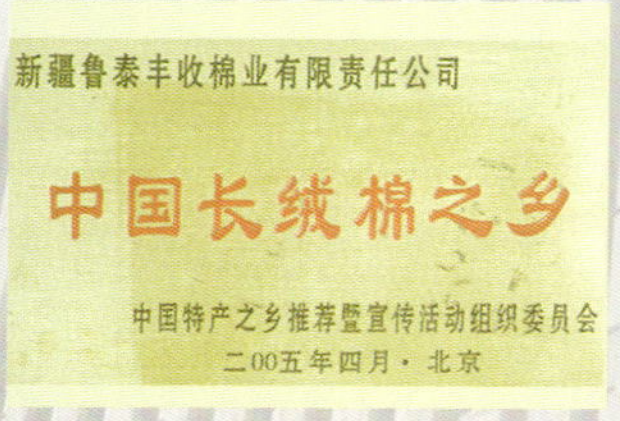

中国长绒棉之乡

全国诚信守法乡镇企业

全国乡镇企业创名牌重点企业

全国“讲理想、比贡献”先进集体

新疆著名商标

中国农产品交易会金奖奖牌

新疆名牌（棉花）

新疆名牌（棉纱）

新疆农业名牌产品

质量管理体系认证证书

安全生产标准化一证书

全国产品和服务质量示范企业

全国质量检验稳定合格产品

单位地址：新疆阿克苏地区阿瓦提县丰收三场　　邮政编码：843202

联系电话：0997-5229000/5229006　　传真：0997-5229113

中储棉库尔勒有限责任公司

中储棉库尔勒公司位于美丽的天山脚下，靠近南疆优质棉花产区，2011年9月建成并投入运营。公司占地350亩，能存放棉花14万吨，拥有两条铁路专用线，年发运能力达40万吨。作为目前在新疆建成的唯一储备棉中转储备库，承担着国家储备棉在新疆地区的收储和中转任务。

库尔勒公司成立以来，在中储棉公司的正确领导和有关部门的大力支持下，认真落实国家棉花宏观调控政策，特别是在临时收储和储备棉去库存工作中，主动作为，较好地完成了储备棉入库、储存和出库等任务，稳定了棉花市场，保护了棉农和涉棉企业的利益，发挥了市场“压舱石”作用。在国家对新疆地区实施棉花目标价格改革以来，面对激烈的市场竞争，库尔勒公司及时转变观念，转换经营方式，开展了储备、中转、监管等多项业务，与国内外众多贸易商和纺织企业建立密切合作关系，持续保持着与棉花供应链上下游诸多企业的良好互动。目前，公司下设5个职能部门，即储运部、财务部、安保部、设备部和办公室。现有员工52人，班子成员4人、中层干部11人。

2014-2016年，国家在新疆启动了为期3年的棉花目标价格改革试点，库尔勒公司成为全国棉花交易市场的新疆棉花监管仓库，为服务地方经济作出了较大贡献。2019年3月1日，郑交所发布公告，调整指定棉花交割仓库，库尔勒公司成为新疆地区棉花交割仓库，自2019年9月1日起开展棉花期货交割业务。可以预见，随着仓库功能的齐全，库尔勒公司将在促进地方经济发展中实现更大的作为。

地址：新疆库尔勒市火车西站大二线原农资二级站院内

联系人：窦超美

联系电话：0996-6878088　　13070009393

奎屯新亚科工贸有限公司

奎屯新亚科工贸有限公司，于2008年12月12日经奎屯市人民政府批准,在奎屯市工商局注册成立。是集公铁多式联运、仓储物流、大宗物资交易、电子商务信息等行业为一体的现代化、综合性的物流企业。公司占地面积1662177.1平方米（约2493亩），总投资5.8亿元，建设有车辆服务区、零担配载区、综合办公区、生活配套区、堆场服务区、普货仓储区、煤炭仓储区、集装箱作业区和公铁联运区九大功能区域。

仓储库区建有地磅房6座，地磅6个，可以实现整批次棉花入库过磅及业务办理。为实现库区管理的规范化、科学化，根据消防和棉垛码放要求，对库区进行三级分类分区，依次为A-Ⅰ1-（1.1），便于管理。每个棉垛之间留足4米通道，每个分区之间用隔离网进行物理隔离，留足15米消防通道，占地面积 20000平方米，棉花存量16000吨。为配合收储业务，公司专设16米宽的四道停车道，可一次性容纳300辆40吨棉花车的停放，具备库外留存观察12小时的条件。公司2014年度已正式获得全国棉花交易市场“新疆监管库”资格，并于同年12月顺利通过自治区安全生产二级达标验收，全年实现“三无”目标。2016年度也已获得正式申请棉花“新疆监管库”资格。

联系电话：0992-7376079/7376085

第一师棉麻有限责任公司

一师棉麻迎新春联谊会

新疆生产建设兵团第一师棉麻有限责任公司成立于1991年7月；2018年7月企业合并重组后，公司总资产52.9亿元，职工800余人，预计全年完成国内生产总值1.78亿元，营业收入45.6亿元；公司下设八大科室，一个棉花监管库，十四个棉业子公司，70余条生产线，年产皮棉30余万吨；监管库占地约410亩，总投资8000万元，皮棉静态库存可达18万吨，年吞吐量30万吨左右。

主要从事籽棉收购，棉花、棉纱、棉布、麻制品、棉花加工设备及零配件、棉花包装材料、打包机械、农副产品购销，电子产品购销，电子商务，仓储服务，搬运与装卸，铁路、公路货运代理，房屋租赁，日用百货，自营和代理各类商品及技术进出口等业务。

"新农"牌棉花以优异的产品质量不断占领市场，品牌竞争力在同行业中名列前茅，"新农"牌商标连续9年被授予"新疆著名商标"；"新农"皮棉连续11年被新疆名牌战略推进委员会评为"新疆名牌"产品称号，连续9年入围中国服务业企业500强；连续7年被兵团农业产业化办公室授予兵团龙头企业。

棉花长势情况

一师开始机采棉

董事长：刘明

新疆阿拉尔市鹏坤棉业挂牌仪式

一师棉麻集团27余万吨皮棉存储情况

子公司籽棉收购现场

一师棉麻各子分公司籽棉加工

呼图壁县云龙棉业有限公司

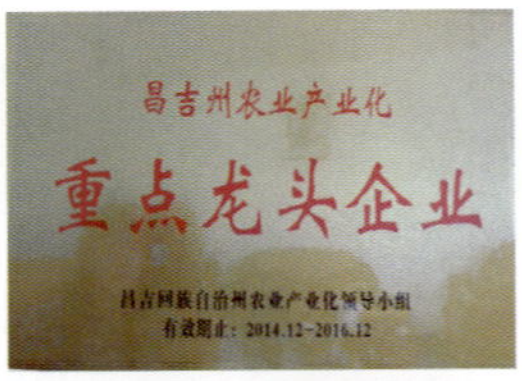

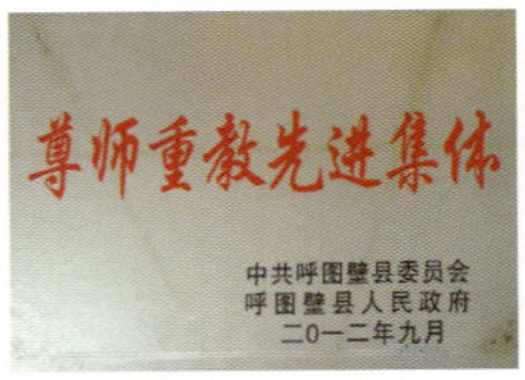

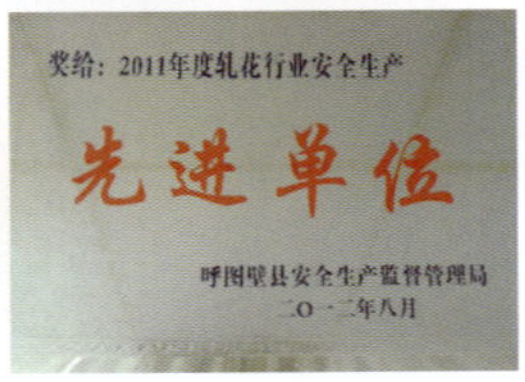

呼图壁县云龙棉业有限公司成立于2010年7月15日，注册地址：呼图壁县五工台镇八十二公里处；法定代表人：叶建华；注册资金：陆仟万元；旗下有四个全资子公司：三个轧花厂，一个贸易公司。

主要经营项目：籽棉收购加工、棉短绒加工、销售；皮棉、棉纱销售。呼图壁云龙棉业公司及旗下子公司厂区总占地面积380亩地，年收购籽棉能力10万多吨，加工皮棉37000多吨。2010年投资更新改建了轧花设备，装了条形码信息系统、棉包回潮率在线测量等配备辅助设备上了机采棉烘干设备、清花设备。成为呼图壁县第一家具有加工机采棉资质的龙头企业。2013年新增了两台地坑式喂花机，2018年再次进行设备改造更新，现在有6条机采棉生产线，企业生产的所有皮棉包包都经过棉花公检系统检验，质量是企业的生命，把它作为生命来抓，一丝不苟，精益求精，始终保持优质高效。客户通过互联网络可以详细地看到我公司产品的所有信息。有力地提高公司产品的竞争力。在棉花加工行业中建立了良好的信誉。在同行业中企业产品质量居州内领先水平，产品质量稳定，从未出现过质量问题，产销率达到100%。

企业位于呼图壁县五工台镇八十二公里处，都是高产棉基地及大型棉花交易市场，当地土质适用于种植棉花作物，秋季棉花交售是困扰当地村民的老大难问题。解决了当地农户交售棉花的后顾之忧，带动了当地农户种植棉花的积极性，自2010年以来，每年棉花种植面积在10万亩以上，8千亩地实施机采棉种植，有效的促进了当地农业的发展，同时为我公司的生产原料提供了充足保证，为了更好的走入市场。

我公司还将充分发挥当地丰富的资源优势，利用有利的地理优势，更大限度利用现有设备生产能力，狠抓市场机遇，提高产品质量，大力开展农业产业化经营，进一步开拓市场，积极发挥本公司在呼图壁县轧花行业中的主导作用，继续做好棉花的收购，加工、销售工作，最终达到农业增产，农民增收，企业增效的目的。

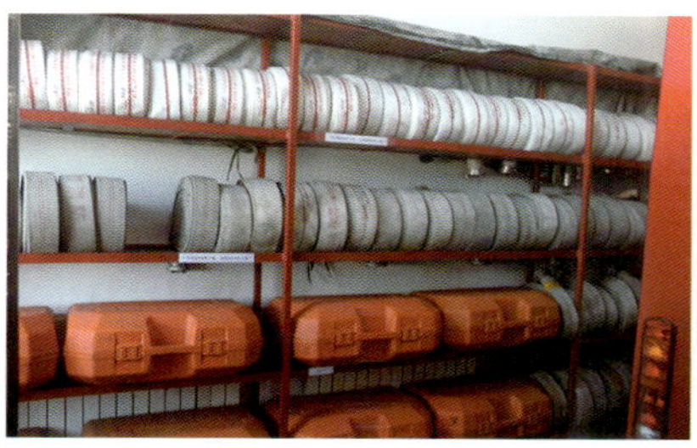

新疆准噶尔棉麻有限公司

新疆准噶尔棉麻有限公司（原新疆生产建设兵团第六师棉麻公司）成立于1990年10月，2017年10月名称变更为新疆准噶尔棉麻有限公司，注册资本为9535万元。

公司现有棉花加工企业（轧花厂）20家，共43条生产线。目前，公司共有员工667人。公司机关共有5个部门：党委办公室（行政办公室、人力资源部）、财务部、市场销售部、生产设备部、安全生产管理办公室。公司股权结构为公司本部1个，2个子公司，18家分公司。

公司每年收购籽棉约35万吨，加工皮棉15万吨，销售皮棉15万吨，实现年营业额30亿元。

2008年，新疆准噶尔棉麻有限公司加工生产棉花质量好，品质优，位列全疆前列。公司曾获兵团及六师多项荣誉称号。连续多年被评为依法纳税大户、兵团商务系统先进企业、兵团农业产业化重点龙头企业、兵团棉花购销工作优秀单位、农发行总行级黄金客户、中国棉麻企业AAA级形象企业、兵团级文明单位、师级安全生产先进单位；综合治理、平安建设先进单位、“重合同、守信用”单位等荣誉称号。公司生产的“准噶尔”皮棉被评为新疆名牌产品，著名商标。

通过多年的努力，新疆准噶尔棉麻有限公司已成为新疆兵团棉花行业发挥示范引领作用的先进单位。

2018年7月1日棉麻公司
开展党旗映天山主题党日活动

待拉运销售的皮棉

公司开展棉花订单农业动员培训

公司与分公司签订2018年安全责

公司召开棉花收购、加工、安全动员大会

机采棉现场

棉农交售籽棉模块

皮棉加工车间正在生产

轧花厂收购的圆模模块

正待加工的模块

籽棉含杂检测

籽棉水分检测

新疆生产建设兵团
第四师创锦棉业有限公司

新疆生产建设兵团第四师创锦棉业有限公司是新疆生产建设兵团第四师创锦农业开发有限公司下属三个子公司之一。企业性质是国有企业，公司成立于1991年4月1日，是第四师范围内专门从事棉花购销业务的大型企业，自负盈亏，独立核算的法人机构，注册资本人民币2000万元。公司地址位于新疆可克达拉市北固山西路583号（第三层）。基本存款账户开立在中国农业发展银行伊犁州分行营业部，账号20365409900100000013731。公司经营范围：棉花、麻类、籽棉收购，麻类加工机械销售，机械及配件，五金交电，百货，农副产品（粮油除外），畜产品，针纺织品，建筑材料，焦炭销售。公司被评为农四师工、交、建、商先进企业，公司始终将“质量、管理、服务、效益”为经营宗旨，始终以“至真、至诚、至信”为经营理念，以雄厚的资金实力、高素质的专业人才和优质高效的服务在社会上树立起了良好的企业形象，全体员工积极进取、爱岗敬业、团结协作的团队精神，受到了社会各界与广大客户的普遍信赖与支持。获得伊宁市重合同守信用、质量信得过单位，公司下属七个轧花厂、一个贸易公司：奎屯创锦棉业有限公司、乌苏市创锦棉业有限公司、莎车县三得利棉业有限责任公司、新疆兵团农四师棉麻公司六十五团轧花二厂、克达拉市榆树庄子棉花加工厂、可克达拉市六十四团苇湖棉花加工厂、可克达拉市六十七团洪海棉花加工厂、济南创锦棉业有限公司。

截止2018年12月末，固定资产原值总计33106万元，固定资产净值总计14065万元，实收资本总计19246万元。

为做大做强，公司年皮棉经营量8万吨，年预计获利2000万元，通过对员工培训和吸收具有专业知识的人才，建立一支高素质的营销队伍，进一步强化棉花质量管理，实现棉花的商标注册，形成自己的品牌。

公司具有国家标准级棉花检验室，建立了科学的计算机网络化业务管理系统，设施齐全，运输便利。以棉花销售为主，形成以棉花种植、籽棉收购、皮棉加工、棉产品销售、棉机配件销售等规模化产业链的龙头企业。在此基础上为扩大经营规模，公司在做好四师各植棉单位的棉花购销工作外，还利用自身资源优势、管理优势、资金优势、机制优势，“立足四师、服务纺织、面向新疆、走向世界”，努力开拓疆内外棉花收购和市场经营，积极探索进出口业务，实现规模经营。还积极拓展经营棉蛋白、棉粕等棉花下游产品，扩大企业的经营范围，实现规模效益。公司内部管理不断完善，通过进一步压缩开支、降低成本，公司效益和各项经营指标有可能继续维持在较高水平。

中储棉花信息中心有限公司
CHINA NATIONAL COTTON INFORMATION CENTER LTD. COMPANY
ABOUT
CNCIC
中储棉花信息中心有限公司
专注于提供世界一流的棉花
综合信息服务
Devote to provide world’s first-rate integrative
cotton information service

中储棉花信息中心有限公司是中央直属企业中国储备棉管理有限公司的全资子企业，成立于2004年，主要业务是建设和维护国家棉花市场监测系统（该系统是国家“金宏工程”中唯一一个棉花专业监测信息系统），监测和研究国内外棉花市场，为国家有关部门棉花宏观调控决策提供信息参谋服务，同时为国内外涉棉企业提供市场资讯、商务信息、专业咨询等服务。

信息中心全体员工始终坚持“共享价值，创新未来”的企业价值观，秉承“志向高远、脚踏实地，朝气蓬勃、胸怀宽广，勇担责任、务实创新”的企业精神，专注于提供世界一流的棉花综合信息服务。

Founded as a wholly-owned subsidiary of China National Cotton Reserves Corporation in 2004, China National Cotton Information Center (CNCIC) is mainly in charge of the construction and maintenance of National Cotton Market Monitoring System (NCMMS), the only professional cotton market information monitoring system of China's Macroeconomic Management Information System. NCMMS monitors and analyzes the cotton market in and outside of China, assists Chinese government in macroeconomic regulation decision making, and provides market information, trade information and consulting service for all cotton-related entities around the world.

CNCIC's staff will always adhere to the value sense of “shared value, creative future” and persist in the corporate spirit of “lofty ideal with down-to-earth efforts, vigorous, broad-minded, responsible, practical and creative”.

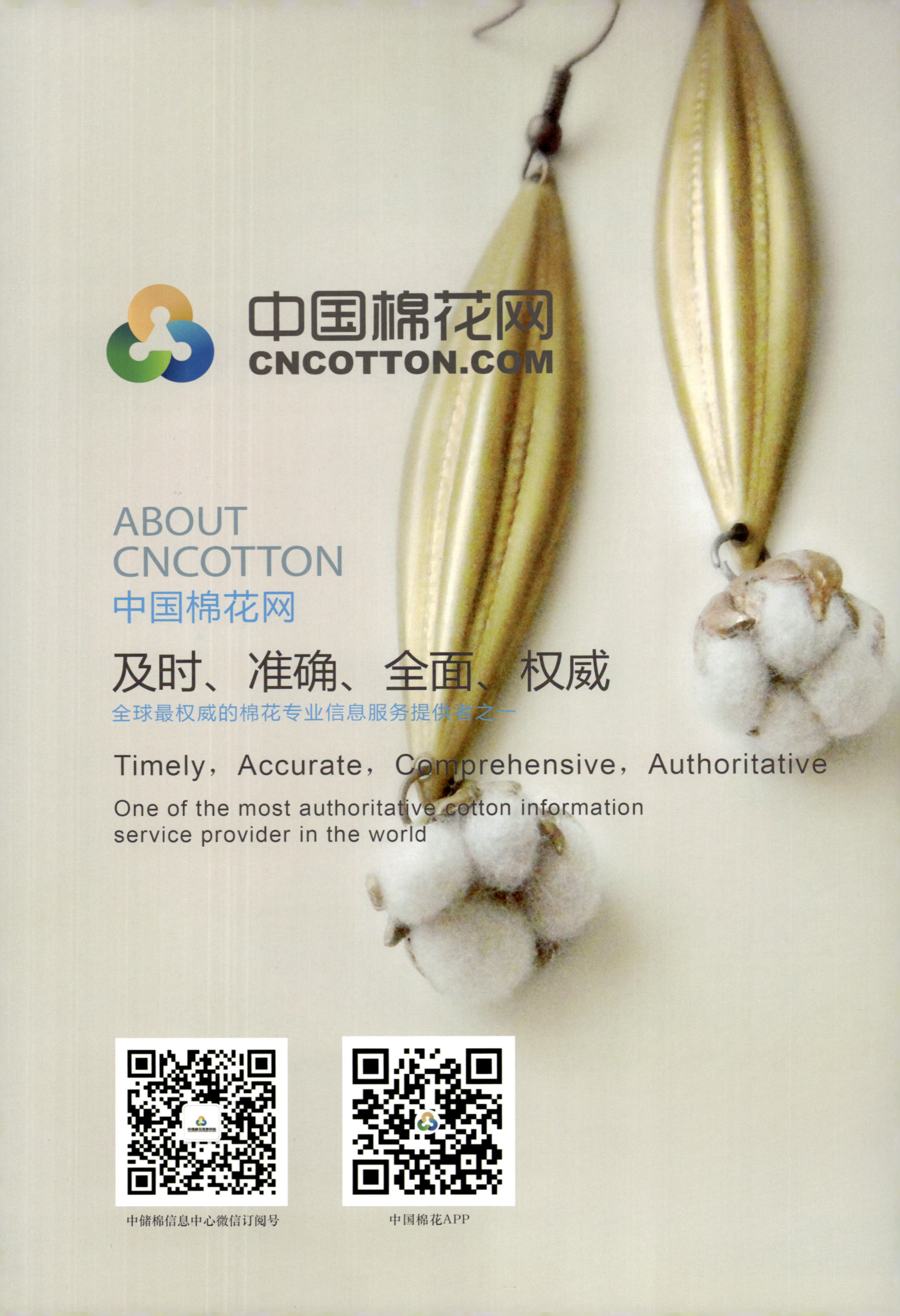

中国棉花网
CNCOTTON.COM
ABOUT
CNCOTTON
中国棉花网
及时、准确、全面、权威
全球最权威的棉花专业信息服务提供者之一
Timely，Accurate，Comprehensive，Authoritative
One of the most authoritative cotton information
service provider in the world
中储棉信息中心微信订阅号
中国棉花APP

中国棉花网是中储棉花信息中心有限公司下属的全球权威的棉花专业信息网站和专业网络媒体之一，秉承“及时、准确、全面、权威”的服务宗旨，与国内外主要涉棉机构、企业均建立了长期稳定的合作伙伴关系，在国内外棉花行业颇具影响力。

中国是全球棉花生产和消费大国，生产和消费均占世界总量的三分之一左右。同时，棉花关系着广大棉农收益、纺织就业和经济增长，在我国一直深受政策青睐和呵护。在党的十八届三中全会提出“市场将在资源配置中起决定性作用”精神指导下，中国棉花产业正在步入完全市场化、全球一体化轨道。中国棉花网作为专注于棉花的专业媒体，将亲历产业转型升级的点滴业绩，见证产业蓬勃向上的辉煌成就。

品牌优势：

※ 凝练十余年的行业口碑和品牌影响力

※ 覆盖全国的棉花市场监测网络体系

※ 详实、全面而有效的专业数据库

※ 专业团队打造独一无二的前瞻性报告

※ 遍布上下游快速而有针对性的资讯传播

※ 细致入微的商务服务和个性化企划宣传

※ 不断突破的技术与持久追求的创新力

As a subsidiary platform of CNCIC, CNCOTTON is one of most authoritative professional cotton information websites and Internet media in the world. With timely, accurate, comprehensive and authoritative service principle, CNCOTTON enters into partnership with major cotton-related organizations and entities worldwide and has strong influence in the world's cotton industry.

As the largest cotton producer and consumer in the world, both cotton production and consumption of China account for one-third of world's total. Meanwhile, cotton relates to the income of growers, the job opportunity of textile sector as well as the growth of national economy, the cotton industry has been enjoying the protection from policy in China. The 3rd Plenary Session of 18th CPC Central Committee points out that the market should plays decisive role in resource allocation. In light with the spirit, China's cotton industry will be completely marketized and globalized. As a professional cotton media, CNCOTTON will experience the progress of industry transition and upgrading, and witness the great success of China's cotton industry in the future.

2017/2018

中国棉花年鉴

CHINA COTTON ALMANAC

中储棉花信息中心有限公司 编

Edited By China National Cotton Information Center Ltd. Company

中国出版集团
中译出版社

编写说明

2017/2018年度，全球经济呈现先复苏后放缓态势，全球棉花供需基本平衡，总产量略大于消费量，中国国内仍然存在巨大产需缺口，储备棉去库存政策继续实施，保障了国内棉花供应。中美贸易摩擦导致外部环境复杂严峻，金融市场、大宗商品价格大幅波动，全球需求降温，贸易增速正在放缓。《中国棉花年鉴2017/2018》全面系统客观地反映了2017/2018年度中国棉花市场运行情况，主要涵盖行业发展概况、主要产棉省区概况、年度报告、统计资料、大事记、政策文件和附录等七个部分。

《中国棉花年鉴》（以下简称《年鉴》）是至今我国唯一一部集中反映棉花行业年度发展与趋势的工具书，《年鉴》集权威性、史实性、研究性、收藏性为一体，主要面向国内外棉花加工流通、纺织企业，金融与投资、贸易与咨询、科研与教育机构以及各级政府管理部门和行业社团组织发行。

本书涉及大量统计数据和史实资料，总体上按照棉花年度计算（2017年9月1日至2018年8月31日）。除国家棉花市场监测系统外，统计数据主要来源于国家统计局、棉花主产省（市、自治区）统计局、中国海关总署、中国纺织品进出口商会、郑州商品交易所、美国农业部（USDA）、国际棉花咨询委员会(ICAC)和美国洲际交易所（ICE）等相关涉棉机构。

为增强可读性，我们在编写过程中对部分数据进行了二次整理，相应部分的原始数据以原出版单位为准，年度报告中所涉及的数据、资料、观点均由文章作者提供，政策文件部分均采用相关部门的政策原文，未标明来稿单位的文章均由《年鉴》编辑部编撰。

在编写过程中，相关部门给予我们大力支持，各相关单位、地方有关机构也给予了热情帮助，我们在此表示诚挚的感谢。

由于编写时间较紧，书中难免有不足之处，望各位读者不吝赐教，我们将认真改进，把《年鉴》做得更好，为推动中国棉花行业发展贡献微薄之力。

《中国棉花年鉴》编委会

2019年2月

目录

第一部分　行业发展概况

第二部分　主要产棉省区概况

第三部分 年度报告

第四部分 统计资料

第五部分　大事记

第六部分　政策文件

第七部分　附录

行业发展概况

第一部分

行业运行概况

2017/2018 年度（2017 年 9 月 1 日至 2018 年 8 月 31 日），全球经济呈现先复苏后放缓态势，全球棉花供需基本平衡，总产量略大于消费量，中国国内仍然存在巨大产需缺口，储备棉去库存政策继续实施，保障了国内棉花供应。上半年度，全球经济呈现复苏态势，消费需求增加，进入下半年度，中美贸易摩擦发酵，消费需求受到抑制。价格方面，国内外棉价均出现大幅上涨，国际棉价先于国内上涨，国内棉价除 2018 年 5—6 月快速上涨外，整个年度走势相对平稳，内外棉价呈逐渐缩小态势。

国内价格先稳后波澜　2017 年 9 月至 2018 年 5 月初，国内棉价相对平稳，国家棉花价格 B 指数在 15500—15800 元 / 吨区间波动；2018 年 5 月中旬，郑棉期货价格在新疆大风天气因素影响下大幅上涨并带动现货上涨。6 月初国家棉花价格 B 指数涨至 16600 元 / 吨以上；国际棉价先于国内棉价上涨，从 2017 年 11 月的 68.67 美分 / 磅开始逆势上涨，持续至 2018 年 6 月的 92.53 美分 / 磅，涨幅高达 35%。国内棉价除 2018 年 5—6 月一度快速上涨外，整个年度走势相对平稳，内外棉价差呈逐渐缩小态势，由 2017 年 9 月初的 2000 元 / 吨左右逐渐缩小至 2018 年 8 月末的 800 元 / 吨左右。

国家政策效果明显　2017/2018 年度新疆棉花目标价格补贴政策和储备棉去库存政策继续实施。目标价格补贴政策充分稳定了新疆棉农的收益，新疆棉花产量创新高，达到 500 万吨，占全国产量比重不断提高。从 2018 年 3 月到 2018 年 9 月，储备棉累计出库成交 251 万吨，保障了棉花供应，稳定了市场预期，有效缩小了国内外棉花价差，为纺织企业注入了市场竞争活力。

棉花总体供需基本平衡　2017/2018 年度全球棉花总产量大幅增加，同时消费量也快速增长。从总量来说，2017/2018 年度全球棉花供需基本平衡，总产量略大于消费量；中国国内仍然存在巨大产需缺口，储备棉去库存政策继续实施，保障了国内棉花供应，使得中国以外地区棉花呈现供大于求的局面。美国农业部（USDA）数据显示，2017/2018 年度全球棉花库存期末库存为 1751.5 万吨，库存消费比继续下降到 65.3%，创五年来新低。

纺织行业由喜转悲　2017/2018 年度全球经济先复苏后放缓，消费需求随之波动。上半年度，全球经济呈现复苏态势，消费需求增加，纺织企业经营状况良好，纱产量快速增长。进入下半年度，中美贸易摩擦发酵，消费需求受到抑制，严重影响纺织企业订单，尤其是对美国的出口订单，企业经营状况明显下滑，纺纱产量回落。

棉　花　生　产

2017/2018 年度，天气适宜棉花生长，加上棉种、田间管理措施改进和提高，国内棉花产量同比增幅较大。在国家棉花去库存政策影响下，棉花供应充足，棉价低位平稳运行。

内地、新疆棉花产量增加　2017/2018 年度，中国棉花种植面积 4757.3 万亩，同比增长 8.5%。预测全年总产量569.8万吨，同比增加11.4%；平均单产119.8千克/亩，同比增长2.6%。

黄河流域温度、湿度适宜，土壤墒情好，新棉马克隆值、强度、白棉占比均好于上年同期，但8月下旬小部分区域遭受冰雹灾害，单产受到一定影响，预测总产量70.6万吨，同比增长7%。长江流域8月下旬局部降雨偏多，对个别省份的棉花长势影响较大，部分省份单产环比降幅较大。后期天气转好，利于棉花恢复性生长，预测总产量34.1万吨，同比减少1.4%。

新疆天气较好，对棉花的吐絮、生长和采摘都十分有利，产量及品质同比都有较大幅度提升。预测2017/2018年度新疆总产量458.3万吨，同比增长13.1%。

棉花供给充足 根据国家棉花市场监测系统产需预测数据，2018年国内棉花消费量856.9万吨，产需缺口240余万吨，但储备棉轮出有效弥补了这一缺口。根据统计，截至2018年8月30日，储备棉累计计划出库363.1万吨，累计出库成交209.2万吨，成交率为58%；再加上89.4万吨棉花进口配额，完全能够保证下游企业用棉需求。

棉 花 收 购

2017/2018年度，随着籽棉收购市场逐渐成熟，新疆往年抢收的情况有所改变。今年开秤初期价格明显降低，尽管也有部分企业仍存在抢收现象，但多数企业保持谨慎态度，没有盲目跟从。

籽棉收购开局平稳 9月开秤初期，作为新疆籽棉收购风向标地区的乌苏和奎屯，随着市场交售量增加，籽棉价格一路走低，并未出现预期中的抢收局面，这主要与当年度棉价走势密切相关。2017/2018年度，国家储备棉继续轮出，成交量达到了209.2万吨，距离新棉上市也仅仅一个多月时间，企业库存相对充足，对棉花需求有限，并不急于采购新棉，市场购销不活跃，现货价格保持稳定，抢收现象大为减少，不支持籽棉收购初期价格大涨。当然，当年度棉花产量增幅较大，也一定程度上抑制了企业抢收。资料显示，9月份北疆一些地区机采棉收购价仅6.2—6.3元/千克，较去年明显下降。

手摘棉与机采棉价差拉大 机采棉无论是种植成本，还是质量、含杂量都弱于手摘棉，收购价格自然较低，两者出现一定价差属于正常现象，原本手摘棉成本和售价就高于机采棉。2017/2018年度，两者价差进一步拉大，主要原因是南疆手摘棉拾花工紧缺，棉花无法及时采摘交售，一边是急于采摘交售的棉农，一边是着急等收购的企业，在交售季两者无法及时对接上。南疆近年来虽然也在逐步提高棉花机采率，但受制于多方因素，机采棉普及缓慢，主要还是依靠大量拾花工进行采摘，一旦拾花工不能及时到位采摘，棉农就处于无法及时交售的尴尬境地。作为轧花企业，在有限的收购期内，为了多收棉花，只能抬价抢收，这就导致机采棉和手摘棉价差进一步拉大，基本上两者价差维持在1.0元/千克左右。

棉　花　加　工

2017/2018年度，新疆生产建设兵团深化团场综合配套改革，在上一年度第六师团场综合配套改革探索与实践的基础上稳步推进、全面实施。目前，新疆生产建设兵团各植棉师对所辖垦区棉花加工企业采用集团化管理、市场多主体运营的经营方式。为了确保集团公司各棉花加工企业籽棉交售准确、有序、高效的开展，兵团各植棉师加大了在籽棉交售网络化和信息化管理技术方面的投资力度，取得了不错效果。

棉花调湿热源清洁、环保改造工作稳步推进。棉花调湿是棉花加工工艺必不可缺的一个重要环节，是确保棉花清理质量和加工质量的重要保障。棉花调湿热源大多采用燃煤热风炉，是《兵团办公厅关于印发兵团控制污染物排放许可制实施计划的通知》和《新疆生产建设兵团关于进一步加强大气污染防治工作的实施意见》的重点改造对象。为了确保棉花加工企业良好运行，新疆地方及兵团都在积极开展棉花调湿热源清洁和环保改造。

棉花通风除尘设备艰难探索。棉花加工过程中产生的粉尘污染是棉花加工企业的重要污染源，严重威胁棉花加工从业人员的身体健康，制约了棉花加工企业的良性发展。目前，虽然棉花加工工艺中配备着旋风式沙克龙除尘设备，但其除尘效果受风量配比、管道直径、粉尘含量等因素的影响，除尘效果差别较大，不能满足环保要求。为此，棉花加工行业相关科研院所和设备制造企业就棉花通风除尘设备问题进行了多年的研究，获得了一些基础数据，取得了一定的科研成果，但由于棉花加工过程中通风除尘的复杂性，棉花通风除尘的问题一直没有得到彻底解决。

棉　花　质　量

2017/2018年度，全国新体制棉花细绒棉公证检验涉及的产棉省（自治区、直辖市）及新疆生产建设兵团共10个，与上年度持平，涉及加工企业1030家，比上年度增长4.36%，检验量2337万包，528.7万吨，分别比上年度增长27.35%和27.18%。

新疆作为我国棉花最重要产区，检验量在全国仍保持非常大的比重，为94.50%。其中，新疆地方检验量仍保持快速增长，增幅达到35.59%。内地棉区检验量逐步进入平稳期，黄河流域棉区检验量同比增长53.00%，长江流域棉区同比下降0.52%。

2017/2018年度，全国新体制棉花细绒棉综合质量有所提升。从颜色和轧工质量来看，颜色级指标区域化差异较为明显，近年来各区域检验量占比逐渐趋于稳定，因此颜色级指标变化不大，以白棉为主，且绝大多数都集中在白棉2级与白棉3级两档。轧工质量主要集中在中档，中档及以上占比达到98.67%。从纤维长度来看，平均长度基本与上年度持平，但平均长度整齐度指数有所下降。其中长度指标体现在30—32毫米长度级与28—29毫米长度级的棉花占比与上年度相当，较2015/2016年度有大幅提高。从纤维内在品质来看，马克隆值和断裂比强度两项指标表现均较为良好。其中马克隆值指标较上年度再度提升，A 级占比明显增加，C2 档过成熟棉占比减少；平均断裂比强度指标回升，强及以上棉花占比提高，达到 28.23%。作为全国最大棉花产区，新疆 2017/2018 年度棉花各项质量指标与上年度相比，平均长度减少 0.02 毫米、平均长度整齐度指数降低 0.43 个百分点、马克隆值 A+B 级占比增加了 1.57 个百分点、平均断裂比强度提高 0.13cN/tex，总体内在质量状况好于 2016/2017 年度。

棉花消费

棉花消费量增加，增速放缓 2017/2018 年度全球经济呈现先复苏后放缓，消费需求随之波动。上半年，全球经济呈现复苏态势，消费需求增加，进入下半年，中美贸易摩擦发酵，经济增长态势显放缓迹象，消费需求随之回落。2017/2018 年我国棉花消费总量增加，但同比增速放缓，根据国家棉花市场监测系统测算，全年度棉花消费量 856.9 万吨，同比增长 4%，同比增幅较去年同期放缓 4 个百分点。

纺纱产量先高后低 2017/2018 年度我国纱产量随经济形势变化，2017 年 9—12 月份，随着经济形势回暖，我国纱产量快速增长。2018 年 3 月份以后中美贸易摩擦显现，美国对我国纺织品加征关税，市场信心快速下降，纺纱产量回落。

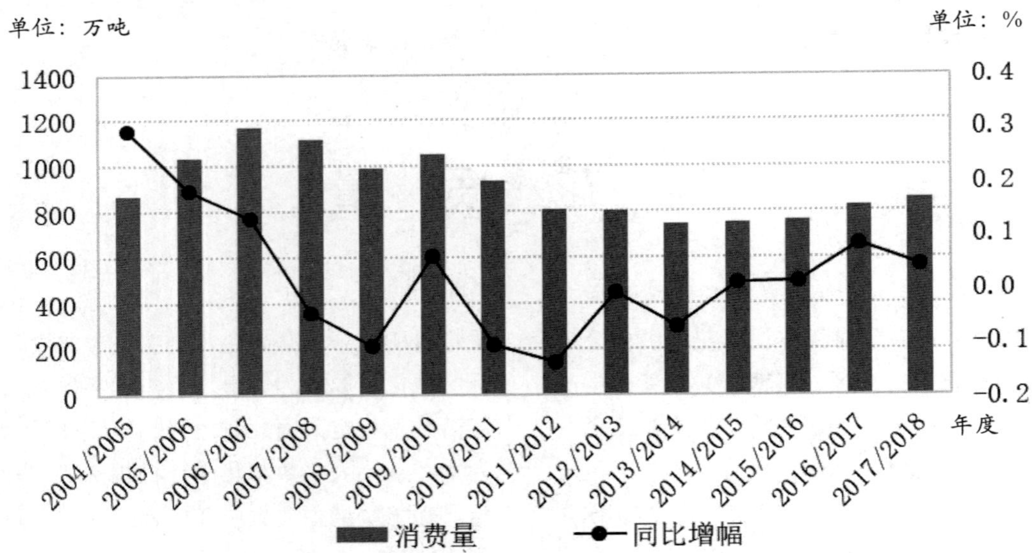

图 1-1 2004/2005—2017/2018 年度我国棉花消费量及同比增幅

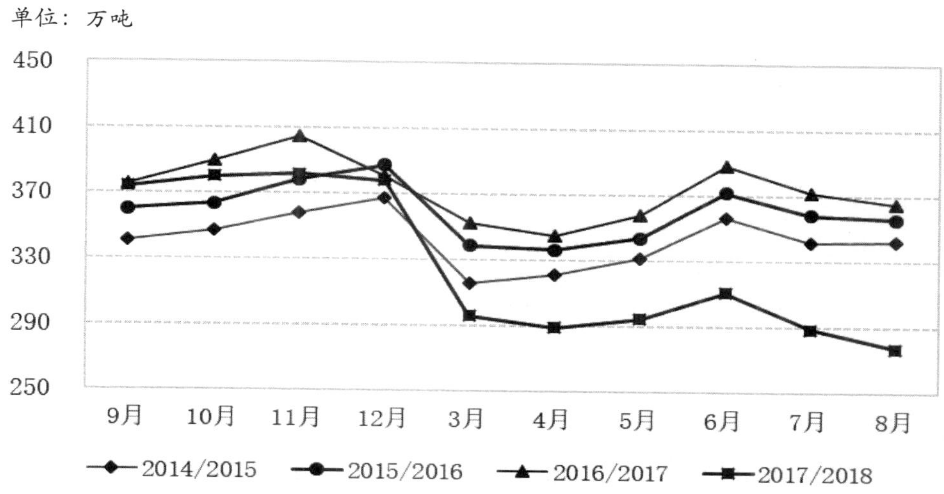

图 1–2　2014/2015—2017/2018 年度我国纺纱产量分月对比

棉花消费空间分布呈内地降新疆增　国家棉花市场监测系统预计，2017/2018 年度，我国棉花消费量为 856.9 万吨。分省来看，2017/2018 年度山东、福建、河南、江苏、湖北纱产量位居全国前五位，分别为 789 万吨、549.8 万吨、533.5 万吨、437 万吨、334 万吨，占全国总产量的比例分别为 20.9%、14.5%、14.1%、11.6%、8.8%。整体来看，除新疆纱产量同比增加 14.5% 以外，其他各省纱产量同步下降，河北和四川降幅明显，降幅分别为 33.9%、33.5%，福建和安徽降幅较小，降幅分别为 1.5%、2.6%。

表 1–1　2017/2018 年度分省纺纱产量及占比情况

（单位：万吨）

排名	地区	纱产量	同比增速（%）	占比（%）
1	山东	789.9	−20.2	20.9
2	福建	549.8	−1.5	14.5
3	河南	533.5	−26.7	14.1
4	江苏	437.0	−28.1	11.6
5	湖北	334.1	−16.8	8.8
6	浙江	177.9	−23.1	4.7
7	河北	168.7	−33.9	4.5
8	江西	165.6	−11.3	4.4
9	新疆	164.6	14.5	4.4
10	安徽	125.1	−2.6	3.3
11	湖南	102.3	−15.9	2.7
12	四川	91.8	−33.5	2.4

续表

排名	地区	纱产量	同比增速（%）	占比（%）
13	陕西	40.8	−10.7	1.1
14	广东	39.1	−27.5	1.0
15	宁夏	16.2	−22.4	0.4
合计	全国	3778.7	−19.3	100

纺织品服装出口相对平稳　据海关总署统计，2017/2018 年度我国纺织品服装出口额为 2745.87 亿美元，同比增长 3.56%。其中纺织品出口额为 1170.7 亿美元，同比增长 9.78%，服装出口额为 1575.16 亿美元，同比下降 0.62%。分月来看，2018 年 2 月份我国纺织品服装出口同比增幅较大，其他月份整体平稳。

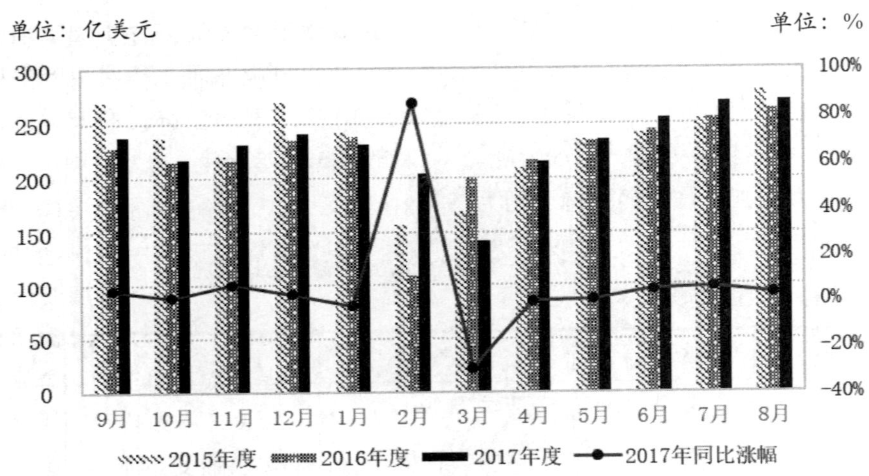

图 1–3　2017 年度年我国纺织品服装出口额分月统计及同比对比

棉花进出口

2017/2018 年度，我国棉花进口量为 132.16 万吨，同比增加 21.13 万吨，增幅 19.03%，出口量为 3.57 万吨，同比增长 173.03%。

一、棉花进口量同比增长 19%

1. 按国别和地区统计

2017/2018 年度，我国棉花进口量为 132.16 万吨，同比增加 21.13 万吨，增幅 19.03%。

表 1–2　2017/2018 年度中国棉花进口分国别统计

（单位：吨）

国别	数量	国别	数量
美国	55.70	科特迪瓦	0.97
澳大利亚	31.37	布基纳法索	0.87
印度	15.27	希腊	0.72
巴西	8.69	土库曼斯坦	0.66
乌兹别克斯坦	8.50	喀麦隆	0.62
苏丹	2.54	哈萨克斯坦	0.59
墨西哥	2.19	其他	2.36
贝宁	1.11	合计	132.16

资料来源：中国海关总署（不含已梳的棉花）。

2. 按时段统计

2017/2018 年度，我国棉花进口量呈现逐步增加的趋势。从 2017 年 12 月开始，我国棉花进口量基本每月保持在 10 万吨以上，最高进口量为 2018 年 8 月，达到 16.22 万吨。2017 年 9 月至 2018 年 8 月，我国棉花平均月进口量为 11 万吨。

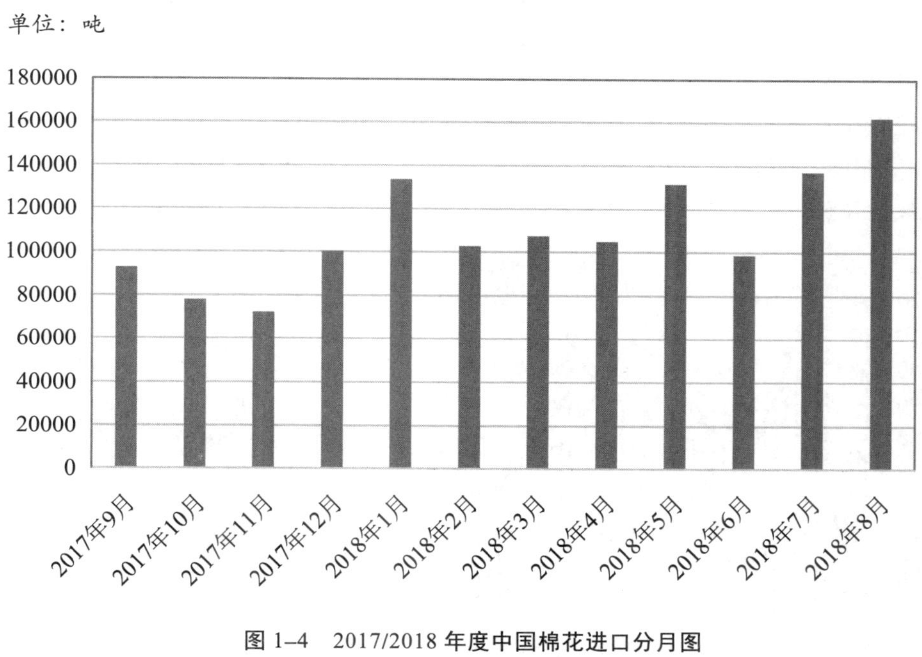

图 1–4　2017/2018 年度中国棉花进口分月图

二、棉花出口量同比增长 173%

2017/2018 年度，我国棉花出口量为 3.57 万吨，同比增加 22651 吨，增幅 173.03%。

表 1–3　2017/2018 年度中国棉花出口分国家和地区统计

（单位：吨）

国家或地区	数量	国别	数量
越南	14765	印度	380
印度尼西亚	12682	泰国	343
韩国	2896	孟加拉国	299
日本	2747	土耳其	297
马来西亚	740	朝鲜	179
中国台湾地区	390	巴林	21

资料来源：中国海关总署（不含已梳的棉花）。

棉　花　库　存

棉花期末库存下降　根据国家棉花市场监测系统 2019 年 1 月对中国棉花产销存的预测，2017/2018 年度我国棉花期初库存 797 万吨，同比下降 23%，棉花消费量 856.9 万吨，同比增加 4.2%，期末库存 662.1 万吨，同比下降 16.9%，库存消费比 77.14%，同比下降 19.7%。

纺织企业棉花库存增加　2017/2018 年度，国内棉花价格经历了“过山车”式行情，2018 年 5—6 月，在新疆棉区出现风灾及预计中国进口增加的影响下，国内棉价快速上涨。随后在储备棉轮出、进口棉配额增发政策发布以及中美贸易摩擦升级为贸易战的多重压力下，涨势方得以控制。2017/2018 年度，纺织企业棉花库存整体跟棉花行情一致，呈先升后降态势，整体较上年同期有所增加。据国家棉花市场监测系统监测，2018 年 9 月初，全国纺织企业棉花库存折天数为 36.1 天，同比持平。按照 2017/2018 年度全国棉花消费量 856.9 万吨测算，全国棉花工业库存为 83.3 万吨，同比增长 7.7%。

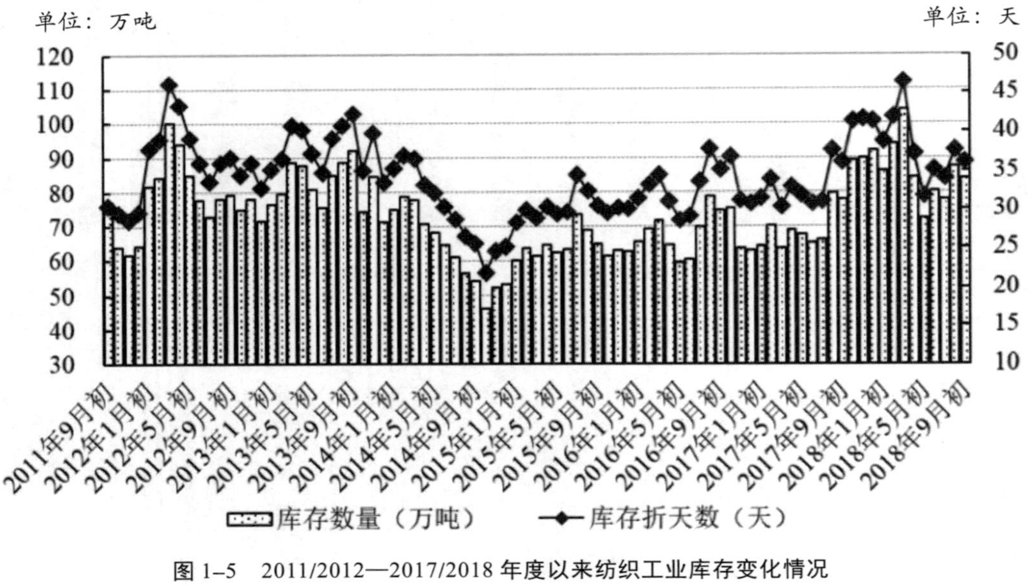

图 1–5　2011/2012—2017/2018 年度以来纺织工业库存变化情况

棉 花 价 格

籽棉收购价格高开低走。2017/2018年度，由于储备棉轮出延期一个月、新花开始收获、纺织企业库存充足，新花收购市场一改上年度抢收现象，籽棉收购价格短暂高开后走低。籽棉平均收购价格从9月初的开秤价7.19元/千克上涨至9月25日的最高收购价7.25元/千克。10月份以后，随着新棉增产预期渐强、现货库存充裕，籽棉收购价格一路走低，直到2018年5月份以后，新疆大风低温天气带动棉价上涨，籽棉收购价格以翘尾结束。

图1–6 2017/2018年度中国棉花收购价格指数及籽棉价格走势

国内棉花价格先稳后波澜 2017年9月至2018年5月初，国内棉价相对平稳，郑棉期货价格在14900—15500元/吨振荡，代表内地标准级皮棉销售均价的国家棉花价格B指数在15500—15800元/吨区间平稳波动。2018年5月中旬，郑棉期货价格在新疆大风天气因素影响下大幅上涨至19250元/吨，半个月内涨幅超过20%，并带动现货上涨。6月初，国家棉花价格B指数涨至16600元/吨以上，后期在中国棉花供给政策显著调整以及中美贸易摩擦升级双重压力下，棉价涨势得以控制。

外棉价格走势强于国内，内外棉价差逐渐收窄 2017/2018年度，市场预计中国棉花市场供需缺口将由外棉弥补，国际棉价提前上涨。2017年11月，正值北半球棉花集中上市即将来临期，ICE棉花期货价格从68.67美分/磅逆势上涨，持续上涨至2018年6月的92.53美分/磅，涨幅高达35%。同时，代表进口棉中国主港到岸均价的国际棉花指数（M）从2017年11月的80.52美分/磅上涨至2018年6月的101.14美分/磅，涨幅超过26%。国内棉价除2018年5—6月一度快速上涨外，整个年度走势相对平稳，内外棉价呈逐渐缩小态势，由2017年9月初内外棉价差2000元/吨左右逐渐缩小至2018年8月末的800元/吨左右。

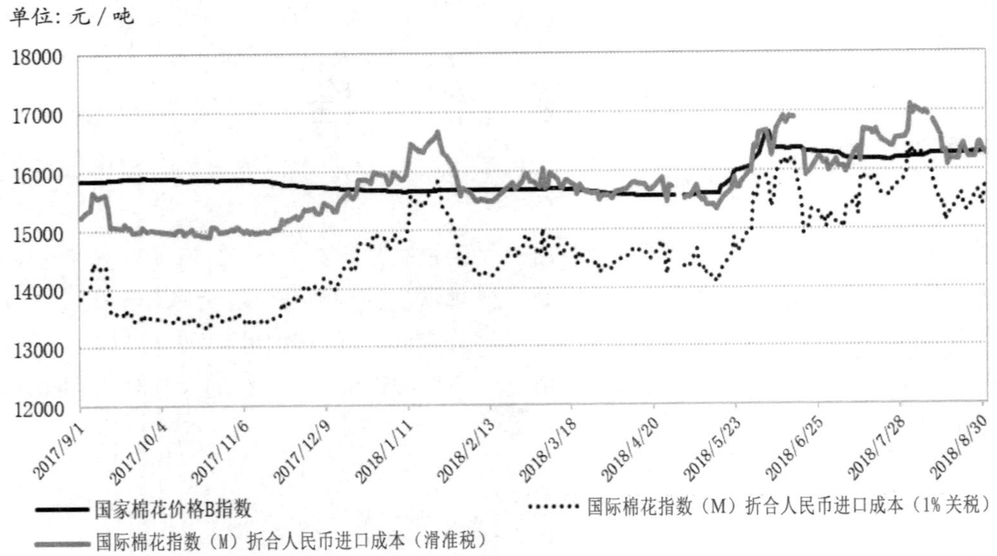

图 1-7 2017/2018 年度国内外棉花现货价格走势对比

图 1-8 2017/2018 年度国内外棉花期货价格走势对比

国际市场

一、概述

根据美国农业部（USDA）的数据，2017/2018 年度全球棉花期初库存减少 11%，产量增长 16%，进口量增长 8.7%，消费量增长 6%，出口量增长 8.2%，期末库存基本持平。由于全球产量增长幅度很大，明显超过消费的增长，因此全球棉花从上年度的 207 万吨供需缺口转变为供大于需 11.6 万吨。

2017/2018 年度，ICE 棉花期货近月合约平均价 79.92 美分 / 磅，同比上涨 6.93 美分 / 磅，涨幅 9.5%；国际棉花指数（M）平均价 88.97 美分 / 磅，同比上涨 6.24 美分 / 磅，涨幅 7.5%。2018 年 8 月 31 日，ICE 棉花期货主力合约（2018 年 12 月合约）收盘价为 82.22 美分 / 磅，同比上涨 11.29 美分 / 磅。

表 1–4　2017/2018 年度全球产销存预测

（单位：万吨）

年度	期初库存	产量	进口量	消费量	出口量	期末库存
2017/2018	1750.6	2693.2	892.2	2681.6	892.6	1751.5
2016/2017	1966.7	2322.4	820.7	2529.4	825.2	1750.6
同比（±）	-216.1	370.8	71.5	152.2	67.4	0.9

资料来源：美国农业部。

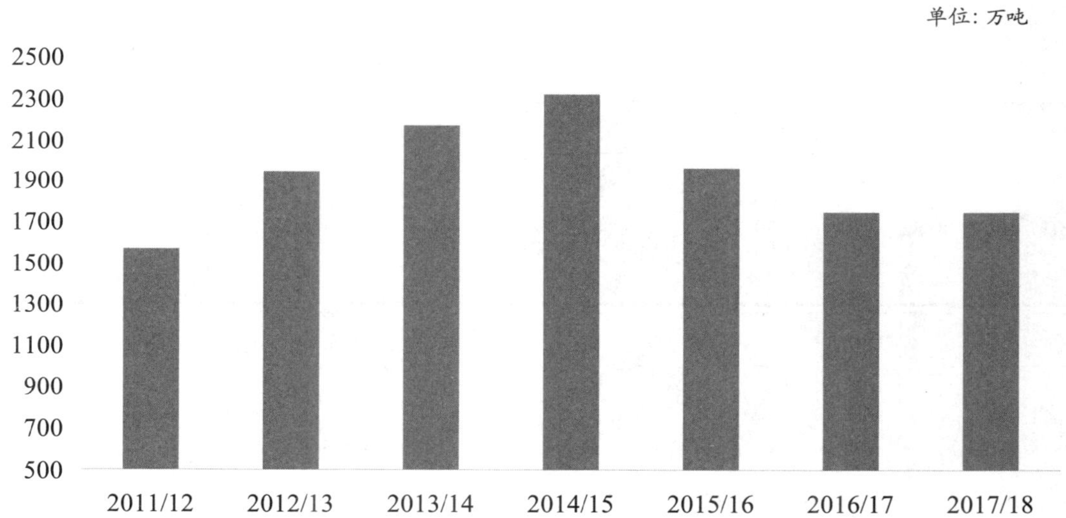

图 1–9　2011/2012—2017/2018 年度全球棉花库存变化趋势

二、产需状况

1．产量

2017/2018 年度，除乌兹别克斯坦产量略减以外，全球其他主产棉国家和地区的产量普遍大幅增加，其中中国增加 103.4 万吨，为 598.7 万吨；印度增加 43.5 万吨，为 631.4 万吨；美国增加 81.7 万吨，为 455.5 万吨；巴基斯坦增加 10.9 万吨，为 178.5 万吨；巴西增加 47.9 万吨，为 200.7 万吨；土耳其增加 17.4 万吨，为 87.1 万吨；西非增加 7.9 万吨，为 118.7 万吨；澳大利亚增加 14.1 万吨，为 102.3 万吨，乌兹别克斯坦减少 2.9 万吨，为 81.1 万吨。

表 1-5　2017/2018 年度主要国家和地区棉花产量同比对比

（单位：万吨）

年度	中国	印度	美国	巴基斯坦	乌兹别克斯坦	巴西	土耳其	澳大利亚	西非
2017/2018	598.7	631.4	455.5	178.5	81.1	200.7	87.1	102.3	118.7
2016/2017	495.3	587.9	373.8	167.6	84	152.8	69.7	88.2	110.8
同比（±）	103.4	43.5	81.7	10.9	-2.9	47.9	17.4	14.1	7.9

资料来源：美国农业部。

2．消费量

2017/2018 年度，全球主要棉花消费国的消费量普遍增加，中国消费量增加 54.5 万吨，为 892.7 万吨，印度消费量增加 7.6 万吨，为 537.8 万吨，巴基斯坦消费量增加 10.8 万吨，为 235.1 万吨，孟加拉国消费量增加 15.2 万吨，为 163.3 万吨，土耳其消费量增加 17.4 万吨，为 160 万吨，越南消费量增加 26.1 万吨，为 143.7 万吨，印度尼西亚消费量增加 4.4 万吨，为 76.2 万吨。

表 1-6　2017/2018 年度主要国家棉花消费量同比对比

（单位：万吨）

年度	中国	印度	巴基斯坦	孟加拉国	土耳其	越南	印度尼西亚
2017/2018	892.7	537.8	235.1	163.3	160	143.7	76.2
2016/2017	838.2	530.2	224.3	148.1	142.6	117.6	71.8
同比（±）	54.5	7.6	10.8	15.2	17.4	26.1	4.4

资料来源：美国农业部。

3．进口量

2017/2018 年度，全球主要棉花进口国中，除印度进口量减少以外，其他国家的进口量普遍增加，中国进口量增加 15 万吨，为 124.6 万吨，孟加拉国增加 17.4 万吨，为 165.5 万吨，越南增加 30.5 万吨，为 150.2 万吨，土耳其增加 7.5 万吨，为 87.6 万吨，印度尼西亚增加 2.4 万吨，为 76.2 万吨，巴基斯坦增加 18.5 万吨，为 71.8 万吨，印度减少 23.1 万吨，为 36.5 万吨。

表 1-7　2016/2017 年度主要国家棉花进口量同比对比

（单位：万吨）

年度	中国	孟加拉国	越南	土耳其	印度尼西亚	印度	巴基斯坦
2017/2018	124.6	165.5	150.2	87.6	76.2	36.5	71.8
2016/2017	109.6	148.1	119.7	80.1	73.8	59.6	53.3
同比（±）	15	17.4	30.5	7.5	2.4	-23.1	18.5

资料来源：美国农业部。

4. 出口量

2017/2018年度，全球主要出口国的出口量均出现增加，其中美国出口增加20.2万吨，为345万吨，澳大利亚出口增加4.2万吨，为85.3万吨，印度出口增加13.7万吨，为112.8万吨，巴西出口增加30.2万吨，为90.9万吨，西非出口增加9.5万吨，为104.5万吨，希腊出口增加1.3万吨，为23.4万吨。

表1–8　2017/2018年度主要国家和地区棉花出口量同比对比

（单位：万吨）

年度	美国	澳大利亚	印度	巴西	西非	希腊
2017/2018	345	85.3	112.8	90.9	104.5	23.4
2016/2017	324.8	81.1	99.1	60.7	95	22.1
同比（±）	20.2	4.2	13.7	30.2	9.5	1.3

资料来源：美国农业部。

5. 期末库存

2017/2018年度，除中国期末库存减少以外，其他主产棉国家和地区的期末库存全部增加。其中中国减少172万吨，为827.8万吨，美国增加33.7万吨，为93.6万吨，巴基斯坦增加11.2万吨，为61.6万吨，印度增加17.3万吨，为188.9万吨，巴西增加37.6万吨，为188.5万吨，澳大利亚增加16.3万吨，为64万吨。

表1–9　2017/2018年度主要国家棉花期末库存同比对比

（单位：万吨）

年度	中国	印度	巴西	美国	巴基斯坦	澳大利亚
2017/2018	827.8	188.9	188.5	93.6	61.6	64
2016/2017	999.8	171.6	150.9	59.9	50.4	47.7
同比（±）	-172	17.3	37.6	33.7	11.2	16.3

资料来源：美国农业部。

三、价格走势

2017/2018年度，ICE棉花期货走势分为两个阶段，第一个阶段是2017年9月1日至2018年6月中旬，这段时间ICE期货探明底部之后快速上涨，前后经历了三波上涨行情，最后达到全年的高点；第二个阶段是2018年6月中旬至年度末期，这段时间ICE期货从年度高点迅速回落，最终跌回到80美分上方。

2017/2018年度，ICE期货近月合约最高价是2018年6月12日的95.21美分，比2016/2017年度高9.89美分，最低价是2017年10月20日的66.88美分，较2016/2017年度高0.34美分，年度平均价为79.96美分，较2016/2017年度高6.97美分。

2017/2018年度，代表进口棉中国主港到岸均价的国际棉花指数（M）与ICE棉花期货近月合约走势保持一致，最高价是2018年6月13日的101.35美分，较2016/2017年度高6.87美分；最低价是2017年10月23日的79.62美分，较2016/2017年度高4.93美分；年度平均价为89.01美分，较2016/2017年度高6.28美分。

图 1–10　2017/2018 年度 ICE 棉花期货走势同比对比

图 1–11　2017/2018 年度国际棉花指数（M）走势及同比对比

主要产棉省区概况

第二部分

新疆维吾尔自治区

一、棉花生产

1．棉花面积、总产量和单产情况

2017/2018年度新疆地方棉花种植面积约3381.4万亩，皮棉总产量501.3万吨，比去年同期的476.9万亩增加16.4%。整个棉花种植、生产期间，新疆总体气候条件较适宜，为棉花丰产、棉农增收奠定了基础。

2．种植成本及收益

根据国家棉花市场监测系统农户调查结果，2017/2018年度，全区棉花种植平均成本为1944.5元／亩（手摘机采平均），比上年增加约92元／亩。增加项主要为水资源灌溉及土地租赁承包费。单产的增加结合目标价格补贴政策的落实，使得棉农平均收益约1100元／亩，棉花种植生产积极性进一步增强。

二、棉花收购加工

2017/2018年度自治区发展和改革委员会向社会及时公布符合资质的目标价格改革试点授牌诚信企业名单，各相关部门联合加强事中、事后监管力度，收购期间棉农售棉资料信息通过收购数据系统审核录入更加准确便捷，棉农可自主选择就近销售，优棉优价的实施使各方利益也得到进一步保障。加工后统一进行预约入库仪器化公证检验，这种通过基础数据核准收购和加工量的制约监督机制，有效地保障了目标价格改革政策的顺利实施。

为保障新棉顺畅及时入库公证检验，全疆已有40多家棉花专业监管库通过有关部门联合认证，一次性库容量达700余万吨。为适应棉花生产销售形势的不断变化和发展，郑州商品交易所指定新疆石河子天银、农资集团、库尔勒银星三家仓储企业为棉花期货标准交割库，极大地方便了新疆当地资源企业和棉花贸易商就近交割和商品棉入库需求。

三、纺织生产及棉花消费

在自治区纺织服装产业配套优惠政策的落实和推动下，新疆纺织工业生产继续呈现良好运行态势，用棉成本以及纺织用棉比例保持基本稳定，纺织企业带动当地劳动就业、经济效益稳步增长。

四、年度自治区棉花产业整体运行情况及特点

近年，国家的目标价格补贴政策促使棉农收入较稳定，随之地方政府及各大企业加大了新疆地方植棉土地的整合力度，持续优化棉花品种结构，不仅确保棉花品质的一致性，使棉花生产实现标准统一和品质统一，进一步优化棉花品种结构提高棉花生产综合效益。使得棉花种植面积逐步增加，棉花生产模式逐步向高质量、低成本、高效益转变，棉花生产呈现出规模化种植比例增加，种植成本降低，集约化水平提升的发展态势。

棉花种植采摘机械化进一步推进，种植品种逐步向优质高产集中，植棉效益稳步提高，棉花采摘交售、加工期更加集中，加工企业收购资金来源更加多元化，大中型企业以农发行、农商行等主体为主要融资渠道，而一些小型加工企业则以自有资金结合皮棉入库质押从多渠道获得资金来源。棉花期货对现货市场的价格发现引导功能增强，棉花加工和纺织企业开始尝试通过期货点价方式进行销售和原料采购。全年呈现棉花总体消费稳步增长、原料供应充足、价格平稳的态势。

（资料来源：国家棉花市场监测系统）

新疆生产建设兵团

一、棉花产销形势

1. 棉花生产情况

2017 年，兵团棉花种植面积 1030.4 万亩，较上年同比增加 98.9 万亩，增幅 10.6%。皮棉总产 167.9 万吨，同比增加 18 万吨，增幅 12.2%；单产 162.9 千克 / 亩，同比增加 2.3 千克 / 亩，增幅 1.4%。

2. 棉花购销顺畅

2017/2018 年度，棉花销售基本顺利。各师棉麻公司抓住 2018 年 5 月棉花期货价格上涨等有利因素，截至 2018 年 8 月底，各师棉花基本销售完毕。各师棉麻公司累计收购皮棉 148.9 万吨，比上年度同期增加 19.4 万吨，增幅 15%；销售签约量 145.4 万吨，同比增加 20.5 万吨，增幅 16.4%。其中实际销售量 139.5 吨，同比增加 18.6 万吨，增幅 15.3%；库存 9.47 万吨，基本为已签订销售合同未出库的棉花或为纺织企业预留的纺棉。

截至 2018 年底，兵团籽棉收购量 399.60 万吨，与去年同期相比下降 1.37%，皮棉加工量 137.76 万吨，较去年同期下降 11.2%，实际销售量 26.23 万吨，较去年同期下降 47.29%，库存 104.26 万吨。

3. 棉花质量稳中有升

2017/2018 棉花年度，兵团各师及相关部门认真贯彻落实兵团党委关于加强棉花质量管理的要求和工作部署，突出抓好棉花优化区域布局，狠抓关键环节关键技术的落实，棉花质量总体上保持平稳，轧花质量、平均长度、平均断裂比强度、白棉 1—3 级比率四项指标与上年度同期相比继续上升，马克隆值、长度整齐度指标与上年接近。兵团棉花纤维平均长度为 29.3 毫米，比上年同期上升 0.7 毫米。二、四、六、七、八、十、十三师棉花平均长度均达到或超过兵团棉花平均长度，28 毫米以上的棉花占比均超过 99%。兵团棉花断裂比强度 28.5cN/tex，同比提高 0.4cN/tex。马克隆值级 A+B 级比例 87.7%，较上年下降 0.1%。白棉 1—3 级比例为 94.1%，比上年同期增长了 5.6%。轧工质量 P1+P2 比率 97.8%，提高了 1.5%。平均长度整齐度值为 82.4，同比减少了 0.5%。

截至 2019 年初，兵团棉花平均长度 29.4 毫米，同比增长 0.1 毫米，平均长度整齐值 82.5%，同比增长 0.1%。马克隆值级（A+B 级）比率 96.1%，同比增长 8.4 个百分点，平均断裂比强度 28.8cN/tex，比上年增长 0.3cN/tex。白棉 1—3 级比率 95.4%，同比增长 1.3 个百分点，轧工质量 P1+P2 比率 98.4%，提高了 0.6 个百分点。

二、推进棉花目标价格改革情况

兵团认真落实棉花目标价格改革工作部署。一是为提高棉花质量，增强棉花市场竞争力，积极研究探索新型棉花补贴方式，进一步体现优质优价，制定了《兵团棉花目标价格改革补贴与质量挂钩的试点方案》；二是制定《兵团棉花目标价格改革加工企业公示暂行管理办法》，推进棉花加工企业棉花目标价格改革公示。2017 年，139 家棉花加工企业参与兵团棉花目标价格改革，58 家棉花加工企业经兵地联合公示后参与自治区棉花目标价格改革；三是制定《兵团棉花加工企业诚信经营评价暂行管理办法》，推动植棉师对收购加工兵团棉花的加工企业进行公示、监管和诚信经营评价，并对评价结果公示。

2018 年，兵团切实深化棉花目标价格改革。制定《兵团 2018 年棉花目标价格改革工作实施方案》，明确交售范围，实现在兵团范围内自由销售籽棉；实行价补分离，籽棉销售价格完全由市场决定，兵团统一确定棉花目标价格补贴标准；继续推进质量试点工作。在2017年试点基础上，优化试点方案，扩大试点范围，修改完善补贴标准。

三、兵团纺织行业发展情况

截至2018年底，兵团已形成棉纺536.13万锭（含气流纺），对扩大就业、聚集人口和促进棉花就地转换发挥了重要作用。主要产品产量有：棉纱53万吨，同比增长8.42%；棉布1亿米，同比下降33.24%；服装600万件，同比下降20.63%；毛巾1.33万吨，同比增长18.75%；袜子5300万双，同比增长5.79倍。纺织服装产业实现产值184亿元，同比增长4.54%。

四、深化改革，增强产业发展活力

1. 取消“五统一”，推进棉花生产、购销市场化

2017年，兵团党委在六师开展整师推进团场综合配套改革试点，落实承包职工生产经营自主权是改革试点的重要举措，明确取消“五统一”，土地承包职工种什么、不种什么，买谁的农资、不买谁的农资，用谁来服务、不用谁来服务，把农畜产品卖给谁、不卖给谁，都由职工说了算，任何单位、任何个人都不得干预。此项改革措施充分发挥市场机制作用，打破了兵团长期以来统购统销的棉花购销体制，赢得了承包职工的拥护。

2018年，兵团全面取消了“五统一”，团办企业与行政彻底脱钩，植棉职工和棉花加工企业成为两个市场经营主体。收购皮棉的企业可以公开竞争，充分市场化。棉农、连队“两委”、棉花加工厂的管理人员成立专司籽棉加工的专业合作社，形成一个利益共享、风险共担的利益联结共同体。使棉花购销市场更活跃，提高植棉职工的信心。

2. 推进放管服，取消棉花加工资格认定行政许可

为贯彻落实国务院《关于第三批取消中央指定地方实施行政许可事项的决定》（国发〔2017〕7号）和国家质检总局、国家发展改革委《关于取消棉花加工资格认定行政许可后加强棉花质量事中事后监管的通知》（国质检纤联〔2017〕137号）文件精神，结合兵团实际，兵团发展改革委、自治区质监局、自治区工商局和兵团公安局于8月21日联合印发了《关于取消棉花加工资格认定行政许可后加强棉花质量事中事后监管的通知》（兵发改经贸发〔2017〕432号），明确全面取消棉花加工资格认定行政许可，不得另行设立棉花加工行业行政许可事项。同时，通过建立棉花加工业技术条件验收制度、完善监督检查机制、诚信经营机制和目标价格改革公示制度等系列措施，维护棉花加工市场秩序，加强棉花质量事中事后监管。

（国家棉花市场监测系统）

山　东　省

一、棉花生产

1. 棉花面积、总产量和单产

山东省位于黄河下游，属于暖温带季风气候，光照资源充足，适宜棉花种植生长。棉花是我省重要的经济作物和主要的纺织原料，作为我国传统棉花产业经济大省，山东棉花产量持续多年位居全国第二、内地第一。2016/2017年度，山东省棉花种植面积约为697万亩，单产78.6千克/亩，总产54.8万吨，全国棉花种植面积为5070万亩，山东省种植面积占全国棉花种植总面积的13.74%。2017/2018年度山东省植棉面积为436.2万亩，皮棉单产79.1千克/亩，总产34.5万吨。全国棉花种植面积为4844.5万亩，山东省种植面积占全国棉花种植总面积的9%。2017/2018年度，山东省棉花生产除单产略有增长外，各项指标均较2016/2017年度呈现下滑的趋势。

2. 2017/2018年度棉花生产的主要特点

2017/2018年度，山东省棉农种植意愿低，棉花种植面积减少，许多棉农弃棉种粮。山东省棉花种植主要分布在以滨州、东营两市为代表的以盐碱地种植为主的片区，以德州市为代表的鲁西北片区以及济宁、菏泽两市为代表的围绕金乡大蒜种植为主的高附加值的片区。特点如下：

（1）植棉成本稳定在上年水平上。据山东省农业厅信息中心棉花生产成本收益与劳动生产率基点调查显示，山东省棉花生产成本稳定在上年水平，遏制了继续上涨态势，其中增加部分主要表现在人工方面，而物化成本低于去年。由于籽棉收购价格较2016/2017年度略高，棉农收益并未减少，由此而带来的是2017/2018年度植棉热情高涨，播种面积呈现扩大趋势，尤其是济宁、菏泽片区，扩种面积达20%以上。

（2）面积产量减少原因明显。棉花种植面积和产量持续下滑是山东省棉花产业的最大问题。2008/2009年度棉花种植面积为1332万亩，2014/2015年以来，内地取消棉花临时收储政策后，棉花种植面积和产量不断下滑。2015/2016年度为773万亩，总产量为53.7万吨；2016/2017年度为700万亩，总产量为54.8万吨；2017/2018年度的棉花种植面积约为436万亩，产量为34.5万吨左右，是历年的最低点。这主要受效益因素、成本因素、政策因素和风险因素等四方面影响：一是植棉效益下降，挫伤了棉农植棉积极性，种植棉花动力不足；二是植棉用工多、投资大、成本高，与产出不成正比；三是政策性补贴偏低，植棉补贴低于种粮补贴，与植棉成本比较显得微不足道；四是不确定因素多，主要有天气、病虫害等自然灾害，国内外市场价格因素、储备棉轮出政策等因素增加了棉农的种植风险。

3. 目标价格补贴政策落实情况

按照省财政厅下发的2017/2018年度棉花目标价格改革补贴资金补贴方案，2018年4月开始，全省享受棉花目标价格补贴的种棉农户，按照每亩150元的标准获得补贴。全省共补贴资金5.4亿元。补贴资金于2018年4月开始通过“齐鲁惠民一本（卡）通”账户拨付，以全部到位。

二、 棉花加工及销售

1. 棉花加工企业概况

2017/2018年度，山东省新体制棉花公证检验涉及产棉市6个，加工企业115家，检验量718853包，161942吨，较上一年度开工企业增加4.5%，公检量增加50.2%。

2. 棉花加工企业生产情况

山东省作为我国内地棉花主要产区，棉花检验量在2016/2017年度出现历史最低点，而2017/2018年度检验量出现恢复性增长，其中济宁检验量同比增长111.11%，东营检验量同比增长88.97%，其他地市也均呈现较大幅度增长。鲁北（东营、滨州、潍坊）、鲁西北（聊城、德州）、鲁西南（济宁、菏泽）三大传统产棉区检验量分布较均衡。棉花检验量的增长，显示棉花加工企业的生产量增加。

从2017/2018年度新体制棉花检验情况来看，山东省棉花的轧工质量主要集中在“中档”，今年占到99.93%，高于全国“中档”棉花轧工质量4.67个百分点。其中，德州、东营、滨州棉花轧工质量好于其他各市，达到100%。

3. 棉花品质情况

（1）颜色级

对比实施颜色级指标五年来的数据，山东省棉花颜色级以淡点污棉、白棉类型居多。其中2017/2018年度白棉占比较上年度增加了3.2个百分点，其中白棉3级所占比例最多，依次是淡点污棉2级、淡点污棉1级。东营、德州棉区的棉花颜色级指标最好，白棉3级所占比例最高，分别达到63.61%和45.65%，济宁、菏泽棉区棉花颜色级指标较差，白棉三级分别仅占5.13%和3.29%，淡点污棉比例分别高达92.06%和89.38%。与全国检验结果相比，山东省白棉比例偏低，与2016/2017年度相比，白棉比例略有提高。

（2）长度

2017/2018年度，山东省棉花长度检验结果集中在 27 毫米至 29 毫米，30 毫米以上和 26 毫米以下的检验结果偏少，29 毫米占比明显低于全国检验结果。全省新体制棉花细绒棉长度逐包检验平均长度为 28.29 毫米，低于全国 0.71 毫米。其中菏泽棉花最长，达到 28.77 毫米；其次是济宁，为 28.62 毫米；德州棉花最短，为 27.65 毫米。各棉花主产市 28 毫米及以上占比菏泽达到 92.29%，济宁达到 90.66%，德州最低为 31.58%。

（3）马克隆值

2017/2018 年度，山东省新体制棉花细绒棉马克隆值级 A 级占比 1.29%，较上年下降 9.55 个百分点；C 级占比 43.76%，比去年提高 21.67 个百分点；B 级占比 54.95%，比去年降低 12.11 个百分点。总体来看山东省棉花 A 级占比偏低，C 级占比偏高。其中德州棉花 C2 档占比达到 83.72%，棉纤维较粗、过成熟问题突出，马克隆指标较差。

（4）断裂比强度

2017/2018 年度，山东省新体制棉花细绒棉平均断裂比强度值 29.29cN/tex，较上年下降了 1.08cN/ tex，仍高于全国平均线 1.26cN/tex。各产棉市中，济宁、菏泽棉花平均断裂比强度较高，分别为 29.90cN/tex 和 29.52cN/tex；德州棉花平均断裂比强度最低，为 28.52cN/tex，仍高于全国平均线 0.49 个百分点。山东省棉花断裂比强度指标较好。

（5）长度整齐度

2017/2018 年度，山东省新体制棉花细绒棉平均长度整齐度指数为 82.17%。菏泽棉花平均长度整齐度最高，为 82.64%，高和很高占比达到 40.19%；其次是东营，高和很高占比 31.47%；德州棉花表现较差，棉花长度整齐度指数为高和很高的仅占比 7.23%，低及很低的占比 9.33%。

4. 棉花销售情况

中央储备棉性价比优势突出，下游纺织企业对储备棉的采购热情较高。2015/2016 年度、2016/2017 年度、2017/2018 年度储备棉出库量分别达到 265 万吨、322 万吨、251 万吨，超过当年度棉花消费量三成比重，分别占当年棉花产量 560.5 万吨、534.4 万吨、548.6 万吨的 47.28%、60.25%、45.75%，保障了纺织用棉需求，同时，也对当年生产的棉花销售带来了压力，导致了棉花市场购销价格平稳运行，籽棉收购价格保持在一定水平。

储备棉投放市场使得棉花市场供应充足的局面持续。2017/2018 年度目标价格机制与储备棉轮换政策常态化运行政策的执行，使得棉花的定价权继续由市场决定。2017/2018 年度山东省各棉花主产区的棉花价格整体略有上涨，皮棉销售价格在 15000—16000 元 / 吨区间震荡。

三、纺织生产与棉花消费

山东省纺织棉纱产量居全国第一，纺织服装出口创汇占全国 1/4，纺织业年消耗原棉约 300 万吨左右。整个行业在外需低迷、内需趋缓的市场大环境下保持稳定生产。2017/2018 年度生产、效益情况略低于上年同期，基本保持平稳，特别是随着供给侧结构性改革推进，将为纺织行业发展提供首要市场支撑。

据不完全统计，2018 年山东省纺织企业（不含商业企业竞拍后转卖给纺织企业的储备棉）竞拍的储备棉为 46.7 万吨，极大地满足了纺织企业用棉需求。纺织原料的供应充足，提高了棉花资源配置效率，有力促进了纺织工业经济发展。

2018 年 1—10 月，山东省 3700 家规模以上纺织服装企业累计实现主营业务收入 7769.15 亿元，同比下降 5.33%，实现利润总额 308.18 亿元，同比下降 1.19%。纱、布、化学纤维和服装累计产量分别为 576.9 万吨、72.9 亿米、62.2 万吨、15.94 亿件。纱、布、化学纤维、服装同比增长幅度为 –4.46%、–6.16%、5.25% 和 –2.39%。

四、纺织行业当前面临的问题

一是行业固定资产投资逐步放缓的问题，成本负担重、融资难融资贵、环保监管手续烦琐、部分行业结构性产能过剩等是影响纺织企业在国内投资积极性下降的主要原因。

二是棉花市场形势仍然复杂，中美贸易战形势不明，贸易战长期持续，必将影响全球经济增速，从而拖累棉花需求的可能性依然存在，国际棉价在贸易形势和基本面两个驱动下继续演绎，限制国际棉价上涨空间。

三是企业综合成本上升的压力日益加重。国内用工、纺织原料辅料等要素价格普遍上涨，融资、土地、营销渠道等费用持续增加，环保政策常态化，生态环保投入加大，纺织企业负担重，综合成本加大，企业利润空间越来越小，市场洗牌加速。

四是国际原油市场动荡，上游原料PTA行业水涨船高，产能过剩问题突出，PTA行业开工率长期维持在65%—70%，而且能耗高、产品缺乏差异化的落后产能约占现有产能的15%，落后产能退出问题不能有效解决，则产能过剩压力将更加明显。

总之，当前纺织行业面临的内、外部形势较为复杂，发展压力较大。

（国家棉花市场监测系统）

河 南 省

根据河南省统计局与国家统计局河南调查总队发布的《河南省2018年国民经济和社会发展统计公报》，2017/2018年度河南省棉花种植面积36.68千公顷，减少3.32千公顷；棉花产量3.79万吨，比上年减少0.61万吨，下降13.9%。棉花种植面积持续萎缩，与2017年相比，单产上升，总成本稳中有升，出售价格上涨，现金收益明显增加。

2017/2018年度，河南省棉花亩均产值合计1435.17元，较上年的1196.80元增加238.37元，增幅19.92%。现金收益亩均为1036.69元，较上年的817.19元增加219.50元，增幅26.86%。亩均净利润为−895.76元，在上年亏损1073.79元的基础上，亏损额减少178.03元。主要原因：一是今年棉花亩产同比增长17.16%；二是棉花的出售价格上涨；三是生产成本同比上涨幅度不大，为2.66%。

（国家棉花市场监测系统）

河 北 省

一、棉花生产

1. 棉花面积、总产量和单产

河北省2017/2018年度棉花生产总体情况呈“两增一减”态势，即面积减、单产增、总产增。2017/2018年度完成播种面积413.99万亩，比去年减少18.87万亩，下降4.36个百分点，下滑趋势减缓；皮棉单产72.64千克，比去年的69.29千克/亩增长3.35千克/亩，上升4.83个百分点，单产创历史新高；河北省总产量30.1万吨，比去年的29.95万吨增长0.15万吨，上升0.5个百分点。

2. 种植品种

河北省良种普及率稳步提高，抗虫棉全部是国产品种，优种率达到97%以上，主要品种有国欣3号、鲁棉研28、农大601、石抗126、GK99-1(GK39(99-1)、冀科1号、邯棉958、邯杂429、冀杂2号等一批优质、丰产、抗病的抗虫棉优良品种在生产上迅速推广。单品种种植面积5万亩以上的品种有21个，面积合计为260.14万亩，占全省总播种面积的62.5%，其中国欣3号面积最大，达到21.47万亩，约占全省总面积的5.98%。

3. 生产特点

（1）播种期提前。4月上旬以来，河北省中南部棉花主产区先后出现5次降雨过程，气温也比常年同期偏高，地温回升较快，播种期提前，普遍比常年提早2—3天。棉农抓住有利时机抢墒播种，播种进度加快，播期相对集中，全省从南到北播种时间预计比往年缩短了3—5天。

（2）优良品种广泛推广。随着科技种植意识的增强，棉农自留种逐步减少，购买商品种棉种数量增加，从而确保了棉种质量，良种普及率稳定提高，国欣棉9号、农大601、冀棉958、石抗126等一批优良品种被棉农所接受和推广，优种率达到96%以上。

（3）出苗情况较好。由于出苗期间天气适宜，出苗情况好于常年，苗全、苗齐、苗壮。

（4）苗期病害轻，虫害较重。棉花出苗后，该省棉区普遍降雨少，苗期病害发生较轻。苗蚜普遍发生，由于防治及时，没有造成危害。

（5）伏前桃和伏桃多，秋桃少。由于前期降水少，光照充足，利于生殖生长，普遍早发，伏前桃和伏桃多。中后期降雨较多，脱落率高，秋桃少。

（6）普遍发生早衰。由于棉苗早发，伏前桃和伏桃坐桃多，再加上中期干旱少雨，从而影响了营养生长，棉田长势较弱，棉田普遍发生早衰。

4. 棉花生产存在的问题

本年度棉花生产存在的主要问题是棉价低、用工多、天气差，造成植棉效益下降，棉农收入减少，植棉积极性受挫，导致全省植棉面积持续下滑。

（1）棉花生产规模小，棉田基础薄弱。据河北省棉花生产管理部门介绍，河北省棉花生产的特点是农户数量多而经营规模很小，户均棉田4—5亩。棉花生产基础设施条件差，可持续发展能力弱。随着种植业结构调整，河北省棉花主产区主要集中在水肥条件差的黑龙港流域，水浇地比例下降，旱薄碱地比例增加，棉田质量明显下降，抗灾减灾能力减弱，对发展棉花生产构成直接威胁。近些年化肥用量增加，有机肥用量减少，地膜棉使用比例大，“白色污染”加重，棉田土壤环境质量日益下降。

（2）棉花生产费工费时，用工成本增加。棉花从种到收历时7个多月，生产管理技术复杂，病虫防治、整枝打杈、采摘等要花费大量的人工。近年来，城乡劳动力价格大幅上涨，加上棉花管理用工较多，大幅度提高了棉花的种植成本。随着农村劳动力的大量外出务工，从事棉花生产的青壮年劳力越来越少，大多为老人和妇女，加之棉花生产技术性要求强，在一定程度上制约了棉花生产的发展。

（3）机械化程度低，劳动强度大。棉花整个生长季节只有耕地、整地、播种和铺膜采取机械化作业，其余大部分种植环节要人工完成，特别是采收环节，机械化程度低、劳动强度大，与农民“既要省力，又要得利”的种植理念相悖，所以不愿意种植棉花。棉花还是个药罐子，一生病虫害多发，需要频繁地使用农药，中毒事故时有发生，棉农苦不堪言，落后的生产方式直接损害了棉农的身体健康，同时增加了防治成本，农民植棉意愿下降。

5. 棉花补贴情况

2017/2018年度棉花补贴资金于2018年6月初，中央财政下发补贴资金47562.79万元，比常年晚了一个多月。河北省按照植棉面积336.16万亩进行补贴，折合每亩补贴141元的标准进行落实。在2018年年底中央财政对河北棉花进行进行了二次补贴，资金额2.6015亿元，2017/2018年度河北省棉花补贴总额为7.3025亿元，平均每亩棉花补贴218元。

二、棉花收购及销售

1. 加工企业生产情况

2017/2018年度，河北省新体制棉花公证检验涉及5个产棉地市，上报公检的加工企业60家，与上一年度上报公检企业数量一致，年检验量264837包，约合59401.8475吨，送检数量比上年增加53.4%。河北省总产30.1万吨，送检数量不足20%，近80%的棉花加工出来未送检就直接销售出去了。

2. 收购及销售情况

河北省参与棉花收购企业总数量与上年持平，收购进度缓慢，2017 年 9 月至 2018 年 3 月底，河北省唐山收购进度达 100%、邢台在 75% 左右、邯郸在 80% 左右、衡水在 80% 左右、沧州在 85% 左右，各地收购进度虽不均衡，总体交售量在 80% 以上，尚有 15% 左右的籽棉没有收购上来。明显特点是企业报送公检比上年度积极，总送检验量增加 53.4%。受国家宏观调控及中央储备棉轮出等因素的影响，本年度河北省地产棉 3128B 标准等级价格稳定在 15500—16200 元 / 吨，没有出现大的波动。

3. 公检质量情况

据河北省纤维检验部门统计，2017/2018 年度河北省有 60 家加工企业送检棉花合计 264837 包，约合 59401.8475 吨（送检比例较小，预计总产 30.1 万吨）。从送检的棉花质量检验结果分析：

（1）长度分布：30 毫米共计 1715 包，占 0.65%；29 毫米共计 38276 包，占 14.45%；28 毫米共计 124644 包，占 47.06%；27 毫米共计 84371 包，占 31.86%；26 毫米共计 15238 包，占 5.75%；25 毫米共计 568 包，占 0.21%；其中 27—29 毫米为主体棉花长度。

（2）颜色值级分布：白棉占总体 52.5%、其中白棉 3 占 14.0%、白棉 4 占 36.1%，占比接近 50%；淡点污棉占 44.9%，淡黄染棉占 1.3%。

（3）轧工质量：99.16% 为 P2 档。

（4）马克隆值分布：A 档（3.7—4.2）共计 1897 包，占 0.72%；B1 档（3.5—3.6）共计 289 包，占 0.11%；B2 档（4.3—4.9）共计 50967 包，占 19.24%；C1 档（≤3.4）共计 4575 包，占 1.73%；C2 档（≥5.0）共计 207109 包，占 78.2%。马克隆值 C2 档和 B2 档是主体。

（5）断裂比强度：很差（≤ 23.9）共计 323 包，占 0.12%；差（24.0—25.9）共计 7895 包，占 2.98%；中等（26.0—28.9）共计 129224 包，占 48.7%；强（29.0—30.9）共计 108672 包，占 41.03%；很强（≥ 31.0）共计 18723 包，占 7.07%。断裂比平均强度达到 28.82，强级及以上的占 48.17%、中等级及以上占 96.8%。

综合来看，本年度河北省棉花质量特点是长度较好、强度很好、色泽中等、马值偏高较多。

三、纺织行业运行情况

1. 生产维持低速增长，增加值增速波动调整

2018 年 1—12 月累计增加值增速同比下滑 0.5%，累计增加值增速仍未扭转负增长趋势，低于全省工业增加值增速 5.7 个百分点，增速差略有加大，纺织行业增加值占全省工业比重下降，占比在 5.1%，下降了 1.25 个百分点。

四个子行业 2018 年 1—12 月增加值增速化学纤维制造业持续保持了较高速增长完成 15.06%。纺织服装、服饰业完成 0.28%，扭转了下滑趋势，这两个行业增加值增速持续回升，纺织业由正转负实际完成 -1.99%，下滑了 4.17 个百分点。皮革、毛皮、羽毛及其制品和制鞋业下滑速度减缓完成 2.29%，减缓 1.8 个百分点。行业整体负增长主要是由于纺织业和皮革、毛皮、羽毛及其制品和制鞋业占比较大，这两个子行业主营业务收入占比达到 80% 以上，拖了全行业后腿。

在出口交货值方面，纺织业、化纤业继续保持高速增长，分别完成 27.6% 和 30%、4.7%，其余两个子行业仍然有不同程度的下滑，纺织服装、鞋、帽制造业，皮革、毛皮、羽毛及其制品和制鞋业，增速分别为 -13%，-3.8%。

2018 年 1—12 月，规模以上企业主要大类产品产量中，化纤、鞋、轻革、和布增速保持增长。同比分别增长 9.97%、4.18%、1.21% 和 0.26%。

印染布、纱、服装、和绒线产量同比下滑，分别为 -82.71%、-25.54%、-10.83% 和 -6.12%，服装产量连续 8 个月下滑，下滑速度上升了 7 个百分点。

在 32 个品类中产量同比上升的有 13 个，占比 40.6%，下降的有 19 个，占比 59.4%。

2. 投资增速下滑幅度加大，增速下行扩大

2018年1—12月纺织工业投资增速同比下降17.9%，低于全省工业固定资产投资增速26.5个百分点，在全省七大主导行业中增速位居最后一位。其中技术改造项目投资同比下降20.2%，低于全省工业技改投资增速28.9个百分点，在全省七大主导行业中增速位居最后一位。

纺织行业在建项目同比下降28.1%，实际完成投资下降17.9%。新开工项目同比下降21.8%，实际完成投资下降21.7%。

3. 运行质效低速增长

2018年1—12月规模以上入统企业1574家，其中纺织业750家，服装鞋帽业245家，皮革毛皮羽毛业534家，化学纤维业45家。

1574家规上企业2018年1—12月完成主营业务收入2001.7亿元，同比下降10.8%，利润总额141.75亿元，同比下降9.1%。增速下滑加大，连续五个月负增长。

亏损企业188家，同比减少8家，纺织业减少4家，纺织服装、鞋帽减少3家，皮革裘皮减少2家，化学纤维业增加1家。亏损企业数同比下降4.1%。亏损总额4.19亿元，同比下降32.6%。

主营业务收入和利润总额下滑突然增大和统计系统口径调整有关，2018年全年数据进行了极大幅度的核减。

（国家棉花市场监测系统河北办事处　王彦章）

天　津　市

根据国家统计局调查，天津市2017/2018年度棉花种植面积17.4千公顷，减少5.7千公顷；平均棉花单位面积产量1023.3千克／公顷，较去年减少177.9千克／公顷；棉花产量1.8万吨，比上年减少1.0万吨，下降35.7%。2017/2018年度棉花种植面积继续大幅减少，植棉成本稳中有升，销售价格上涨，现金收益有一定增加。

（国家棉花市场监测系统）

陕　西　省

一、棉花生产

1. 棉花面积、总产量和单产

据国家统计局统计，2017/2018年度陕西省棉花种植面积为7.1千公顷，同比减少9.9千公顷，降幅58.24%；总产量1.0万吨，同比减少1.3万吨，减幅为56.52%；平均单产1350千克／公顷，同比减少17.9千克／公顷，降幅为0.01%。

据调查，2017/2018年度当地棉农植棉物化投入及其他成本18613.05元／公顷，比去年增加3424.5元／公顷，增加18.40%。植棉物化投入为7004.25元／公顷，比去年增加435.75元／公顷，减少6.63%；人工及直接费用成本为9420元／公顷，比去年减少1518元／公顷，减少13.88%。

按照当地籽棉收购均价每千克6.70元、亩均籽棉产量237千克计算，每亩毛收入1587.90元，去除每亩植棉总成本1469.17元，每亩纯利润119元。而其他（西瓜、苹果、冬枣等）作物，其效益是棉花的10—20倍，故当地近几年植棉面积下降，改种瓜果的较多，之所以当地棉农每年还有种植，大多仍以瓜棉、果棉套种为多。

2. 植棉品种

2017/2018年度陕西植棉的主要品种是中棉41号以及棉农自留棉种。

3. 生产特点

2017/2018年度，陕西当地棉农大多小面积套种，自用棉比重大。今年棉花播种比上年晚2—3天，但棉田墒情适宜，气温好于往年，出苗率齐。虽然个别田块有轻度黄萎病发生，主要虫害仍以蚜虫为主，但为害程度轻微，药物防治一般10天左右进行一次，比往年少。陕西棉区前期有轻微旱情，中期雨水正常，气候湿润，适宜棉花正常生长，总体伏前桃、伏桃成铃好于去年同期；后期降雨偏少，偏旱，秋桃成铃差于去年同期；采拾期雨水偏少，利于棉花采拾，今年采拾的籽棉一致性好，品质以白棉3—4级为主。籽棉含水小，棉花等级好于往年。

二、棉花收购加工与销售利润

1. 棉花收购加工企业构成及变化情况

2017/2018年度，全国棉花收购资格证放开以后，陕西省内具有收购加工能力的400型棉花加工企业实际进行收购加工的只有一两家，当地棉花主要由200型企业进行收购加工。棉企收购环节谨慎，包包测水、包包试轧衣分，全部由小型纺企及当地自由市场零星消化。

2. 棉花收购、加工和销售成本及利润情况

当地棉企自10月初开秤收购，收购量不大，收购均价6.7元／千克，收购加工企业除去加工费每吨1000元，加工销售3128 B级皮棉每吨毛利200元左右，微利经营。

3. 棉花收购、加工及销售的特点

由于陕西地区一般棉农种植面积小，产量不大，今年收购价格有所提高，销售比较顺畅。由于棉企对后期加工出的皮棉销售前景持谨慎态度，收购采取包包测水，进度缓慢。企业真正开秤收购得少，收购量不大，加工企业基本上采取收购一定量在开机生产。边加工边销售，加工企业基本存货很少。

三、纺织生产与棉花消费

1. 棉花消费下降

据统计，2017/2018年度陕西棉花消费量达到28.5万吨，同比下降3.39%。

2. 主要产品布、服装产量大幅度增长，纱产量平稳增长，化学纤维产量大幅下降

据陕西省统计局统计1—11月，陕西省规模以上纺织工业主要产品产量：生产纱34.72万吨，同比降2.9%；化学纤维12805.00吨，同比降1.9%；生产布85142.30万米，同比降8.9%；服装3292.90万件，同比增16.1%。

表2–1　2018年1—11月陕西省规模以上纺织工业产品产量

行业	指标名称	计量单位	生产量		比同期增长%	
			本月	累计	本月	累计
纺织	化学纤维	吨	1178.00	12805.00	27.8	-1.9
	纱	万吨	4.17	34.72	-1.0	-2.9
	布	万米	7902.50	85142.30	-15.9	-8.9
	服装	万件	362.50	3292.90	14.8	16.1

3. 纺织行业完成工业总产值低于全省工业总产值4.2个百分点

据陕西省统计局统计，2018年1—11月，陕西省累计完成工业总产值22627.43亿元，同比增长13.9%，低于去年4.8个百分点。纺织行业同比增长9.7%，较去年同期降低1.6个百分点。

4. 全省纺织行业主营业务收入低于全省规模以上企业主营收入8.5个百分点

据陕西省统计局统计，2018年1—10月，陕西省规模以上企业6334家。主营业务收入18366.00亿元，去年同期主营业务收入17325.50亿元，同比增长12.6%，低于去年同期4.9个百分点，高于全国同期3.3个百分点。

纺织业完成主营业务收入217.4亿元，同比增长4.1%，低于陕西省8.5个百分点；纺织服装、服饰业完成主营业务收入53.7亿元，同比增长13.3%，高于全省0.7个百分点；化学纤维制造业完成主营业务收入15.5亿元，同比增长82.4%。

5. 全省纺织行业实现利润低于陕西省工业实现利润水平28.2个百分点，其中纺织业低于陕西省工业实现利润水平35.2个百分点

据陕西省统计局统计1—10月，陕西省规模以上企业6334户，实现利润2024.10亿元，同比增长23.3%，较上月回落0.9个百分点，低于去年同期47.3个百分点，高于全国9.7个百分点。纺织行业实现利润20.90亿元，同比下降4.6%，降幅较上月扩大0.4个百分点，较去年同期收窄3.2个百分点。其中纺织业实现利润15.60亿元，同比下降11.9%；纺织服装、鞋、帽制造业实现利润3.8亿元，同比下降5.0%；化学纤维制造业实现利润1.50亿元，于去年持平。

（国家棉花市场监测系统陕西办事处　易建祥）

江　苏　省

一、棉花生产

1. 棉花面积、总产量和单产

据国家统计局统计，2017/2018年度全省棉花面积为62.4万亩，同比减少32.7万亩，降幅34.4%，再创历史新低，仅为最高年份（1984年，1082万亩）的5.8%，植棉面积占全省种植面积的0.55%，棉花种植已经从江苏农业的主力品种变成一个小的边缘品种。全省平均单产81.7千克／亩，同比增加4千克／亩。全省总产5.1万吨，同比减少2.3万吨，减幅31%。总产在全国排名第9位，与去年持平，占全国产量比重0.9%，同比下降0.5个百分点。全省13个市区，有11个有零星种植，但已无规模植棉区域，原有植棉大市盐城已基本不再种植棉花，南通、徐州地区的产量相对稍多，但产量都只有1万多吨。

2. 种植成本及收益

据省农业技术推广总站调查统计，棉花种植效益有所回升，构成要素表现为，种植成本下降、产值和效益增加。全年亩均种植成本约1160元，同比减少106.5元，下降8.5%。成本下降原因一方面是今年中后期高温干旱，施肥困难、导致肥料投入有所减少；另一方面是棉农粗放种植，用工数下降。成本构成中，物化成本410元，同比减少4.2%。人工成本750元，同比减少15.6%，其中用工数下降20%，工价上涨5.7%。亩均产值1996元，同比增加10.2%，亩均效益836元，同比增加48%。“一升一降”中助推了种植效益的提升，但与水稻、玉米的生产成本相比，植棉成本高，收益仍相对低，在成本中，人工投入最多，特别是籽棉采收环节，约占总人工的4—5成，所以降低植棉成本的根本出路是实现机械化。江苏省耕地面积相对少，又是沿海经济相对发达地区，现代高效农业发展较快，虽然棉花种植有300元/亩的政府补贴，但时鲜蔬菜、水果的收益远好于传统粮食和棉花。从近几年的发展趋势看，棉花和传统粮食的种植面积呈现持续减少的趋势，棉花减速更快。

3．种植品种

2017/2018年度，江苏省棉花主栽品种为抗虫杂交棉，品种包括苏杂、泗杂系列省内品种，中棉、冀杂系列外省品种。

4．生产特点

从面积构成看，营养钵育苗约58万亩，仍是主体育苗类型，轻简育苗约1万亩、直播棉约3.4万亩。从茬口布局看，仍以套栽为主，套栽棉面积约30.6万亩，占49%；麦油后棉约31.8万亩，占51%。今年江苏省棉区梅雨期持续低温阴雨，降水强度较大，雨量正常偏多，棉田普遍受涝受渍，减缓了棉苗的生长，影响了棉花的开花现蕾。总体表现为生长发育慢，架子小脱蕾重。8月底，盐城、南通等主产区又遭遇了台风、暴雨，部分棉田被淹，受灾后及时采取了“肥药混喷、增后劲防早衰、治虫保叶增秋桃”的棉田管理技术措施，最大程度减轻了灾害影响，后期结铃、吐絮期间，天气相对较好，棉花产量虽然下降，但质量影响不大，质量水平仍居全国前列。

二、棉花收购、加工与销售

1．棉花收购加工企业构成及变化情况

2017/2018年度，由于棉花种植面积大幅减少，缺少籽棉资源，江苏收购加工企业也逐年减少。从国家公检数据看，全年只有4家企业参与公检，公检数量8286吨。据了解，4家参与公检企业50%左右的籽棉资源来自外省安徽、江西、湖北。由于当地资源少，2017/2018年度江苏省棉区开秤收购普遍晚于常年和周边地区，一般都在上市期间集中收购。

3．棉花收购、加工利润及销售特点

2017/2018年度，江苏省棉花开秤收购时间比较晚，整体皮棉价格趋势相对稳定，所以收购价格稳定在6—6.6元/千克，皮棉销售价格稳定在13800—14500元/吨。由于大多与后道纱厂签订了合作收购协议，加工企业一般能顺价销售，至少挣个加工费，而200型加工厂，虽然固定成本相对较小，但加工量更小，普遍收益较差。江苏棉花的销售地区主要集中在江苏省内，小厂销售主要集中在周边熟识的纱厂，由于纱厂资金紧张，新棉集中上市期间阶段性供大于求，赊欠现象比较普遍。

三、纺织生产与棉花消费

1．纺织生产及销售情况

据省统计局数据，2017年江苏省纱产量517.82万吨，同比增长2.4%；布产量88.65亿米，同比减少0.2%；规模以上纺织企业数量4454家，同比减少178家；实现销售产值7163亿元，同比增长2.7%，虽然企业数量有所减少，但销售规模有所增加，反映部分运行困难的中小企业被淘汰，存量企业结构更加优化。从国家发改委公示的配额申报企业看，江苏共有111家纺织企业参与申报，111家企业自报纱锭数共计1103万锭，平均不足10万锭，60%以上为3万—8万锭的中小企业。2017/2018年度国家储备棉轮出正常有序，棉花市场相对稳定，整体价格水平偏低，内外棉差价缩小，江苏省纺织产品价格整体相对稳定，销售较好，利润正常。

2．棉花消费

2017/2018年度，江苏省纺织企业用棉以新疆棉、中央储备棉、进口棉为主，地产棉很少，基本可以忽略。江苏是一个相对发达地区，劳动力市场整体缺口较大，纺织行业由于行业盈利能力差，工资水平低、劳动强度大、工作环境差，江苏纺织企业普遍存在招工难用工困难，棉纺织规模在逐渐萎缩，一是自然关停；二是转移新疆、甘肃、国外。在消费结构上，棉花被价格便宜（只有棉花价格50%左右）的涤纶替代量在持续增加；三是纱支整体提高变细，用棉量相对减少，2017年全年用棉量在100万吨左右，棉花消耗总量延续下降趋势。

3．纺织行业经济运行特点

2017/2018年度，江苏省纺织行业运行相对平稳，原料、产品价格波动较小，原料供应上，中央储备棉常态化轮出，稳定了供应渠道，中央储备棉轮出价格与国际市场联动，缩小了内外棉花差价，保持了国内纺织产品的国际竞争力，销售总体顺畅稳定。江苏虽然远离新疆棉花主产区，用棉运输成本相对较高，但拥有全国最大的后道织造加工产业链，江苏生产的棉纱主要销售在本地和出口，棉纱销售运输成本低，运输综合成本并不高。地处后道加工中心，为江苏棉纺行业及时掌握后道需求信息，开发新特品种、发现商机提供了优势条件。江苏纺织产品档次在"新、特、高"具有明显优势，企业效益相对较好。

（江苏省农垦棉业有限公司　何银官）

湖　南　省

2017/2018年度湖南省棉花产销及市场运行情况如下。

一、棉花生产

1．棉花面积、总产量和单产

根据湖南省统计局数据统计，2017/2018年度，湖南省棉花种植面积约110万亩，较上一年度减少了45.4万亩，减幅为29.21%；皮棉产量9.5万吨，同比减少2.8万吨，减幅为22.76%。企业加工的成包皮棉以小包棉为主。

2．种植成本及收益

湖南省棉花种植主要集中在洞庭湖区域，以常德、岳阳、益阳市为主，衡阳、怀化市有少量分布。受政策和市场影响，湖南省棉花面积逐年减少。2017/2018年度，每亩产值为1518元，其中物化成本400元，人工成本1200元，每亩总成本1600元；棉花亩产籽棉约230千克左右，籽棉平均收购价为6.6元/千克。实际种植1亩棉花收益约亏82元。

3．目标价格补贴资金使用方式进一步

据湖南省农业厅了解，湖南省农业农村厅联合国家统计局湖南调查总队（国调队）、省棉花协会、省棉科所、湖南农大等单位对全省棉花生产进行了实地调研考察，提出资金补贴方案，将原来单一的普惠制补贴调整为"普惠制补贴＋倾斜补贴"相结合。普惠制补贴只补贴种植面积1万亩以上的县市区，落实"资金安排向产棉大县"倾斜政策，倾斜补贴只发给有棉花生产保护任务的县市区，落实"资金安排向棉花生产保护区"倾斜政策。倾斜补贴由县市区掌握，重点支持实施棉花新品种、新技术、新模式示范推广的棉专业合作社，落实"资金安排向植棉大户"倾斜政策。各县市负责建立棉花补贴信息档案，确保补贴资金发放准确。

二、棉花收购和加工

1．棉花加工能力严重过剩

国家棉花质检体制改革部署湖南省60家400型轧花厂年加工量达35万吨以上，另外湖南省目前仍有上百家200型轧花厂和近千家小型皮辊加工作坊，棉花总加工能力是当前产量的4—5倍，产能严重过剩，流通秩序相当混乱，已成为影响和制约我省棉花产业健康发展的重大问题。企业加工的成包皮棉以小包棉为主。

2．棉花收购、加工质量特点

2017/2018年度，由于天气等因素，湖南省棉花品质整体次于2016/2017年度，除断裂比强度外，其他品质指标均低于全国平均值。从仪器化检验数据看，颜色级以淡黄染棉和淡点污棉为主，占99%以上，白棉占比不到1%；平均长度28.0毫米，其中 28 毫米级占 43.0%，27 毫米级占 37.3%；马克隆值级以 B 级为主，其中 B2 级占 78.8%；平均长度整齐度 80.7%，以中等档为主；平均断裂比强度 29.0cN/tex，以强和中等档为主。

2017/2018 年度，湖南省皮棉轧工质量主要集中在中档，和全国水平接近。

三、纺织行业运行情况

从湖南省纺织行业了解，2017 年，湖南省省规模纺织运行整体略微上升，纺织业增长 7.9%，纺织服装、服饰业增长 4.5%。

（国家棉花市场监测系统湖南办　潘爱武）

江　西　省

一、棉花生产

1. 棉花面积、总产量和单产

据国家统计局数据显示，2017/2018 年度江西省棉花种植面积 45.6 千公顷，同比减少 5 千公顷，减幅 9.9%；单位面积产量 1495.7 千克 / 公顷，同比减少 20.5 千克 / 公顷，减幅 1.35%；皮棉总产量 6.8 万吨，同比减少 0.9 万吨，减幅 11.7%；在 2018 年全国各省棉花产量排行榜中，江西省位居第七位。（资料来源，国家统计局）

2. 种植品种、成本及收益

从亩均总成本看，棉花种植成本基本与上年持平。从分类来看，生产资料成本 339 元 / 亩；人工成本 910 元 / 亩。综上，本年度棉花（皮棉）平均亩产量 79.365 千克，平均出售价 15.2 元 / 千克，产值合计 1383.8 元，总成本 1249 元 / 亩，棉农每亩纯收益 134.8 元。

3. 主导品种

赣棉杂 1 号，该品种亩产籽棉 271.7 千克，亩产皮棉 116.8 千克，霜前花率 85%。纤维品质：平均长度 30.5 毫米，整齐度 85.0%，比强度 31.9cN/tex，马克隆值 4.9。

鄂杂棉 10 号（太 D5），该品种亩产籽棉 264.5 千克，亩产皮棉 106.8 千克，霜前花率 80% 以上。纤维品质：平均长度 30.9mm，整齐度 84.4%，比强度 30.0cN/tex，马克隆值 4.7。

鄂杂棉 11F1，该品种亩产籽棉 252.5 千克，亩产皮棉 103.4 千克，霜前花率 77.39%。纤维品质：平均长度 31.8 毫米，比强 30.5cN/tex，马克隆值 5.4。适宜引种的九江市范围内种植。

中棉所 66（中 CJ03B），亩产籽棉 251.8 千克，亩产皮棉 104.4 千克，霜前花率 93.5%。纤维品质：平均长度为 29.6 毫米，整齐度为 84.7%，比强度为 28.6cN/tex，马克隆值为 5.1。

二、棉花收购加工与销售利润

江西气候条件总体适宜棉花生长，受连续阴雨天气影响，棉田杂草生长较快，但未发生严重病虫害或旱涝灾害。由于棉花的种植特点是用工量大、耗时较长、种植成本高，目前从事棉花种植的人群以留守的中老年为主，加之近几年籽棉价格未及棉农预期和部分乡镇鼓励帮扶农户棉田改养鱼虾、蟹等，因此 2018 年棉花种植面积有一定幅度减少。

江西省内棉花收购加工主要以 400 型企业为主，籽棉收购量大多在几十万斤，三级籽棉收购价为 1.75 元 / 千克（39%—40%），统花价格在 1.65—1.7 元 / 千克。截至 2018 年底，棉农籽棉交售量占总采摘量的 60% 左右。

近几年来，随着储备棉临时收储政策的调整，市场需求以轮出的国家储备棉为主，棉花收购企业逐步缩减经营规模，总体减少 50% 以上。

三、纺织行业经济运行

江西具有良好的纺织产业基础，纺织行业规模居全国第八位，服装行业主营业务收入居全国第六位。2018 年 1—11 月，江西省累计棉纱产量 133.72 万吨，同比下降 12.1%。2018 年上半年，江西省纺织服装行业主要经济指标总体平稳。1—6 月，江西省纺织服装行业实现主营业务收入 850 亿元，增长 10.8%，实现利润 49 亿元，增长 7%，增幅分别高于全国同行业 8.9 和 6.7 个百分点。纺织企业的主力军仍是“70 后”，许多“80 后”、“90 后”宁愿当服务员或送货员，也不愿进纺织厂。江西纺织产业尚存在发展层次偏低、骨干企业支撑作用有限、产业配套尚不完善等问题。

为促进纺织产业实现持续快速健康发展，江西省近期出台纺织产业优化升级方案，加快推动纺织产业向高附加值、品牌化经营转变，并计划到 2020 年力争实现规模以上企业主营业务收入突破 3200 亿元。按照产业优化升级方案，江西将加快纺织产业技术创新体系建设，推动骨干龙头企业建立企业技术中心，推广应用先进技术，推进自动化、数字化、智能化纺织装备的研发和应用；同时，江西鼓励服装企业通过智能化、网络化的新生产方式发展个性化定制等服务，计划到 2020 年骨干企业的信息技术应用率、品牌企业电商应用率均达到 80% 以上。

（国家棉花市场监测系统江西办事处
阎国群　张岩岩）

浙　江　省

一、棉花生产

1. 种植面积、总产量与单产

根据国家统计局统计，浙江省 2017/2018 年度种植面积 4.53 千公顷，同比减少 59.7%；总产量 0.60 万吨，同比减少 63.6%；平均单产 1324.0 千克 / 公顷，同比减少 9.8%。

作为零星产区，棉花种植依然是黄土丘陵、河滩沙地（盐碱地）等土壤质量相对较差的区域。

2. 种植品种、成本及收益

2017/2018 年度，浙江省棉花主要种植品种为湘杂棉 8 号、中棉所 87、中棉所 63，还有少量的农民自留种子。

相对于经济作物，种棉效益偏低；而且较种粮（水稻、鲜食大豆、鲜食玉米）、蔬菜的效益也偏低，种棉的亩收益在 40 元左右，因此仅是不计工本的一些老年人在参与种棉。

二、棉花收购和加工

由于浙江省棉花多数市县的加工企业因加工数量不能达到规模化生产的要求和无力承担质检体制改革的目标，2017 年整个棉花年度，全省没有一家棉花加工企业按照棉花质量检验体制改革方案的要求加工棉花并进行公证检验。

由于棉花数量少、皮棉加工水平低，浙江省没有形成完善的收购市场。浙江省加工企业中尚有部分皮辊棉加工，呈散、小、弱的特征，由于生产量小且分布在多个市县，并且浙江省棉农的植棉收入占总收入的比例较小，因此习惯在棉花收获后立即交售，一般在 12 月底前就能全部售完。

三、纺织经济运行

据浙江省统计局统计数据显示，全年纺织业生产总值 4875.0 亿元，较上年的 6030.7 亿元，下降 19.2%。

从产量上看，全年纱产量190.42万吨，同比减少11.8%。其中纯棉纱71.18万吨，比去年同期下降4.0%；棉混纺纱44.22万吨，同比下降12.2%；化纤纱75.81万吨，同比减少17.0%。全年织造企业生产布137.44亿米，同比减少7.9%。

全年纺织服装出口交货值4424.0万亿元，同比增加4.0%，位居浙江省出口商品第二位，比重为22.8%，彰显了纺织行业在浙江制造中的地位。其中纺织纱线、织物及制品出口2461.55万亿元，同比增加7.3%；服装及衣着附件出口1962.46万亿元，同比增加0.1%。

综上所述，2017年纺织行业运行情况如下。

1. 产值与产量双降，一方面是纺织企业持续转移到以新疆为主的劳动力价格相对便宜的地区；另一方面是部分企业实行行业转移。

2. 纺织服装产品出口虽增长4.0%，但仍较上年下降1.3个百分点。由于部分国家逆全球化、贸易投资保护主义抬头，部分地区安全形势严峻，以及人民币兑美元汇率一直呈上升趋势，客观上影响了出口产品的国际竞争力。

（资料来源：《2018年浙江统计年鉴》《浙江省商务厅统计数据》）

（国家棉花市场监测系统浙江办事处　张建华）

甘　肃　省

一、棉花生产情况

1. 种植面积、总产量和单产

受2016年棉花市场价格反弹回升、种植效益提高的影响，2017年甘肃省棉花主产区种植农户的积极性大大提高，棉花种植呈现“三增”的发展态势。据甘肃省统计局统计，2017年全省棉花种植面积25.20万亩，比上年增长26.76%；总产量2.70万吨，同比增长35.68%；单产108.59千克／亩，同比增长8.43%。

2. 种植成本及收益

2017/2018年度，甘肃省棉花生产总体呈现生产成本、土地成本、产值收益“二增一减”的特点。据甘肃省发展和改革委统计，2017/2018年度甘肃省棉花种植总成本平均每亩1848.90元，同比增加91.67元，增长5.22%。其中，生产成本每亩1642.37元，同比增加92.07元，增长5.94%；土地成本每亩206.53元，同比减少0.4元，下降0.20%。每亩棉花主产品产值1822.04元，同比增加92.99元，增长5.38%；副产品产值322.68元，同比减少131.95元，下降29.02%。

3. 棉花品质

2017/2018年度甘肃棉花品质不断提高。甘肃棉花白棉比例为93.88%，较上年度提高1.08个百分点；平均长度整齐度指数为83.14%，较上年度提高0.15个百分点；马克隆值A级棉比例68.00%，较上年度提高55.6个百分点；棉花平均断裂比强度达到29.74cN/tex，较上年度提高0.36cN/tex。2017/2018年度甘肃省棉花品质在全国产棉省区中依然属于较好水平，大部分质量指标居全国前列。其中，甘肃棉花白棉比例居全国第二位，白棉平均颜色级居全国第一位，马克隆值A级棉比例居全国第一位，平均长度整齐度指数居全国第一位，平均断裂比强度居全国第一位。

二、棉花销售情况

由于受2017年棉花种植面积大幅增长和市场价格调节的影响，2017/2018年度甘肃棉花价格与全国一样，总体呈现价格高位运行、但增幅逐步回落的态势。2017 年 10 月中旬，甘肃白棉 3 级皮棉收购价格 15721 元 / 吨，同比增长 14.07%；11 月中旬，甘肃白棉 3 级皮棉收购价格 15617.3 元 / 吨，同比增长 13.32%；2018 年 4 月中旬，甘肃白棉 3 级皮棉收购价格 15450.5 元 / 吨，同比增长 12.11%。

三、纺织经济运行情况

2017/2018 年度，甘肃纺织行业总体呈现规模、产值和利润“两减一增”的发展态势。2017 年，甘肃纺织行业规模以上工业企业 12 个，比上年减少 10 个，实现工业总产值 11.63 亿元，比上年下降 59.63%；工业销售产值 10.65 亿元，下降 56.03%，其中出口交货值 5808 万元，下降 5.79%；全省纺织行业实现利润总额 5278 万元，同比增长 13.75%。

2017 年甘肃纺织行业规模以上工业企业总资产贡献率 4.27%，比上年下降 1.04 个百分点；产品销售率 91.62%，比上年提高 7.57 个百分点。

（国家统计局甘肃调查总队　徐英花）

年 度 报 告

第三部分

2017/2018 年度中国棉花行业运行分析报告

中储棉花信息中心有限公司　冯梦晓

【作者单位简介】国家棉花市场监测系统是国家有关部门批准建立的棉花市场信息监测、发布与预警系统，为国家电子政务工程重点项目之一。由中国储备棉管理有限公司与国家发改委价格监测中心共同建设，中国储备棉管理有限公司为项目法人，中储棉花信息中心有限公司具体负责系统建设与运行维护管理。系统的建设目标是密切跟踪国内外棉花市场变化，准确反映市场供求趋势；为国家宏观调控决策提供可靠的决策依据；为涉棉企业经营决策提供信息参考，正确引导国内棉花生产与消费。

2017/2018 年度全球棉花扭转了连续两年产不足需的局面，中国以外的国际市场棉花资源供给严重大于需求，中国棉花产需缺口在 300 万吨左右。外松内紧是 2017/2018 年度棉花市场供求形势最为显著的特征，由此引发国内外棉价差快速扩大，中国棉纺织企业竞争优势面临挑战。

一、2017/2018 年度国内外棉花市场供求格局形成较大反差

国际棉花市场供求水平极为宽松。根据美国农业部（USDA）10 月发布的数据，2017/2018 年度，全球产量 2632 万吨，比上年增加了 310 万吨，增幅超过 13%；全球消费量 2569 万吨，比上年扩大了 94 万吨，扩大幅度为 3.8%；全球产量大于消费 62 万吨，改变了此前连续两个年度产不足需的紧张局面。2017/2018 年度，中国以外的国际市场产量大于消费 367 万吨，库存消费比上升到 66.54%，为 2000 年度以来的最高水平，棉花供给极为充裕。

中国棉花市场供求水平走向偏紧。据国家棉花市场监测系统发布的数据，2017/2018 年度，中国棉花产量 584 万吨，比上年增加 72.3 万吨，增幅 14%，消费量为 787 万吨，产需缺口 203 万吨，比上年度略有收窄。随着中央储备棉大规模轮出，国内棉花供求水平快速走向偏紧态势。2017/2018 年度，中国期末库存消费比预计为 86%，比上年度下降 16 个百分点。

二、2017/2018 年度国内外棉价差面临显著扩大的压力

中央储备棉规模性出库两年来，2015/2016 年度和 2016/2017 年度内外棉平均价差分别为 890 元/吨和 1355 元/吨，中国棉纺织企业经营情况大为好转。鉴于外松内紧的显著市场差异，2017/2018 年度国内外棉价差已突破国内棉纺织企业承受极限（1500 元/吨）。国内外棉价差连续两个月超过 2310 元/吨，并呈现价差逐步扩大的态势。2017 年 9 月、10 月，中国棉花现货市场价格分别高于国际棉价 2319 元/吨、2381 元/吨。眼下，国内棉纺织企业竞争优势面临大幅侵蚀的风险。

三、2017/2018 度中国棉纱价连续两个月高于国际主流纱价

中央储备棉规模性出库两年来，中国棉纱价格整体优势明显。从年度均值看，2015/2016 年度，代表中国棉纱市场价格的 32 支纯棉普梳纱价格低于国际主流同类产品 101 元/吨，2016/2017 年度国内棉纱低于国际棉纱价格 193 元/吨。2017/2018 年

度以来，中国棉纱价格优势出现逆转。9 月，国内棉纱价格高于国际棉纱价格 108 元 / 吨，10 月，国内棉纱价格比国际棉纱价格高出 898 元 / 吨。

四、2017/2018 度外棉、外纱进口大幅增加

据海关统计，2017 年 9 月，我国进口棉花 9.27 万吨，环比增长 0.88 万吨，增幅 10.46%，同比增长 3.20 万吨，增幅 53.50%，为 2017 年 4 月以来最大增幅；我国进口棉纱约 16.74 万吨，同比增加 8.73%，环比增加 5.44%，打破了 2017 年 3 月以来外纱进口连续 6 个月负增长的有利局面。

五、2017/2018 年度风险预警

1. 在外松内紧背景下，中国棉花成本提高，企业运营过程中可运作空间收窄。根据国家棉花市场监测系统监测数据，截至 2017 年 10 月 27 日，全国新棉采摘进度为 74%，其中新疆采摘 76.3%；全国交售率为 78.1%，其中新疆交售 87.4%。2017 年度全国棉花基本运行成本已大致形成。中国棉花收购价格指数为 15003 元 / 吨，比上年提高了 729 元 / 吨，涨幅 5.1%。

2. 全球主要经济体货币政策正常化已拉开序幕，但金融市场的调整尚未实质性启动。需要警惕国际金融市场可能出现的风险，例如，利率、汇率、股指及贸易摩擦等。中国货币政策在中性基础上，金融监管有望保持从严态势，传统实体企业融资环境短期不易改善。国内企业资金偏紧的格局难以改变。

3. 需要警惕棉花市场行情弹性面临收敛的压力。2017/2018 年度，经济大环境给予国内棉花市场行情的弹性与 2016/2017 年度基本相似，考虑到边际递减效应，纺织品市场竞争有所加剧，鉴于环保整治等政策实施的力度，下游支撑相对弱化，行情弹性或将略为偏紧。

综合看，外围经济、金融环境折射到棉花市场方面的力量是向下的压力，外松内紧对中国棉花市场再度构成极大的压力，而我们的棉花成本却是不降反增。就目前情况看，行情难以乐观，企业经营风险值得警惕。

2017/2018 年度储备棉轮出情况概述

国家棉花市场监测系统

【作者单位简介】国家棉花市场监测系统是国家有关部门批准建立的棉花市场信息监测、发布与预警系统，为国家电子政务工程重点项目之一。由中国储备棉管理有限公司与国家发改委价格监测中心共同建设，中国储备棉管理有限公司为项目法人，中储棉花信息中心有限公司具体负责系统建设与运行维护管理。系统的建设目标是密切跟踪国内外棉花市场变化，准确反映市场供求趋势；为国家宏观调控决策提供可靠的决策依据；为涉棉企业经营决策提供信息参考，正确引导国内棉花生产与消费。

2018 年 3 月 12 日至 9 月 30 日，2017/2018 年度储备棉轮出共历时 7 个月。轮出期间，国家发改委、财政部等有关部门先后发布了调整储备棉交易主体及储备棉轮出延期等公告，不仅及时调控了国内棉价，稳定了棉花市场，也保证了新棉上市前棉花供应稳定，合理引导市场预期，确保新旧年度棉花市场平稳有序过渡。

经统计，2017/2018 年度中国储备棉管理有限公司计划出库销售储备棉累计 431 万吨，其中新疆棉 168 万吨、地产棉 263 万吨；累计成交 250.6 万吨，

成交率 58%，其中新疆棉成交 155.9 万吨，成交率 93%，地产棉成交 94.7 万吨，成交率 36%。

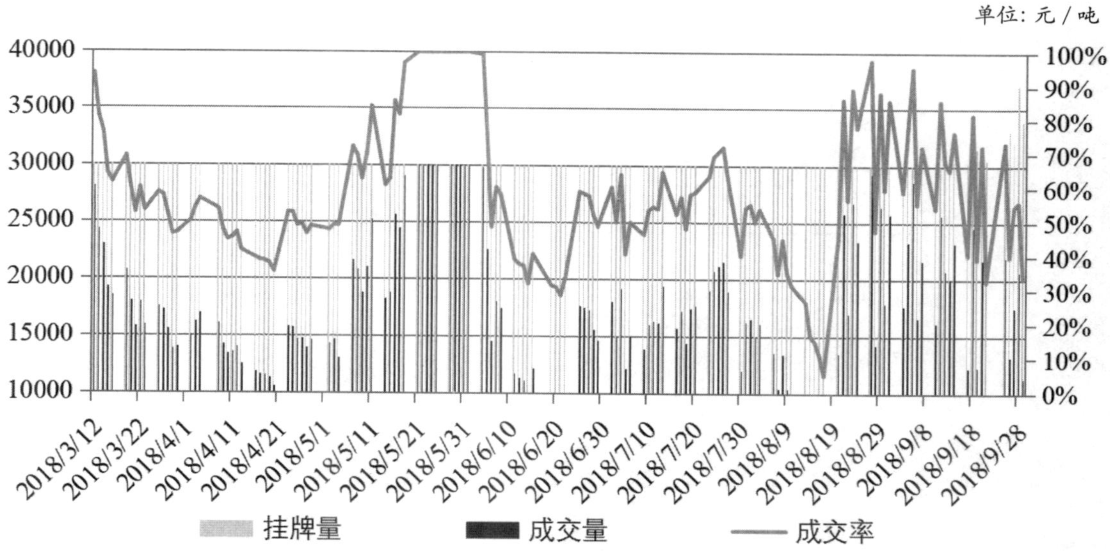

图 3–1 2017/2018 年度储备棉成交量走势

从成交价格看，2017/2018 年度成交平均价格 14770 元／吨，折标准级（3128）价格 16138 元／吨；最高价 17700 元／吨，最低价 12700 元／吨；新疆棉成交均价 15083 元／吨，平均加价 896 元／吨；地产棉成交均价 14254 元／吨，平均加价 345 元／吨。储备棉价格走势整体平稳，仅在 5 月中旬至 6 月初出现较大起伏，原因是当月郑棉期货主力合约出现三次涨停，带动储备棉及现货价格上涨。在储备棉轮出底价出现波动时，竞买企业并未受其影响，理性参与竞拍和加价，储备棉成交均价整体保持稳定。

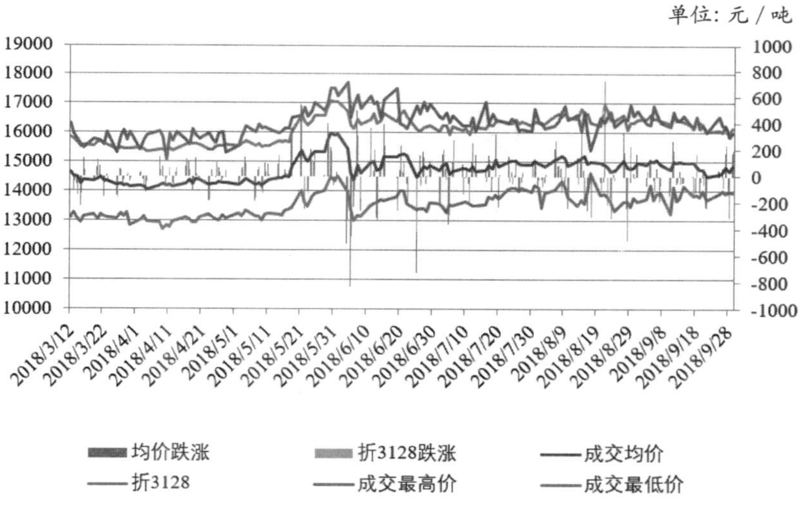

图 3–2 2017/2018 年度储备棉成交价格走势

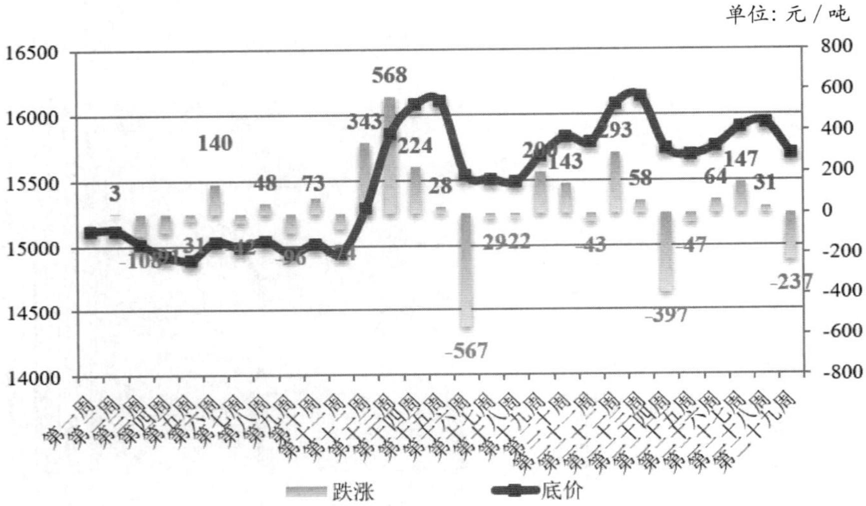

图 3-3　2017/2018 年度储备棉轮出底价走势

从成交的企业类型看，本年度累计成交企业 836 家，其中纺织企业 668 家，成交 190 万吨；贸易商 168 家，成交 61 万吨。2018 年 6 月 2 日，关于调整储备棉交易主体的公告发布，自 2018 年 6 月 4 日起至年度轮出结束，储备棉轮出交易仅限用棉企业参与竞买，贸易企业仅在 3 月 12 日—6 月 1 日参与竞买，为纺织企业用棉提供保障。

从各储备棉承储库所处省份来看，出库任务主要集中在山东、河北、湖北、江苏、河南等省份。出库期间，各直属单位克服重重困难，协调片区相关承储单位，密切配合纤检机构，加大协调和督导力度，规范出库秩序，全面保障挂牌供应。

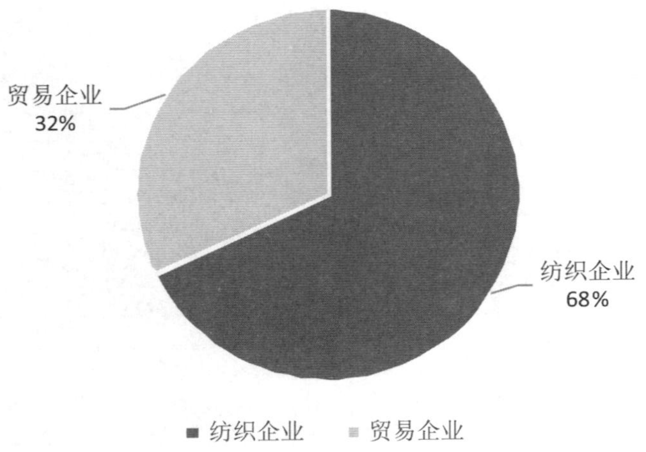

图 3-4　2017/2018 年度储备棉竞买企业类型成交重量占比

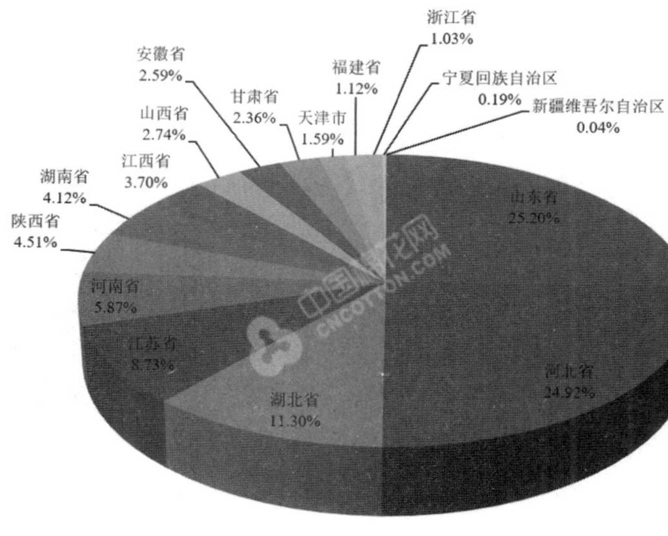

图 3–5　2017/2018 年度储备棉出库销售主要省份累计成交情况

2017/2018 年度储备棉轮出期间，中国储备棉管理有限公司坚决响应国家供给侧结构性改革部署，坚决完成已下达的出库公检任务，全力以赴落实新年度出库计划，多措并举，确保纺织用棉需求，不折不扣完成了 2017/2018 年度储备棉去库存任务，发挥了储备棉宏观调控的作用。

2017/2018 年度中国棉花生产形势分析

农业农村部农村经济研究中心　翟雪玲

【作者单位简介】农业部农村经济研究中心于 1990 年 7 月成立，是农业部直属的政策研究咨询机构，其前身是国务院农村发展研究中心。在建制上，农村固定观察点办公室与农研中心实行统一管理，共同接受农业部和中央有关部门的直接领导。农研中心的主要任务是为国家制定农村经济政策、农村经济发展战略和深化农村经济体制改革提供决策咨询和对策建议。

2017/2018 年度，全国棉花种植面积下降，但产量增长。棉花生长期间，自然、病虫等灾害发生程度较轻，棉花质量整体较好。棉花生产成本继续增长，其中人工成本由于机械化的推进有所降低，但土地成本上涨较为明显。棉花收购价格下降，农户植棉效益继续为负，现金收入同比下降。

一、2017/2018 年度全国棉花生产情况

1．棉花种植面积增长

按照国家统计局统计数据，2017/2018 年度全

国棉花种植面积为3229.6千公顷，同比下降4.3%。但据现代棉花产业技术体系全国棉花生产监测系统[①]监测分析，2017/2018年度全国棉花监测县（以下简称“监测县”）种植面积为3420千公顷，同比增长10.3%。

2．全国棉花长势良好

一是全国棉花品种较多。从监测来看，全国棉种品种较多[②]。其中黄河流域棉填报了63个棉种品种，使用率排在前三位的分别是鲁研所系列棉种13个品种、中棉所系列棉种11个品种和冀丰5个品种，其余38个品种分布在不同的地区。长江流域填报了68个品种，使用率排在前三位分别是鄂杂棉系列11个品种、创棉系列7个品种和国欣棉系列5个品种。新疆维吾尔自治区棉种相对集中。新疆维吾尔自治区填报36个棉种品种，79%使用了新陆（新陆早、新陆中）系列棉种，共有30个，品种使用较为集中。

二是一类苗比重较高。截至2017年6月底，监测县普通棉田一类棉苗所占比重46.0%。长江流域、黄河流域和西北内陆棉区分别为38.9%、53.0%和56.8%；6月20日监测县普通棉田平均株高为51.9厘米。长江流域、黄河流域和西北内陆棉区分别为51.5厘米、51.9厘米和53.0厘米。

三是棉花成铃多于上年度。2017年9月15日前后，监测县棉花平均成铃数为24.3个／株，比去年同期多2.8个／株。其中长江流域为30.5个／株，比去年同期多1.5个／株；黄河流域为17.7个／株，比去年同期多1.6个／株；新疆棉区平均为7.8个／株，比去年同期多1.8个／株。

3．棉花生产区域气候整体正常，病虫灾害发生较轻

2017/2018年度，全国棉花主产区生长期内气候整体正常。其中新疆、黄河流域光温条件较好，雨量适中，病虫害轻度发生，棉花生产条件总体适宜，尤其新疆地区棉花生产条件是近些年最好的一年。黄河流域的河北、山东后期部分地区温度偏高，引起棉花早衰，产量受到一定的不利影响。长江流域生产条件一般，部分地区遭受了强降雨，影响棉花长势，但总体影响有限。病虫害轻度发生，棉田病害以黄萎病和枯萎病为主，长江、黄河流域偏重。

4．全国平均单产、总产增长

按照国家统计局统计发布的数据，2017/2018年度，全国棉花单位面积产量1698.6千克／公顷（113.2千克／亩），比上年度年增加116.1千克／公顷（7.7千克／亩），提高7.3%。全国棉花总产量548.6万吨，比2016/2017年度增加14.2万吨，增长2.7%。

但根据全国棉花生产监测系统2017年9—12月测产分析，2017/2018年度全国棉花单位面积产量1687.1千克／公顷，较上年度提高8.5%。全年棉花产量预计为577万吨，较上年增加19.7%。

棉花质量好于上年。由于今年新疆、黄河流域等大部分棉区天气条件较好，利于棉花生长，整体棉花质量好于上年。从新疆统计数据看，2017/2018年度新疆棉花加权平均长度值、平均断裂比强度、马克隆值A+B级占比等指标较上年同期有较大提高。其中加权平均长度值同比增加0.6%，平均断裂比强度同比增加1.4%，马克隆值A+B级占比同比增加0.65%，白棉三级以上占比同比降低0.2%。整体质量情况好于上年，也是近几年棉花质量最好的一年。

二、棉花生产成本收益分析

1．籽棉价格下降，收购进度正常

2017/2018年度，全国棉花生产监测县籽棉平均价格为6.80元／千克，同比下降6.1%。其中2017年9—11月，籽棉平均价格为7.0元／千克，后期由于质量下降，市场供给充足，籽棉价格也呈现下降态势。新棉收购进度正常。截至2017年12月底，监测县棉花收购进度达到80%以上，收购进度正常。

2．农户植棉总成本小幅增长

据《全国农产品成本收益资料摘要2018》数据分析，全国棉花平均总成本为每亩2330.8元，同比

① 国家棉花产业技术体系产业经济研究室构建全国棉花生产监测系统，开始对全国251个棉花高产创建示范县（团场）、300余个高产示范片进行月度棉花生产监测。

② 指棉花种植品种居示范县前三位的种子。

增加 1%，新疆棉花生产总成本为每亩 2219.5 元，同比增加 3.1%，但仍比全国平均成本低 111.3 元。

表 3–1　2017 年棉花全国平均和新疆棉区生产成本变化

（单位：吨）

项目	单位	全国平均	同比	新疆	同比
总成本	元	2330.8	1.0	2219.5	3.1
每亩物质与服务费用	元	670.1	9.7	914.1	9.4
每亩人工成本	元	1353.7	-2.9	934.6	-0.1
土地成本	元	307.0	1.6	370.7	-2.6

资料来源：《全国农产品成本收益资料汇编 2017》《全国农产品成本收益资料汇编 2018》。

根据《全国农产品成本收益资料汇编》分类，棉花生产总成本划分为物质与服务费用、人工成本和土地成本三大部分。

（1）物质与服务费用大幅增加。2017 年全国棉花生产物质与服务费用为每亩 670.1 元，同比增加 9.7%。与全国相比，新疆棉花物质与服务费用为每亩 914.1 元，高出 244 元，同比增加 9.4%。物质与服务费用主要是指在棉花生产过程中投入的农业生产资料的各项支出，包含种子、农药、化肥、农膜、燃料费、机械作业费。从具体支出项目的变化来看，农家肥费、农膜费、租赁作业费（其中的机械作业费、水费）、燃料动力费、工具材料费等支出大幅增加，增幅均超过了 10%。结合实际调研情况分析，目前棉花生产成本的上升与当前实施的农业绿色发展，加强可回收农膜使用，提高机械化程度等密切相关。

表 3–2　2017 年全国平均和新疆棉花生产物质与服务费用变化

（单位：吨）

项目	单位	全国平均	同比	新疆	同比
每亩物质与服务费用	元	670.1	9.7	914.1	9.4
（一）直接费用	元	606.4	10.3	800.5	11.6
1. 种子费	元	56.5	3.7	58.4	7.3
2. 化肥费	元	194.8	1.3	224.1	0.7
3. 农家肥费	元	17.0	18.6	24.0	21.2
4. 农药费	元	70.9	4.3	71.0	12.5
5. 农膜费	元	36.1	20.5	54.2	21.8
6. 租赁作业费	元	192.0	16.0	299.0	12.2
机械作业费	元	112.9	21.9	168.8	19.0
排灌费	元	77.9	9.2	129.6	5.1
其中：水费	元	24.7	15.0	41.2	11.3
畜力费	元	1.3	–21.5	0.6	–48.8
7. 燃料动力费	元	4.8	20.5	7.9	10.0
8. 技术服务费	元	0.6	51.4	0.9	8.7

续表

项目	单位	全国平均	同比	新疆	同比
9. 工具材料费	元	29.2	76.3	54.3	69.4
10. 修理维护费	元	4.3	8.3	6.5	9.5
11. 其他直接费用	元	0.1	−46.2	0.3	−50.9
（二）间接费用	元	63.7	4.5	113.6	−4.2
1. 固定资产折旧	元	20.7	1.7	35.0	−7.3
2. 保险费	元	32.8	8.3	58.8	−0.1
3. 财务费	元	3.2	40.1	6.3	27.0
4. 销售费	元	7.0	−12.6	13.5	−20.5

资料来源：《全国农产品成本收益资料汇编 2017》《全国农产品成本收益资料汇编 2018》。“管理费”为 0，已剔除。

（2）人工成本明显下降。2017 年，种植棉花人工成本全国平均为每亩 1353.7 元，同比减少 2.9%；新疆每亩 934.6 元，比全国平均水平低 419.1 元，同比略减 0.1%。虽然总的人工成本在减少，但从全国来看，雇工费用在增加，主要由于每亩雇工天数同比增加了 7.3%。新疆地区人工投入稳中略降，每亩家庭用工天数和雇工天数同比减少了 2.1% 和 1.7%，用工量的减少是劳动成本下降的主要原因。

表 3–3　2017 年全国平均和新疆棉花生产人工成本变化

（单位：吨）

项目	单位	全国平均	同比	新疆	同比
每亩人工成本	元	1353.7	–2.9	934.6	–0.1
1. 家庭用工折价	元	1102.1	–5.3	449.2	0.0
家庭用工天数	日	13.3	–7.3	5.4	–2.1
劳动日工价	元	83.1	2.1	83.1	2.1
2. 雇工费用	元	251.7	9.7	485.5	–0.2
雇工天数	日	2.4	7.3	4.6	–1.7
雇工工价	元	106.6	2.2	106.5	1.6

资料来源：《全国农产品成本收益资料汇编 2017》《全国农产品成本收益资料汇编 2018》。

（3）土地成本全国涨、新疆降。2017 年，种植棉花土地成本全国平均为每亩 307 元，同比增加 1.6%，自营地折租增长是导致土地成本增长的主要原因。新疆土地成本为每亩 370.7 元，比全国平均水平高 63.7 元，同比减少 2.6%，流转地租金和自营地租金均明显下降。

表 3–4　2017 年全国平均和新疆棉花生产土地成本变化

（单位：吨）

项目	单位	全国平均	同比	新疆	同比
土地成本	元	307.0	1.6	370.7	–2.6
1. 流转地租金	元	43.0	5.2	63.9	–2.6
2. 自营地折租	元	264.0	1.0	306.8	–2.5

资料来源：全国农产品成本收益资料汇编 2017、2018。

3. 农户植棉净收益为负

2017 年棉花种植每亩产量和产值均大幅增长。全国每亩主产品产量达 105.9 千克，同比增长 7.5%，每亩产值合计 1860.5 元，同比增长 2.3%；新疆每亩主产品产量则达到 131 千克，同比增长 8.9%，每亩产值合计 2313.2 元，同比增加 7.2%，产量和产值增幅均比较大。全国棉花总体利润为负。2017 年，全国平均每亩净利润为 –470.3 元，同比亏损数额缩小 3.7%，成本利润率为 –20.2%，相比上年小幅提升一个百分点。不计家庭劳动成本，现金收益每亩 895.7 元，同比减少 4.4%。总产值的增长效应被总成本的提高抵销，导致棉花生产收益仍处于较低水平。

新疆棉花净收益同比增长。2017 年，新疆平均每亩净利润为 93.7 元，同比增长 1318.9%，成本利润率 4.2%，提升近四个百分点。不计家庭劳动成本现金收益为每亩 849.7 元，同比增加 10.2%。

表 3–5　2017 年全国平均和新疆棉花生产物质与服务费用变化

（单位：吨）

项目	单位	全国平均	同比	新疆	同比
每亩主产品产量	千克	105.9	7.5	131.0	8.9
产值合计	元	1860.5	2.3	2313.2	7.2
主产品产值	元	1561.0	7.3	1978.9	12.9
副产品产值	元	299.5	–17.6	334.3	–17.5
总成本	元	2330.8	1.0	2219.5	3.1
净利润	元	–470.3	3.7	93.7	1318.9
现金成本	元	964.8	9.5	1463.5	5.4
现金收益	元	895.7	–4.4	849.7	10.2
成本利润率	%	–20.2	1.0*	4.2	3.9*

资料来源：《全国农产品成本收益资料汇编 2017》《全国农产品成本收益资料汇编 2018》。* 表示“2017 年成本利润率—2016 年成本利润率”。

三、相关政策建议

当前我国棉花产业结构进入快速调整阶段，各种矛盾、困难集中显现，必须直面产业发展中存在的瓶颈因素，以供给侧结构性改革为主线，提高供给体系质量和效率，确保国内棉花有效需求，全面提高我国棉花产业竞争力。

1. 加强棉花生产能力，加快建立棉花生产保护区进度

对适宜棉花生产的地区加大支持力度，实现稳棉保供。推进新疆棉花生产结构调整，引导棉花生产向优势产区集中，部分生态脆弱区坚决退出棉花生产。稳定黄河流域棉区和长江流域棉区，巩固沿海沿江沿黄环湖盐碱滩涂棉区。

2. 在内地棉区大力推广轻简栽培和直播棉，鼓励发展托管服务

劳动力短缺、成本偏高已经成为制约内地棉区发展的主要障碍，今后必须大力推广轻简栽培，总结轻简栽培的成熟模式。这两年为适应小麦等作物全程机械化，长江流域部分内地棉区大力推广了直播棉。直播棉能够有效缓解植棉劳动力短缺问题，提高土地综合效益。建议进一步完善直播棉种植技术，加大麦（油）后直播棉花品种选育研究力度，扩大直播棉的推广力度，在内地适宜省份棉区示范推广。另外，针对植棉缺乏劳动力的问题，部分棉区已经发展出了机耕机播、植保托管等服务，也得到棉花种植者的认可。未来可以通过鼓励土地流转，对能够提供相关专业服务的经营主体或社会服务组织进行资质认定，根据其对农户提供的服务探讨支持方式。

3. 大力提高机采棉质量

今后机采棉是我国棉花产业发展的必然趋势，必须认清这一形势，下大力气突破产业发展瓶颈，提高机采棉质量。大力培育选育适合机采的新品种，在吐絮集中、纤维长、果枝始节高、马克隆值、比强度等性状方面取得突破性进展，实现产量、品质、抗性和早熟性指标相统一。总结探索机采棉种植模式、管理规程以及脱叶催熟技术，促进农机农艺结合，良种良法配套，解决机采棉浪费和含杂率高的问题。加大棉花加工企业的技改步伐，形成统一高效的棉花籽清和皮清加工工艺规程，提高机采棉轧花质量。

2017/2018 年度中国棉花加工行业运行现状

中华全国供销合作总社郑州棉麻工程技术设计研究所　史书伟

【作者单位简介】中华全国供销合作总社郑州棉麻工程技术设计研究所是我国棉花加工行业唯一的国家级科研机构，于 1978 年经国务院批准成立，隶属中华全国供销合作总社。是集棉花加工新技术新工艺的研究开发和推广应用、棉机和棉检仪器研制生产、行业电子信息技术开发和系统集成、喷码标识产品和技术研制生产、开展信息技术交流、提供工艺设计和综合技术服务为一身的综合性科学事业单位。

一、中国棉花加工设备及技术现状

1. 兵团团场综合配套改革全面实施，籽棉交售网络化、信息化技术优势凸显

新疆生产建设兵团深化团场综合配套改革在 2016/2017 年度第六师团场综合配套改革的探索与实践的基础上，2017/2018 年度稳步推进，全面实施。目前，新疆生产建设兵团各植棉师对所辖垦区棉花加工企业采用集团化管理、市场多主体运营的经营方式。因此，为了确保集团公司各棉花加工企业籽棉交售准确、有序、高效的开展，籽棉交售的网络化、信息化管理技术受到重视。

2017/2018年度，新疆生产建设兵团各植棉师在采用籽棉交售网络化、信息化管理技术方面加大投资力度，取得不错效果。尤其是兵团第一师、第七师和第八师，通过与科研院所和相关企业合作，研发的籽棉交售信息管理系统，实现棉农信息识别与录入、籽棉检验与交售一卡通管理、籽棉价格实时结算与银行兑现；实现籽棉交售统一定价、信息实时上传，确保集团公司对籽棉交售的网络化、信息化管理，确保了团场综合配套改革科学、有序地开展。

2. 棉花调湿热源清洁、环保改造工作稳步推进

棉花调湿是棉花加工工艺必不可缺的一个重要环节，是确保棉花清理质量和加工质量的重要保障。棉花调湿热源大多采用燃煤热风炉，是《兵团办公厅关于印发兵团控制污染物排放许可制实施计划的通知》和《新疆生产建设兵团关于进一步加强大气污染防治工作的实施意见》的重点改造对象。为了确保棉花加工企业良好运行，棉花调湿热源清洁、环保改造在地方及兵团都在积极开展。

2017/2018年度，棉花加工企业棉花调湿热源清洁、环保改造在探索中前行，清洁热源改造主要有生物质热风炉、燃气热风炉、电热风炉三种改造方案，加工企业根据自身生产工艺和企业特点选择适合的改造方案。新疆生产建设兵团第六师、第七师改造力度较大，以第七师为例，19条加工生产线全部改造完毕。其中11条生产线采用生物质热风炉，6条生产线采用天然气热风炉，2条生产线采用电热风炉。新疆生产建设兵团其他植棉师及新疆地方棉花加工企业的清洁能源改造工作也都在探索中前行。

3. 棉花通风除尘设备艰难探索

由于交售的籽棉中存在较多的棉叶、棉秆、尘土等杂质，在棉花加工过程中产生的粉尘污染是棉花加工企业的重要污染源，严重威胁着棉花加工从业人员的身体健康，制约了棉花加工企业良性发展。目前，虽然棉花加工工艺中配备着旋风式沙克龙除尘设备，但其除尘效果受风量配比、管道直径、粉尘含量等因素的影响，除尘效果差别较大，不能满足环保要求。为此，棉花加工行业相关科研院所和设备制造企业关于棉花通风除尘设备进行了多年的研究，获得了一些基础数据，取得了一定的科研成果，解决了一些问题，但是，由于棉花加工过程中通风除尘的复杂性，棉花通风除尘设备没有得到彻底解决。

2017/2018年度，棉花加工设备生产企业研发了新型多转笼棉花除尘设备，在新疆生产建设兵团第七师和第八师部分棉花加工企业应用实践，通过设备的不断创新与优化升级，取得了一定进展，但是没有大的技术突破。

二、中国棉花加工设备发展趋势

1. 棉花加工设备清洁、环保型

随着《兵团办公厅关于印发兵团控制污染物排放许可制实施计划的通知》和《新疆生产建设兵团关于进一步加强大气污染防治工作的实施意见》的稳步实施，环境保护力度逐渐增大，棉花加工工艺中棉花调湿热源和通风除尘设备清洁、环保技术改造是未来一段时期内的重要内容。

2017/2018年度，棉花调湿热源清洁、环保改造已经率先开展，其中新疆生产建设兵团第六师、第七师棉花调湿热源基本改造完毕，第二师、第八师进行了部分试点，新疆地方棉花加工企业根据自身企业特点，也相继开展了电热风炉改造。预计2018/2019棉花年度热源的应用于实践，我国棉花加工行业棉花调湿热源清洁、环保改造将迎来市场井喷式发展。

2017/2018年度，虽然棉花通风除尘设备仍处于探索实践中，但是随着环境保护力度的逐年增大，以及棉花加工企业与职工对于环境污染的重视程度逐渐增大，企业的通风除尘设备改造投入力度的增大，在市场需求推动科研开发的前提下，棉花通风除尘技术研发还需要继续加大投入。

2. 棉花加工生产线自动化、智能化

由于企业职工自主流动性增强，且棉花加工环境恶劣、劳动强度大的特点，技术工人流失、企业招工难必将是今后一定时期内影响棉花加工企业有序运营的一大难题。目前，棉花加工自动化水平相对较低，棉花加工人员的技术水平对棉花加工质量的稳定性起着决定性作用。因此，为了破解技术工人流失、企业招工难的问题，棉花加工生产线的自动化、智能化必将是未来棉花加工发展的趋势。

棉花加工生产线的自动化、智能化，即采用智能控制技术和网络信息技术，提升单机设备的检测精度与控制精度，增强单机设备的网络化、信息化加工能力，确保棉花加工单机设备的网络化、智能化。采用人工智能技术，对棉花加工工艺中设备产生的设备运行信息、棉花加工质量信息进行数据挖掘，建立设备运行信息大数据和棉花加工信息大数据，建立棉花加工设备运行状态追溯体系和棉花加工质量追溯体系，提升棉花加工智能化、网络化水平。

三、棉花加工企业经营效益情况及结构变化

1. 兵团棉花加工集团化运作、多主体经营

2017/2018 年度是新疆生产建设兵团深化团场综合配套改革全面推广之年，植棉团场棉花加工企业从团场脱离，各植棉师成立集团公司统一管理垦区所属棉花加工企业。并且通过进一步深化改革，集团公司针对所属棉花加工企业，采用自主经营和合作经营相结合的多种经营模式，呈现兵团棉花加工集团化运作、多主体经营的新局面。

兵团棉花加工集团化运作、多主体经营，增强了棉花加工企业的自主经营灵活性，提升了棉花加工企业的市场竞争力，极大地激活了棉花加工企业经营活力。兵团棉花加工集团化运作、多主体经营，降低了棉花加工企业运行成本及棉花加工企业市场运作风险，提升了棉花加工企业的运行效率。兵团棉花加工集团化运作、多主体经营，有助于推动新疆生产建设兵团深化团场综合配套改革的稳步实施。

2. 棉花种植、加工持续调整，棉花加工止跌回暖

随着《新疆棉花目标价格改革试点工作实施方案》的稳步推进，市场调节机制发挥的作用日益明显，具有市场竞争力、生产质量好、品牌好的棉花加工企业，其生产能力、生产规模进一步增大，市场的调节作用已经起到很好的效果，中国棉花加工企业已呈现止跌回暖的迹象。

对比 2013/2014 年度到 2017/2018 年度，从全国新体制棉花细绒棉公证检验棉花加工企业数量变化趋势可以看出，自 2014/2015 年度《新疆棉花目标价格改革试点工作实施方案》实施第一年，公正检验棉花加工企业数量由实施前的 1789 家减少到 2016/2017 年度 987 家。但是，随着棉花加工行业调整的基本完成和棉花产量的增多，2017/2018 年度，公正检验棉花加工企业增长到 1030 家，同比增长 4.36%，呈现回暖趋势。

（单位：家）

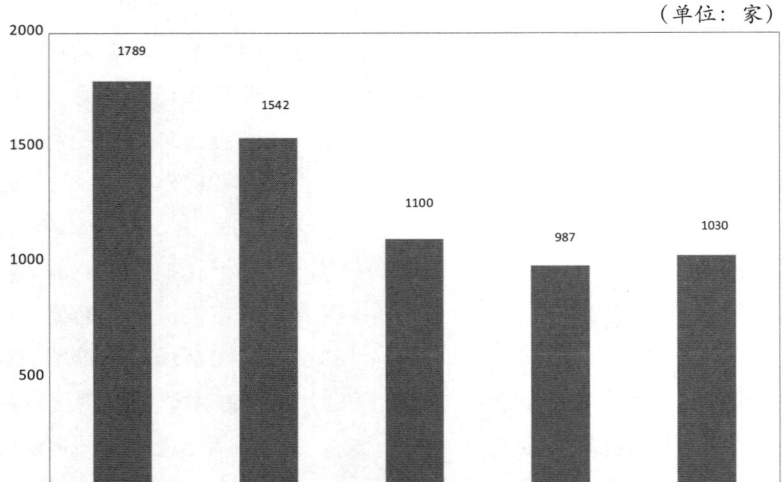

	2013/2014年度	2014/2015年度	2015/2016年度	2016/2017年度	2017/2018年度
■加工企业	1789	1542	1100	987	1030

图 3–6　公证检验棉花加工企业数量变化趋势

3. 新疆地方机采棉改造初显成效，棉花加工量持续增长

随着新疆地方手摘棉种植、加工的市场竞争力削弱，新疆地方机采棉改造力度的增强，新疆地方棉花加工能力逐年增强。从新疆地方棉花加工棉包公检数量变化趋势可以看出，新疆地方公证检验棉花加工数量在全国公证检验中的占比已由2013/2014年度的41.27%，增长到2017/2018年度的65.28%，新疆地方棉花加工公证检验量已接近全国的2/3。

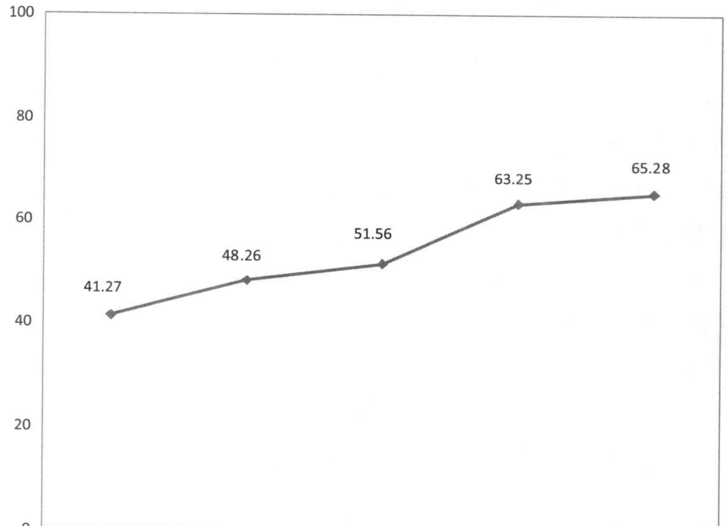

	2013/2014年度	2014/2015年度	2015/2016年度	2016/2017年度	2017/2018年度
公检棉包量在全国公检中的占比(%)	41.27	48.26	51.56	63.25	65.28

图 3–7　新疆地方公证检验棉花加工数量变化趋势

4. 兵团棉花跨区域交售与棉花外流常态化，兵团棉花加工总量减少

随着新疆生产建设兵团深化团场综合配套改革稳步推进，兵团棉花交售、加工的限制壁垒逐步打破，棉花自由交售呈现常态化，特别是2017/2018年度，兵团棉花可在兵团棉花加工企业之间自由交售，可享受同等棉花补贴及其相关的政策保障，因此，兵团棉花跨团场、跨区域交售的现象十分普遍。另外，受棉花交售检验方式、定价方式的差异因素影响，兵团棉花外流现象逐渐增多，特别是2017/2018年度，兵团棉花外流比较突出，兵团第一师部分棉花加工企业一度收购进度迟缓，致使棉花加工断断续续，极个别企业甚至不能按照预期开工生产，比同期晚加工了一个月之久。

四、2017/2018年度棉花加工设备销售数量及销售额变化情况

2017/2018年度，由于新疆生产建设兵团深化团场综合配套改革具体实施措施较晚，棉花加工设备改造具有较强的周期性，致使棉花加工设备销售形势进一步低迷。国内棉花加工设备销售市场仍然主要集中在新疆棉区，其中新疆地方存在新建几条机采棉加工生产线，并配置了全套机采棉加工设备和手摘棉改机采棉的相关工程，而新疆兵团主要体现在对棉花调湿热源技术改造和棉花通风除尘设备技术相关改造和配套的管网改造。另外，新疆兵团棉花加工企业为确保集团化管理，兵团第一师、第七师、第八师普遍采用整套的籽棉交售信息管理系统，以上几类设备本年度销售额在2.4亿元左右，与上一棉花年度实际成交额相比呈现断崖式下降状态。

五、建议

《新疆棉花目标价格改革试点工作实施方案》实施四年，新疆生产建设兵团深化团场综合配套改革逐步推进，对于我国棉花种植、加工产生较大的影响，新疆棉区棉花加工的主体地位基本稳固，黄河流域棉区同比略有增长，长江流域棉区持续下降。在新疆棉区，新疆地方棉花加工占比进一步提高与新疆兵团持续下降的前提下，棉花加工将发生了较大的变动，提出新的课题。

1. 重视新疆地方和内地棉区加工企业发展需求，提升棉花加工整体技术水平

针对我国棉花加工过程中存在的自动化程度低、性价比不高的问题，国内科研院所、棉花加工设备生产企业应着眼于我国棉花加工企业的整体客观现状，从新疆兵团棉花加工逐步向新疆地方和黄河流域棉区、长江流域棉区棉花加工企业转移，加强技术创新，加大科研投入力度，针对新疆地方和黄河流域棉区、长江流域棉区棉花加工企业的特点与现状，深入调研与总结，提出切实有效的改造方案，研发棉花加工过程的检测设备与仪器，减少企业人工投入，降低棉花加工企业生产成本，保障棉花加工质量，提升棉花加工整体技术水平。

2. 坚定棉花加工清洁、环保发展方向，加大技术交流与合作，助推棉花加工更好、更快发展

清洁、环保的棉花加工是我国棉花加工的必由之路，棉花加工主机设备、调湿热源、通风除尘等设备的清洁、环保是困扰棉花加工更好发展的技术难题。目前，棉花加工行业内的科研院所、设备加工企业均有了一定的科研投入，取得了一些技术成果，但是，其技术水平不能满足棉花加工发展的需要。因此，我国棉花加工行业应凝聚科研力量，加大技术交流与合作，对影响我国棉花加工清洁、环保发展的关键技术和共性技术进行技术攻关，研发一批科技含量高、稳定性能好、性价比高的装备或设备，助推棉花加工更好、更快发展。

2017/2018年度中国棉花质量情况分析

中国纤维检验局 熊宗伟

【作者单位简介】中国纤维检验局始建于1950年，是实行公务员管理的全额预算事业单位，隶属于国家质量监督检验检疫总局。2001年国务院颁布的《棉花质量监督管理条例》以法规的形式确立了中国纤维检验局及各级专业纤维检验机关行政执法的主体资格，明确了中国纤维检验局棉花质量监督的行政执法权以及负责组织实施全国棉花质量监督工作，包括组织实施全国棉花公证检验、全国棉花质量监督检查和依法查处棉花质量违法行为。

为保证我国棉花流通质量，稳定市场交易秩序，促进棉花产业健康发展，我国进行了棉花质量检验体制改革，将棉花质量检验方式由人工感官检验逐步转变为全部采用仪器化快速检验。改革推行十余年来，我国仪器化公证检验工作不断深入，检验量稳步上升，检验数据能比较真实地反映当年度我国棉花质量情况。《2017/2018年度中国棉花质量分析报告》以本年度新体制棉花加工企业收购加工细绒棉（重点是新疆监管棉花）的公证检验数据为基础进行统计、分析，以期得到有价值的信息，为涉棉的政府职能部门、行业组织和相关企业分析棉花形势、研究棉花政策、扶持棉花产业提供重要依据。

一、数据来源

2017/2018 年度中国棉花质量分析报告，依据 GB 1103.1-2012《棉花第 1 部分：锯齿加工细绒棉》①国家标准，对颜色级、轧工质量、长度、马克隆值、断裂比强度、长度整齐度指数等主要指标进行汇总统计，并综合生产、市场和政策等多方因素进行分析和评价而成。

本报告所称的新体制棉花，是指按照棉花质量检验体制改革方案要求进行生产、加工，并在棉花产地经过仪器化公证检验的成包皮棉。

本报告所称的棉花年度，起止时间为当年 9 月 1 日至次年 8 月 31 日，2017/2018 年度即为 2017 年 9 月 1 日至 2018 年 8 月 31 日。

按照品种及纤维长度，我国棉花分为细绒棉和长绒棉，长绒棉仅在新疆有种植，占全国棉花总量的比例极低，其检验依据为 GB19635-2005《棉花长绒棉》，与细绒棉的检验依据不同。细绒棉按加工方式的不同分为锯齿加工细绒棉和皮辊加工细绒棉，皮辊加工细绒棉占全国棉花总量的比例极低，其检验依据为 GB1103.2-2012《棉花第 2 部分：皮辊加工细绒棉》。因此，本文所统计的质量指标数据，均以当年度新体制棉花锯齿加工细绒棉的公证检验数据为基础计算而来。

二、检验数量

2017/2018 年度，全国新体制棉花细绒棉公证检验涉及的产棉省（自治区、直辖市）及新疆生产建设兵团②共 10 个，与上一年度持平，涉及加工企业 1030 家，比上一年度增长 4.36%，检验量 2337 万包,528.7 万吨，分别比上一年度增加 27.35%、27.18%。

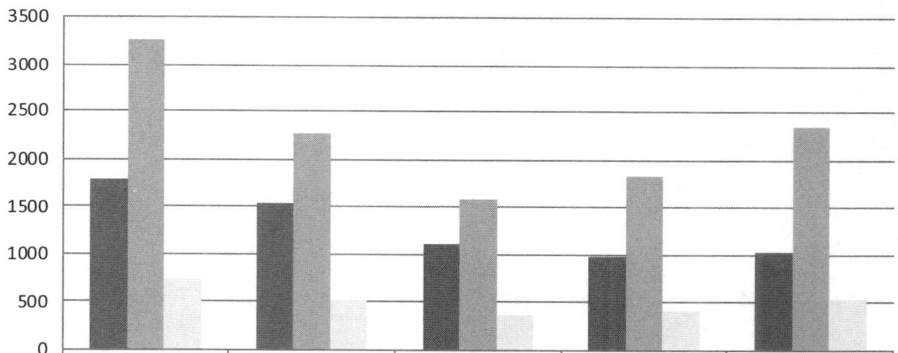

	2013/2014年度	2014/2015年度	2015/2016年度	2016/2017年度	2017/2018年度
加工企业（家）	1789	1542	1100	987	1030
包数（万包）	3268.2	2271.0	1589.2	1835.0	2337.0
重量（万吨）	741.0	514.2	360.0	415.7	528.7

图 3–8　2013/2014 年度—2017/2018 年度全国新体制棉花检验量情况对比

对比近 5 个年度的新体制企业检验数量，新疆作为我国棉花最主要产区，检验量在全国仍保持非常大的比重，为 94.50%，其中，新疆地方检验量仍保持快速增长，增幅达到 35.59%。内地棉区检验量逐步进入平稳期，黄河流域棉区检验量同比增长 53.00%，长江流域棉区同比下降 0.52%。

① 2012 年 11 月 21 日，国家标准化委员会发布了新修订的棉花国家标准 GB 1103.1–2012《棉花第 1 部分：锯齿加工细绒棉》和 GB 1103.2–2012《棉花第 2 部分：皮辊加工细绒棉》，并从 2013 棉花年度（2013 年 9 月 1 日）起开始实施，取代 GB 1103–2007《棉花细绒棉》国家标准。

② 新疆维吾尔自治区地方及生产建设兵团所产棉花因其在品种、生产方式、管理模式上的差异，而在一些质量指标上各具特点，因此，本报告中对其分别统计分析，并分别简称新疆地方、新疆兵团。

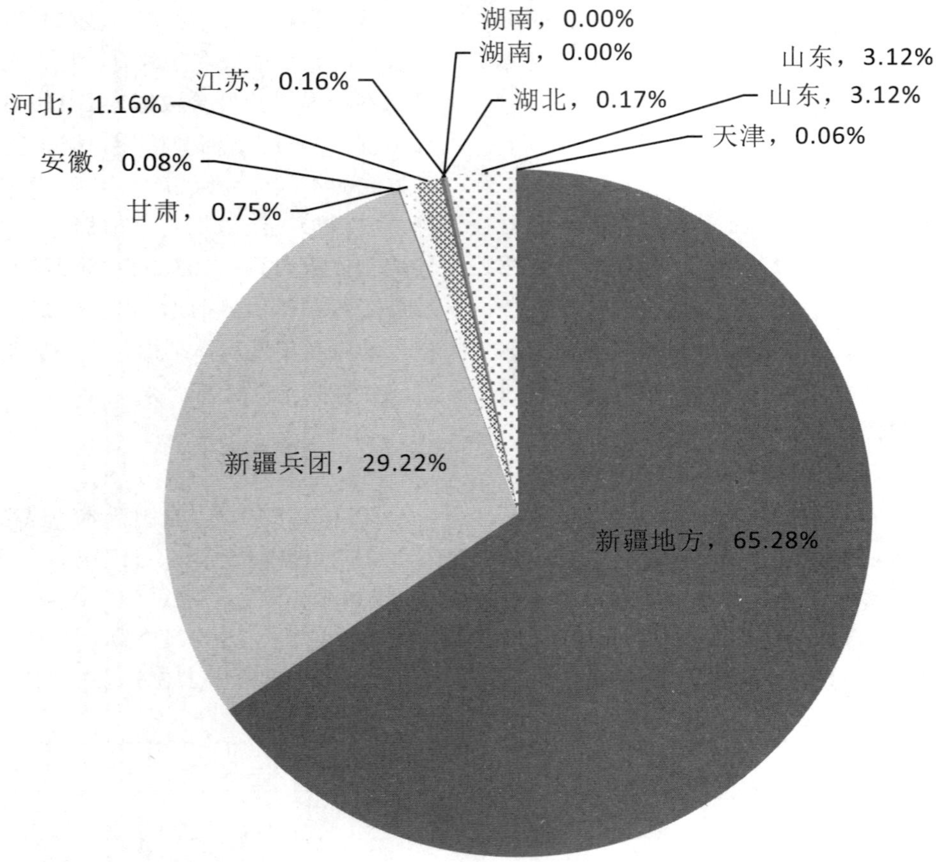

图 3–9　2017/2018 年度全国各产棉省份检验数量占比分布

单位：万包

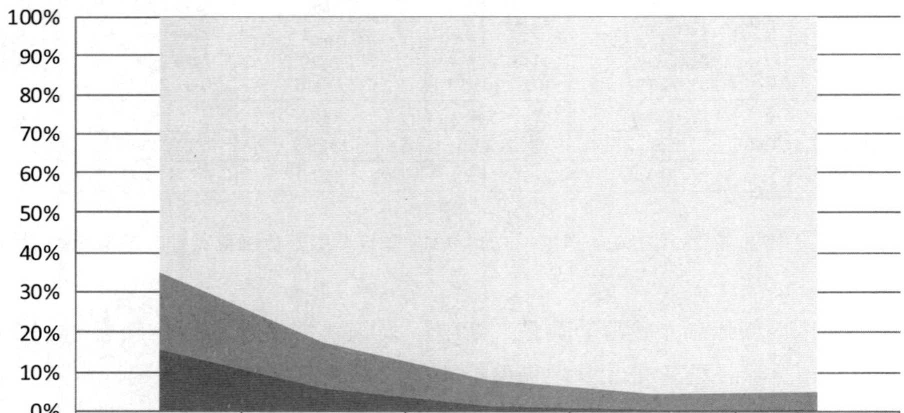

	2013/2014年度	2014/2015年度	2015/2016年度	2016/2017年度	2017/2018年度
西北内陆棉区	2121.87	1874.56	1456.59	1684.01	2193.19
黄河流域棉区	631.32	264.92	108.16	65.23	99.80
长江流域棉区	513.71	131.54	19.29	9.69	9.64

图 3–10　2013/2014 年度—2017/2018 年度三大产棉区检验量占比变化

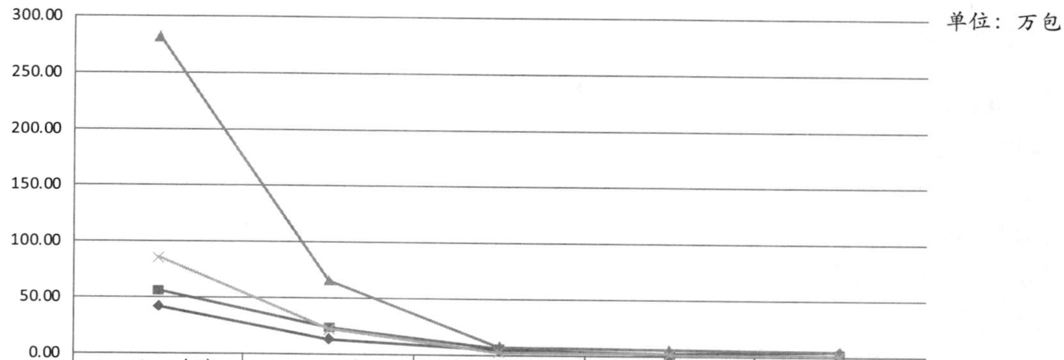

	2013/2014年度	2014/2015年度	2015/2016年度	2016/2017年度	2017/2018年度
江苏	41.72	13.13	3.86	2.12	3.66
安徽	55.64	23.49	5.27	0.89	1.93
湖北	281.50	65.09	6.98	5.58	3.94
湖南	84.91	21.95	2.13	1.10	0.11

图 3–11　2013/2014 年度—2017/2018 年度长江流域棉区各产棉省份检验数量变化趋势

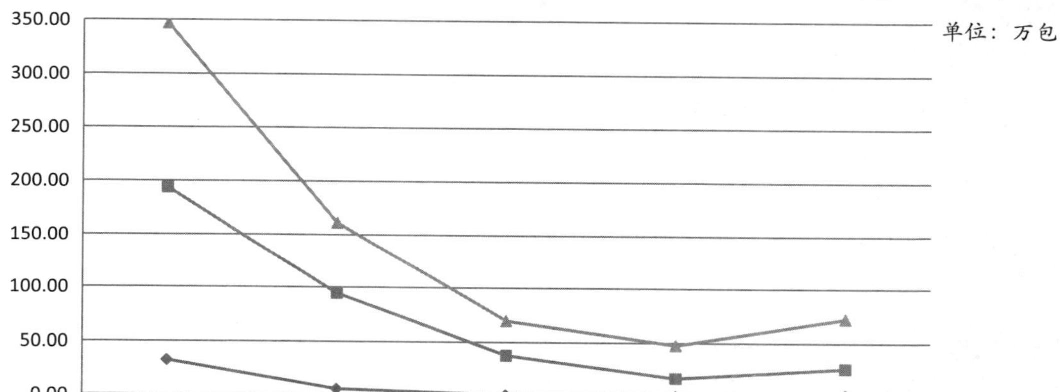

	2013/2014年度	2014/2015年度	2015/2016年度	2016/2017年度	2017/2018年度
天津	32.53	5.68	0.68	0.19	1.32
河北	193.63	94.25	38.04	17.21	26.60
山东	346.67	161.07	69.34	47.83	71.89

图 3–12　2013/2014 年度—2017/2018 年度黄河流域棉区各产棉省份检验数量变化趋势

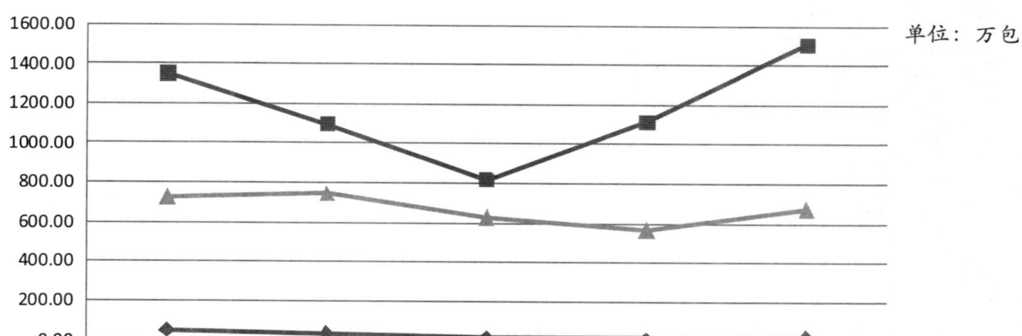

	2013/2014年度	2014/2015年度	2015/2016年度	2016/2017年度	2017/2018年度
甘肃	48.81	35.39	13.33	6.15	17.26
新疆地方	1348.13	1096.10	816.73	1112.48	1503.06
新疆兵团	724.93	743.07	626.52	565.38	672.87

图 3–13　2013/2014 年度—2017/2018 年度西北内陆棉区各产棉省份检验数量变化趋势

三、指标结果

1. 颜色级[①]

颜色级指标是 GB 1103.1-2012《棉花第 1 部分：锯齿加工细绒棉》引入的棉花质量指标，它依据棉花的黄色深度（+b）确定类型，依据反射率（Rd%）反映出的明暗程度确定级别，通过类型和级别在颜色分级图中对应的区域确定棉花的颜色级。按照中国棉花颜色分级图，我国锯齿加工细绒棉共分为 4 种类型、13 个颜色级，其中白棉 3 级为标准级。从类型来讲，白棉和淡点污棉使用价值较高；淡黄染棉由各种僵瓣棉和部分晚期次棉、污染棉、烂桃棉，或是淡点污棉变异而来，使用价值较低；黄染棉是在特殊情况下才会出现的，因多年存储变异，或回潮率大的籽棉未及时晾晒而变黄，这类棉花品质极低。各个类型中，1 级为最好。

从 2017/2018 年度新体制棉花检验情况来看，西北内陆棉区的棉花颜色级指标最好，白棉所占比例最高，达到 98.17%。黄河流域棉区整体颜色级指标介于西北内陆棉区和长江流域棉区水平之间，淡点污棉占比较多，为 51.05%，白棉占比为 46.27%。长江流域棉区颜色级指标最差，淡点污棉占比达到 66.62%，白棉占比仅为 17.51%。

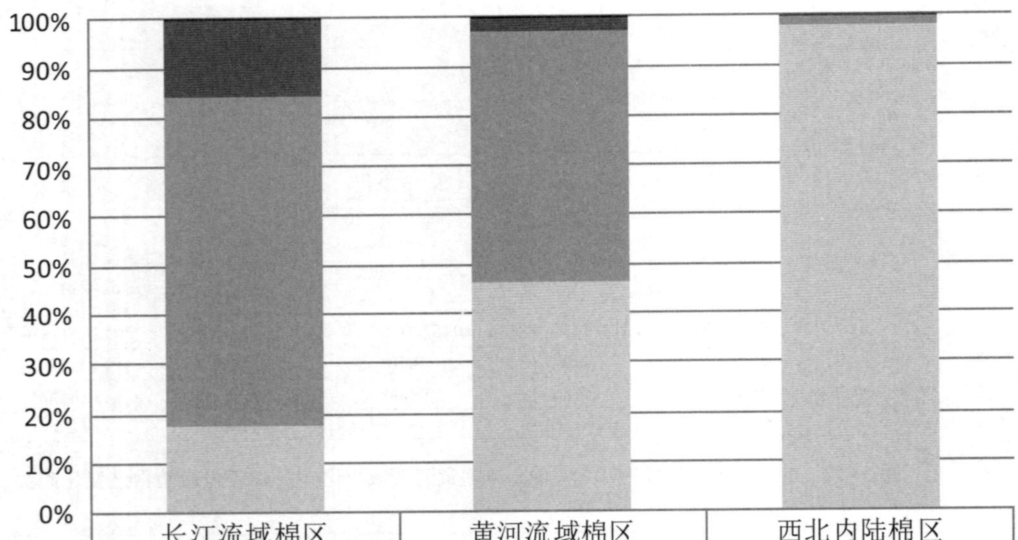

	长江流域棉区	黄河流域棉区	西北内陆棉区
■黄染棉占比	0.04%	0.46%	0.03%
■淡黄染棉占比	15.83%	2.22%	0.29%
■淡点污棉占比	66.62%	51.05%	1.51%
■白棉占比	17.51%	46.27%	98.17%

图 3-14　2017/2018 年度三大产棉区颜色级占比分布情况对比

① 棉花的颜色级指标与原标准中的品级指标并无对应关系。根据现行棉花国家标准，颜色级分为白棉、淡点污棉、淡黄染棉、黄染棉四个类型，其中白棉分为 1 到 5 级，代号分别用 11、21、31、41、51 表示；淡点污棉分为 1 到 3 级，代号分别用 12、22、32 表示；淡黄染棉分为 1 到 3 级，代号分别用 13、23、33 表示；黄染棉分为 1 级和 2 级，代号分别用 14、24 表示。

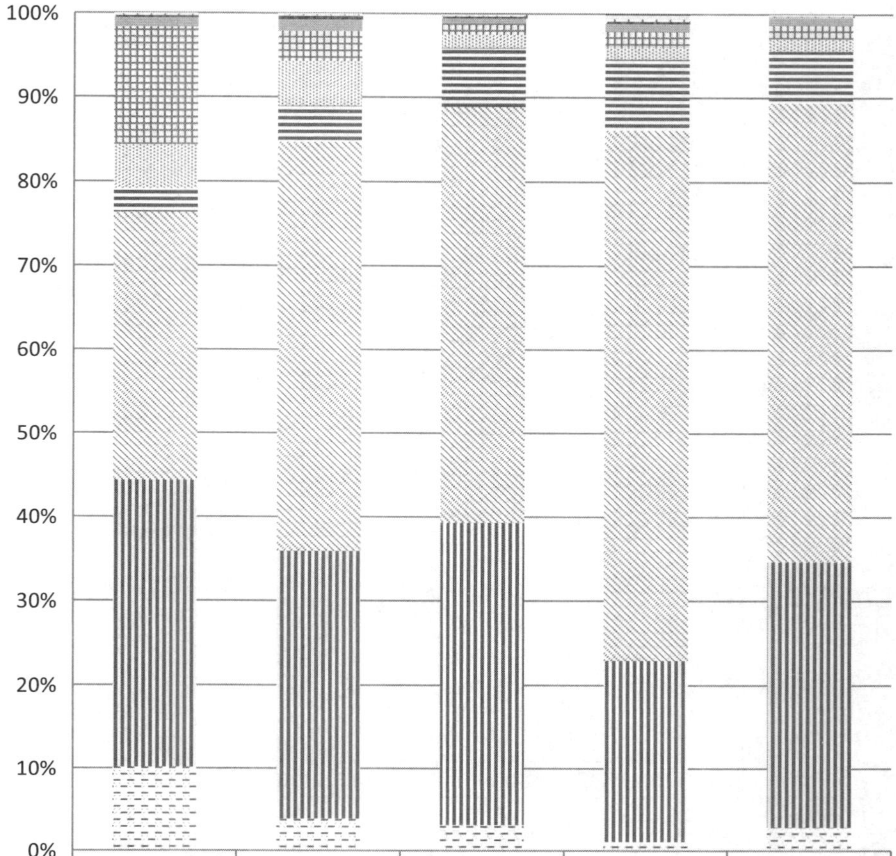

	2013/2014年度	2014/2015年度	2015/2016年度	2016/2017年度	2017/2018年度
黄染棉2级	0.0%	0.0%	0.0%	0.1%	0.0%
黄染棉1级	0.0%	0.0%	0.0%	0.0%	0.0%
淡黄染棉3级	0.1%	0.1%	0.2%	0.5%	0.2%
淡黄染棉2级	0.2%	0.2%	0.1%	0.3%	0.1%
淡黄染棉1级	0.1%	0.5%	0.2%	0.2%	0.1%
淡点污棉3级	1.2%	1.4%	0.7%	1.0%	0.9%
淡点污棉2级	14.0%	3.6%	1.3%	1.8%	1.6%
淡点污棉1级	5.2%	5.3%	1.6%	1.5%	1.5%
白棉5级	0.0%	0.1%	0.0%	0.1%	0.0%
白棉4级	2.8%	4.2%	7.0%	8.4%	6.2%
白棉3级	32.0%	48.7%	49.6%	63.3%	54.7%
白棉2级	34.2%	32.1%	36.2%	21.9%	31.8%
白棉1级	10.1%	3.8%	3.1%	1.1%	2.8%

图 3–15　2013/2014 年度—2017/2018 年度全国颜色级占比变化

对比实施颜色级指标 5 年来的数据，我国棉花颜色级指标整体保持稳定。其中 2017/2018 年度白棉占比较上年度增加了 0.7 个百分点，全国以白棉 2 级、3 级为主，白棉 1 级、2 级占比较上一年度增加了 16.3 个百分点；淡点污棉占比较上年度降低了 0.3 个百分点；淡黄染棉及黄染棉占比也均较上一年度有小幅下降。

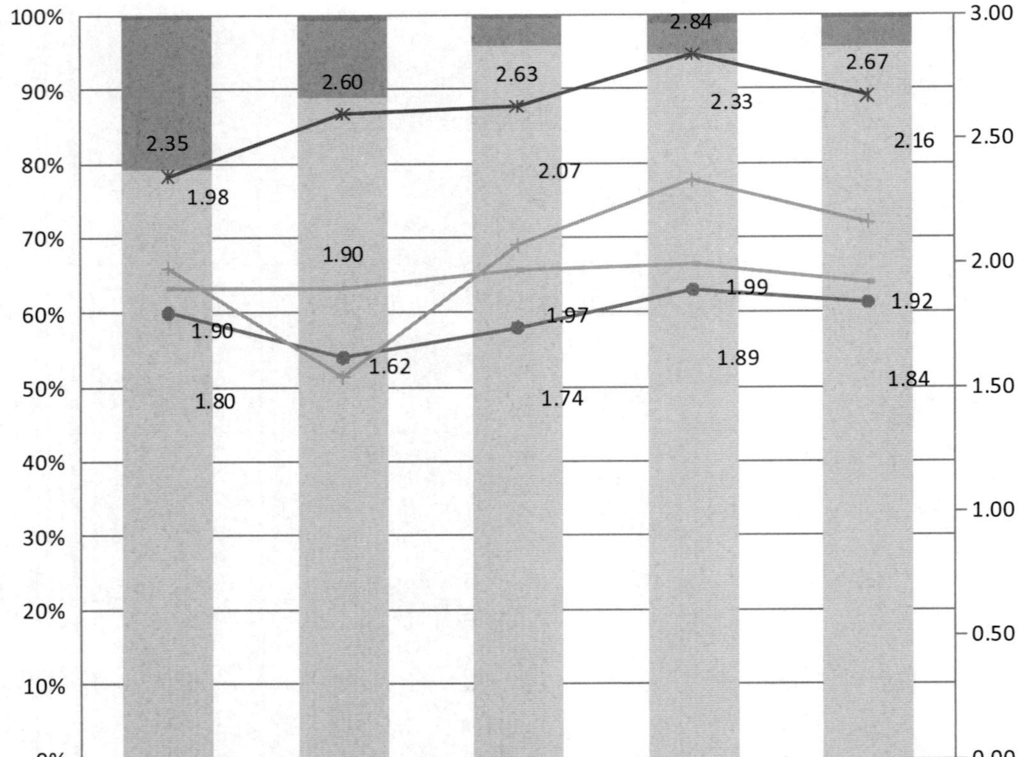

	2013/2014年度	2014/2015年度	2015/2016年度	2016/2017年度	2017/2018年度
黄染棉占比	0.0%	0.0%	0.0%	0.1%	0.0%
淡黄染棉占比	0.5%	0.7%	0.5%	1.0%	0.4%
淡点污棉占比	20.4%	10.3%	3.6%	4.3%	4.0%
白棉占比	79.2%	89.0%	95.9%	94.8%	95.5%
白棉平均级	2.35	2.60	2.63	2.84	2.67
淡点污棉平均级	1.80	1.62	1.74	1.89	1.84
淡黄染棉平均级	1.98	1.54	2.07	2.33	2.16
黄染棉平均级	1.90	1.90	1.97	1.99	1.92

图 3–16　2013/2014 年度—2017/2018 年度全国棉花颜色级变化情况

2. 轧工质量①

轧工质量是指籽棉经过加工后，皮棉外观形态粗糙程度及所含疵点种类的多少。

从 2017/2018 年度新体制棉花检验情况来看，新疆棉的轧工质量为好的比例明显高于全国平均水平。湖南棉花轧工质量为差的比例最高，为 4.90%，由于机采棉加工方式的特性，新疆棉中轧工质量为差的比例也明显高于其他省份和全国平

① 根据现行棉花国家标准，锯齿加工细绒棉的轧工质量分为好、中、差三档，分别用 P1、P2、P3 表示。

	全国	天津	河北	江苏	安徽	山东	湖北	湖南	甘肃	新疆
■差（P3）占比	1.33%	0.01%	0.57%	0.00%	0.00%	0.07%	2.18%	4.90%	0.01%	1.39%
■中（P2）占比	95.26%	99.99%	99.39%	100.00%	100.00%	99.93%	97.82%	95.10%	98.82%	95.01%
■好（P1)占比	3.41%	0.00%	0.03%	0.00%	0.00%	0.00%	0.00%	0.00%	1.18%	3.60%

图 3–17　2017/2018 年度各产棉省份轧工质量占比分布

均水平。从全国范围来看 95% 以上棉花轧工质量为中档。

3. 长度[①]

长度是棉花最重要的内在质量指标之一，与棉花的整体使用价值密切相关。细绒棉的长度由 25—32 毫米级依次分为八个长度级，其中 28 毫米级为标准级，30—32 毫米级的棉花使用价值较高，25—26 毫米级的棉花使用价值较低。

① 棉花长度并非指单根棉纤维的长度，而是根据一定数量的棉花所有棉纤维长度分布的数理统计量。根据现行棉花国家标准，细绒棉长度级分级及长度值范围分别是：25 毫米级，25.9 毫米及以下；26 毫米级，26.0—26.9 毫米；27—31 毫米级以 1 毫米为级距依次类推；32 毫米级，32.0 毫米及以上。

单位：毫米

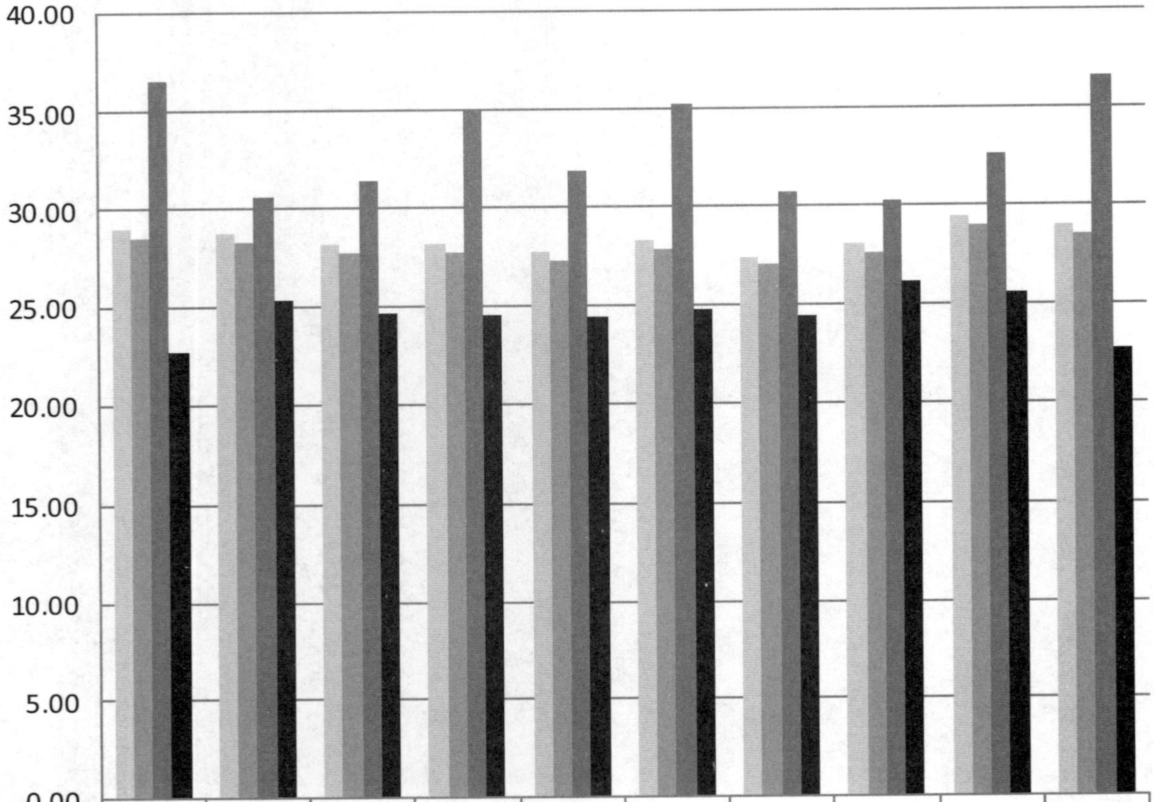

	全国	天津	河北	江苏	安徽	山东	湖北	湖南	甘肃	新疆
逐包检验平均长度	29.00	28.82	28.17	28.24	27.72	28.29	27.45	28.04	29.46	29.03
长度级加权平均值	28.55	28.37	27.72	27.79	27.28	27.85	27.01	27.62	29.01	28.59
最大长度	36.50	30.60	31.40	35.00	31.80	35.30	30.70	30.20	32.70	36.50
最小长度	22.70	25.30	24.70	24.50	24.40	24.80	24.40	26.10	25.60	22.70

图 3–18　2017/2018 年度全国各产棉省份棉花长度级对比

2017/2018 年度，全国新体制棉花细绒棉逐包检验平均长度[①]为 29.00 毫米；长度级加权平均值[②]为 28.55 毫米。从各产棉省棉花逐包检验平均长度看，甘肃棉花长度最长，达到 29.46 毫米，其次是新疆，为 29.03 毫米；其他省份棉花长度多集中在 28—29 毫米，湖北棉花长度表现最差，为 27.45 毫米。总体来看，各长度级占比中，新疆、甘肃棉花集中在 28—30 毫米，其他省份棉花集中在 27—29 毫米。

① 对各棉包进行逐包抽样检验，各样品检测长度值的算术平均值。

② 对各棉包进行逐包抽样检验，实测长度后计其长度级，各长度级级值与该长度级占总检验量的比率乘积之和。

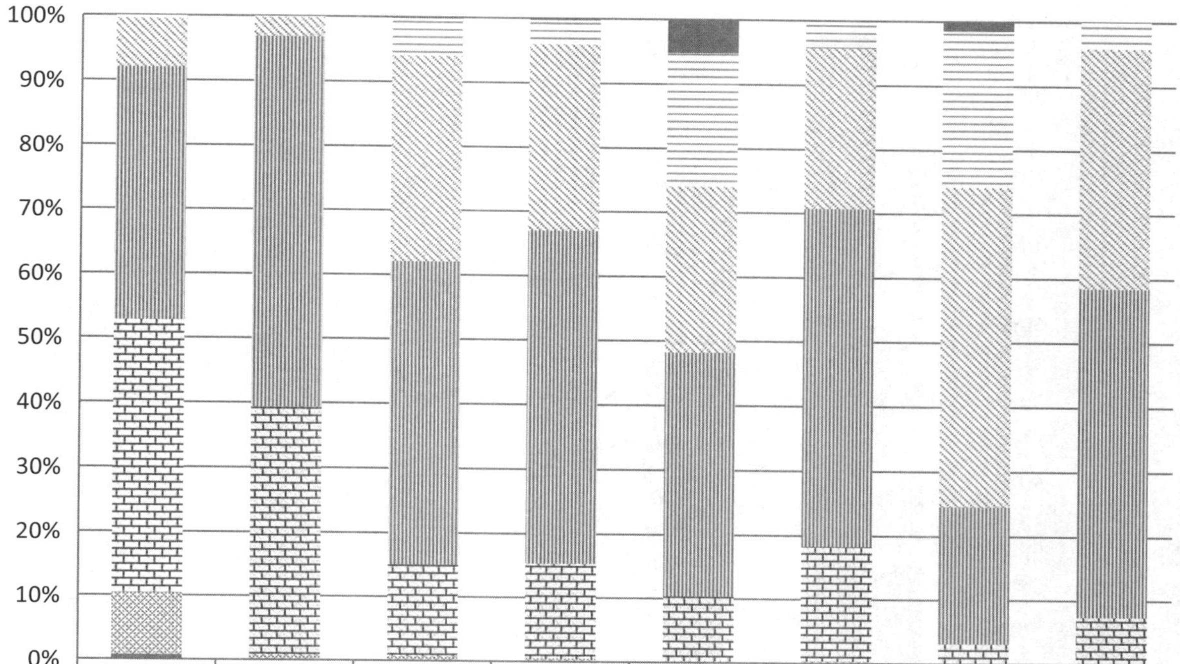

	全国	天津	河北	江苏	安徽	山东	湖北	湖南
25毫米占比	0.03%	0.02%	0.21%	0.25%	5.17%	0.13%	1.42%	0.00%
26毫米占比	0.44%	0.18%	5.74%	3.74%	20.76%	4.11%	24.33%	4.11%
27毫米占比	7.52%	2.94%	31.96%	29.01%	25.88%	25.05%	49.63%	37.41%
28毫米占比	39.36%	57.54%	47.04%	51.71%	37.84%	52.40%	21.46%	51.05%
29毫米占比	42.33%	38.55%	14.39%	14.81%	10.10%	17.92%	3.03%	7.34%
30毫米占比	9.63%	0.76%	0.64%	0.47%	0.24%	0.38%	0.14%	0.09%
31毫米占比	0.65%	0.00%	0.01%	0.01%	0.01%	0.00%	0.00%	0.00%
32毫米占比	0.05%	0.00%	0.00%	0.00%	0.00%	0.00%	0.00%	0.00%

图 3–19　2017/2018 年度各产棉省份逐包检验棉花长度级占比分布

对比近 5 个年度的数据，2017/2018 年度棉花长度与上一年度基本持平。其中逐包检验平均长度较上一年度减少 0.02 毫米，比前四年平均水平高 0.39 毫米；长度级加权平均值较上年度减少 0.03 毫米，比前四年平均水平高 0.39 毫米。全国长度级低于长度标准级的棉花占比为 7.98%，比上一年度增加 0.43 个百分点，30—32 毫米长度级的棉花占比再次突破 10%，为 10.33%，较上一年度减少 0.78 个百分点。

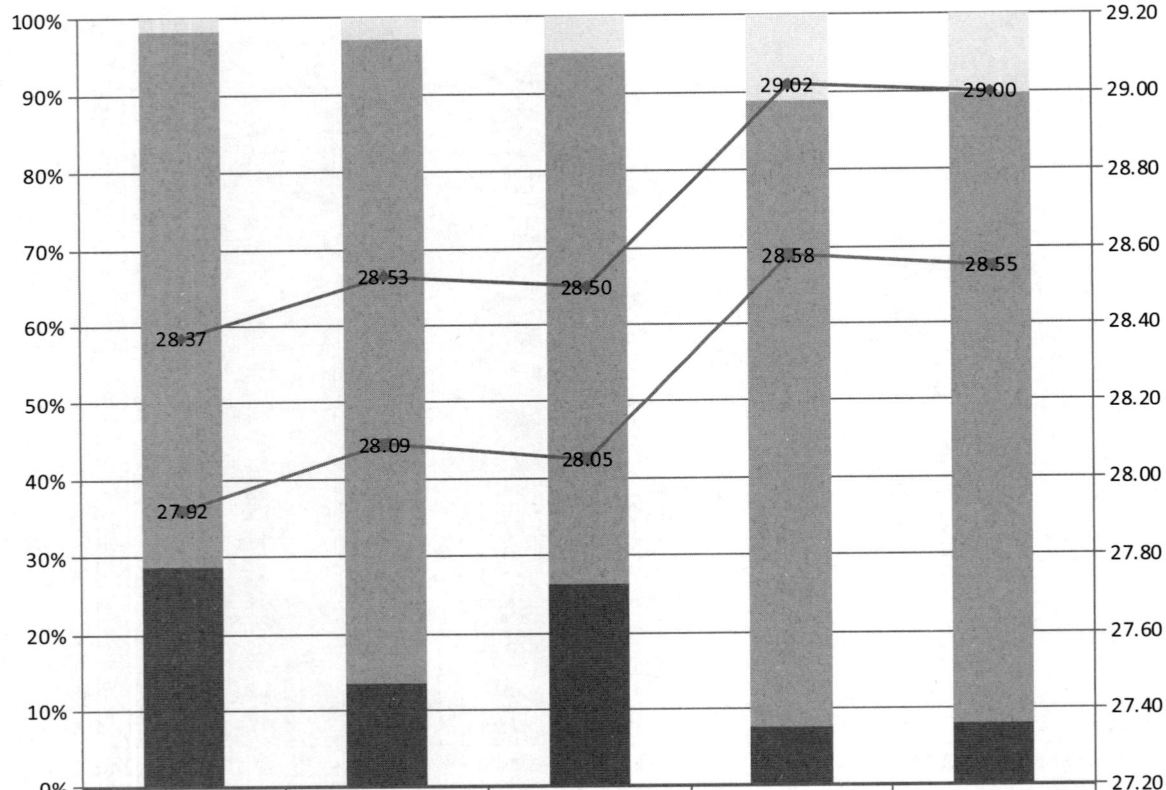

	2013/2014年度	2014/2015年度	2015/2016年度	2016/2017年度	2017/2018年度
30-32毫米	1.68%	2.76%	4.64%	11.11%	10.33%
28-29毫米	69.69%	83.69%	69.05%	81.35%	81.69%
25-27毫米	28.63%	13.55%	26.30%	7.55%	7.98%
逐包检验平均长度	28.37	28.53	28.50	29.02	29.00
长度级加权平均值	27.92	28.09	28.05	28.58	28.55

图 3–20　2013/2014 年度—2017/2018 年度全国棉花长度变化情况

4. 马克隆值①

马克隆值是棉花细度和成熟度的综合反映，是棉花主要的内在质量指标之一，与成纱质量有密切的关系。棉花的马克隆值越高，一般棉纤维成熟度越好。马克隆值过高，则成熟过度，纤维较粗，纤维抱合力差、成纱强力和条干均匀度不理想；马克隆值过低、细度过小、成熟不足，则容易产生有害疵点，织物染色性能差。只有马克隆值适中，棉花的细度适中、成熟适中，才具有较高的纺纱性能，获得较全面的使用价值。

① 根据现行棉花国家标准，马克隆值级的分级、分档及马克隆值范围分别是：A 级，A 档，3.7—4.2；B 级，B1 档，3.5—3.6；B 级，B2 档，4.3—4.9；C 级，C1 档，3.4 及以下；C 级，C2 档，5.0 及以上。

细绒棉的马克隆值共分为三级五档，按马克隆值从低到高依次是C级的C1档、B级的B1档、A级的A档、B级的B2档、C级的C2档。马克隆值级A级的使用价值较好，B级的使用价值正常，C级的使用价值较差。

2017/2018年度，全国新体制棉花细绒棉马克隆值级A级占比15.15%，较上年度提高2.83个百分点；C级占比20.38%，较上年度降低0.20个百分点；B级占比64.47%，较上年度降低2.64个百分点。总体来看，各产棉省份中，甘肃、新疆的棉花马克隆值较好，A档占比均高于全国平均水平；天津、河北棉花C2档占比分别达到84.58%、78.29%，棉纤维细度值过大、成熟过度问题突出，马克隆值指标最差。

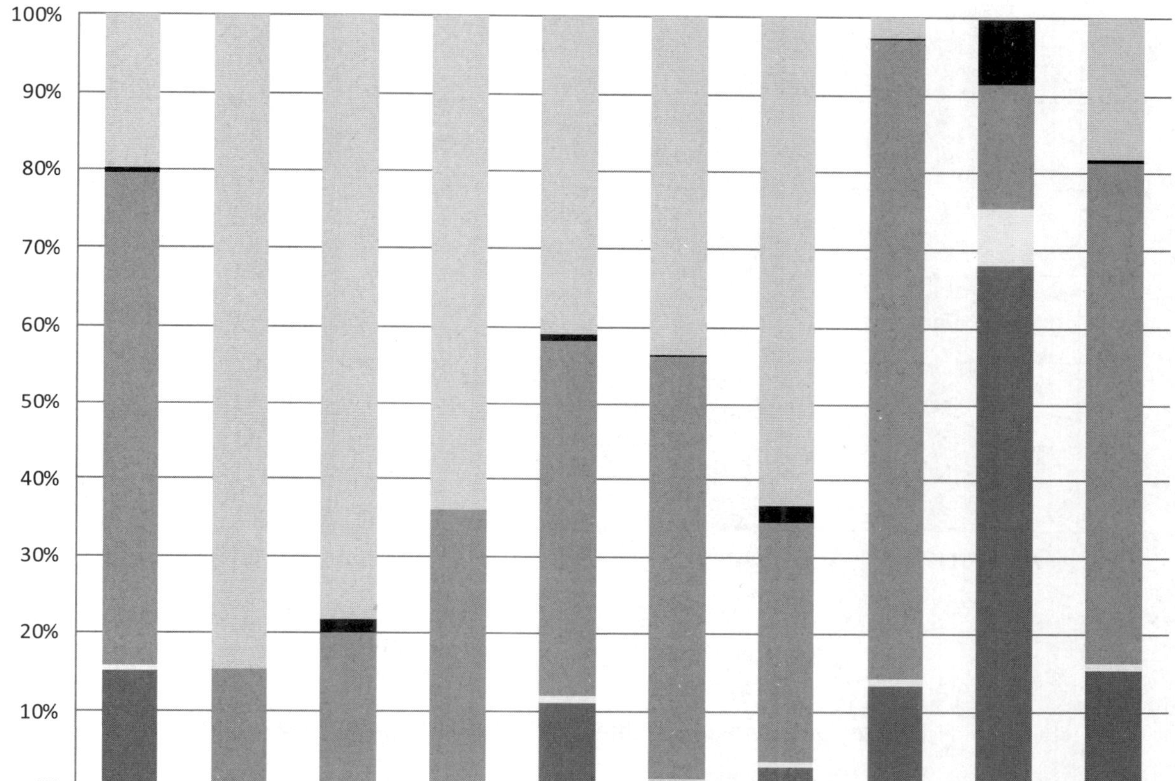

	全国	天津	河北	江苏	安徽	山东	湖北	湖南	甘肃	新疆
C2档占比	19.70%	84.58%	78.29%	63.82%	41.03%	43.60%	63.24%	2.45%	0.02%	18.12%
C1档占比	0.69%	0.00%	1.72%	0.01%	0.87%	0.16%	2.12%	0.26%	8.44%	0.63%
B2档占比	63.74%	15.36%	19.17%	35.69%	46.06%	54.80%	31.05%	83.13%	16.19%	65.12%
B1档占比	0.73%	0.00%	0.11%	0.02%	0.94%	0.15%	0.60%	0.87%	7.35%	0.70%
A档占比	15.15%	0.06%	0.71%	0.46%	11.10%	1.29%	2.99%	13.29%	68.00%	15.43%

图3–21　2017/2018年度各产棉省份马克隆值级占比分布

对比近5个年度的数据，2017/2018年度马克隆值指标较上一年度有所提升，马克隆值A档占比15.55%，A档和B档占比79.62%，仅次于2014/2015年度水平。

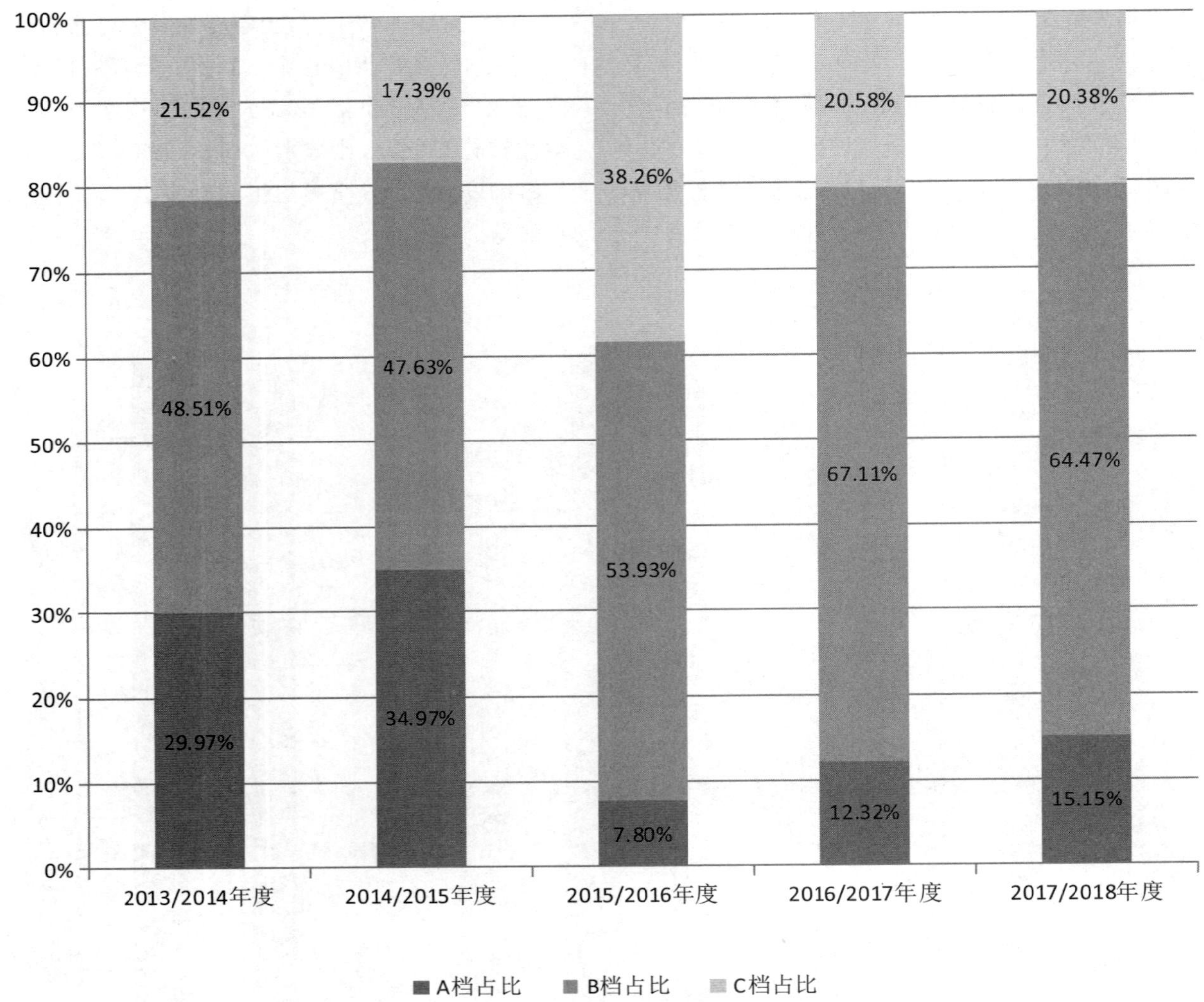

图 3–22　2013/2014 年度—2017/2018 年度全国棉花马克隆值级变化情况

5. 断裂比强度[①]

断裂比强度是重要的棉花内在质量指标，与纱线的成纱强力有很好的相关性。细绒棉按断裂比强度值和使用价值从高到低依次分五个档，即很强、强、中等、差、很差。

2017/2018 年度，全国新体制棉花细绒棉平均断裂比强度值 28.03cN/tex，较上年度提高了 0.09cN/tex。

① 根据现行棉花国家标准，断裂比强度的分档与断裂比强度值范围分别是：很强档，31.0cN/tex 及以上；强档，29.0—30.9cN/tex；中等档，26.0—28.9cN/tex；差档，24.0—25.9cN/tex；很差档，24.0cN/tex（不含）以下。

单位：cN/tex

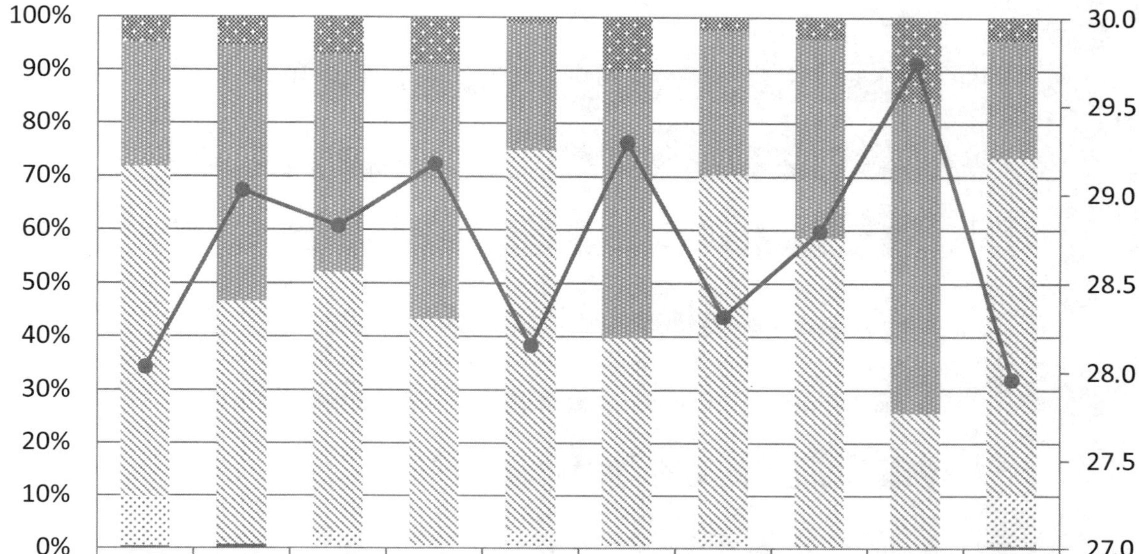

	全国	天津	河北	江苏	安徽	山东	湖北	湖南	甘肃	新疆
很强占比	4.68%	5.40%	7.04%	8.87%	1.11%	10.12%	2.43%	4.11%	15.95%	4.38%
强占比	23.55%	47.98%	40.90%	47.89%	23.96%	50.18%	27.24%	37.41%	58.41%	22.10%
中等占比	62.06%	45.66%	48.96%	42.29%	71.57%	39.02%	67.60%	58.22%	25.51%	63.31%
差占比	9.33%	0.26%	2.98%	0.90%	3.32%	0.64%	2.61%	0.26%	0.12%	9.81%
很差占比	0.38%	0.69%	0.12%	0.05%	0.04%	0.04%	0.11%	0.00%	0.00%	0.39%
平均断裂比强度值	28.03	29.02	28.82	29.17	28.15	29.29	28.31	28.79	29.74	27.96

图 3–23　2017/2018 年度各产棉省份平均断裂比强度占比分布

各产棉省份中，甘肃棉花平均断裂比强度最高为 29.74cN/tex，较上一年度提高 0.36cN/tex；江苏棉花平均断裂比强度提高最多，提高了 0.41cN/tex，达到 29.17cN/tex；全国最主要产棉区新疆棉花的平均断裂比强度最低，为 27.96cN/tex，但也较上一年度提高了 0.13cN/tex；其他产棉区棉花平均断裂比强度均在全国平均线以上。

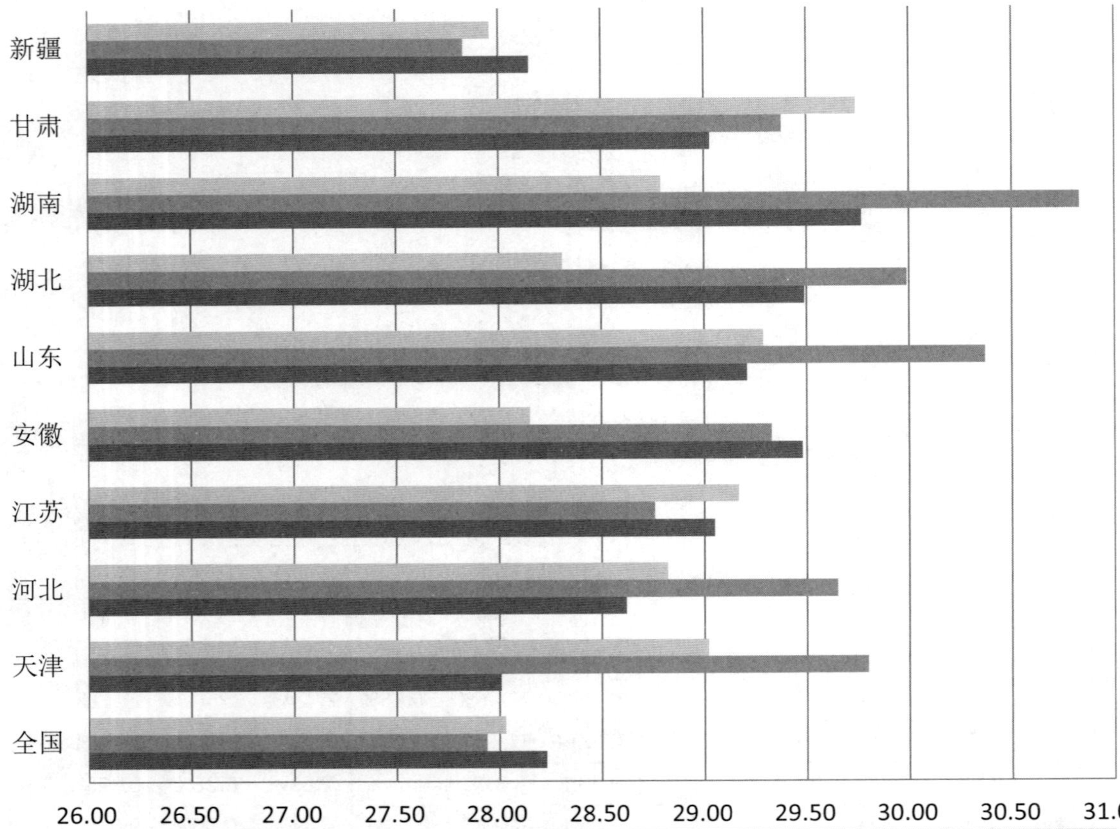

	全国	天津	河北	江苏	安徽	山东	湖北	湖南	甘肃	新疆
2017/2018年度	28.03	29.02	28.82	29.17	28.15	29.29	28.31	28.79	29.74	27.96
2016/2017年度	27.94	29.80	29.65	28.76	29.33	30.37	29.99	30.83	29.38	27.83
2015/2016年度	28.23	28.01	28.62	29.05	29.48	29.21	29.49	29.77	29.03	28.15

图 3–24　2015/2016 年度—2017/2018 年度各产棉省份棉花平均断裂比强度变化情况

对比近 5 个年度的数据，2017/2018 年度棉花断裂比强度指标较上一年度有所提升，强及以上占比 28.23%，较上一年度提高了 1.83 个百分点，中等占比基本持平，但平均断裂比强度较前四年平均值低了 0.006cN/tex。

单位：cN/tex

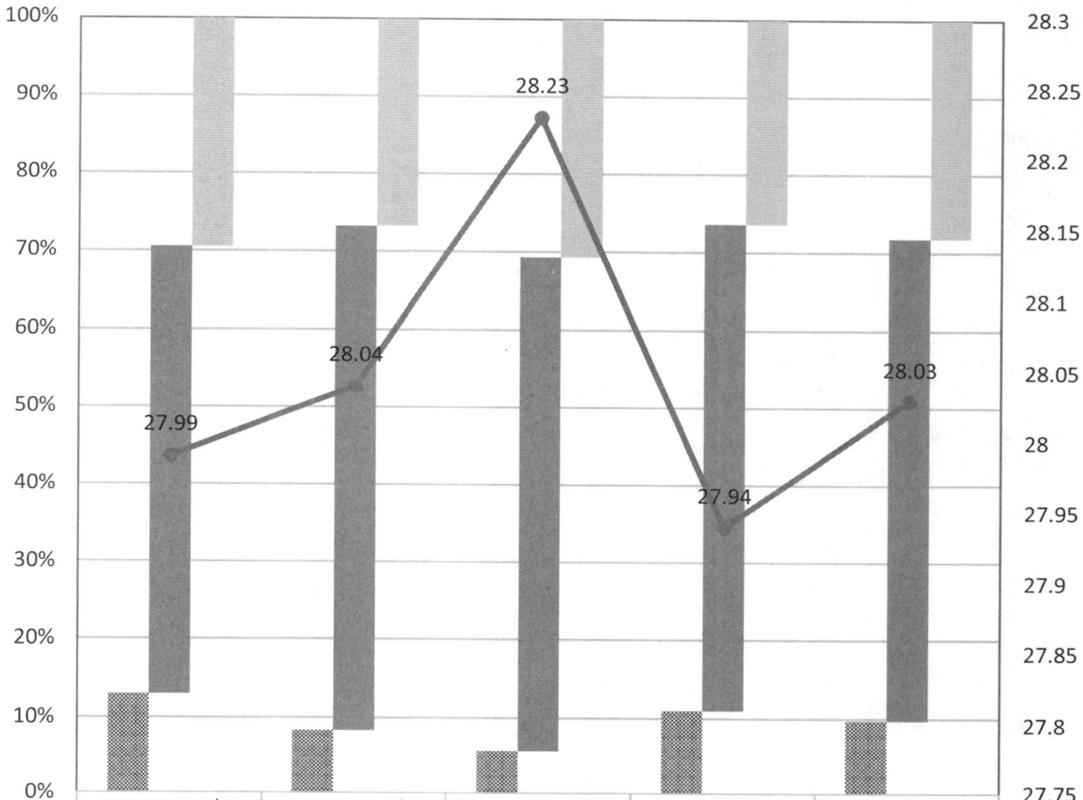

	2013/2014年度	2014/2015年度	2015/2016年度	2016/2017年度	2017/2018年度
强及以上	29.48%	26.83%	30.74%	26.40%	28.23%
中等	57.58%	64.87%	63.70%	62.66%	62.06%
差及以下	12.94%	8.30%	5.56%	10.94%	9.71%
平均断裂比强度值	27.99	28.04	28.23	27.94	28.03

图 3–25　2013/2014 年度—2017/2018 年度全国棉花断裂比强度变化情况

6. 长度整齐度指数①

长度整齐度指数是重要的棉花质量指标，用以表示棉纤维长度分布均匀或整齐的程度，对纱线的条干、落棉率有重要影响，同时对纱线的强度也有影响。细绒棉按长度整齐度指数和使用价值从高到低依次分为五个档，分别是很高、高、中等、低、很低。

① 根据现行棉花国家标准，长度整齐度指数分档与长度整齐度指数范围分别是：很高档，86.0% 级以上；高档，83.0%—85.9%；中等档，80.0%—82.9%；低档，77.0%—79.9%；很低档，77.0%（不含）以下。

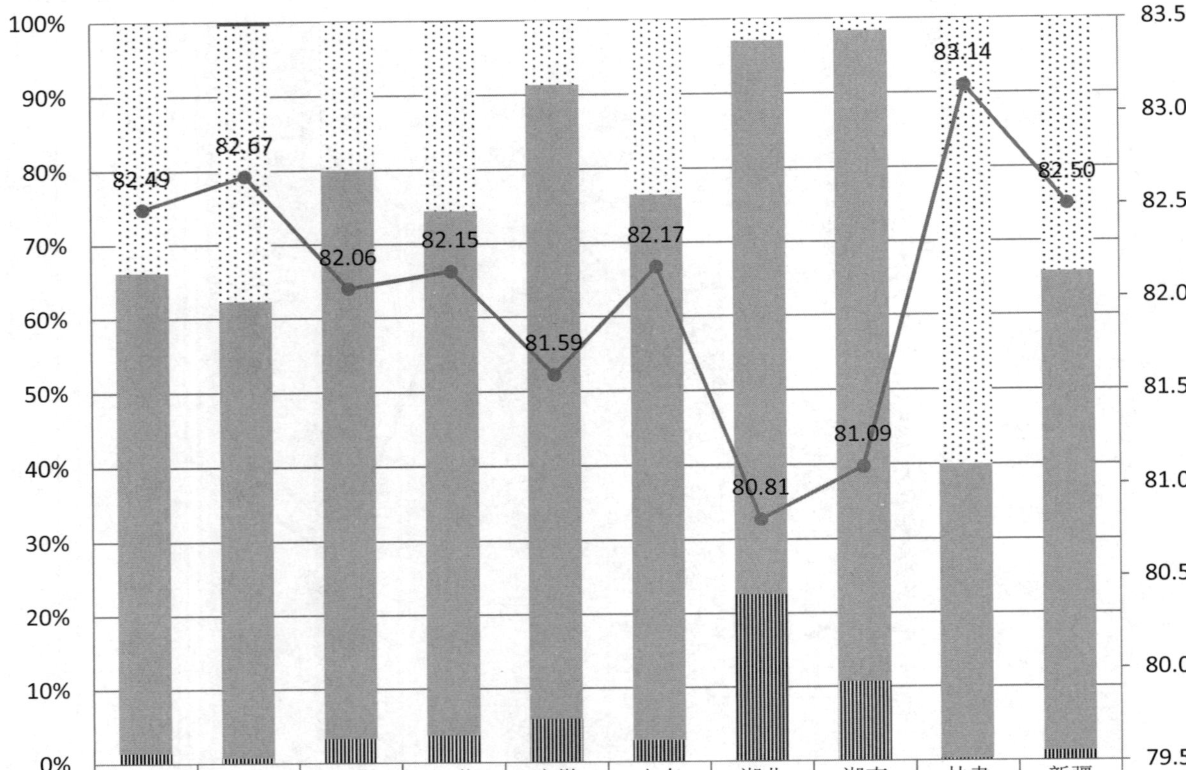

	全国	天津	河北	江苏	安徽	山东	湖北	湖南	甘肃	新疆
很高占比	0.03%	0.42%	0.02%	0.12%	0.00%	0.00%	0.00%	0.00%	0.06%	0.03%
高占比	33.75%	37.29%	19.91%	25.48%	8.70%	23.61%	2.93%	1.66%	59.98%	34.14%
中等占比	64.79%	61.58%	76.75%	70.71%	85.43%	73.45%	74.52%	87.67%	39.73%	64.51%
低占比	1.41%	0.71%	3.26%	3.68%	5.87%	2.92%	22.47%	10.66%	0.22%	1.30%
很低占比	0.02%	0.00%	0.07%	0.01%	0.00%	0.02%	0.08%	0.00%	0.00%	0.01%
平均长度整齐度值	82.49	82.67	82.06	82.15	81.59	82.17	80.81	81.09	83.14	82.50

图 3–26　2017/2018 年度各产棉省份平均长度整齐度指数占比分布图

2017/2018 年度，全国新体制棉花细绒棉平均长度整齐度指数 82.49%，比上一年度低 0.42 个百分点。甘肃棉花平均长度整齐度指数最高，为 83.14%，高档和很高档占比达到 60.04%，表现较为突出；其次是天津、河北、江苏、山东、新疆，高档和很高档占比都在 20% 以上；安徽、湖南棉花长度整齐度指数为中等档的占比较多，均为 80% 以上；湖北棉花长度整齐度指数为低档及很低档的占比明显多于其他省份。

单位：毫米

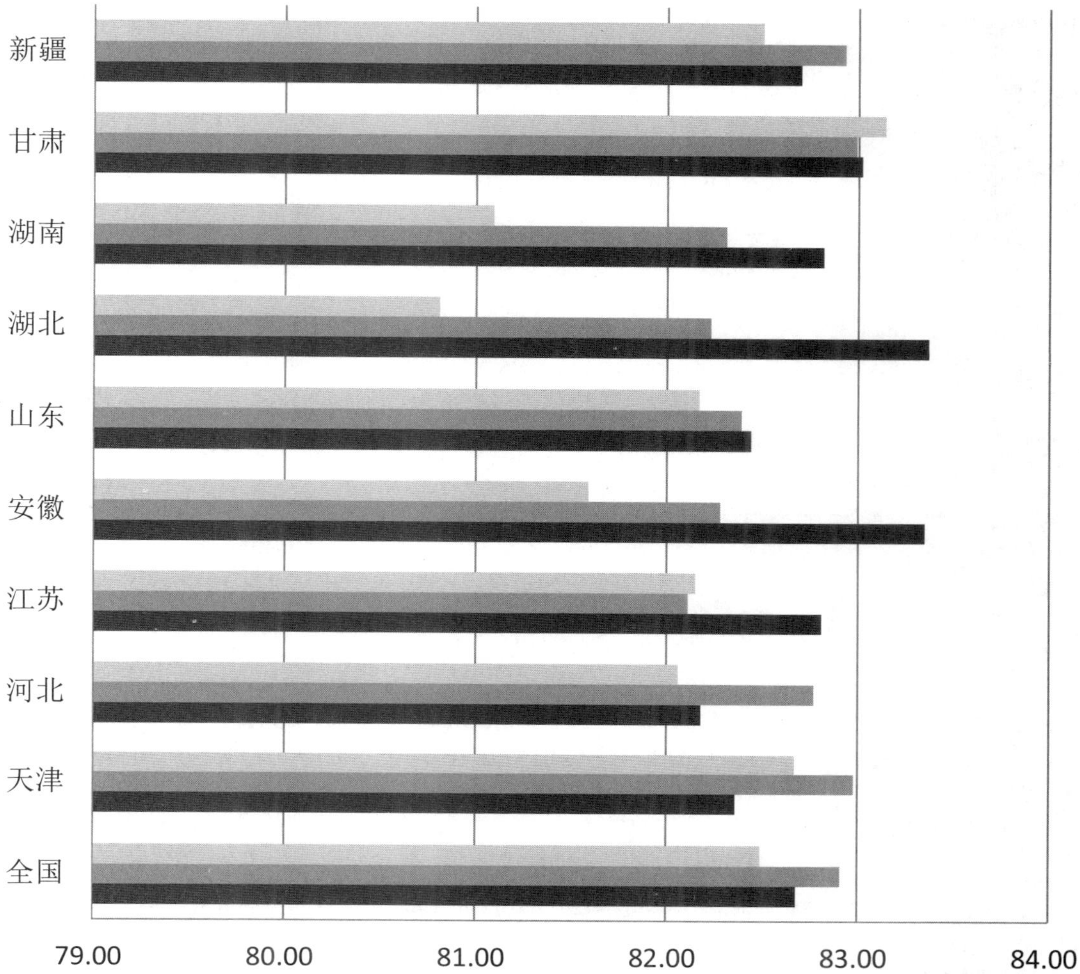

	全国	天津	河北	江苏	安徽	山东	湖北	湖南	甘肃	新疆
2017/2018年度	82.49	82.67	82.06	82.15	81.59	82.17	80.81	81.09	83.14	82.50
2016/2017年度	82.91	82.98	82.77	82.11	82.28	82.39	82.23	82.31	82.99	82.93
2015/2016年度	82.68	82.36	82.18	82.81	83.35	82.44	83.37	82.82	83.02	82.70

图 3–27　2015/2016 年度—2017/2018 年度各产棉省份棉花平均长度整齐度指数变化情况

各产棉省份中，除甘肃、江苏外，各地棉花长度整齐度指数均有不同程度的降低，其中全国最主要产棉区新疆在本年度平均长度整齐度指数为 82.50%，比上一年度低 0.43 个百分点；湖南、湖北棉花长度整齐度指数较上一年度降低明显。总体来说，各产棉区棉花长度整齐度指标波动较大。

2017/2018 年度全国棉花长度整齐度指数较上一年度有所下滑，其中平均长度整齐度指数为 82.49%，低及以下档的占比 1.43%，高及以上档的占比 33.78%。

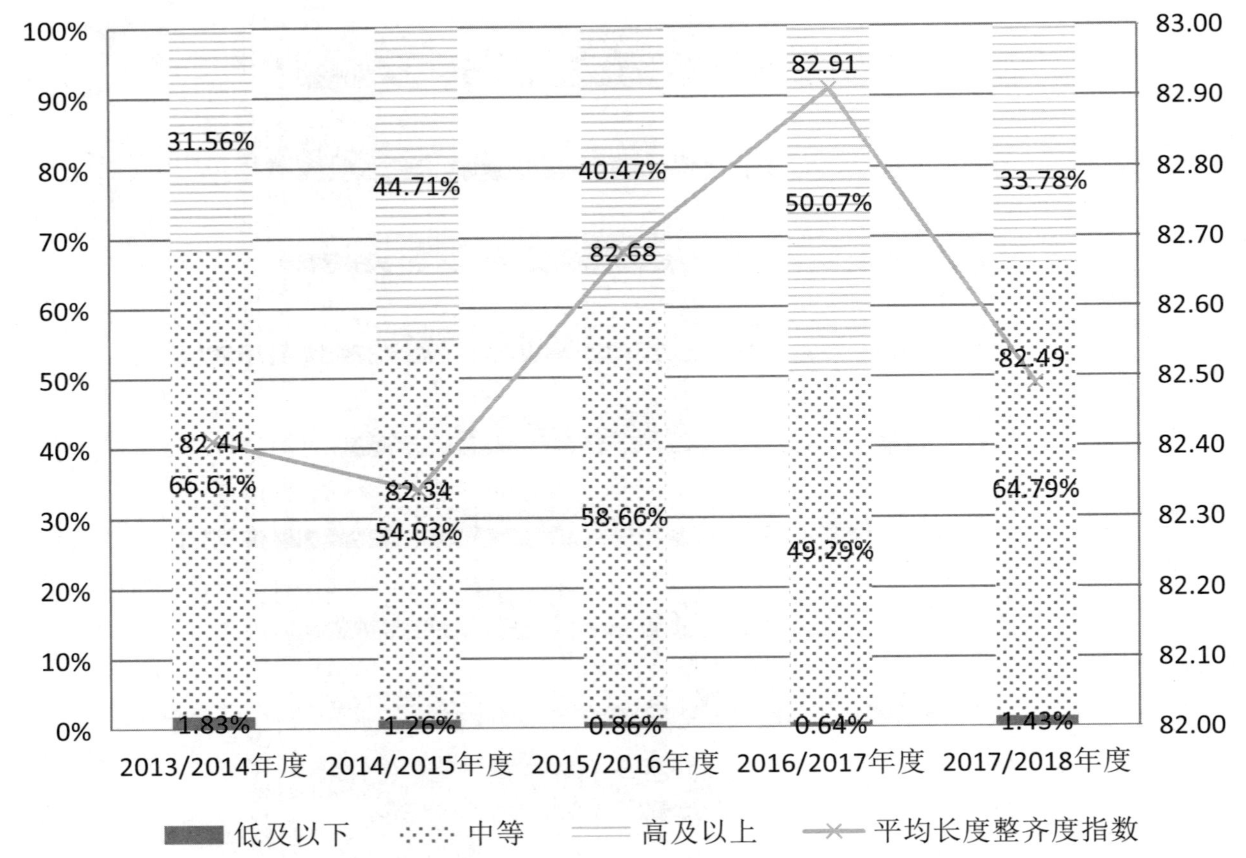

图 3–28　2013/2014 年度—2017/2018 年度全国棉花长度整齐度指数变化情况

7. 综合评价

2017/2018 年度全国新体制棉花细绒棉综合质量有所提升。从颜色和轧工质量来看，颜色级指标区域化差异较为明显，近年来各区域检验量占比逐渐趋于稳定，因此颜色级指标变化不大，以白棉为主，且绝大多数都集中在白棉 2 级与白棉 3 级两档。轧工质量主要集中在中档，中档及以上占比达到 98.67%。从纤维长度来看，平均长度基本与上年持平，但平均长度整齐度指数有所下降，其中，长度指标体现在 30—32 毫米长度级与 28—29 毫米长度级的棉花占比与上一年度相当，较 2015/2016 年度有大幅增加。从纤维内在品质来看，马克隆值和断裂比强度两项指标表现均较为良好。其中马克隆值指标较上一年度再度提升，A 级占比明显增加，C2 档过成熟棉占比减少；平均断裂比强度指标回升，强及以上棉花占比提高，达到 28.23%。作为全国最大棉花产区新疆 2017/2018 年度棉花各项质量指标与上年度相比，平均长度降低 0.02 毫米，平均长度整齐度指数降低 0.43 个百分点，马克隆值 A+B 级占比增加了 1.57 个百分点，平均断裂比强度提高 0.13cN/tex，总体内在质量状况好于 2016/2017 年度。

四、质量影响因素分析

综合各地的情况来看，影响本年度棉花质量变化的因素主要包括自然条件、产业政策、市场形势、生产环节等几个方面。

1. 自然条件

地理位置的气候特点和年度内的气候变化是影响棉花质量波动的决定性因素。据分析，2017 年，在播种及幼苗生长阶段，新疆棉区降水及大风沙尘天气影响棉花播种出苗；黄河流域棉区热量良好，但华北中南部晴热少雨导致部分棉区旱情显现；长江流域棉区多雨影响棉花播种进度。在蕾铃期，南疆棉区气象条件利于棉花生长，但北疆降水偏多影响棉花现蕾开花；黄河流域棉区大部光温适宜，出现明显降水，缓解了山东、河北等地的旱情，利于棉花现蕾；江淮江汉棉区气象条件利于棉花生长发育，但江南棉区阴雨寡照影响棉花长势，强降水导致部分低洼棉田被淹。在裂铃吐絮和采摘期，新疆和黄河流域棉区大部气象条件总体较好，利于棉花后期生长、裂铃吐絮和采摘；仅北疆等地棉区下旬出现强降水和霜冻天气，棉花生长受到一定影响；长江棉区月内气象条件总体利于棉花裂铃及秋桃生长，但江淮江汉棉区持续阴雨寡照天气不利棉花裂铃吐絮，导致烂铃烂桃增加。

2. 产业政策

2017 年 3 月 17 日，国家发改委、财政部联合印发《关于深化棉花目标价格改革的通知》（发改价格〔2017〕516 号），将棉花目标价格由试点期间的“一年一定”改为“三年一定”，有力地引导了棉农预期，保障了棉花产量和质量的稳定。深化棉花目标价格改革政策，一是深化了市场调控的“价补分离”，充分发挥市场机制在价格形成和资源配置中的决定性作用，有利于产业上下游协调发展，对加快产业升级具有积极的作用。二是实现了更精准的保本有余。国家将专项补贴资金通过基层政府直接发给农民，不再有中间环节漏损，也不再产生储备棉库存费用和利息支出，资金补贴效率大幅提高。三是将棉农和棉企推向市场，立足“消费导向”引导棉农生产棉企加工，提高用棉企业在市场交易中的话语权。从长远来看，有助于棉农改变观念，采取科学的种植技术，提高籽棉质量，有助于加工企业在加剧的市场竞争中提升质量意识，加强质量把控，填补我国高品质棉需求缺口。四是“专业仓储 + 在库公检”的制度措施和工作模式进一步完善深化，有效避免和杜绝了不良棉花加工企业样品造假的行为，使公证检验结果的权威性和公信度得以提升，棉花质量真实性得到有效增强，通过棉花集中监管、包包公检，入库公检制度倒逼棉花加工企业提高棉花收购、加工质量。五是试点实行补贴与质量挂钩，将棉花质量意识传导到棉农，进一步从农业生产上增强棉花质量。

3. 市场形势

2017/2018 年度，受美国发动贸易战等因素影响，全球经济前景蒙上阴影，世界经济协同发力、均衡增长的良好局面逐渐离去，驱动经济增长的力量呈现耗散态势。全球棉花产不足需，市场供求关系进一步走向平衡，中国棉花产需缺口再度收窄。随着 2017/2018 年度后期外部经贸环境发生较大改变，全球棉花纺织及服装产业链将进入新的调整阶段。国内外经贸环境趋于降温，风险加大，复杂程度增加，不确定性增强。随着贸易战不断升级，下游纺织企业心态现实感增强，幻想降低，部分订单不如预期，多方面预期的落空，加重了市场压力。

4. 生产环节

（1）品种影响

品种是影响棉花质量的主要内在因素。我国的棉花品种繁多但优良性状突出的比较少，加之近年来供种渠道不断增加，品种更新换代加速，种植品种混乱的问题很大程度上影响棉花的质量，但随着深化棉花目标价格补贴和补贴与质量挂钩政策的推进，棉花市场化进程不断得到推进，已有部分棉农注意到纺织企业配棉的需求，认识到不同棉花品种的内在纤维品质有很大区别，不再片面追求单产高、衣分高、抗病虫、色泽好的品种，开始注重棉花内在品质，棉花一致性不断得到加强。同时，随着新疆机采棉的逐步推广，机采棉品种和采摘方式研究的逐步深入，机采棉质量得到大幅提升，但在品种的始果始节、成熟期等方面还有一定的提升空间。

（2）栽培管理与交售流通环节的影响

棉花栽培管理过程中，棉花的质量效益赶不上产量效益，棉农追求高密度、高产量的棉花品种，田间施肥种类单一，棉田残膜回收量甚少，或基本上不回收，导致残膜逐年增加，宜棉区耕地有限，棉田只能向非宜棉区扩张，加之劳力不足，管理粗放，并且我国多数区域棉田分散，规模化种植条件差，客观上导致质量指标的不一致。由于担心综合指标低的棉花卖不出去，棉农有意识地将优等棉花和低等棉花掺在一起优劣混卖，形成资源浪费，造成棉花品质普遍中等偏下，高品质棉花匮乏。

（3）采摘方式的影响

我国大部分棉区采用的还是传统手摘方式。棉农采摘棉花时较为粗放，按数量采摘、分级存放意识差，采集方式随意性大。部分棉农习惯揪桃剥棉，个别地区甚至还有拔秆剥桃的现象。近年来随着用工成本的大幅上升，棉花采摘雇工困难，棉花早采现象严重，少数地区一次性采摘，未成熟的棉桃被采，造成棉花质量下降。尽管，机采棉在新疆棉区快速发展，有效降低了生产成本，但也带来含杂多、“三丝”多等质量问题。由于机采棉在采收过程中，缺少对采收对象的选择性，极易将地膜残片等异性纤维一同收集，造成异性纤维增多、杂质偏多等问题。

（4）棉花加工的影响

一方面由于棉企加工利润越来越小，出现劳动用工减少，质量管理不到位现象。一些企业加工过程中未正确处理好产量和质量的关系，轧工速度控制不当、排杂不彻底或不排，导致棉花长度严重损伤、短纤含量增加，同时含杂较高，棉结、索丝较多。另一方面随着棉花加工资格认定的取消，各类小包棉等无证企业有卷土重来之势，其质量意识淡薄，生产的小包棉多是白板包，一旦出现质量问题，不利于纺企维护权益，也不利于打击和追责。

五、有关建议

为确保棉花加工质量的提高，防止棉花加工过程中质量破坏，保护棉花质量的稳定性和一致性，提高我国棉花的整体可纺性，针对上述质量指标检验结果和影响因素做出如下建议。

1．继续完善宏观调控政策，促进市场健康有序发展

实践证明，目标价格补贴政策的实施可以调整产业布局，优化产业结构，缓解国储库存压力，减轻财政负担，起到稳定生产、保障棉农利益、促进下游纺织企业健康发展的作用。应进一步完善宏观调控政策，依托深化棉花目标价格改革和稳定预期，鼓励棉农种植高品质、高质量的棉花，引导棉花生产向优势产区集中，发展规模化种植、专业化管理的新模式，充分发挥市场资源配置作用。推动质量与补贴挂钩试点落实到位，以质量数据为核心理顺种植者追溯机制，提高配套措施的可操作性。同时，要做好棉花加工市场准入机制取消后的监管工作，通过市场的良性竞争过滤“两小一土”加工企业，引导形成与质量挂钩的棉花价格，以纺织企业需求倒逼出好棉花。

2．发挥质量大数据作用，促进信息互联互通

深入挖掘纤维质量公证检验大数据作用，更好地服务纤维产业供给侧结构性改革。加强棉花质量大数据与其他行业的结合与应用，尤其是要推进政府部门、行业协会、相关机构之间的沟通协作，积极推动棉花产业信息大数据平台建设，研究棉花公证检验结果在纺织配棉中的应用、公证检验证书与现代物流的结合、公证检验结果的“大数据”应用与质量分析等，充分利用研究成果，为棉花产业各环节的质量提升发挥指导作用。

3．加强棉花质量监测，促进全国棉花质量提升

围绕纺织企业需求，针对棉花质量的突出问题，继续加强棉花质量监测，加强棉花加工企业质量管理水平。密切关注棉花市场质量状况，做好棉花质量各项指标的分析，加强棉花短纤维率风险监测，以质量薄弱点为抓手促进棉花质量提升。同时要深入研究质量数据在棉花良种培育、提升科学植棉水平、改进生产工艺中的指导与参考作用，运用科学技术提升棉花供给质量。加大对机采棉在育种、栽培管理、采摘技术、加工工艺等方面的专项研究力度，深入研究机采棉各项质量指标，使机采棉与手摘棉针对不同纺纱需求，优势分别得到发挥。

2017/2018 年度中国纺织经济运行报告

中国总会计师协会纺织分会　王青翠

【作者单位简介】中国总会计师协会是跨地区、跨部门、跨行业的全国非营利一级社团组织，业务指导单位财政部。中国总会计师协会成立于 1990 年，现已在石油、铁道、航天行业、纺织、民营、航空工业、民用航空、核工业、兵器、航运物流、电子、地质勘查、轻工、水利水电、信息化、商业、卫生健康 17 个行业设有行业分会，涵盖了国民经济的主要行业。

2017/2018 棉花年度，我们遇到了中美贸易摩擦国际环境的大变数，在事态的反复与演进中起伏跌宕，金融市场、大宗商品价格大幅波动，全球需求降温，投资大幅下滑、全球贸易保护主义及单边主义盛行，贸易增速正在放缓，外部环境复杂严峻。我国是世界纺织大国，进出口贸易约占纺织工业产值的 1/3，这对我国纺织工业必将产生较大影响。国内环境也在变化，经济正在处于转型升级当中，有转型之痛，下行压力加大，实体经济、民营企业面临困难。纺织工业经过多年的积累与沉淀，已经成为保持经济平稳运行的中坚力量。在错综复杂的国际国内环境下，面对压力，全行业进行产品和科技创新、强化管理和服务，通过全行业的共同努力，行业在稳就业、稳外贸、稳投资中发挥了积极作用，实现了平稳运行、稳中有进。

一、生产低速增长

纺织主要大类产品中，除服装产量下降外其他保持增长或持平。2017/2018 棉花年度，规模以上企业纱、非织造布及化学纤维产量分别同比增长 3.05%、4.63% 及 8.44%，增速分别较上年同期提高 –1.75、3.7 及 3.6 个百分点。其中化学纤维产量增速最快，纱线中化纤纱增速优于混纺纱，混纺纱增速优于纯棉纱，体现了化纤对棉花的替代趋势；布、印染布产量与上年基本持平，但增速较上年放缓，坯布中化纤混纺布同比增加，其他类坯布同比下降；服装产量同比下降 6.63%，较上年同比降幅加深 7.5 个百分点，其中梭织服装降幅大于针织服装，针织服装的品种更加丰富、使用范围更加广泛。

二、进出口贸易增速呈现差别化

根据中国海关的统计数据，2018 年 1—8 月我国纺织品出口同比上升，服装出口同比下降。1—8 月，我国出口纺织纱线、织物及制品累计 787.4 亿美元，累计同比上升 9.5%。我国出口服装及衣着附件累计 1026.7 亿美元，累计同比下降 0.3%，贸易增速呈现差别化。

根据上述数据计算，2018 年 1—8 月我国纺织品、服装累计出口 1814 亿美元，同比增长 3.7%。进口方面，8 月，我国纱线、织物及制品进口 16.31 亿美元，1—8 月累计进口 121.67 亿美元，同比增长 8.4%。

2018 棉花年度纺织不同产品进出口增速也呈现差别化，涤纶短纤出口量和贸易额同比双增长，贸易额增速快于出口量增速；进口量同比增加，但进口贸易额同比下降，说明我国化纤短纤产品的竞争力提高，出口产品的档次提高；粘胶短纤进出口同比都下降；棉坯布进口量和贸易额同比快速增长，出口量和贸易额同比双下降。

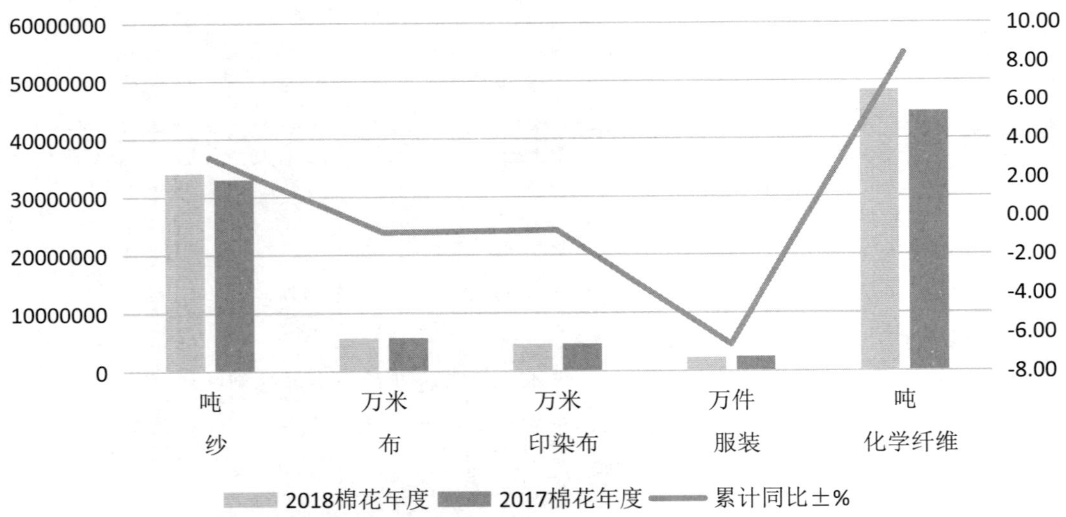

资料来源：国家统计局。

图 3–29　2018 棉花年度纺织工业主要品类产量

表 3–6　2018 棉花年度纺织产品进出口同比增速

（单位：元 / 公顷）

		进口		出口	
品种	单位	贸易数量	贸易额	贸易数量	贸易额
粘胶短纤	%	–25.16	–19.95	–19.95	–31.74
涤纶短纤	%	6.84	–4.12	15.84	25.38
棉坯布	%	49.00	68.32	–8.92	–11.47

资料来源：海关总署

我国 2018 年 1—8 月份棉制纺织品及服装出口总额 582 亿美元，占纺织品及服装出口总额的 32.08%。其中 1—8 月份棉制纺织品出口总额 177.3 亿美元，占纺织品出口总额的 22.52%；1—8 月份棉制服装出口总额 404.71 亿美元，占服装出口总额的 39.42%。

在进口方面，我国 2018 年 1—8 月份棉制纺织品及服装进口总额 72.81 亿美元。其中棉制纺织品进口总额 46.63 亿美元，棉制服装进口总额 26.18 亿美元，同比均增加，棉制服装进口增速最快，呈两位数增长，显示中国棉制纺织品和服装外贸总体较好。但进入 9 月份以后，受中美贸易摩擦等市场预期影响，棉制纺织品及服装的进出口贸易额都有所下滑。

表 3–7　我国棉制纺织品及服装进出口情况（亿美元）

（单位：元 / 公顷）

	进口			出口		
日期	纺织品服装	纺织品	服装	纺织品服装	纺织品	服装
2018 年 1—8 月	582.01	177.3	404.71	72.81	46.63	26.18
2018 年 9 月	70.39	21.44	48.95	9.54	6.11	3.43
2018 年 10 月	56.27	17.14	39.13	7.46	4.78	2.68
2018 年 1—10 月	708.67	215.88	492.79	89.81	57.52	32.29
同比 %	4.97	4.86	5.02	16.16	4.64	44.49

资料来源：海关总署

2017/2018 棉花年度，纯棉坯布进口量和贸易额同比快速增长，但进入 9 月份以后也明显降低；纯棉坯布出口自 2017 年 12 月份开始明显下降，今年 6 月份以后降幅更加明显，出口平均单价呈上升趋势。

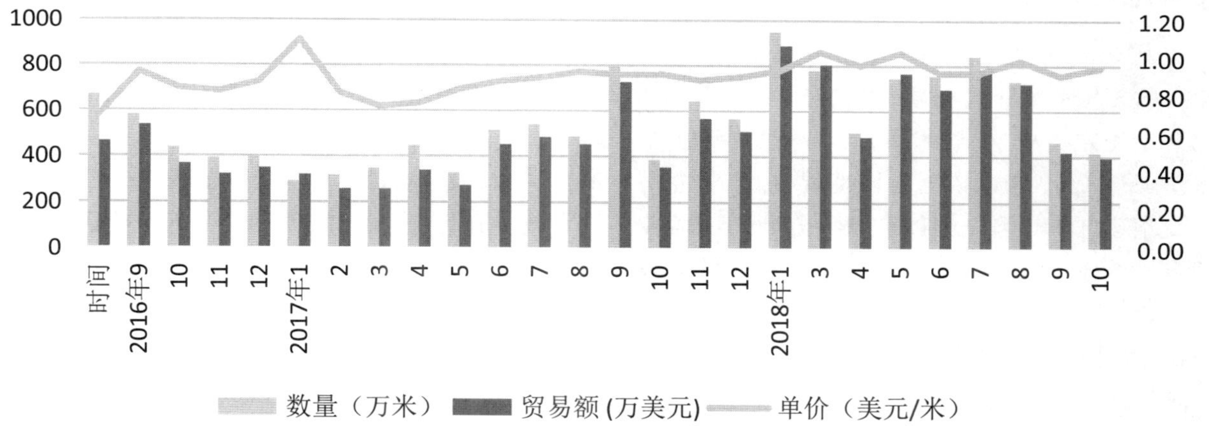

资料来源：海关总署。

图 3–30　纯棉坯布进口情况

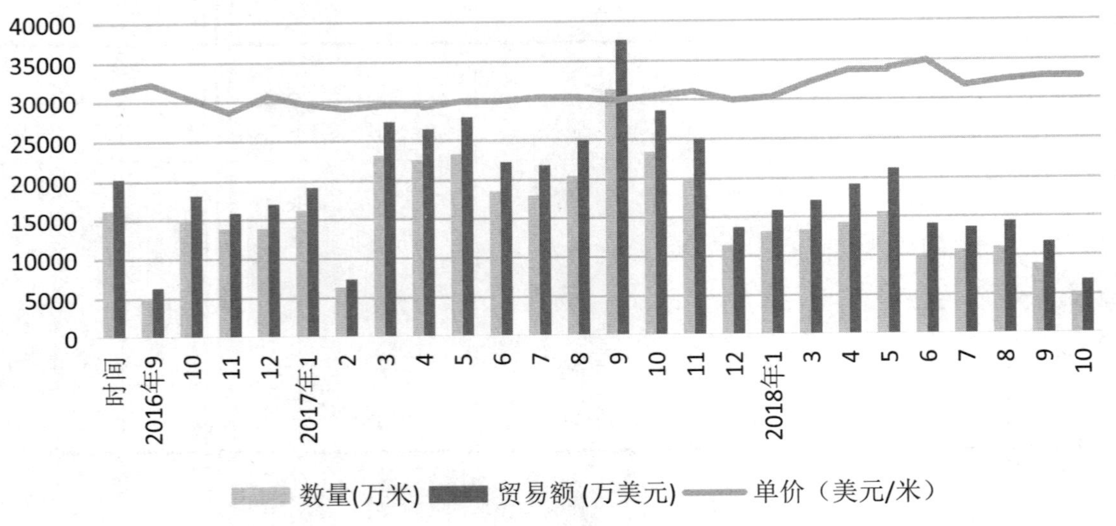

资料来源：海关总署。

图 3–31　纯棉坯布出口情况

三、内外市场表现良好

2018 年我国纺织品服装内需市场呈现较快增长态势。根据国家统计局数据，2018 年 1—11 月全国限额以上服装鞋帽、针纺织品类零售额 1.2 万亿元，同比增长 8.1%，增速较上年同期提高 0.5 个百分点，此增速自 2018 年 6 月以来持续放缓，但仍高于前两年增长水平。网上零售继续保持快速增长，其中，1—11 月全国网上穿着类商品零售额同比增长 21.2%，增速高于上年同期 3.2 个百分点，但其增速自 2018 年年初以来持续放缓。

纺织行业出口持续回暖，国际市场布局更趋优化，1—11 月我国对美国、欧盟和日本传统市场出口纺织原料及纺织品总额同比分别增长 8.8%、2.9% 和 3.5%；对越南、印度尼西亚等“一带一路”沿线新兴市场出口增势良好，出口额同比分别增长 26.5% 和 21.5%。

原料市场，2018 棉花年度以来，国际棉价呈波动上升趋势，国内棉价及涤纶短纤价格总体呈现稳定走势。国内棉花价格在 2017 年 11 月中旬有小幅下降后，进入 2018 年价格一直比较平稳，5 月开始价格有所上涨；涤纶短纤价格除 2018 年 7 月底出现一波上涨行情外，全年度呈现小幅振动状态，总体价格趋稳，给市场提供有力的支撑和良好的预期。

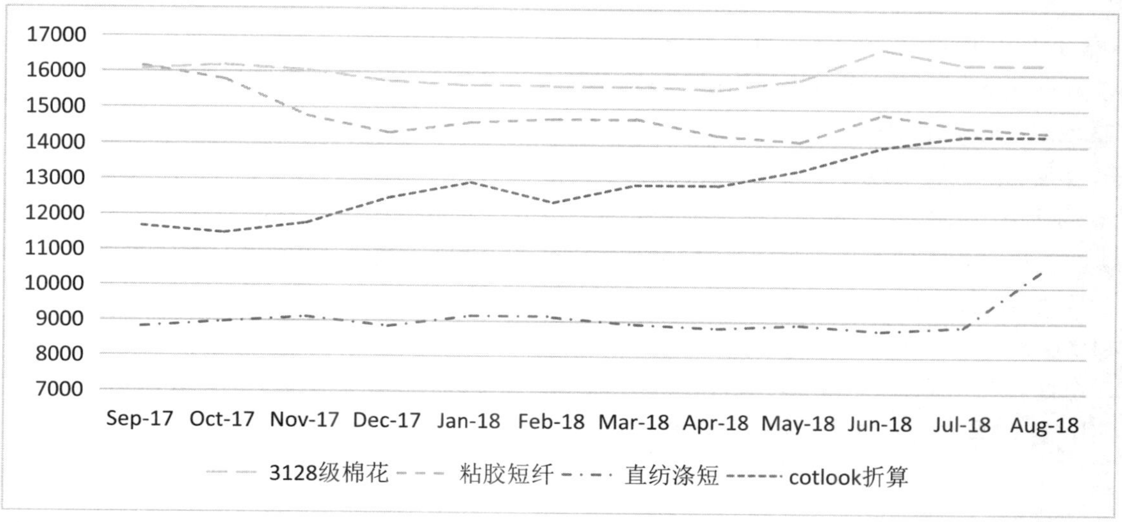

资料来源：海关总署。

图 3–32　2018 年度原料价格走势图

棉纱价格随国内棉花价格波动，总体平稳，自今年 5 月上旬有小幅上涨，进入 2018 年 10 月份以后价格略有下降；棉坯布价格 2017 年四季度有一次小幅上涨后回落，进入 2018 年价格基本平稳，自 5 月底价格小幅上涨，10 月份后价格回落。如图 3–33 所示。总体反映本年度市场表现良好。

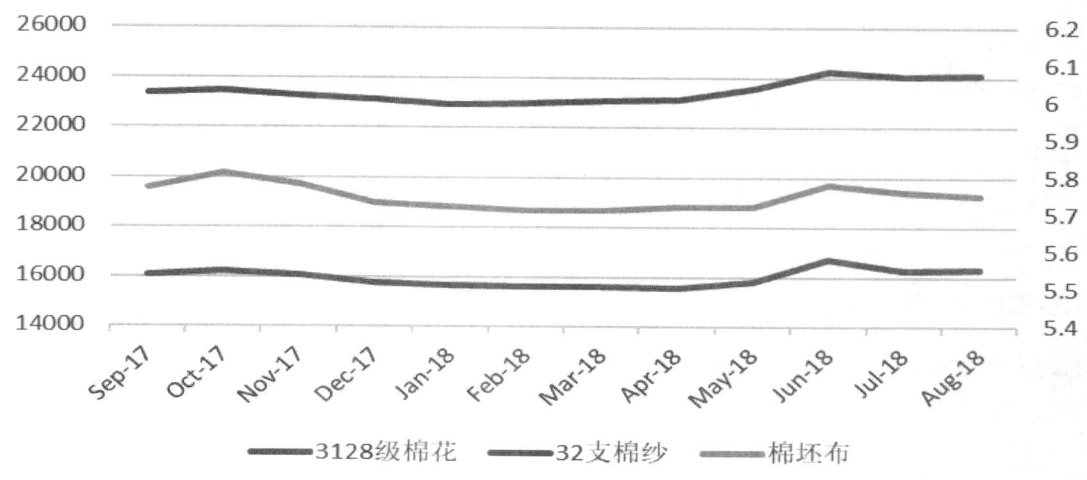

资料来源：海关总署。

图 3–33　2018 年度棉花、棉纱及坯布价格走势图

四、行业运行质效持续改善

纺织行业效益增长总体平稳。2018棉花年度，全国3.7万户规模以上纺织企业累计实现主营业务收入57325.3亿元，同比增长1.1%，增速较上年同期放缓；实现利润总额3018.5亿元，同比增长4.1%。资产总计同比增长3.69%，其中存货同比增长5.5%，略有增加。

纺织行业运行质量基本平稳。2018棉花年度，规模以上纺织企业销售利润率为5.2%，较上年同期提高0.1个百分点；总资产周转率为1.3次/年，较上年同期加快0.1%；百元主营业务收入成本为87.9元，同比下降0.3%；三费比例为7.1%；资产负债率为55.1%，略高于上年同期0.4个百分点，仍位于合理区间。

各子行业中，化纤行业盈利能力稳定，2018年1—11月主营业务收入和利润总额同比分别增长13.4%和12.9%；服装行业利润贡献显著，利润增速为10.1%，其对全行业利润贡献44.5%。虽然服装行业工业增加值增速放缓，产量缩减，但通过其提质增效，品牌运行，取得良好经济效益，支撑全行业效益改善；印染行业转型升级进展积极，主营业务收入和利润总额同比分别增长3.7%和11.9%。

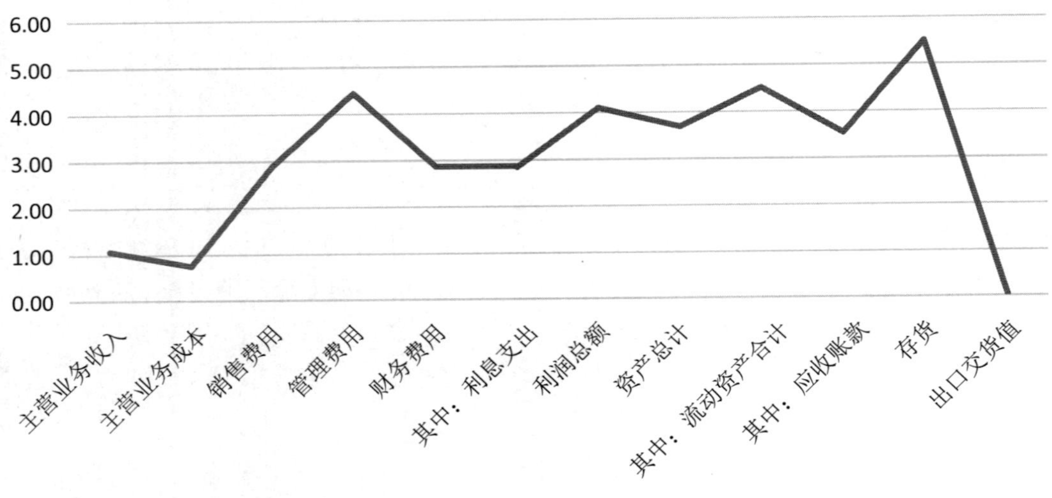

资料来源：国家统计局。

图3–34　2018棉花年度纺织工业经济指标增速（%）

五、投资增速持续回升

根据国家统计局2018年1—8月数据推算，纺织全行业固定资产投资完成额同比增长4.2%，增速低于上年同期1.3个百分点，但延续了2018年以来投资增速持续回升的良好态势。主要子行业中，纺织业投资同比增长5.0%，增速低于上年同期1.5个百分点；化纤业投资同比增长29.0%，增速较上年同期提高9.2个百分点；服装业投资规模仍保持缩减态势，投资额同比减少3.8%，较上半年收窄1.9个百分点。2017年9月至2018年12月非家用纺织制成品行业实际完成投资增速最高，达到24.2%。

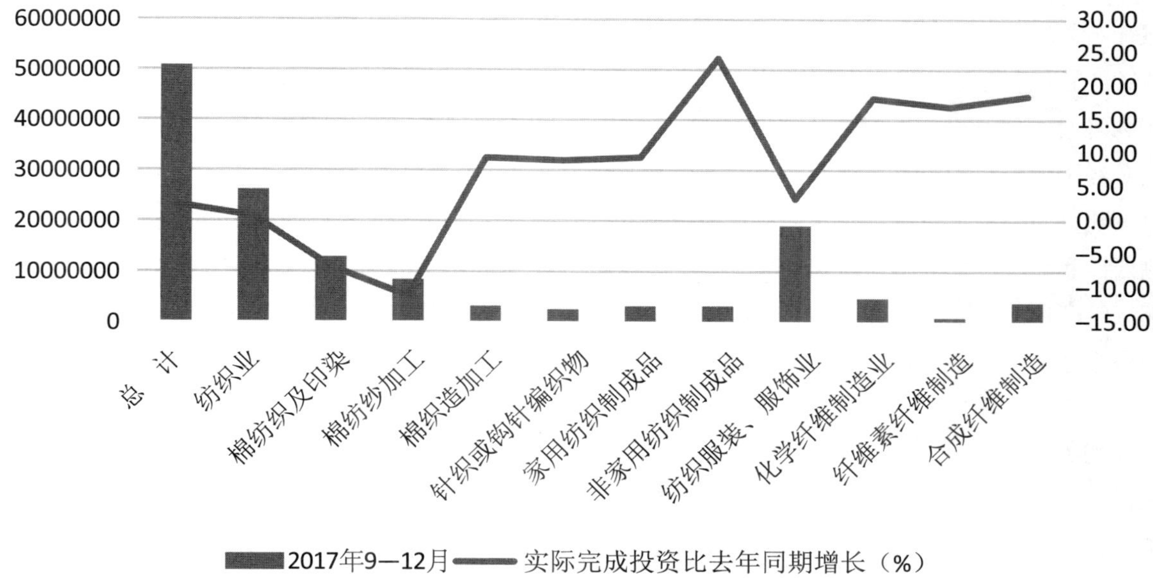

资料来源：国家统计局。

图 3–35　2017 年 9—12 月纺织分行业完成投资及增速

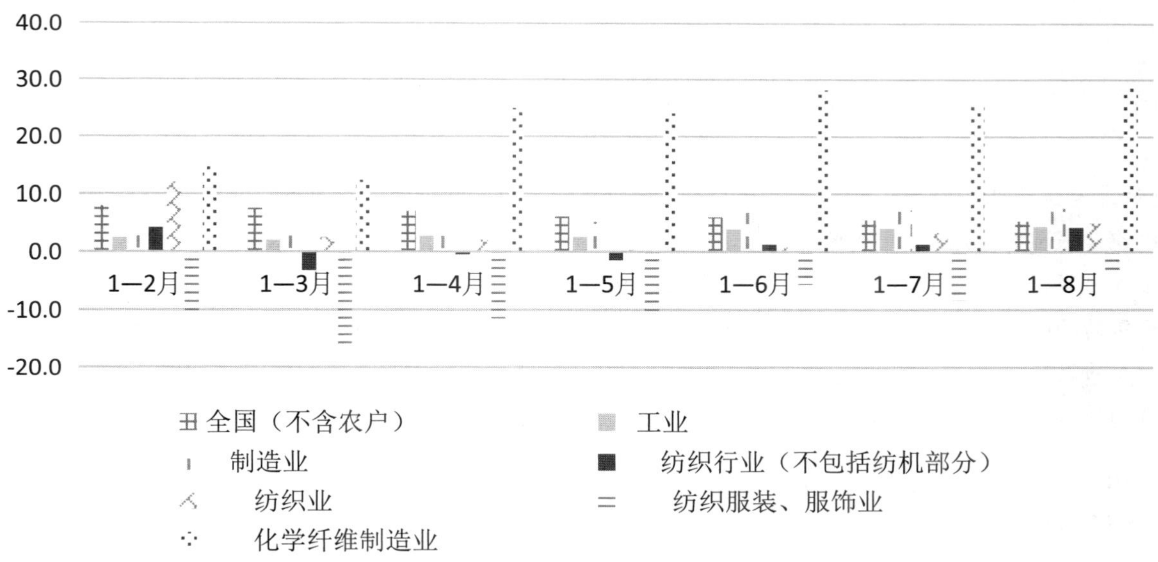

资料来源：国家统计局。

图 3–36　2018 年 1-8 月固定资产投资增速（%）

全年度纺织行业经济运行稳中有变，最大的变化是外部环境，中美贸易摩擦不仅增加中国经济发展前景不确定性，也降低了全球资源的配置效率，是全球经济复苏路途中的重大不确定因素。

国内环境也在变化，长期积累的结构性矛盾，我国宏观经济增长压力也有所加大。围绕内外环境的深刻变化，中央经济工作会议对当前形势做出了重要判断：我国发展仍处于并将长期处于重要战略机遇期，但已具有新的内涵。

经济全球化是必然趋势，要素资源以更高速度、更大规模在全球范围内流动，整个经济的关联性与波动性在增大。消费已经成为国内经济增长的主动力，我国正在发展成为全球最大的商品消费市场。国内消费需求正在发生趋势性变化，开始从注重量的满足向追求质的提升转变，经济结构优化升级蕴含巨大市场空间。科技创新和人力资本积累正在成为经济持续增长的战略支撑，制造业正成为国家关注的发展核心。中美贸易摩擦发生后，加强关键技术领域的自主研发成为政策的关注重点，一系列支持实体经济、支持科技创新的政策密集出台，更形成了良好的宏观环境。

从全国经济经济结构调整的宏观环境看，我国纺织行业已进入推动高质量发展的新时期，经济增长结构深度优化调整、转型升级、高质量发展是必然的趋势，建立高效的跨国资源配置体系是重要发展方向。企业应抓住经济全球化、科技创新、转型升级的机遇，加快自身竞争力提升，但当前宏观环境风险上升，企业在做经营决策时要充分考虑外部风险。在经济新常态下，实现我国纺织行业平稳运行，积极谋求创新发展。

2017/2018 年度棉纺织行业运行状况分析

中国棉纺织行业协会　冷景钢、刘春芳

【作者单位简介】中国棉纺织行业协会（简称中棉行协）是经中华人民共和国民政部核准登记的全国性社团组织，成立于 1995 年。协会现有会员单位近 1000 家，聚集了全国棉纺织、色织、牛仔布等大型骨干生产企业、事业单位和社会团体，会员企业生产的纱、布、色织布（含牛仔布）工业产值占全国棉纺织工业总产值约 70%。协会主要任务是：在会员单位和政府部门之间起桥梁和纽带作用，传达贯彻政府的意图，反映企业的愿望和要求，根据政策法令维护会员的合法权益，竭诚为会员提供多方面的服务。

说明：文中所有数据采集时间为 2018 年 1 月 1 日 —2018 年 12 月 31 日。

2018 年，中央经济工作会议明确指出，我国发展仍处于并将长期处于重要战略机遇期，推动制造业高质量发展是推动我国经济发展的重点工作任务。对于我国棉纺织行业来说，2018 年是加快产业结构优化升级，推进经济高质量发展动力的关键一年。面对国内需求增长趋势放缓、国际贸易保护主义思潮愈演愈烈等情况，我国棉纺织行业灵活应对市场变化，以供给侧结构性改革为主线，积极推进产业结构调整与转型升级，运行总体呈现“稳中有变”的态势。

一、棉纺织行业运行情况

1. 纱布产量保持平稳

据中棉行协会商统计，2018年，我国纱产量1914万吨，同比下降0.08%；布产量600亿米，同比下降1.6%，其中色织布36.5亿米，与2017年持平，牛仔布24.5亿米，同比下降10.9%。2018年上半年企业订单较充足，开台率良好，在传统的纺织淡季纱、布产量也呈稳定增长趋势，坯布产量第三季度增长更加明显。产量增速加快部分原因是中美贸易争端甫一开始，外贸企业就在加紧完成前期订单并抢出口，尽量将风险降到最低。随着中美贸易摩擦不断升级，下游市场持观望态度，谨慎下单，传统的下半年小旺季没有到来。虽然订单量下滑，但是工厂出于控制综合成本及稳定用工的考虑，生产整体平稳。截至2018年12月，中棉行协跟踪纺织企业纱产量累计同比增长2.42%，较去年同期增加0.73个百分点；布产量累计同比增长3.51%，较去年同期增加3.06个百分点。

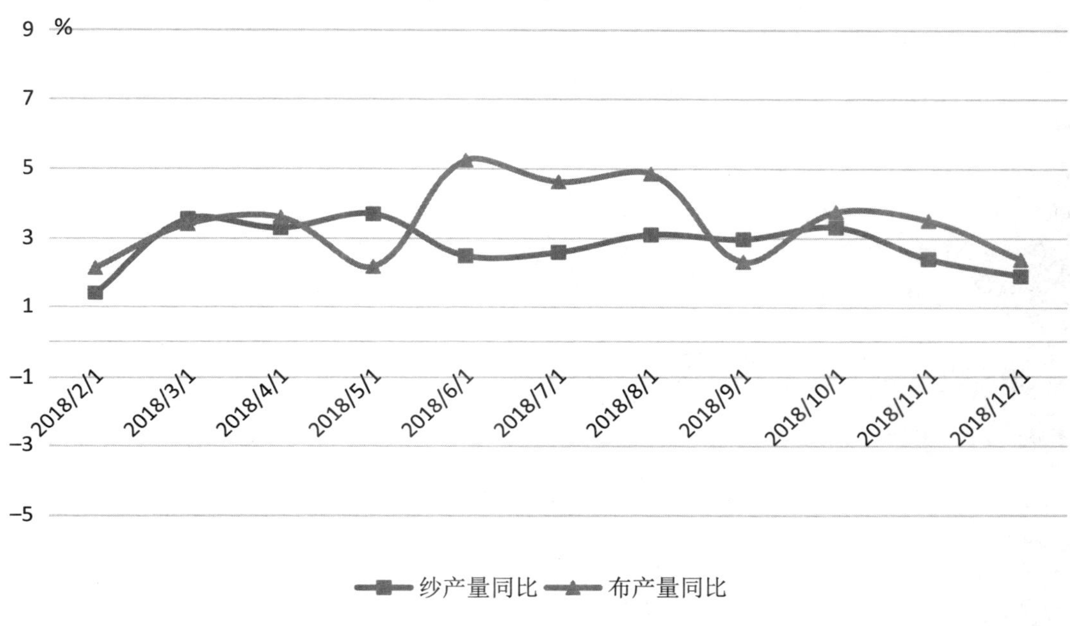

资料来源：中国棉纺织行业协会。

图3–37　2018年纱、布产量同比

2. 产品价格波动下行

2018年全年纱布价格波动明显，整体可分为三个阶段。1—5月纯棉纱及纯棉坯布市场价格保持稳定，以32支纯棉纱及纯棉坯布为例，在市场交投气氛良好的基调下，下游询价、下订单较为顺畅，产品价格小幅上涨。6—9月在棉花减产及预计供需缺口将扩大的刺激下，棉纱及纯棉坯布价格出现大幅上涨，32支纯棉纱涨幅达到1000元/吨左右。随后市场逐渐回归理性，棉花价格回落，棉纱布价格随棉花价格同步下滑。8月下游市场回温，备货积极性升高，再加上进口纱价格较高对国产纱价格形成了一定支撑，32支纯棉纱及纯棉坯布价格小幅上涨。自 10 月起，随着中美贸易摩擦持续升级，市场悲观情绪加深，纱布购销趋于平淡，纯棉纱布价格持续下跌；至 11 月底，国内纺企库存持续增加，压力加大，为回笼资金纷纷降价销售，产品价格大幅下跌。

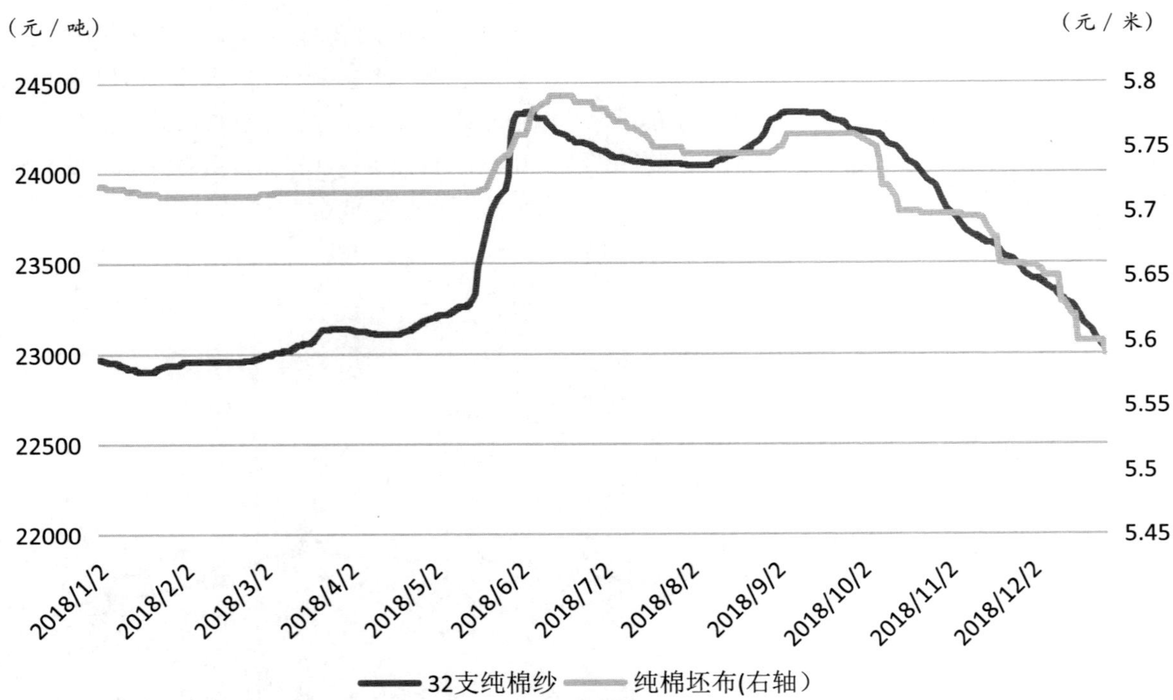

资料来源：中国棉纺织行业协会。

图 3–38　2018 年 32 支纯棉纱及纯棉坯布价格走势

出口方面，纺织行业出口持续回暖。根据中国海关快报数据，2018 年 1—12 月，纺织品服装出口总额为 2767.31 亿美元，同比增长 3.52%。其中纺织品累计出口总额 1190.98 亿美元，同比增长 8.12%，服装累计出口额为 1576.33 亿美元，同比增长 0.29%。

3. 产品库存小幅波动

2018 年上半年，下游需求持续增加，市场上购销两旺，企业产品库存保持低位。下半年受原料价格下行及国际贸易局势紧张、经济形势复杂多变等因素影响，下游市场遇冷，产品销售阻滞，库存开始增长。临近年底，企业为赶在结算前回笼资金，大多采取降价销售策略降低常规品种库存，纱线厂清库存效果较为明显。走差异化战略的企业能够灵活调整产品生产、库存长期保持较低水平，受影响较小。

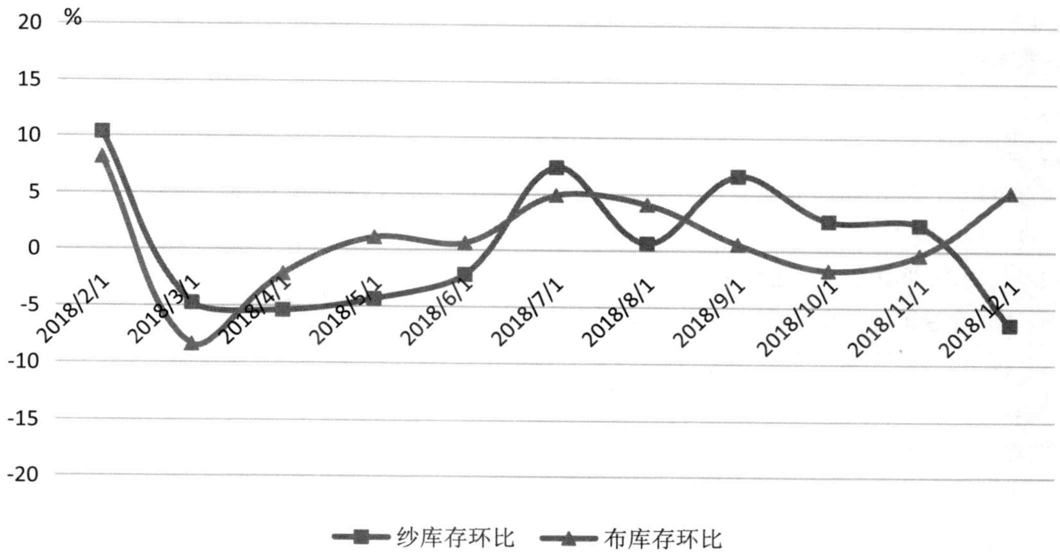

资料来源：中国棉纺织行业协会。

图 3–39　2018 年产品库存环比

4. 行业景气指数保持平稳

中棉行协通过跟踪企业原料采购、生产、销售、库存以及经营等相关数据每月发布中国棉纺织景气指数。据中棉行协景气指数测算结果显示，2018 年，中国棉纺织景气指数总体保持平稳。上半年，景气指数上升较快，5 月份达到峰值，随后受需求疲软、中美贸易摩擦等因素影响，生产节奏放缓，产品销售减少，尤其是常规品种订单持续下降。12 月份大部分企业开始清库存，交易量增加，景气指数有小幅回升。

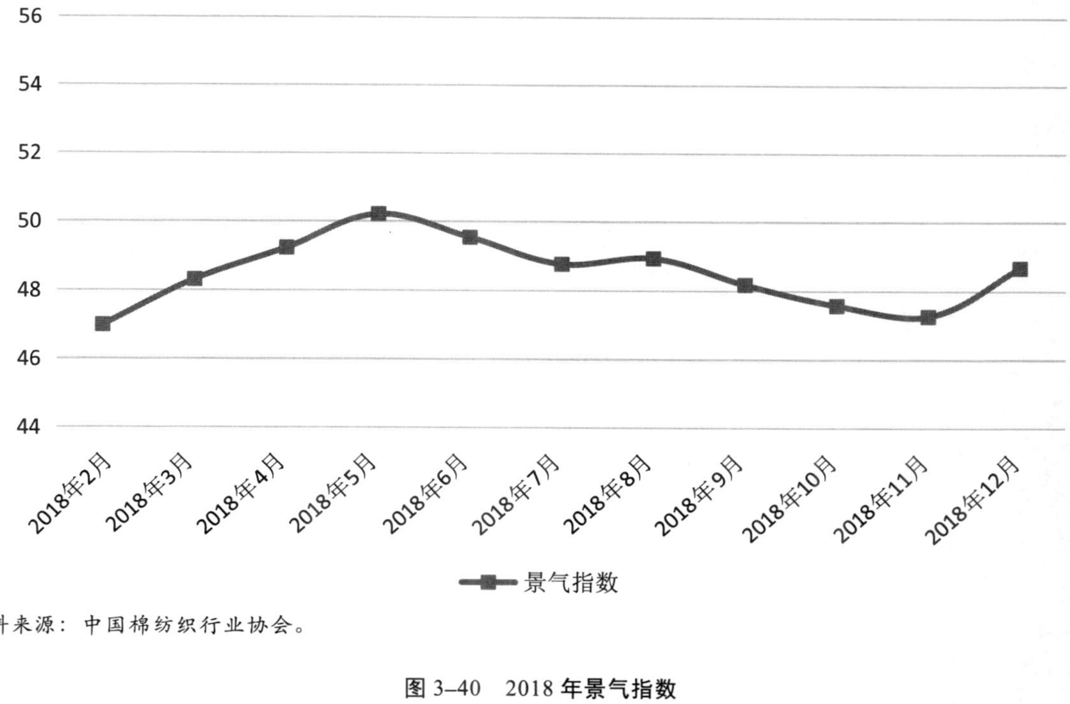

资料来源：中国棉纺织行业协会。

图 3–40　2018 年景气指数

5. 运行质效稳步提升

根据国家统计局数据，2018 年 1—12 月，我国棉纺织行业规模以上企业实现主营业务收入 13947 万亿元，同比下降 5.14%；利润总额 584 亿元，同比下降 0.72%；出口交货值 768 亿元，同比增长 2.27%。

根据中棉行协跟踪企业数据显示，2018 年 1—12 月，我国棉纺织行业主营业务收入累计同比增长 4.17%，利润总额累计同比增长 4.27%，出口交货值累计同比增长 1.14%，利润增速高于主营业务收入增速，说明被跟踪企业产品附加值有了进一步提升，利润空间更大。中棉行协跟踪企业中多为大中型企业，这些企业生产及研发实力更好，市场渠道更广，应变能力更强，能够在快速多变、激烈的市场竞争中凭借自身优势生存发展，生产经营质效更加稳定，对整个行业的平稳运行起到至关重要的作用。

6. 行业投资更加理性

据统计，2018 年，纺织全行业固定资产投资完成额同比增长 5.0%，较上年略降 0.2 个百分点。分行业来看，纺织业固定资产投资完成额同比增长 5.1%，整体保持平稳。2018 年，世界经济仍处于复苏阶段，但美元加息、国际贸易保护主义加剧等风险因素正影响着全球经济增长，贸易环境的不确定性以及融资难融资贵等问题影响企业海外投资的信心。国内方面，新疆产业投资政策有所调整，产业投资更加理性。

二、原料供应

1. 国内棉花价格走弱

2018 年棉花价格内弱外强，国内棉价整体呈波动下行态势。2018 年，国内 3128 级棉花平均价格 15796 元 / 吨，同比下降 0.71%；在新疆部分植棉地区可能减产的消息带动了市场补库需求以及中国进口需求看好的刺激下，6 月国内棉价急速上涨 1000 元 / 吨。7 月，中美贸易摩擦持续升温，市场观望情绪加深，棉花价格应声而落，价格下跌的趋势保持到了年底。与此同时，国际棉花价格震荡，考特鲁克 A 指数折 1% 关税价格与国内 3128 级棉花价格价差最高达 1880 元 / 吨，全年国内外平均棉价差 764 元 / 吨，较上年大幅降低。

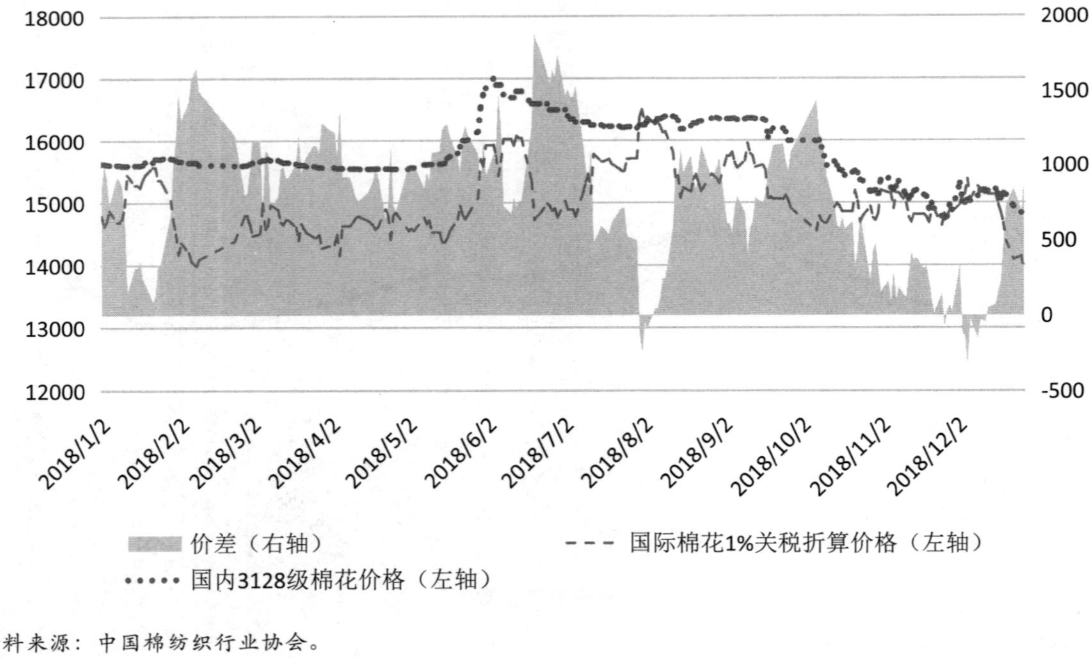

资料来源：中国棉纺织行业协会。

图 3–41　2018 年国内外棉花价格走势

2. 非棉纤维价格震荡

根据中棉行协会商统计，2018 年，我国棉纺行业共使用非棉纤维 1252 万吨，较上年减少 18 万吨。从价格上看，非棉纤维价格与国内棉花价格相比，价格波动更大。主要原因：一是 2018 年粘胶短纤累计扩大产能约 77 万吨，虽然产能大量增长，但下游需求量并未明显扩大导致价格难以上涨；二是 7 月中下旬至 9 月，1.4D 直纺涤短价格受 PTA 供需偏紧、价格一路上涨的刺激，出现大幅度涨价随后由于下游市场需求量下行，市场需求走低，涤纶短纤价格下降；三是年内棉花价格走弱，内外价差进一步缩小，国内纺企增加棉纤维使用量，非棉纤维缺乏价格上涨动力。

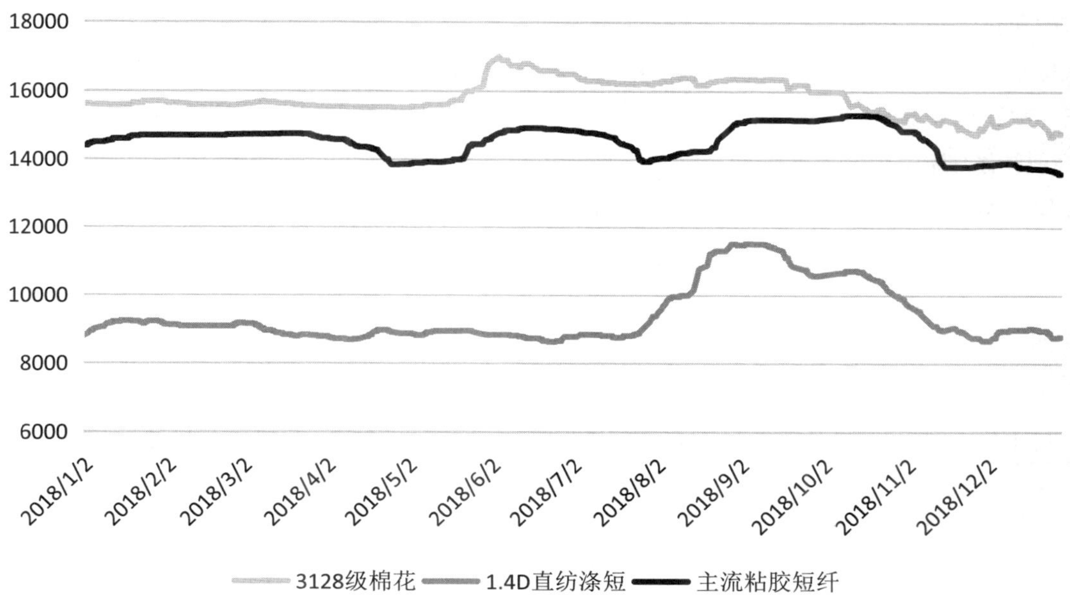

资料来源：中国棉纺织行业协会。

图 3–42 棉纺用原料价格走势

3. 储备棉情况

2018 年储备棉轮出自 3 月 12 日开始至 9 月 30 日全部结束，共计投放时间 29 周，累计 143 个工作日，共投放储备棉 431 万吨，实际成交 251 万吠，平均成交率为 58%。其中新疆棉成交 156 万吨，占成交总量的 62%；地产棉成交 95 万吨，占成交总量的 38%。通过近几年国家储备棉库存的消化，目前国储库内棉花库存已降至合理水平。

三、2019 年行业发展前景及展望

2018 年 12 月中下旬至 2019 年 1 月中旬，中棉行协累计派出 11 个调研组对山东、河北、河南、湖北等 9 个省和自治区的 70 余家棉纺企业进行了调研。通过调研了解到，2019 年棉纺行业开局良好，中美贸易摩擦对市场的订单影响小于心理影响，企业对未来市场形势保持谨慎观望态度。总体来看，预计 2019 年我国棉纺织行业运行将保持平稳。

1. 棉花市场化改革取得阶段性成果，但任重道远

2018 年，棉花目标价改革试点成果显著，新疆棉花产量回升，机采棉比例不断上升，棉花品质不断改善，推动纺织产品品质提升。储备棉库存消化取得积极进展，保证了市场稳定及棉花内外差价在合理范围内，为纺织企业提升国际竞争力打下基

础。棉花调控政策更加灵活和贴近市场，针对国内棉价出现上涨过早、过猛现象，国家发改委征集行业建议，实施储备棉投放延期、停止非纺织用棉企业参与竞买、增发棉花滑准税配额等调控政策，保证了国内棉花市场平稳运行，促进了棉纺行业健康发展。通过近几年国家储备棉库存的消化，去库存任务已基本完成。目前中央储备棉存量趋近合理水平，国内棉花自给缺口长期存在，未来棉花供需如何能够保持平衡，保障我国棉纺织产业链的国际竞争力是棉花政策调控的努力方向。

2. 产业转移开始由重数量向重质量转变

近几年一大批内地优强棉纺织企业积极进疆投资建厂，在维护新疆的稳定、促进就业等方面都做出了突出的贡献。许多企业抓住机遇，蓬勃发展。但有喜也有忧，快速的产能转移环境下，各类产业配套支持，招工问题，产品结构等问题都对产业转移提出了新要求，各地政府也开始更加注重转移产能的健康发展和可持续发展。

3. 提高设备自动化、智能化程度是发展趋势

受劳动年龄人口数量下滑、人口流动加快以及就业观念转变等影响，生产一线工人的招聘难度越来越大。招工难、用工贵仍是生产企业，尤其是中小企业长期面临的问题。顺应市场变化，不断革新技术、升级设备是未来生产企业的必由之路，“机器换人”不仅能够降低用工成本，还可以提高劳动生产率及产品质量。

2017/2018 年度郑州棉花期货市场运行情况

中粮期货有限公司　徐　捷

【作者单位简介】中粮期货有限公司成立于1996年，注册资本8.462亿元，股东为中粮资本投资有限公司和中国人寿保险股份有限公司。中粮期货专注风险管理和期货投资，历经二十余年培养建立起了一支专业化的衍生品服务团队，并长期与国内外研究机构和各行业的龙头企业保持良好的交流与合作，实时追踪期货市场、期货市场的发展变化，及时为客户提供专业的服务和支持。

2017/2018 年度是郑州商品交易所棉花期货（以下简称“棉花期货”）上市的第13个年度，棉花期货价格发现和套期保值功能继续稳定发挥，为涉棉企业管理经营风险提供有效工具。随着棉花目标价格改革继续深入和中央储备棉花拍卖工作的持续，我国棉花价格与国际棉花价格关联日趋紧密，全年度波动幅度大幅增加，棉花产业对于利用棉花期货规避风险的需求强烈。2017/2018 年度棉花期货持仓量及成交量同比大幅增长，良好的市场流动性为涉棉企业套期保值创造了有利条件。与此同时，棉花期货发现价格精准，全年棉花期现货价格相关性达到0.75，为涉棉企业在关键时间时对价格把握提供可靠参考。规则制度上，郑州商品交易所优化新疆棉交割流程，同时增设新疆、江苏各一家仓库为指定交割仓库，加大期货市场为棉花产业服务的力度，对棉花产业发展的作用更加突出。

1. 波动加大　价格先扬后抑

2017/2018 年度初期，棉花期现货价格呈现窄幅震荡走势。2018 年 5 月中旬，棉花期现货价格快速拉升，触顶后承压回落。3 月 13 日棉花期货市

（单位：元 / 吨）

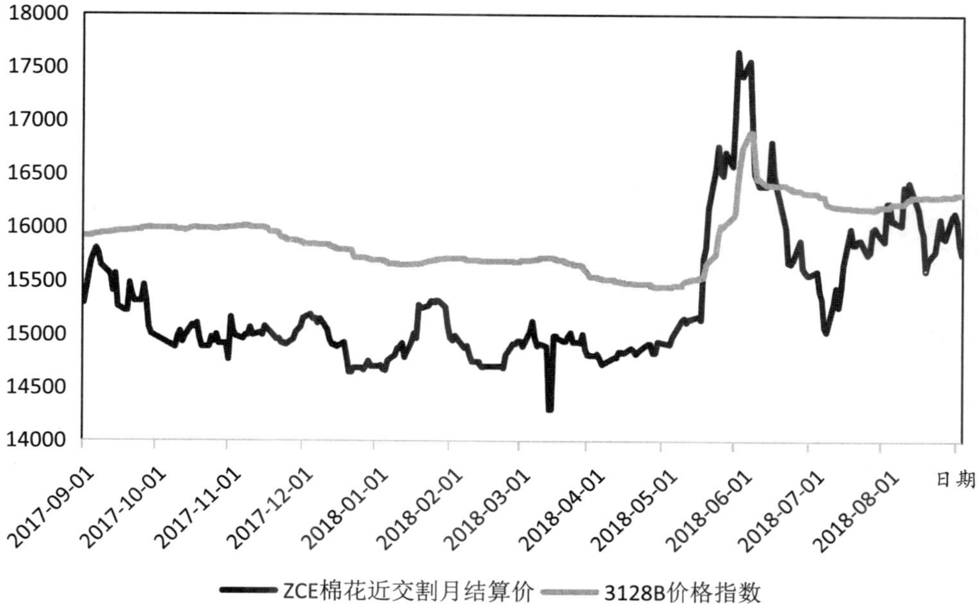

资料来源：中国棉纺织行业协会。

图 3–43

场近交割月结算价跌至本年度最低价位 14300 元 / 吨，随后展开一轮较大幅度上涨。至 2018 年 5 月 30 日，棉花期货市场近交割月结算价探至本年度最高价位 17570 元 / 吨，上涨 3270 元 / 吨。随后期价快速回落，7 月 5 日跌至 15035 元 / 吨后企稳。2017/2018 年度棉花期货市场近交割月结算价累计上涨 465 元 / 吨，涨幅 3.04%，波幅 3360 元 / 吨，波动性显著增加。2017/2018 年度棉花现货价格相对稳定，全年度整体上涨 397 元 / 吨，涨幅 2.49%，波幅 1449 元 / 吨，期现货价格相关性为 0.75。

（单位：手）

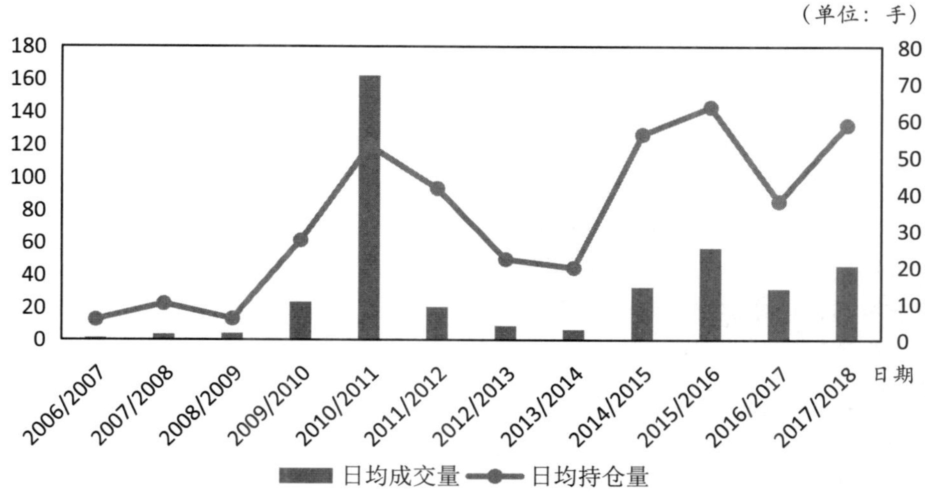

资料来源：中国棉纺织行业协会。

图 3–44

2. 流动性大幅提升 产业套期保值环境良好

由于棉花期货价格波动幅度显著增加，2017/2018 年度棉花期货的日均成交量与日均持仓量同比放大明显。在结束了 2016/2017 年度流动性萎缩后，2017/2018 年度棉花期货日均持仓量和日均成交量分别达到 45.5 万手和 58.5 万手，同比增长 31.10% 和 35.17%，其中日均持仓量已恢复至近十年日均持仓量高位水准，仅次于 2015/2016 年度的日均持仓量 63.48 万手。目标价格改革实施以来，市场流动性逐渐加强，为涉棉企业管理风险提供优良的环境。

（单位：手）

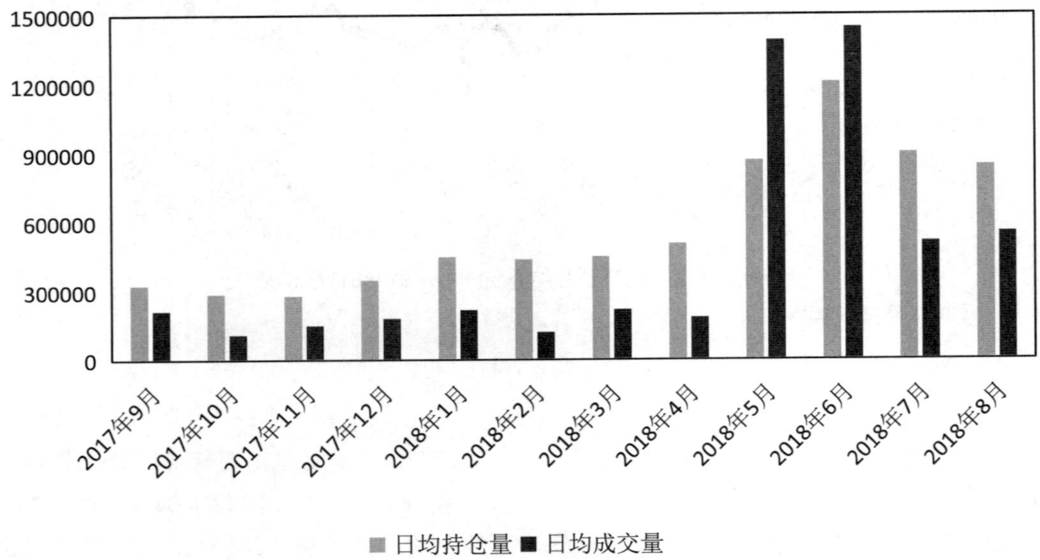

资料来源：中国棉纺织行业协会。

图 3–45

从 2017/2018 年度各个月度成交情况来看，本年度初期，由于棉花期货价格小幅盘整，日均持仓量与日均成交量均维持稳定状态。随着 2018 年上半年棉花期货价格波动幅度加大，其市场整体容量也逐渐放大。2018 年 6 月，棉花期货日均持仓量与日均成交量均达到本年度最大值。其中，棉花期货日均持仓量为 120.8 万手，日均成交量为 144.4 万手，较年度初期分别放大 269.33% 和 573.30%。随后，棉花期货价格回落，日均成交量出现明显下滑，至 2018 年 8 月，日均成交量仅为 55.5 万手，较 6 月峰值萎缩 61.55%；日均持仓量小幅回落，至 2018 年 8 月，日均持仓量为 84.7 万手，较 6 月峰值萎缩 29.88%。

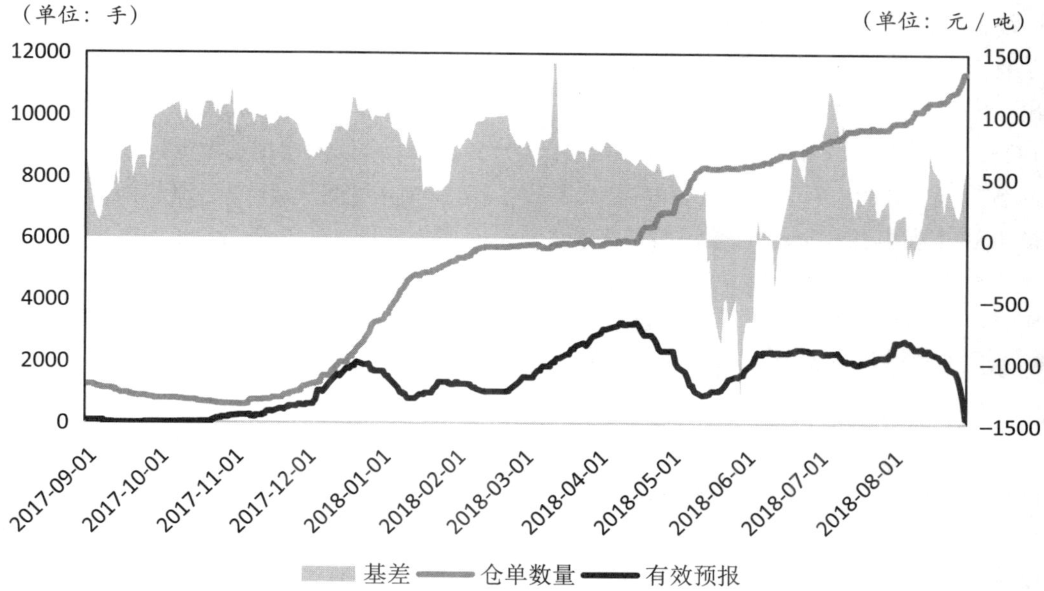

资料来源：中国棉纺织行业协会。

图 3–46

3. 仓单量再创历史新高　期货销售平台作用日趋凸显

2017/2018 年度棉花交割数量继续增长，期货市场辅助棉花现货销售的平台作用继续凸显。全年度棉花期货共形成仓单 11428 张，折合棉花 45.71 万吨，同比增长 116.12%，再次刷新历史纪录。从基差情况分析，棉花期现货基差几乎全年度保持为正值状态，棉花期货价格长时间贴水于棉花现货价格。3 月 13 日，棉花期现货市场基差达到本年度反向市场极值 1422 元 / 吨。随着期货市场价格走高，棉花期现货基差逐渐回归并转为正向市场，5 月 30 日，棉花期现货基差达到本年度正向市场极值 1262 元 / 吨。

4. 2017/2018 年度国内外棉花市场影响因素分析

（1）国内棉花市场行情

2017/2018 年度我国棉花现货、期货市场价格在长时间震荡后爆发出一轮较大规模的牛市行情，但随后高位遭遇实盘压力继而价格回落，几乎将本年度全部涨幅收复。现按照不同阶段，影响棉花期现货价格运行的主要因素总结如下。

2017 年 9 月至 2017 年 11 月　2017 年 9 月初美国农业部发布月度供需报告，其中将印度、美国 2017/2018 年度产量调增，进而使得全球产量增加 305 万吨。在此影响下，美棉大幅回落，从而影响国内市场储备棉投放价格。在丰产以及美棉期价回落的影响下，储备棉出现量、价齐跌的走势。随着国内市场 2017/2018 年度新棉花陆续上市，期货市场价格也震荡走低，自高点 16015 元 / 吨跌至 11 月末 14800 元 / 吨，累计下跌 1215 元 / 吨。

2017 年 12 月至 2018 年 3 月　由于社会库存较大，新棉花销售缓慢，期货市场仓单量不断走高。2017 年 12 月至 2018 年 3 月，累计生成仓单约 4585 张，居于历史同期水平的最高水准。与此同时，在经历了连续的储备棉投放后，国库中储备棉的库存低于 300 万吨之下，考虑到下年度国内仍存刚性供需缺口，整体市场下方支撑明显，在双重作用下，郑棉在长达 4 个月中于 14800—15600 元 / 吨中反复震荡。

2018 年 4 月至 2018 年 5 月　2018 年 4 月份南疆地区爆发较大范围的大风天气，此时正值棉花吐絮期间，对新年度棉花产量、质量有一定影响。与此同时，棉纱良好的消费以及化纤等替代价格的高企也支撑了棉花价格。在多重利多因素的叠加下，郑棉爆发出大幅度单边上涨行情，5月底郑棉期价最高探至19250元／吨。

2018年6月至2018年8月　中美贸易关系突然紧张使得宏观经济由预期通胀向通缩极速转变，大宗商品纷纷承压走低。与此同时，纺织品出口关税不断增加对棉花的下游消费有较大的抑制。国内消费不断萎缩，期货市场仓单量再度走高，不断创出历史纪录，至2018年8月底，棉花已生成仓单累计11428张，创下同期最高仓单量。受此影响，郑棉期价自高位快速回落至16000元／吨处企稳，随后窄幅震荡。

(2) 国际棉花市场

2017年9月份，受中国地区去库存进程加快以及新年度印度、中国等地区减产的影响，ICE期棉于低位企稳后展开长达9个月的牛市。6月8日，期价主力最高探至94.82美分／磅，为近7年新高，整体上涨27.56美分／磅，涨幅达到40.98%。

2018年下半年，中美贸易关系不断紧张，全球经济受到波及使得资金纷纷离场避险。美国对中国地区出口纺织品不断调增关税使得中国棉花消费量下降；原油价格下跌使得替代价格下降的同时，也降低了棉花生产加工成本。种种因素叠加下美棉承压回落。2017/2018年度末，期棉主力最低跌至80.60美分／磅，整体下跌14.22美分／磅，跌幅达到14.99%。

5.2017/2018年度棉花期货市场政策调整情况

2017年10月11日，郑州商品交易所发布《关于调整棉花合约替代交割品升贴水的通告》。经研究决定，对棉花合约替代交割品升贴水进行调整，自2018/2019年度生产的棉花开始实施。

2017年11月21日，郑州商品交易所发布《关于推出棉花、棉纱期货跨品种套利指令的通知》。自2017年11月24日夜盘交易时起，推出棉花、棉纱期货跨品种套利指令。棉花、棉纱期货套利制定的保证金收取和限仓制度按照《郑州商品交易所套利交易管理办法》的相关规定执行。

2018年5月24日，郑州商品交易所发布《关于调整棉花期货相关合约交易手续费标准的通知》。根据《郑州商品交易所期货结算细则》第二十七条规定，经研究决定，自2018年5月25日当晚夜盘交易时起，对棉花期货1809合约、1901合约恢复收取日内平金仓交易手续费。

2018年6月7日，郑州商品交易所发布《关于调整棉花期货交易保证金标准、涨跌停板幅度和交易手续费标准的通知》。根据《郑州商品交易所期货交易风险控制管理办法》第十条及《郑州商品交易所期货结算细则》第二十七条规定，经研究决定，对棉花期货相关合约交易保证金标准、涨跌停板幅度和交易手续费标准作如下调整：一是自2018年6月11日结算时起，棉花期货合约交易保证金标准调整为7%，涨跌停板幅度调整为5%；二是自2018年6月11日当晚夜盘交易时起，棉花期货1809合约、1901合约日内平今仓交易手续费调整为10元／手。

2018年8月28日，郑州商品交易所发布《关于期货交割面新疆交割仓库移库公证检验的公告》。根据2017/2018棉花年度期货交割棉新疆交割仓库业务运行情况，经研究决定，2018/2019棉花年度（2018年9月1日至2019年8月31日）期间，在新疆交割仓库的未出具期货交割棉公检验证证书的批次，可移库至内地交割仓库申请期货交割棉公证检验。

2018年8月28日，郑州商品交易所发布《关于增设指定棉花交割仓库的公告》。增设新疆中新建现代物流股份有限公司、江苏银隆仓储物流有限公司为指定棉花交割仓库，自2018年9月1日起开展棉花期货交割业务。

2017/2018 年度国际棉花市场产销形势及价格走势分析

国家棉花市场监测系统

【作者单位简介】国家棉花市场监测系统是国家有关部门批准建立的棉花市场信息监测、发布与预警系统，为国家电子政务工程重点项目之一。由中国储备棉管理有限公司与国家发改委价格监测中心共同建设，中国储备棉管理有限公司为项目法人，中储棉花信息中心有限公司具体负责系统建设与运行维护管理。系统的建设目标是密切跟踪国内外棉花市场变化，准确反映市场供求趋势；为国家宏观调控决策提供可靠的决策依据；为涉棉企业经营决策提供信息参考，正确引导国内棉花生产与消费。

2017/2018 年度，全球植棉面积扩大 16%，棉花产量预计为 2660 万吨，消费量 2620 万吨，同比分别增长 15% 和 7%。虽然全球产量和消费量都出现增加，但产量增加的结果是全球期末库存在连续下降两年之后增加，达到 1930 万吨，同比增长 3%。2018/2019 年度，全球消费量预计增长 5%，达到 2740 万吨，产量预计为 2590 万吨。由于消费大于产量，全球期末库存预计下降到 1780 万吨。

2017/2018 年度，中国棉花消费量预计为 870 万吨，产量 590 万吨，进口量 120 万吨，期末库存降至 910 万吨。预计 2018/2019 年度中国棉花消费量超过 900 万吨，国内产量预计减少 6%，至 560 万吨。为了满足国内用棉需求，中国进口需要增加到 160 万吨，为此中国增发了 80 万吨滑准税棉花进口配额。

在亚洲和南亚国家需求持续增长和 2018/2019 年度主要产棉国产量预计下降的情况下，全球贸易政策成为一个影响棉花行业的潜在因素。中美两国互加关税和全球贸易政策的不确定性可能给市场带来广泛的影响，有可能破坏贸易秩序稳定和经济增长。

2017/2018 年度，全球棉花进口量预计增长 10%，达到 900 万吨，2018/2019 年度将进一步增加到 930 万吨。2018/2019 年度，美国棉花出口量预计为 330 万吨，西非地区出口 130 万吨，巴西出口超过 100 万吨。2016/2017 年度，美国曾经对中国出口 50 万吨，占美棉出口的 15%，占中国进口的 45%。

2017/2018 年度，西非地区出口达到 105 万吨的近十年高点，2018/2019 年度预计增加到 130 万吨，原因是种植面积和单产均提高 3%。2017/2018 年度，澳大利亚棉花产量预计超过 100 万吨，巴西产量预计接近 200 万吨。预计 2018/2019 年度巴西棉花产量和出口量继续增加，而澳大利亚预计减少。此外，干旱预计影响到美国 2018/2019 年度的棉花产量，印度产量预计为 590 万吨，原因是植棉面积减少 3%，单产下降 1%。

2018 年 6 月初，棉花市场需求增加而供应趋紧导致价格大幅上涨，考特鲁克指数一度达到 102 美分。随后几周，贸易政策的不确定性又使棉价回落，但仍高于 87 美分的年度均值，也高于 73 美分的近 20 年均值，2017/2018 年度考特鲁克 A 指数为 86 美分，预计 2018/2019 年度在 66—107 美分。

2017/2018 年度全球纺织原料消费与经济形势展望

国家棉花市场监测系统　郝　今

【作者单位简介】国家棉花市场监测系统是国家有关部门批准建立的棉花市场信息监测、发布与预警系统，为国家电子政务工程重点项目之一。由中国储备棉管理有限公司与国家发改委价格监测中心共同建设，中国储备棉管理有限公司为项目法人，中储棉花信息中心有限公司具体负责系统建设与运行维护管理。系统的建设目标是密切跟踪国内外棉花市场变化，准确反映市场供求趋势；为国家宏观调控决策提供可靠的决策依据；为涉棉企业经营决策提供信息参考，正确引导国内棉花生产与消费。

一、全球纺织原料消费展望

全球金融危机爆发以来，世界经济一直保持适度增长并刺激纺织原料消费增长。2017 年，全球纺织原料消费量为 9550 万吨，创历史最高纪录。尽管全球纺织原料消费已连续九年保持增长，但增速呈下降态势。2005 年增速为 15%，2010 年为 8.5%，2017 年为 5%。

纺织原料消费集中在发展中国家，其中亚洲发展中国家占主导地位。从 2010 年到 2017 年，亚洲发展中国家纺织原料消费量由 3690 万吨增至 5100 万吨。从 2006 年开始，亚洲发展中国家纺织原料消费量开始超越发达国家。到 2012 年，亚洲发展中国家纺织原料消费量突破了全球总消费量的 50%，并于 2017 年达到 53.5%。

发展中国家纺织原料消费量增加与人口增长有关。1960 年，发展中国家人口是发达国家的 3.3 倍；2017 年，发展中国家人口增至发达国家人口的 6.6 倍。在过去的 40 年里，亚洲和非洲发展中国家人口分别增加了 17 亿人和 8 亿人。

2017 年，全球棉花消费量为 2530 万吨，同比增幅为 4.1%。全球棉花消费量增加的主要原因是，全球经济预期改善增加了新兴市场消费者收入。全球化纤消费量为 6900 万吨，创历史新高。在过去的 20 年里，化纤消费量持续大幅增加。目前，全球化纤消费量占人造纤维消费量的 91.4%。在化纤消费中，涤纶纤维占 82.8%，聚酯纤维占 7.47%，尼龙纤维占 7.06%，丙烯酸纤维占 2.66%。同时，其他纤维（包括粘胶、莫代尔和天丝）消费量也在快速增长，从 2008 年的 270 万吨增至 2017 年的 590 万吨。

基于全球经济持续增长的预期，预计纺织原料消费量将在 2020 年达到 1.055 亿吨，并可能在 2025 年达到 1.21 亿吨。

二、全球经济形势展望

1. 金融危机过去 10 年后全球经济依然脆弱。

2017 年，全球经济同比增长率为 3.7%，较 2016 年仅高出 0.4 个百分点，但这已是 2012 年以来的最高增速。经济增长动力主要来自发达国家投资的好转，亚洲经济的强劲增长，欧洲经济的恢复以及几个主要商品出口国的贸易增长。

2018 年 10 月，国际货币基金组织（IMF）将 2018 年和 2019 年全球经济增长率预测从 4 月份的基础上各调减 0.2 个百分点至 3.7%，主要原因一是中美贸易摩擦导致双方互征关税；二是日本、英国和欧盟经济趋弱；三是新兴经济体普遍加息。

预计在 2018 年和 2019 年，新兴经济体和发展中国家经济增速将稳定在 4.7%。中国的经济增长将保持中等速度，主要原因是外需减少，金融政策偏紧、与美国的贸易摩擦仍在持续。国际货币基金组织报告指出，中国经济增长对全球经济增长的贡献占比达到1/3，使8亿人口摆脱贫困，收入水平高于全球平均值。印度将在公共支出增加、产能利用率提高和私人投资活跃等因素驱动下继续成为经济增长速度最快的国家。巴西2017年的实际GDP增速为1%，预计在内需与投资的推动下，在2018年和2019年分别提高到1.8%和2.5%。预计发达经济体2018年经济增速为2.4%，同比增长0.1个百分点，但将在2019年下降0.3个百分点至2.1%。

2. 美国经济保持相对活跃

美国仍是全球最大最重要的经济体。世界货币基金组织预测，2018年美国经济增长率为2.9%, 2019年为2.5%。2018年10月，美国劳工部报告显示，2018年9月美国失业率为3.7%，创1969年以来最低纪录。

中美贸易摩擦是2018年的市场热点。2018年1月，美国对太阳能电池板和洗衣机征收30%进口关税。中国对此极为不满，因为中国的太阳能电池产量占全球总产量的65%，而且美国进口的太阳能电池板和洗衣机主要来自中国。

2018年3月底，美国又宣布对铁和铝加征进口关税。中国随即宣布对价值24亿美元的128项美国商品加征进口关税，主要包括水果、猪肉、红酒、废铝和无缝钢管等。

2018年4月，美国宣布对1334项中国商品加征25%进口关税。中国随即宣布对价值106亿美元的美国商品加征25%进口关税，主要包括大豆、汽车和药品。

2018年6月中旬，美国宣布从7月6日起对818项价值340亿美元的中国商品加征25%进口关税，并考虑将对另外282项价值160亿美元的中国商品加征关税。中国随即宣布对659项价值340亿美元的美国商品加征25%进口关税。

2018年7月6日，美国开始对第一批中国商品加征25%进口关税。中国迅速回击，开始对545类美国商品（主要包括大豆、猪肉、鸡肉、水产品、SUV汽车和电动汽车等）开始加征25%进口关税，并宣布是由美国挑起了有史以来最大的贸易战。

2018年7月10日，美国宣布将从8月开始对6000多类价值2000亿美元的中国商品加征10%进口关税。中国警告美国将把价值600亿美元的美国商品的进口关税从5%升至25%。

2018年8月23日，美国开始第二批价值500亿美元的中国商品加征25%进口关税。中国立即对价值160亿美元的美国商品加征25%进口关税。

2018年9月17日，美国宣布将从9月24日起对价值2000亿美元的中国商品加征10%进口关税，并从2019年开始提高到25%。中国于次日宣布对价值600亿美元的美国商品加征关税。中美双方于9月24日开始落实互征关税政策。

2018年11月，中美在阿根廷召开的G20峰会期间进行了谈判，双方将进一步互征关税的日期推到2019年3月。

到目前为止，美国共对价值2500亿美元的中国商品加征了进口关税，中国共对价值1100亿美元的美国商品加征了进口关税。为缓解贸易战对美国农民的冲击，美国政府宣布将为农民提供120亿美元的紧急补助。补助以现金形式直接发放或通过为慈善机构购买粮食的形式提供。

3. 欧盟经济缺乏动力

2018年到2019年，欧盟经济增长率将从2%下降至1.9%，通货膨胀率将从1.53%升至1.63%。出口贸易增速放缓与区域政局动荡是导致欧盟经济增速下降的主要原因。欧盟主要成员国情况如下。

德国2018年和2019年的经济增长率均为1.9%，较2017年下跌0.6个百分点；法国2018年和2019年的经济增长率均为1.6%；意大利2018年和2019年的经济增长率分别为1.2%和1%；西班牙2018年和2019年的经济增长率分别为2.7%和2.2%。

4. 日本经济增速继续放缓

2017年，日本经济增长率为1.7%，为此前四年来最高的一年，这得益于2020年东京奥运会对日本国内基础设施建设与升级改造的带动作用。2018年，日本经济增长率为1.1%，通货膨胀率为1.1%。日本国内劳动力减少和国际原油价格上涨是造成这一局面的主要原因。虽然世界货币基金组织建议日本调高消费税而不是销售税，以便稳定企业收入，但日本政府担心调增消费税将招致民众反对，宣布将从2019年10月起把销售税从当前的8%调增至10%。

5. 亚洲发展中国家经济运行稳定

2017年，中国经济增速为6.9%，一改此前连续7年增速放缓局面。但考虑到中美贸易摩擦的潜在影响，预计2018年和2019年中国经济增速将再度放缓。2017年，中国宣布经济发展要摆脱对重工业和出口型制造业的依赖，要转向刺激内需的发展道路。由于中国从2016年才放开二胎政策，劳动力短缺与人口老龄化问题对内需具有抑制作用。

2018年，印度是全球经济增长最快的主要国家之一。印度国内制造业的发展与内需的增长是推动印度经济增长的主要动力。受国际原油价格上涨于内需增长影响，印度2018年通货膨胀率为4.96%，同比增长1.36个百分点。2017年12月份以来，印度卢比相对于美元的贬值幅度达到15%。预计2019年印度经济将保持活跃，经济增速为7.4%。

2018年，东盟五国（印度尼西亚、马来西亚、菲律宾、泰国和越南）的经济总体保持稳定，预计经济增速将在2019年达到4%。菲律宾和越南将继续成为东盟经济增长最快的国家，印度尼西亚和泰国将保持相对稳定，马来西亚经济增速则将放缓。

2018年，巴基斯坦经济增速为5.8%，同比增加0.4个百分点，达到13年以来最快增速。能源供应的改善和中巴经济走廊所带动的投资增加是经济增长的主导因素。2019年，巴基斯坦的经济增速将有所放缓。

6. 拉丁美洲国家经济保持增长

受商品价格驱动以及周边经济环境的良性发展，特别是在巴西与墨西哥经济发展的推动下，拉丁美洲和加勒比海地区经济增速将从2018年的1.2%增至2019的2.2%，其中巴西经济增长率将从2018年的1.4%增至2019的2.4%，墨西哥经济增速将从2018年的2.2%增至2019的2.5%，阿根廷经济增速因受金融市场混乱影响将从2018年的2.6%降至2019的1.6%，委内瑞拉经济将在原油大幅减产和政局动荡的影响下大幅下滑。

7. 非洲国家（撒哈拉周边及以南地区）经济将呈现恢复性增长

2018年至2019年，非洲国家（撒哈拉周边及以南地区）经济增速将从3.1%增至3.8%，主要原因是尼日利亚经济恢复较快。受国际原油价格上涨以及原油产量提高的影响，尼日利亚经济增速将从2018年的1.9%增至2019年的2.3%。安哥拉经济增速也将受此原因而加快。南非经济增速将从2018年的0.8%增至2019年的1.4%。2019年，埃塞俄比亚经济增速名列榜首，为8.5%，其他主要国家也有较好的表现，加纳为7.6%，科特迪瓦为7%，塞内加尔为6.7%，坦桑尼亚为6.1%，乌干达为6.1%，马达加斯加为5.4%。

8. 中东与北非国家经济将加速增长

2018年至2019年，在地区局势相对稳定和原油价格保持上涨的条件下，预计中东与北非国家经济增速将从2%增至2.5%，通货膨胀率将从11.8%降至10.6%。2018年，埃及经济增速为5.3%，同比增加了1.1个百分点。2018年至2019年，沙特阿拉伯的经济增速将从2.2%增至2.4%。据悉，该国2019年的经济增长主要不是来自原油贸易。相比之下，2019年摩洛哥的经济增速将有所下滑。此外，由于美国宣布将恢复对伊朗的经济制裁，预计伊朗的经济增速也将大幅下降。

统 计 资 料

第四部分

棉花生产

表 4–1 1978—2017 年中国棉花生产情况

（单位：千公顷、万吨、千克 / 公顷）

年份	农作物总播种面积	棉花播种面积	棉花产量	单位面积产量
1978	150104	4866	217.0	455
1980	146380	4920	271.0	550
1985	143626	5140	415.0	807
1989	146554	5203	379.0	728
1990	148362	5588	451.0	807
1991	149586	6538	568.0	868
1992	149007	6835	451.0	660
1993	147741	4985	374.0	750
1994	148241	5528	434.0	785
1995	149879	5422	477.0	879
1996	152381	4722	420.0	890
1997	153969	4491	460.0	1025
1998	155706	4459	450.0	1009
1999	156373	3726	383.0	1028
2000	156300	4041	442.0	1093
2001	155708	4810	532.0	1107
2002	154636	4184	492.0	1175
2003	152415	5111	486.0	951
2004	153553	5693	632.0	1111
2005	155488	5062	571.0	1129
2006	157021	5409	674.0	1247
2007	153464	5926	762.4	1286
2008	156266	5754	749.2	1302
2009	158639	4952	637.7	1288
2010	160675	4849	596.1	1229
2011	162283	5038	658.9	1308

续表

年份	农作物总播种面积	棉花播种面积	棉花产量	单位面积产量
2012	163416	4688	683.6	1458
2013	164627	4346	629.9	1449
2014	165446	4222	617.8	1463
2015	166374	3797	560.3	1476
2016	166650	3345	529.9	1584
2017	166332	3195	565.3	1769

资料来源：《中国统计年鉴2018》。

表4–2　2017/2018年度分省棉花生产情况

（单位：千公顷、万吨、千克/公顷）

省份	农作物总播种面积	棉花播种面积	棉花产量	单位面积产量
全　国	166332	3195	565.3	1769
北　京	120.9	—	—	—
天　津	439.5	20.7	2.5	1210
河　北	8381.6	220.6	24.0	1088
山　西	3577.6	2.9	0.4	1395
内蒙古	9014.2	—	—	—
辽　宁	4172.3	0.1	0.0076	764
吉　林	6086.2	—	—	—
黑龙江	14767.6	—	—	—
上　海	284.9	0.4	—	—
江　苏	7556.4	21.0	2.6	1238
浙　江	1981.1	4.5	0.6	1324
安　徽	8726.7	88.1	8.6	976
福　建	1549.3	—	—	—
江　西	5638.5	69.0	10.5	1522
山　东	11107.8	174.7	20.7	1185
河　南	14732.5	40.0	4.4	1100
湖　北	7956.1	204.8	18.4	898

续表

省份	农作物总播种面积	棉花播种面积	棉花产量	单位面积产量
湖　南	8322.0	95.7	11.0	1150
广　东	4227.5	—	—	—
广　西	5969.9	1.3	0.1	789
海　南	709.4	—	—	—
重　庆	3339.6	—	—	—
四　川	9575.0	4.4	0.4	909
贵　州	5659.4	1.4	0.1	714
云　南	6790.8	—	—	—
西　藏	254.1	—	—	—
陕　西	4063.9	8.5	1.2	1417
甘　肃	3752.0	19.4	3.2	1649
青　海	555.3	—	—	—
宁　夏	1132.6	—	—	—
新　疆	5887.0	2217.5	456.6	2059

资料来源：《中国统计年鉴2018》。

表4–3　2017/2018年度新疆维吾尔自治区棉花生产情况

（单位：千公顷、万吨、千克/公顷）

地区	棉花播种面积	棉花产量	单位面积产量
全区	2692.51	558.75	2075
乌鲁木齐市	0.58	0.1	1724
克拉玛依市	9.01	1.74	1927
吐鲁番地区	8.24	1.22	1483
哈密地区	33.29	6.15	1846
昌吉回族自治州	124.30	27.08	2179
伊犁哈萨克自治州	237.69	50.84	3649
伊犁州直属县（市）	10.23	1.52	1481
塔城地区	227.46	49.32	2169
博尔塔拉蒙古自治州	99.62	21.52	2161

续表

地区	棉花播种面积	棉花产量	单位面积产量
巴音郭楞蒙古自治州	239.59	51.61	2154
阿克苏地区	527.26	100.44	1905
克孜勒苏柯尔克孜自治州	10.32	1.75	1692
喀什地区	444.08	72.51	1633
和田地区	27.24	4.05	1487
生产建设兵团	693.60	168.90	2435

资料来源：《新疆统计年鉴 2018》。

表 4–4　2017/2018 年度新疆维吾尔自治区长绒棉生产情况

（单位：千公顷、万吨、千克 / 公顷）

地区	长绒棉播种面积	长绒棉产量	单产
全区	113.36	17.39	1534
阿克苏地区	60.32	8.28	1373
克孜勒苏柯尔克孜自治州	5.30	0.90	1698
喀什地区	47.30	8.11	1715
生产建设兵团	0.44	0.10	2273

资料来源：《新疆统计年鉴 2018》。

表 4–5　2017/2018 年度新疆生产建设兵团棉花生产情况

（单位：千公顷、万吨、千克 / 公顷）

地区	棉花播种面积	棉花产量	单位面积产量
建设兵团	693.60	168.90	2435
一师	138.13*	33.40	2418
二师	39.47*	10.14	2569
三师	59.65*	15.02	2518
四师	7.53*	1.56	2073
五师	44.55*	10.79	2422
六师	89.80*	20.15	2244
七师	87.68*	21.99	2508

续表

地区	棉花播种面积	棉花产量	单位面积产量
八师	201.20*	50.28	2499
九师	—	—	—
十师	2. 95*	0. 55	1862
建工师	0.26*	0.06	2287
十二师	0. 12*	0. 02	1731
十三师	15.60*	3.93	2519
十四师	138.13*	33.40	2418

资料来源：1.《新疆生产建设兵团统计年鉴 2018》。
2. 带 * 的数据由国家棉花市场监测系统测算而得。

表 4–6　2017/2018 年度新疆生产建设兵团长绒棉生产情况

（单位：千公顷、万吨、千克 / 公顷）

地区	长绒棉播种面积	长绒棉产量	单位面积产量
建设兵团	0.44	0.1	2273
一师	—	—	—
三师	—	—	—
八师	—	—	—

资料来源：《新疆生产建设兵团统计年鉴 2018》。

表 4–7　2017/2018 年度山东省棉花生产情况

（单位：千公顷、万吨、千克 / 公顷）

地区	棉花播种面积	棉花产量	单位面积产量
全省	174.67	20.70	1185
济南市	1.95	0.20	1036
青岛市	0.33	0.04	1278
淄博市	0.96	0.12	1242
枣庄市	1.32	0.17	1273
东营市	23.56	2.66	1130

续表

地区	棉花播种面积	棉花产量	单位面积产量
烟台市	0.07	0.01	1176
潍坊市	9.38	1.02	1086
济宁市	29.58	3.64	1231
泰安市	3.00	0.37	1242
日照市	—	—	—
莱芜市	0.32	0.04	1128
临沂市	0.84	0.10	1153
德州市	2.68	0.34	1280
聊城市	11.82	1.58	1338
滨州市	5.06	0.58	1151
菏泽市	30.32	3.03	999

资料来源：《山东统计年鉴 2018》。

表 4–8　2017/2018 年度河南省棉花生产情况

（单位：千公顷、万吨、千克 / 公顷）

地区	棉花播种面积	棉花产量	单位面积产量
全省	40.02	4.40	1099
郑州市	1.05	0.12	1143*
开封市	6.92	0.76	1098*
洛阳市	1.89	0.21	1111*
平顶山市	0.82	0.09	1098*
安阳市	2.51	0.28	1116*
鹤壁市	0.41	0.04	976*
新乡市	1.18	0.13	1102*
焦作市	0.23	0.03	1304*
濮阳市	1.36	0.15	1103*
许昌市	0.50	0.06	1200*
漯河市	2.09	0.23	1095*
三门峡市	0.67	0.07	1045*

续表

地区	棉花播种面积	棉花产量	单位面积产量
南阳市	7.21	0.79	1096*
商丘市	6.98	0.77	1103*
信阳市	0.82	0.82	1098*
周口市	4.37	0.48	1098*
驻马店市	0.80	0.80	1125*
济源市	0.19	0.02	1053*

资料来源：1.《河南统计年鉴 2018》。
2. 带 * 的数据由国家棉花市场监测系统测算而得。

表 4–9　2017/2018 年度河北省棉花生产情况

（单位：千公顷、万吨、千克 / 公顷）

地区	棉花播种面积	棉花产量	单位面积产量
全省	220.6	24.0	1088
石家庄市	—	—	—
秦皇岛市	—	—	—
唐山市	—	—	—
廊坊市	—	—	—
保定市	—	—	—
沧州市	—	—	—
衡水市	—	—	—
邢台市	—	—	—
邯郸市	—	—	—

资料来源：国家棉花市场监测系统。

表 4–10　2017/2018 年度天津市棉花生产情况

（单位：千公顷、万吨、千克 / 公顷）

地区	棉花播种面积	棉花产量	单位面积产量
全市	20.7	2.50	1208*
塘沽区	—	—	—

续表

地区	棉花播种面积	棉花产量	单位面积产量
汉沽区	—	—	—
大港区	—	—	—
东丽区	—	—	—
西青区	—	—	—
津南区	—	—	—
北辰区	—	—	—
武清区	—	—	—
宝坻区	—	—	—
宁河县	—	—	—
静海县	—	—	—
蓟县	—	—	—

资料来源：1.《天津统计年鉴2018》。

2. 带*的数据由国家棉花市场监测系统测算而得。

表4–11 2017/2018年度陕西省棉花生产情况

（单位：千公顷、万吨、千克/公顷）

地区	棉花播种面积	棉花产量	单位面积产量
全省	16.97	2.33	1372
西安市	0.17	0.02	1420
宝鸡市	—	—	—
咸阳市	0.03	0.00	1533
渭南市	0.14	0.00	59
延安市	15.30	2.20	1436
榆林市	0.06	0.01	2063
安康市	1.01	0.08	768

资料来源：《陕西统计年鉴2018》。

表 4–12　2017/2018 年度江苏省棉花生产情况

（单位：千公顷、万吨、千克 / 公顷）

地区	棉花播种面积	棉花产量	单位面积产量
全省	41.6	4.34	1043
南京市	—	0.26	—
徐州市	—	—	—
常州市	—	1.89	—
苏州市	—	0.03	—
南通市	—	0.04	—
连云港市	—	1.39	—
淮安市	—	—	—
盐城市	—	0.01	—
扬州市	—	0.43	—
镇江市	—	0.04	—
泰州市	—	0.08	—
宿迁市	—	0.11	—

资料来源：《江苏统计年鉴 2018》。

表 4–13　2017/2018 年度安徽省棉花生产情况

（单位：千公顷、万吨、千克 / 公顷）

地区	棉花播种面积	棉花产量	单位面积产量
全省	147.01	14.27	970
合肥市	24.94	2.38	956
淮北市	0.14	0.02	1566
亳州市	4.61	0.71	1537
宿州市	12.15	1.67	1375
蚌埠市	1.82	0.27	1506
阜阳市	6.00	0.79	1315
淮南市	1.34	0.21	1561
滁州市	7.89	0.90	1136
六安市	8.42	1.42	1681

续表

地区	棉花播种面积	棉花产量	单位面积产量
马鞍山市	6.75	0.89	1311
芜湖市	27.41	3.41	1243
宣城市	2.92	0.36	1233
铜陵市	6.64	1.14	1725
池州市	13.35	2.06	1541
安庆市	48.30	6.47	1339
黄山市	0.39	0.04	1154

资料来源：《安徽统计年鉴2018》。

表4–14 2017/2018年度湖北省棉花生产情况

（单位：千公顷、万吨、千克/公顷）

地区	棉花播种面积	棉花产量	单位面积产量
全省	204.80	18.40	898*
武汉市	—	1.28	—
黄石市	—	0.46	—
十堰市	—	0.01	—
荆州市	—	0.87	—
宜昌市	—	1.11	—
襄阳市	—	0.59	—
鄂州市	—	0.62	—
荆门市	—	1.27	—
孝感市	—	4.93	—
黄冈市	—	3.19	—
咸宁市	—	0.63	—
随州市	—	0.48	—
仙桃市	—	—	—
天门市	—	1.56	—
潜江市	—	0.24	—

资料来源：1.《湖北统计年鉴2018》。

2. 带*的数据由国家棉花市场监测系统测算而得。

表 4–15　2017/2018 年度湖南省棉花生产情况

（单位：千公顷、万吨、千克 / 公顷）

地区	棉花播种面积	棉花产量	单位面积产量
全省	95.7	11.0	1149
长沙市	—	—	—
株洲市	—	—	—
湘潭市	—	—	—
衡阳市	—	—	—
邵阳市	—	—	—
岳阳市	—	—	—
常德市	—	—	—
张家界市	—	—	—
益阳市	—	—	—
郴州市	—	—	—
永州市	—	—	—
怀化市	—	—	—
娄底市	—	—	—
湘西州	—	—	—

资料来源：《湖南统计年鉴 2018》。

表 4–16　2017/2018 年度山西省棉花生产情况

（单位：千公顷、万吨、千克 / 公顷）

地区	棉花播种面积	棉花产量	单位面积产量
全省	—	—	—
太原市	—	—	—
长治市	—	—	—
晋城市	—	—	—
晋中市	—	—	—
运城市	—	—	—
临汾市	—	—	—
吕梁市	—	—	—

资料来源：《山西统计年鉴 2018》。

表 4–17　2017/2018 年度江西省棉花生产情况

（单位：千公顷、万吨、千克 / 公顷）

地区	棉花播种面积	棉花产量	单位面积产量
全省	50.55	7.77	1537
南昌市	1.25	0.17	1375
景德镇市	1.13	0.17	1547
萍乡市	0.00	0.00	1000
九江市	31.62	4.88	1542
新余市	2.11	0.34	1609
赣州市	—	—	—
吉安市	0.01	0.00	2000
宜春市	0.15	0.03	1669
抚州市	8.63	1.23	1422
上饶市	1.83	0.26	1418

资料来源：《江西统计年鉴 2018》。

表 4–18　2017/2018 年度四川省棉花生产情况

（单位：千公顷、万吨、千克 / 公顷）

地区	棉花播种面积	棉花产量	单位面积产量
全省	4.400	0.4004	910*
德阳市	0.132	0.011	833*
绵阳市	0.046	0.004	870*
遂宁市	3.736	0.338	905*
南充市	0.237	0.015	633*
眉山市	0.037	0.004	1081*
资阳市	0.117	0.013	1111*
资阳市	0.145	0.017	1152*

资料来源：1.《四川统计年鉴 2018》。

2. 带 * 的数据由国家棉花市场监测系统测算而得。

表 4–19　2017/2018 年度甘肃省棉花生产情况

（单位：千公顷、万吨、千克/公顷）

地区	棉花播种面积	棉花产量	单位面积产量
全省	15.18	2.6200	1650
白银市	0.01	0.0009	1358
武威市	0.41	0.0774	1885
酒泉市	14.74	2.5400	1720
金昌市	0.02	0.0025	1631

资料来源：《甘肃发展年鉴 2018》。

表 4–20　2017/2018 年度辽宁省棉花生产情况

（单位：千公顷、万吨、千克/公顷）

地区	棉花播种面积	棉花产量	单位面积产量
全省	0.10	0.0076	764
营口市	—	0.0002	—
朝阳市	0.10	0.0073	710
葫芦岛市	—	0.0001	—

资料来源：《辽宁统计年鉴 2018》。

棉花购销

表 4–21　2017/2018 年度中国棉花收购、加工与销售进度统计

日期	收购进度（%）	加工进度（%）	销售进度（%）
9 月	38.0	45.4	1.0
10 月	78.1	47.6	4.6
11 月	88.3	79.9	18.5
12 月	92.3	94.3	29.7

续表

日期	收购进度（%）	加工进度（%）	销售进度（%）
2018 年 1 月	94.9	96.1	42.6
2018 年 2 月	96.0	95.9	46.7
2018 年 3 月	98.2	97.2	57.8
2018 年 4 月	98.9	97.5	68.0
2018 年 5 月	99.5	98.6	77.1
2018 年 6 月	99.8	99.3	82.1

资料来源：国家棉花市场监测系统。

备注：收购进度 = 已交售籽棉量 / 已采摘籽棉量；加工进度 = 已加工皮棉量 / 籽棉收购折皮棉量；销售进度 = 已销售皮棉量 / 籽棉收购量折皮棉量

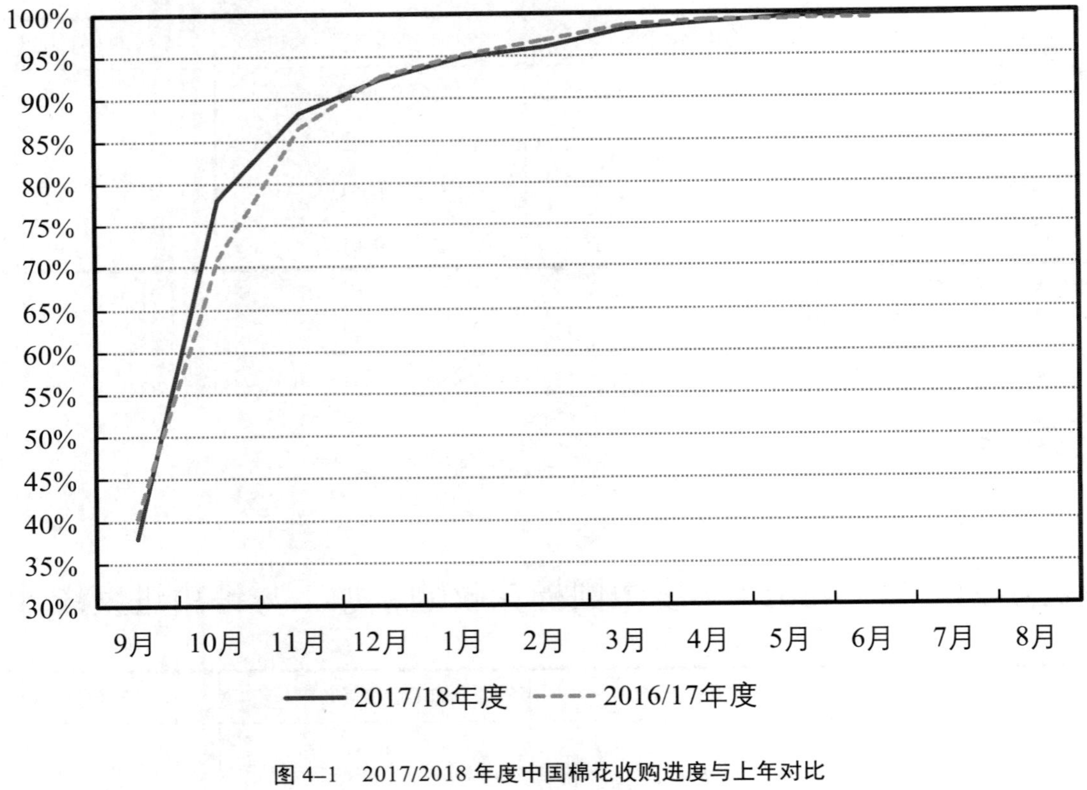

图 4–1　2017/2018 年度中国棉花收购进度与上年对比

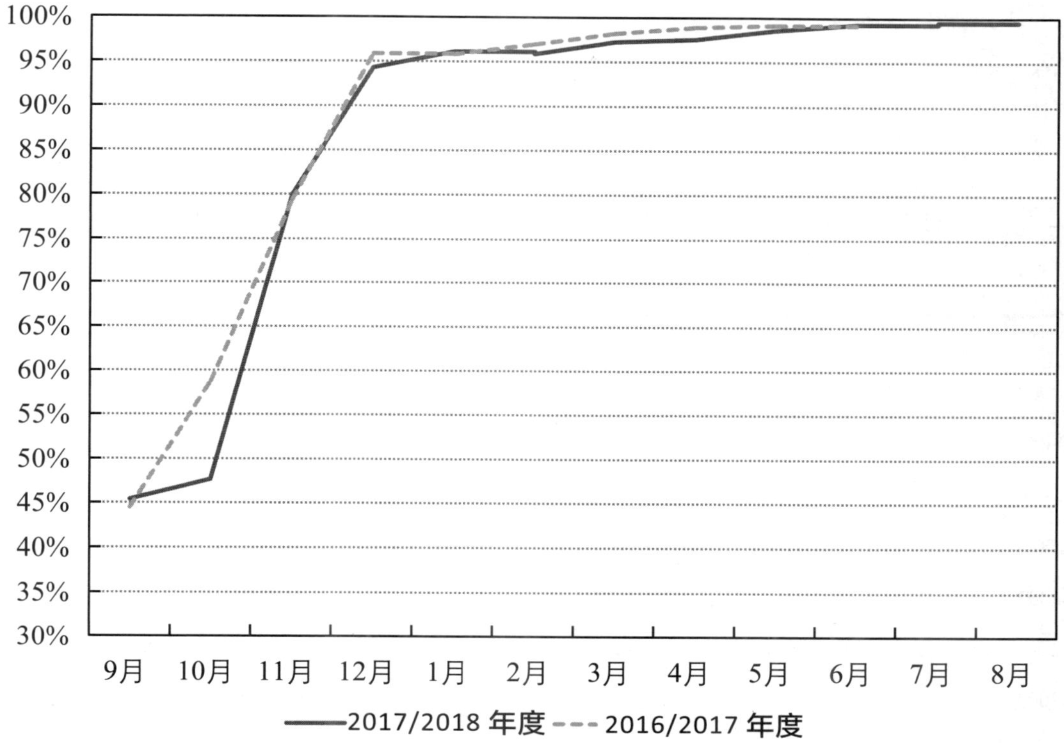

图 4–2 2017/2018 年度中国棉花加工进度与上年对比

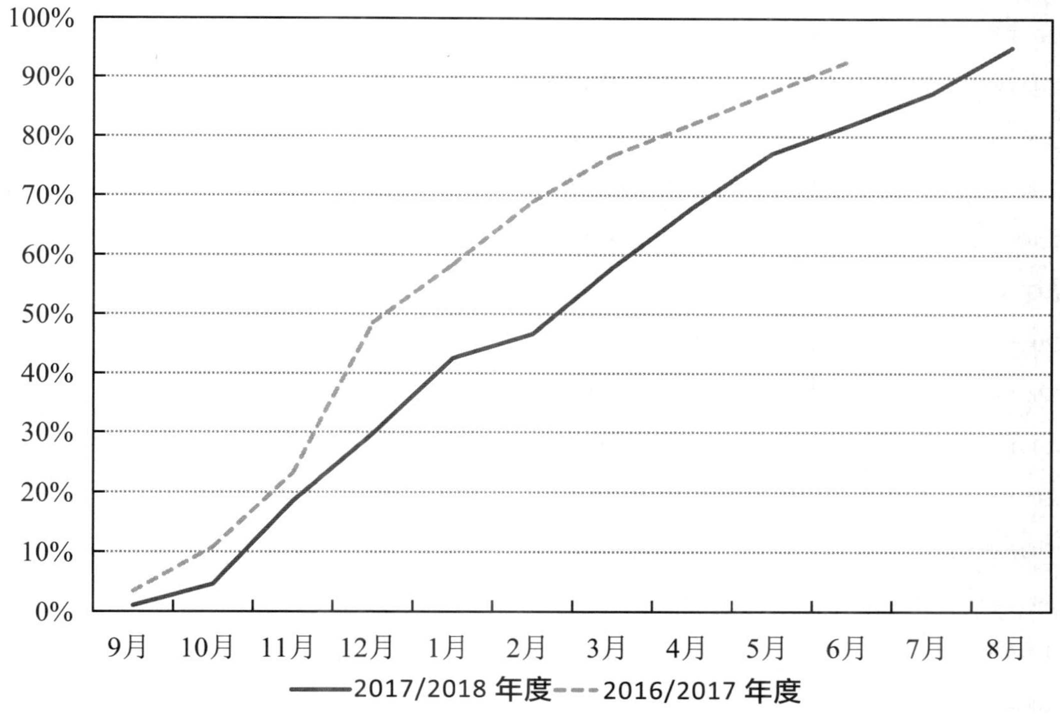

图 4–3 2017/2018 年度中国棉花销售进度与上年对比

棉花价格

表 4–22　2002/2003—2017/2018 年度国家棉花价格指数月平均价格

（单位：元 / 吨）

日　期	国家棉花价格 A 指数	国家棉花价格 B 指数
2002 年 9 月	10595	10136
2002 年 10 月	10697	10322
2002 年 11 月	11210	10883
2002 年 12 月	11370	11044
2003 年 1 月	11466	11144
2003 年 2 月	12337	12080
2003 年 3 月	13505	13233
2003 年 4 月	13701	13432
2003 年 5 月	12875	12616
2003 年 6 月	13018	12764
2003 年 7 月	13482	13263
2003 年 8 月	13309	13058
2003 年 9 月	13744	13516
2003 年 10 月	17259	17020
2003 年 11 月	18086	17734
2003 年 12 月	17865	17237
2004 年 1 月	18209	17538
2004 年 2 月	18403	17776
2004 年 3 月	18277	17517
2004 年 4 月	18115	17237
2004 年 5 月	17731	16713
2004 年 6 月	16250	15163
2004 年 7 月	14837	13736
2004 年 8 月	13754	12870
2004 年 9 月	13806	13006

续表

日　　期	国家棉花价格 A 指数	国家棉花价格 B 指数
2004 年 10 月	12492	12013
2004 年 11 月	12095	11541
2004 年 12 月	11802	11227
2005 年 1 月	11865	11295
2005 年 2 月	12230	11586
2005 年 3 月	12594	12009
2005 年 4 月	12990	12488
2005 年 5 月	13788	13428
2005 年 6 月	13755	13375
2005 年 7 月	13943	13556
2005 年 8 月	13914	13503
2005 年 9 月	13844	13454
2005 年 10 月	14617	14196
2005 年 11 月	14656	14203
2005 年 12 月	14636	14175
2006 年 1 月	14662	14236
2006 年 2 月	14825	14404
2006 年 3 月	14752	14312
2006 年 4 月	14627	14177
2006 年 5 月	14572	14087
2006 年 6 月	14560	14076
2006 年 7 月	14489	14007
2006 年 8 月	14455	13987
2006 年 9 月	14387	13948
2006 年 10 月	13299	12884
2006 年 11 月	13184	12663
2006 年 12 月	13324	12812
2007 年 1 月	13457	12954
2007 年 2 月	13481	12988
2007 年 3 月	13517	13042

续表

日　期	国家棉花价格 A 指数	国家棉花价格 B 指数
2007 年 4 月	13488	13017
2007 年 5 月	13465	12971
2007 年 6 月	13732	13355
2007 年 7 月	14455	14163
2007 年 8 月	14843	14529
2007 年 9 月	14121	13683
2007 年 10 月	14024	13471
2007 年 11 月	14188	13646
2007 年 12 月	14172	13622
2008 年 1 月	14252	13692
2008 年 2 月	14389	13778
2008 年 3 月	14474	13921
2008 年 4 月	14413	13909
2008 年 5 月	14338	13911
2008 年 6 月	14355	13946
2008 年 7 月	14275	13868
2008 年 8 月	14109	13722
2008 年 9 月	13567	13130
2008 年 10 月	12787	12404
2008 年 11 月	11619	11116
2008 年 12 月	11385	10790
2009 年 1 月	11504	10931
2009 年 2 月	11630	11207
2009 年 3 月	11910	11529
2009 年 4 月	12892	12579
2009 年 5 月	13172	12894
2009 年 6 月	13132	12821
2009 年 7 月	13413	13105
2009 年 8 月	13473	13176
2009 年 9 月	13331	13028

续表

日　　期	国家棉花价格 A 指数	国家棉花价格 B 指数
2009 年 10 月	14020	13715
2009 年 11 月	14693	14382
2009 年 12 月	15151	14840
2010 年 1 月	15304	14994
2010 年 2 月	15252	14936
2010 年 3 月	15971	15610
2010 年 4 月	16594	16201
2010 年 5 月	17216	16811
2010 年 6 月	18167	17776
2010 年 7 月	18748	18300
2010 年 8 月	18573	18131
2010 年 9 月	19905	19471
2010 年 10 月	25396	24771
2010 年 11 月	29308	28721
2010 年 12 月	27996	27267
2011 年 1 月	28889	28127
2011 年 2 月	30846	29949
2011 年 3 月	31733	30819
2011 年 4 月	30251	29094
2011 年 5 月	26862	25110
2011 年 6 月	26388	24441
2011 年 7 月	24184	22066
2011 年 8 月	20994	19340
2011 年 9 月	21250	19738
2011 年 10 月	21107	19662
2011 年 11 月	20597	19233
2011 年 12 月	20377	19120
2012 年 1 月	20499	19260
2012 年 2 月	20744	19547
2012 年 3 月	20787	19608

续表

日　期	国家棉花价格 A 指数	国家棉花价格 B 指数
2012 年 4 月	20641	19454
2012 年 5 月	20395	19224
2012 年 6 月	19562	18562
2012 年 7 月	19406	18483
2012 年 8 月	19470	18558
2012 年 9 月	19627	18754
2012 年 10 月	19645	18788
2012 年 11 月	19704	18859
2012 年 12 月	19935	19107
2013 年 1 月	20100	19275
2013 年 2 月	20117	19289
2013 年 3 月	20145	19319
2013 年 4 月	20147	19320
2013 年 5 月	20132	19300
2013 年 6 月	20120	19280
2013 年 7 月	20082	19229
2013 年 8 月	20048	19187
2013 年 9 月	20048	19187
2013 年 10 月	20140	19283
2013 年 11 月	20268	19443
2013 年 12 月	20382	19588
2014 年 1 月	20277	19459
2014 年 2 月	20215	19377
2014 年 3 月	20200	19349
2014 年 4 月	20187	19327
2014 年 5 月	19235	18311
2014 年 6 月	18276	17414
2014 年 7 月	18161	17356
2014 年 8 月	17975	17233
2014 年 9 月	17137	16471

续表

日　期	国家棉花价格 A 指数	国家棉花价格 B 指数
2014 年 10 月	15440	14867
2014 年 11 月	15181	14628
2014 年 12 月	14155	13532
2015 年 1 月	13993	13344
2015 年 2 月	13956	13306
2015 年 3 月	13962	13313
2015 年 4 月	13936	13283
2015 年 5 月	13882	13193
2015 年 6 月	13790	13110
2015 年 7 月	13757	13028
2015 年 8 月	13685	12954
2015 年 9 月	13571	12849
2015 年 10 月	13560	12840
2015 年 11 月	13551	12869
2015 年 12 月	13547	12872
2016 年 1 月	13309	12669
2016 年 2 月	12987	12342
2016 年 3 月	12524	11927
2016 年 4 月	12442	11971
2016 年 5 月	12746	12393
2016 年 6 月	12932	12596
2016 年 7 月	14487	14219
2016 年 8 月	14938	14627
2016 年 9 月	14544	14258
2016 年 10 月	15657	15318
2016 年 11 月	15916	15567
2016 年 12 月	16190	15837
2017 年 1 月	16079	15665
2017 年 2 月	16322	15929
2017 年 3 月	16395	15977

续表

日　　期	国家棉花价格 A 指数	国家棉花价格 B 指数
2017 年 4 月	16337	15916
2017 年 5 月	16390	16006
2017 年 6 月	16361	15961
2017 年 7 月	16272	15853
2017 年 8 月	16268	15841
2017 年 9 月	16307	15881
2017 年 10 月	16307	15872
2017 年 11 月	16274	15833
2017 年 12 月	16179	15718
2018 年 1 月	16136	15674
2018 年 2 月	16152	15686
2018 年 3 月	16148	15679
2018 年 4 月	16078	15589
2018 年 5 月	16273	15796
2018 年 6 月	16850	16379
2018 年 7 月	16745	16209
2018 年 8 月	16841	16271

资料来源：国家棉花市场监测系统。

（单位：元 / 吨）

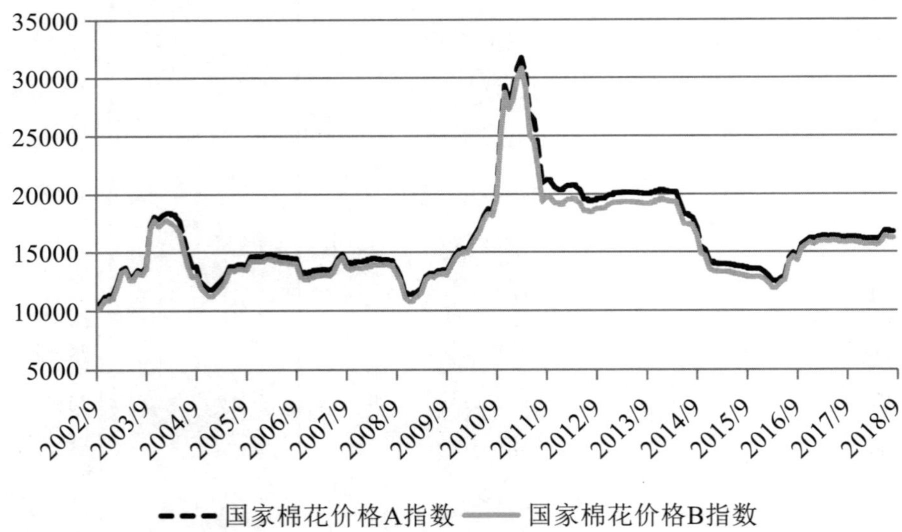

图 4–4　2002/2003—2017/2018 年度国家棉花价格走势

国家棉花价格指数简介

国家棉花价格指数（CNCotton A、CNCotton B）简称为国棉指数，是国家棉花市场监测系统通过分布在内地主产销区的165个棉花和纺织监测站，对当地皮棉成交价格进行跟踪监测，经审核后加权汇总得出国家棉花价格指数。CNCotton A指数代表内地2129级皮棉成交均价，CNCotton B指数代表内地3128级皮棉成交均价。国家相关部门在棉花市场宏观调控和目标价格改革政策实施过程中，均将国家棉花价格指数纳入政策参考指标。

国家棉花价格指数强调区域概念，并假设同等级棉花在同一个地区的工厂接受价与轧花厂仓库交货价水平基本一致，与当日发布的《国内主要地区棉花现货价格行情》配合使用，可比较全面地反映当日国内主要地区棉花平均成交价格水平。国家棉花价格指数于每个工作日下午5点左右发布及时反映行情变化。

表4–23　2017/2018年度国家棉花价格指数及中国棉花收购价格指数日价格

（单位：元/吨）

日　　期	国家棉花价格A指数	国家棉花价格B指数	中国棉花收购价格指数
2017年			
9月1日	16279	15853	13662
9月4日	16279	15853	13574
9月5日	16284	15859	13636
9月6日	16286	15861	13738
9月7日	16291	15865	14191
9月8日	16291	15865	14191
9月11日	16293	15865	14136
9月12日	16297	15869	15107
9月13日	16303	15876	15127
9月14日	16311	15881	15136
9月15日	16314	15884	15140
9月18日	16316	15885	15161
9月19日	16318	15890	15162
9月20日	16318	15891	15207
9月21日	16321	15896	15202
9月22日	16324	15900	15233
9月25日	16324	15902	15245
9月26日	16325	15903	15248
9月27日	16327	15906	15266

续表

日　期	国家棉花价格 A 指数	国家棉花价格 B 指数	中国棉花收购价格指数
9 月 28 日	16316	15891	15375
9 月 29 日	16313	15888	15353
9 月 30 日	16314	15889	15298
10 月 9 日	16311	15886	15271
10 月 10 日	16308	15882	15261
10 月 11 日	16310	15882	15277
10 月 12 日	16300	15869	15208
10 月 13 日	16292	15857	15272
10 月 16 日	16307	15876	15295
10 月 17 日	16310	15877	15324
10 月 18 日	16309	15871	15320
10 月 19 日	16309	15870	15357
10 月 20 日	16310	15870	15344
10 月 23 日	16311	15870	15360
10 月 24 日	16308	15869	15342
10 月 25 日	16305	15866	15309
10 月 26 日	16302	15864	15275
10 月 27 日	16307	15870	15263
10 月 30 日	16307	15876	15236
10 月 31 日	16308	15876	15275
11 月 1 日	16306	15874	15283
11 月 2 日	16304	15873	15256
11 月 3 日	16305	15875	15280
11 月 6 日	16306	15878	15170
11 月 7 日	16305	15876	15116
11 月 8 日	16303	15872	15025
11 月 9 日	16301	15866	15031
11 月 10 日	16301	15866	15055
11 月 13 日	16302	15866	15078
11 月 14 日	16300	15863	15041

续表

日　期	国家棉花价格 A 指数	国家棉花价格 B 指数	中国棉花收购价格指数
11 月 15 日	16297	15858	15109
11 月 16 日	16293	15853	15048
11 月 17 日	16278	15832	14998
11 月 20 日	16270	15823	15028
11 月 21 日	16259	15807	14962
11 月 22 日	16244	15790	14959
11 月 23 日	16236	15786	14976
11 月 24 日	16231	15781	14952
11 月 27 日	16231	15780	14895
11 月 28 日	16225	15772	14873
11 月 29 日	16223	15770	14821
11 月 30 日	16219	15763	14818
12 月 1 日	16205	15751	14815
12 月 4 日	16208	15751	14789
12 月 5 日	16206	15750	14760
12 月 6 日	16203	15749	14677
12 月 7 日	16199	15742	14673
12 月 8 日	16199	15738	14603
12 月 11 日	16198	15735	14568
12 月 12 日	16188	15725	14484
12 月 13 日	16182	15722	14460
12 月 14 日	16179	15717	14390
12 月 15 日	16176	15714	14376
12 月 18 日	16175	15713	14389
12 月 19 日	16173	15710	14297
12 月 20 日	16171	15708	14238
12 月 21 日	16163	15702	14228
12 月 22 日	16160	15698	14219
12 月 25 日	16160	15697	14301
12 月 26 日	16158	15696	14305

续表

日　期	国家棉花价格 A 指数	国家棉花价格 B 指数	中国棉花收购价格指数
12 月 27 日	16156	15691	14315
12 月 28 日	16151	15687	14353
12 月 29 日	16145	15683	14371
2018 年			
1 月 2 日	16142	15681	14141
1 月 3 日	16136	15676	14143
1 月 4 日	16131	15671	14123
1 月 5 日	16128	15665	14143
1 月 8 日	16129	15665	14149
1 月 9 日	16124	15660	14157
1 月 10 日	16125	15660	14141
1 月 11 日	16125	15661	14120
1 月 12 日	16127	15662	14156
1 月 15 日	16128	15664	14120
1 月 16 日	16129	15665	14127
1 月 17 日	16128	15664	14130
1 月 18 日	16129	15666	14142
1 月 19 日	16130	15668	14146
1 月 22 日	16137	15677	14122
1 月 23 日	16141	15680	14081
1 月 24 日	16143	15683	14099
1 月 25 日	16147	15686	14103
1 月 26 日	16149	15690	14099
1 月 29 日	16151	15694	14083
1 月 30 日	16153	15693	14092
1 月 31 日	16155	15694	14064
2 月 1 日	16155	15694	14035
2 月 2 日	16156	15695	14032
2 月 5 日	16154	15694	14030
2 月 6 日	16150	15687	14032

续表

日　　期	国家棉花价格 A 指数	国家棉花价格 B 指数	中国棉花收购价格指数
2 月 7 日	16150	15685	14045
2 月 8 日	16150	15686	14040
2 月 9 日	16151	15687	14017
2 月 11 日	16151	15686	14009
2 月 12 日	16150	15684	14010
2 月 13 日	16149	15682	14011
2 月 14 日	16152	15683	13985
2 月 22 日	16152	15683	14029
2 月 23 日	16152	15682	13933
2 月 24 日	16152	15684	13931
2 月 26 日	16151	15681	13951
2 月 27 日	16152	15682	13937
2 月 28 日	16152	15683	13928
3 月 1 日	16154	15687	13928
3 月 2 日	16155	15688	13953
3 月 5 日	16156	15690	13937
3 月 6 日	16157	15693	13922
3 月 7 日	16158	15695	13942
3 月 8 日	16161	15699	13941
3 月 9 日	16163	15705	13954
3 月 12 日	16164	15706	13931
3 月 13 日	16165	15705	13966
3 月 14 日	16164	15701	13964
3 月 15 日	16161	15695	13956
3 月 16 日	16158	15690	13945
3 月 19 日	16150	15680	13955
3 月 20 日	16145	15674	13926
3 月 21 日	16143	15669	13911
3 月 22 日	16140	15668	13921
3 月 23 日	16139	15664	13899

续表

日　期	国家棉花价格 A 指数	国家棉花价格 B 指数	中国棉花收购价格指数
3 月 26 日	16135	15660	13897
3 月 27 日	16133	15657	13904
3 月 28 日	16128	15651	13896
3 月 29 日	16113	15636	13886
3 月 30 日	16109	15627	13886
4 月 2 日	16105	15619	13902
4 月 3 日	16103	15617	13903
4 月 4 日	16092	15608	13859
4 月 8 日	16088	15602	13922
4 月 9 日	16081	15598	13923
4 月 10 日	16080	15596	13899
4 月 11 日	16079	15593	13903
4 月 12 日	16078	15592	13901
4 月 13 日	16076	15586	13881
4 月 16 日	16076	15585	13879
4 月 17 日	16076	15583	13853
4 月 18 日	16073	15581	13871
4 月 19 日	16071	15581	13895
4 月 20 日	16071	15582	13890
4 月 23 日	16068	15578	13891
4 月 24 日	16071	15583	13906
4 月 25 日	16071	15584	13890
4 月 26 日	16070	15582	13895
4 月 27 日	16071	15584	13896
4 月 28 日	16072	15584	13889
5 月 2 日	16071	15583	13857
5 月 3 日	16074	15585	13841
5 月 4 日	16076	15586	13872
5 月 7 日	16083	15590	13911
5 月 8 日	16094	15606	13884

续表

日　期	国家棉花价格 A 指数	国家棉花价格 B 指数	中国棉花收购价格指数
5 月 9 日	16095	15608	13883
5 月 10 日	16098	15612	13824
5 月 11 日	16100	15616	13825
5 月 14 日	16101	15619	13868
5 月 15 日	16105	15622	13864
5 月 16 日	16105	15623	13894
5 月 17 日	16205	15726	13908
5 月 18 日	16231	15747	13907
5 月 21 日	16330	15852	13984
5 月 22 日	16434	15959	13916
5 月 23 日	16473	16008	13921
5 月 24 日	16469	16002	13993
5 月 25 日	16477	16019	14075
5 月 28 日	16510	16055	14118
5 月 29 日	16525	16074	14247
5 月 30 日	16657	16196	14327
5 月 31 日	16688	16221	14332
6 月 1 日	16749	16279	
6 月 4 日	17057	16638	
6 月 5 日	17052	16632	
6 月 6 日	16957	16526	
6 月 7 日	16853	16384	
6 月 8 日	16849	16381	
6 月 11 日	16835	16368	
6 月 12 日	16834	16367	
6 月 13 日	16839	16368	
6 月 14 日	16844	16370	
6 月 15 日	16846	16370	
6 月 19 日	16848	16370	
6 月 20 日	16828	16349	

续表

日　　期	国家棉花价格 A 指数	国家棉花价格 B 指数	中国棉花收购价格指数
6 月 21 日	16806	16328	
6 月 22 日	16808	16319	
6 月 25 日	16809	16320	
6 月 26 日	16799	16306	
6 月 27 日	16796	16304	
6 月 28 日	16795	16303	
6 月 29 日	16794	16300	
7 月 2 日	16793	16299	
7 月 3 日	16778	16283	
7 月 4 日	16776	16280	
7 月 5 日	16764	16265	
7 月 6 日	16753	16220	
7 月 9 日	16738	16203	
7 月 10 日	16736	16198	
7 月 11 日	16739	16198	
7 月 12 日	16737	16195	
7 月 13 日	16737	16193	
7 月 16 日	16734	16189	
7 月 17 日	16734	16188	
7 月 18 日	16733	16185	
7 月 19 日	16733	16184	
7 月 20 日	16731	16183	
7 月 23 日	16729	16182	
7 月 24 日	16725	16179	
7 月 25 日	16725	16177	
7 月 26 日	16734	16185	
7 月 27 日	16754	16202	
7 月 30 日	16753	16202	
7 月 31 日	16752	16201	
8 月 1 日	16770	16208	

续表

日　期	国家棉花价格 A 指数	国家棉花价格 B 指数	中国棉花收购价格指数
8月2日	16787	16227	
8月3日	16789	16228	
8月6日	16791	16230	
8月7日	16791	16231	
8月8日	16817	16253	
8月9日	16839	16271	
8月10日	16861	16286	
8月13日	16859	16284	
8月14日	16857	16282	
8月15日	16863	16287	
8月16日	16860	16285	
8月17日	16854	16278	
8月20日	16852	16276	
8月21日	16857	16280	
8月22日	16861	16283	
8月23日	16862	16288	
8月24日	16860	16285	
8月27日	16858	16282	
8月28日	16864	16294	
8月29日	16862	16293	
8月30日	16865	16294	
8月31日	16865	16295	

资料来源：国家棉花市场监测系统。

（单位：元／吨）

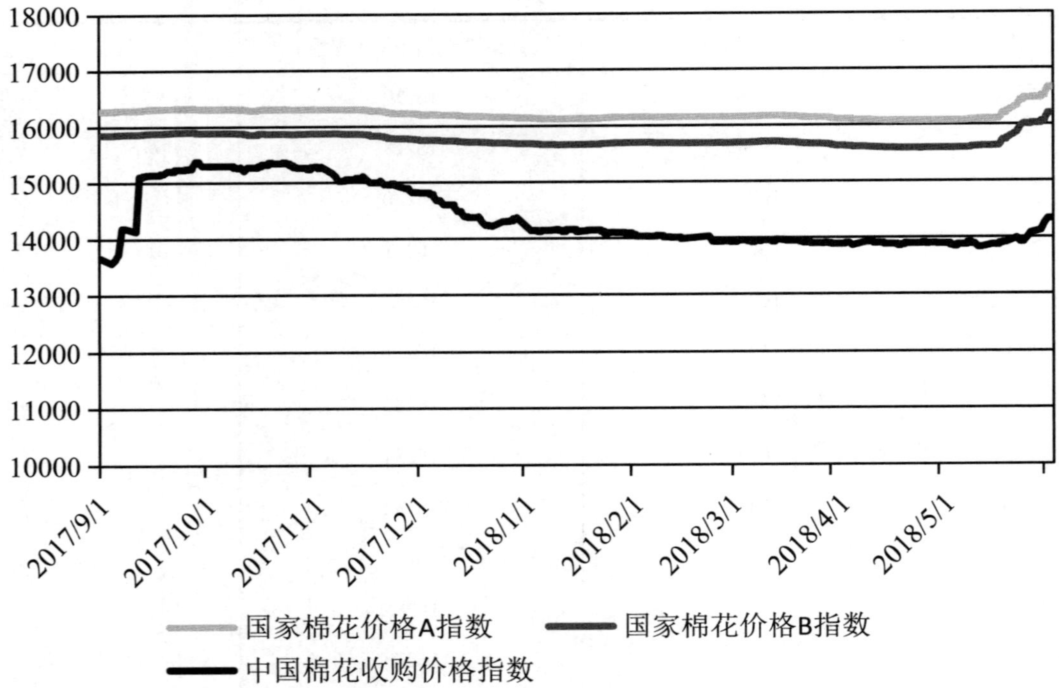

图 4–5　2017/2018 年度国家棉花价格指数及中国棉花收购价格指数走势

表 4–24　2017/2018 年度国内各等级棉花分月价格

（单位：元／吨）

日　期	1129B 级	2129B 级	3128B 级	4129B 级	2227B 级
2017 年 9 月	16601	16306	15879	15374	14834
2017 年 10 月	16606	16307	15873	15362	14829
2017 年 11 月	16578	16274	15833	15326	14801
2017 年 12 月	16488	16179	15718	15228	14712
2018 年 1 月	16441	16136	15674	15175	14670
2018 年 2 月	16448	16152	15686	15180	14679
2018 年 3 月	16444	16148	15679	15172	14670
2018 年 4 月	16375	16079	15591	15113	14617
2018 年 5 月	16561	16273	15796	15294	14797
2018 年 6 月	17132	16850	16379	15662	15177
2018 年 7 月	17035	16745	16209	15517	15048
2018 年 8 月	17091	16841	16271	15569	15087

资料来源：国家棉花市场监测系统。

表 4–25　2017/2018 年度中国主要地区棉花价格

（单位：元 / 吨）

日　期	冀鲁豫地区				
	1129B 级	2129B 级	3128B 级	4129B 级	2227B 级
2017 年 9 月	16659	16356	15927	15384	14839
2017 年 10 月	16666	16353	15913	15366	14826
2017 年 11 月	16619	16306	15865	15315	14785
2017 年 12 月	16485	16176	15707	15192	14680
2018 年 1 月	16414	16112	15642	15111	14621
2018 年 2 月	16432	16142	15667	15124	14642
2018 年 3 月	16419	16141	15652	15110	14624
2018 年 4 月	16330	16049	15529	15030	14550
2018 年 5 月	16594	16309	15805	15271	14779
2018 年 6 月	17321	17022	16520	15705	15196
2018 年 7 月	17167	16868	16284	15506	15035
2018 年 8 月	17227	16979	16353	15561	15069

日　期	东南沿海地区				
	1129B 级	2129B 级	3128B 级	4129B 级	2227B 级
2017 年 9 月	16600	16300	15956	15444	14856
2017 年 10 月	16600	16300	15956	15444	14856
2017 年 11 月	16586	16300	15916	15456	14861
2017 年 12 月	16556	16284	15836	15413	14776
2018 年 1 月	16453	16210	15747	15298	14635
2018 年 2 月	16423	16190	15735	15262	14591
2018 年 3 月	16453	16184	15767	15263	14619
2018 年 4 月	16371	16167	15587	15097	14557
2018 年 5 月	16479	16266	15731	15217	14737
2018 年 6 月	16993	16793	16325	15664	15332
2018 年 7 月	16931	16731	16243	15532	15206
2018 年 8 月	16916	16716	17220	15483	15200

续表

日　　期	长江中下游地区				
	1129B 级	2129B 级	3128B 级	4129B 级	2227B 级
2017 年 9 月	16525	16232	15791	15343	14820
2017 年 10 月	16523	16236	15790	15347	14828
2017 年 11 月	16527	16223	15763	15328	14811
2017 年 12 月	16502	16166	15709	15260	14739
2018 年 1 月	16495	16159	15700	15256	14734
2018 年 2 月	16493	16159	15697	15256	14734
2018 年 3 月	16497	16149	15696	15256	14734
2018 年 4 月	16452	16096	15671	15241	14710
2018 年 5 月	16530	16211	15792	15350	14830
2018 年 6 月	16868	16583	16172	15618	15142
2018 年 7 月	16844	16535	16065	15542	15045
2018 年 8 月	16900	16628	16118	15603	15104

日　　期	西南地区				
	1129B 级	2129B 级	3128B 级	4129B 级	2227B 级
2017 年 9 月	16600	16400	16100	15559	15100
2017 年 10 月	16600	16400	16100	15500	15100
2017 年 11 月	16600	16400	16100	15500	15100
2017 年 12 月	16600	16400	16100	15500	15100
2018 年 1 月	16600	16400	16100	15500	15100
2018 年 2 月	16600	16400	16100	15500	15100
2018 年 3 月	16600	16400	16100	15500	15100
2018 年 4 月	16600	16400	16100	15500	15100
2018 年 5 月	16618	16418	16118	15518	15118
2018 年 6 月	16800	16600	16300	15700	15300
2018 年 7 月	16800	16600	16300	15700	15300
2018 年 8 月	16800	16600	16300	15700	15300

续表

日　期	西北内陆地区				
	1129B 级	2129B 级	3128B 级	4129B 级	2227B 级
2017 年 9 月	16418	16218	15818	15389	14837
2017 年 10 月	16418	16218	15818	15318	14837
2017 年 11 月	16387	16187	15779	15275	14828
2017 年 12 月	16300	16100	15682	15163	14782
2018 年 1 月	16300	16100	15682	15163	14782
2018 年 2 月	16300	16100	15682	15163	14782
2018 年 3 月	16300	16100	15682	15163	14782
2018 年 4 月	16300	16100	15657	15163	14782
2018 年 5 月	16409	16209	15709	15231	14825
2018 年 6 月	16635	16435	15935	15417	14935
2018 年 7 月	16637	16437	15937	15418	14937
2018 年 8 月	16765	16565	16107	15513	14979

日　期	北方地区				
	1129B 级	2129B 级	3128B 级	4129B 级	2227B 级
2017 年 9 月	16600	16250	15800	15300	14750
2017 年 10 月	16600	16250	15800	15300	14750
2017 年 11 月	16600	16250	15800	15300	14750
2017 年 12 月	16600	16250	15800	15300	14750
2018 年 1 月	16600	16250	15800	15300	14750
2018 年 2 月	16600	16250	15800	15300	14750
2018 年 3 月	16600	16250	15800	15300	14750
2018 年 4 月	16600	16250	15800	15300	14750
2018 年 5 月	16636	16302	15864	15359	14816
2018 年 6 月	17475	17275	16780	15695	15255
2018 年 7 月	17500	17300	16800	15600	15200
2018 年 8 月	17500	17300	16800	15600	15200

续表

日　　期	新疆维吾尔自治区				
	1129B 级	2129B 级	3128B 级	4129B 级	2227B 级
2017 年 9 月	16328	16078	15855	15337	14901
2017 年 10 月	16345	16094	15870	15358	14913
2017 年 11 月	16340	16088	15815	15353	14902
2017 年 12 月	16300	16054	15646	15308	14863
2018 年 1 月	16256	16014	15602	15254	14811
2018 年 2 月	16251	16007	15603	15257	14815
2018 年 3 月	16245	16003	15599	15257	14812
2018 年 4 月	16194	15959	15559	15213	14769
2018 年 5 月	16345	16125	15741	15340	14890
2018 年 6 月	16932	16714	16345	15711	15354
2018 年 7 月	16884	16645	16199	15615	15229
2018 年 8 月	16906	16643	16174	15593	15237

资料来源：国家棉花市场监测系统。

表 4–26　2017/2018 年度中国棉花收购价格指数月均值

（单位：元 / 吨）

日　　期	中国棉花收购价格指数
2017 年 9 月	14790
2017 年 10 月	15293
2017 年 11 月	15035
2017 年 12 月	14458
2018 年 1 月	14122
2018 年 2 月	13997
2018 年 3 月	13930
2018 年 4 月	13888
2018 年 5 月	13966

资料来源：国家棉花市场监测系统。

（单位：元 / 吨）

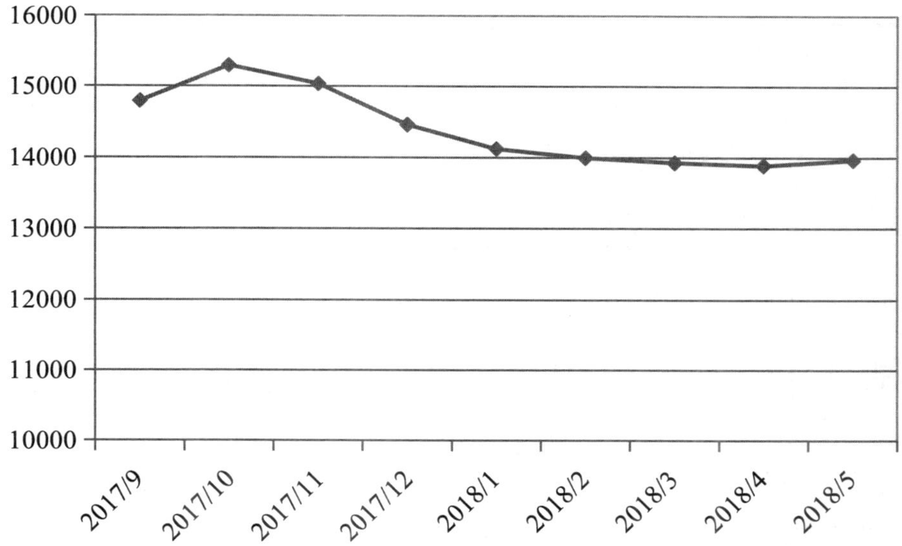

图 4–6　2017/2018 年度中国棉花收购价格指数走势

中国棉花收购价格指数简介

中国棉花收购价格指数（即 CNCotton S），简称国棉 S 指数，由国家棉花市场监测系统发布，代表全国主产棉省（区）白棉 3 级籽棉折皮棉的平均收购价格，反映当日全国棉花收购价格水平及变化趋势。

国家棉花市场监测系统每日采集国内各主产棉省（区、市）籽棉、棉籽主流成交价格和平均衣分率，按各省棉花产量加权平均后，折算出当日籽棉折皮棉的平均收购价格（不含加工费）。2013 年 9 月 1 日，棉花国家标准（GB1103－2012）实施前，CNCotton S 指数代表 3 级籽棉折皮棉的平均收购价格，新国际实行后，CNCotton S 指数代表白棉 3 级籽棉折皮棉的平均收购价格。

国家棉花市场监测系统于每年 9 月 1 日起开始发布该指数，收购旺季时每工作日更新，收购淡季时每周四更新，每年 5 月份以后停止更新。

表 4–27　2017/2018 年度中国主要地区籽棉收购折皮棉成本月平均价格

（单位：元 / 吨）

日　期	山东	河北	安徽	湖北	浙江	江西	新疆
2017 年 9 月	14534	14192	14074	—	—	—	13507
2017 年 10 月	14984	14682	14351	—	—	—	15447
2017 年 11 月	14633	14540	14400	—	—	15257	15163
2017 年 12 月	14376	14038	14501	—	—	14984	14480
2018 年 1 月	14353	13646	14095	—	—	14551	—

续表

日　期	山东	河北	安徽	湖北	浙江	江西	新疆
2018年2月	14441	13591	13177	—	—	14551	—
2018年3月	14465	13498	12985	—	—	14331	—
2018年4月	14481	13525	13043	—	—	14097	—

资料来源：国家棉花市场监测系统。

表4–28　2017/2018年度内地与新疆棉籽月均价对比

（单位：元/千克）

日　期	内地	新疆
2017年9月	2.23	1.91
2017年10月	2.12	1.64
2017年11月	2.10	1.64
2017年12月	2.07	1.62
2018年1月	2.10	—
2018年2月	2.11	—
2018年3月	2.14	—
2018年4月	2.14	—

资料来源：国家棉花市场监测系统。

表4–29　2017/2018年度中国棉花、纯棉纱及涤纶短纤月平均价格

（单位：元/吨）

日　期	国家棉花价格B指数	32支纯棉纱	涤纶短纤	棉、纱价差	棉、涤价差
2017年9月	15881	23400	8760	7519	7121
2017年10月	15872	23511	8943	7639	6929
2017年11月	15833	23320	9134	7487	6699
2017年12月	15718	23159	8881	7441	6837
2018年1月	15674	23003	9159	7329	6515
2018年2月	15686	23033	9113	7347	6573

续表

日　期	国家棉花价格 B 指数	32 支纯棉纱	涤纶短纤	棉、纱价差	棉、涤价差
2018 年 3 月	15679	23136	8925	7457	6754
2018 年 4 月	15590	23198	8833	7608	6757
2018 年 5 月	15796	23608	8925	7812	6871
2018 年 6 月	16379	24316	8752	7937	7627
2018 年 7 月	16209	24136	8814	7927	7395
2018 年 8 月	16271	24177	10384	7906	5887

资料来源：国家棉花市场监测系统。
注：棉、纱价差 =32 支纯棉纱－国家棉花价格 B 指数。

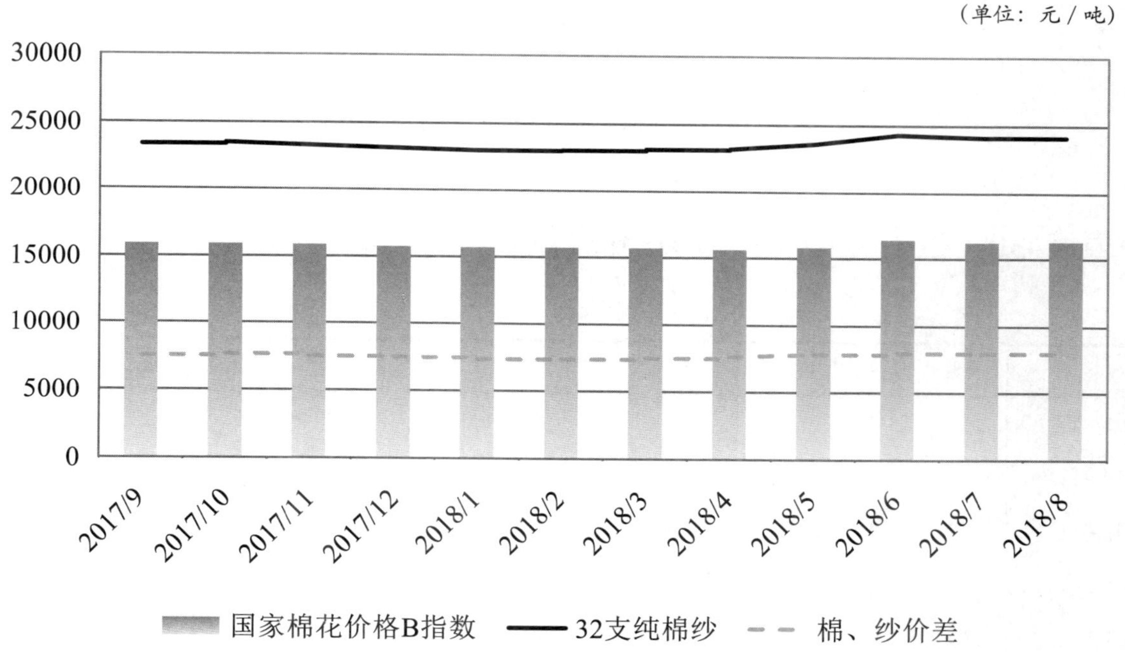

图 4–7　2017/2018 度国内棉花、棉纱价格差异

（单位：元 / 吨）

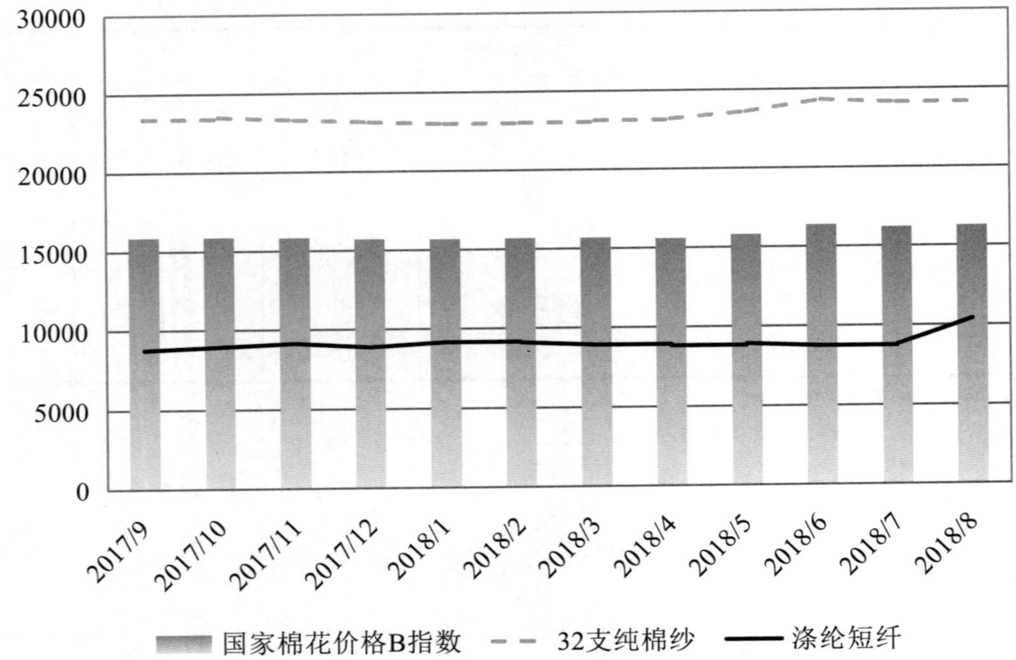

图 4–8　2017/2018 年度国内棉花、涤短价格差异

表 4–30　2017/2018 年度郑州棉花期货主力合约日交易量价统计

（单位：元 / 吨、手）

交易日期	合约代码	开盘	最高	最低	收盘	结算	成交量	持仓量
2017 年								
9 月 1 日	CF801	15265	15390	15240	15310	15315	178270	258408
9 月 4 日	CF801	15345	15975	15325	15820	15700	496488	332648
9 月 5 日	CF801	15810	15910	15680	15910	15800	289488	344056
9 月 6 日	CF801	15995	16015	15800	15825	15910	310308	338966
9 月 7 日	CF801	15830	15945	15750	15840	15850	182652	336762
9 月 8 日	CF801	15850	15875	15550	15560	15665	267684	293514
9 月 11 日	CF801	15590	15820	15560	15630	15690	300136	289660
9 月 12 日	CF801	15535	15675	15500	15640	15620	121790	291190
9 月 13 日	CF801	15615	15730	15405	15500	15535	235326	275924
9 月 14 日	CF801	15500	15550	15360	15360	15470	154516	264110
9 月 15 日	CF801	15370	15435	15300	15305	15360	129550	248128

续表

交易日期	合约代码	开盘	最高	最低	收盘	结算	成交量	持仓量
9月18日	CF801	15335	15385	15205	15335	15320	115654	239090
9月19日	CF801	15445	15445	15350	15360	15390	80806	233966
9月20日	CF801	15375	15640	15360	15630	15510	172004	236788
9月21日	CF801	15600	15615	15415	15415	15510	131572	224086
9月22日	CF801	15435	15550	15355	15405	15440	175936	218980
9月25日	CF801	15430	15520	15385	15475	15455	114742	214938
9月26日	CF801	15480	15650	15450	15615	15570	152206	224532
9月27日	CF801	15570	15595	15330	15340	15435	174852	211462
9月28日	CF801	15340	15375	15060	15090	15210	204816	198576
9月29日	CF801	15120	15230	15080	15100	15150	104974	191660
10月9日	CF801	15155	15175	14955	15080	15040	91572	194592
10月10日	CF801	15090	15190	15060	15095	15125	78970	199110
10月11日	CF801	15160	15180	15070	15120	15125	75782	201468
10月12日	CF801	15130	15135	14995	15045	15050	100620	209374
10月13日	CF801	15040	15125	15010	15065	15060	104060	212912
10月16日	CF801	15080	15265	15060	15220	15170	130230	202356
10月17日	CF801	15175	15215	15125	15185	15175	63198	198266
10月18日	CF801	15170	15250	15130	15155	15190	81074	198652
10月19日	CF801	15165	15170	15020	15030	15075	100464	210370
10月20日	CF801	15010	15035	14890	14970	14950	156274	231048
10月23日	CF801	14975	15020	14850	14960	14945	112544	229340
10月24日	CF801	15000	15095	14995	15035	15040	126970	217528
10月25日	CF801	15050	15070	15025	15050	15045	64592	216608
10月26日	CF801	15060	15120	15015	15025	15055	88426	217520
10月27日	CF801	15000	15010	14920	14950	14955	84032	221688
10月30日	CF801	14965	15080	14900	14965	14995	99356	221696
10月31日	CF801	14985	14990	14910	14970	14950	67550	223990
11月1日	CF801	14955	15060	14940	14975	15010	78966	217734
11月2日	CF801	14965	15075	14965	15050	15030	85066	213706

续表

交易日期	合约代码	开盘	最高	最低	收盘	结算	成交量	持仓量
11 月 3 日	CF801	15030	15180	15020	15175	15110	132338	191852
11 月 6 日	CF801	15175	15195	15125	15175	15170	100262	183266
11 月 7 日	CF801	15180	15260	15155	15250	15205	119194	177236
11 月 8 日	CF801	15225	15260	15155	15180	15205	80606	173458
11 月 9 日	CF801	15195	15225	15090	15170	15160	108398	172048
11 月 10 日	CF801	15175	15220	15135	15190	15185	91988	165324
11 月 13 日	CF801	15165	15310	15100	15200	15220	171994	170214
11 月 14 日	CF801	15195	15260	15140	15150	15200	88028	171960
11 月 15 日	CF801	15150	15190	15005	15040	15080	108494	165538
11 月 16 日	CF801	15045	15085	15030	15040	15055	48716	162854
11 月 17 日	CF801	15060	15075	15005	15035	15035	61390	165908
11 月 20 日	CF801	15055	15060	14920	14935	14960	100292	169506
11 月 21 日	CF801	14935	15030	14855	14930	14965	118150	165620
11 月 22 日	CF801	14950	15010	14850	14885	14925	124408	167192
11 月 23 日	CF801	14885	14960	14820	14880	14915	84986	160324
11 月 24 日	CF801	14885	14940	14860	14910	14910	56538	152746
11 月 27 日	CF805	14890	15015	14890	15005	14960	107034	140230
11 月 28 日	CF805	15165	15215	15125	15195	15175	129488	152520
11 月 29 日	CF805	15200	15280	15140	15140	15205	125110	157912
11 月 30 日	CF805	15135	15325	15130	15310	15250	181808	180368
12 月 1 日	CF805	15295	15485	15270	15460	15380	268186	223406
12 月 4 日	CF805	15435	15500	15400	15455	15455	155938	243974
12 月 5 日	CF805	15430	15460	15350	15415	15395	118288	237212
12 月 6 日	CF805	15410	15480	15315	15410	15410	166348	249456
12 月 7 日	CF805	15415	15475	15245	15305	15370	199072	243302
12 月 8 日	CF805	15290	15495	15255	15480	15420	244610	284020
12 月 11 日	CF805	15470	15480	15115	15140	15270	286318	252578
12 月 12 日	CF805	15155	15185	15080	15090	15125	122050	246384
12 月 13 日	CF805	15100	15165	15030	15065	15090	101616	246314

续表

交易日期	合约代码	开盘	最高	最低	收盘	结算	成交量	持仓量
12 月 14 日	CF805	15095	15170	15000	15015	15085	147640	256702
12 月 15 日	CF805	15050	15145	15030	15060	15085	126186	260492
12 月 18 日	CF805	15105	15200	15085	15130	15140	172474	256626
12 月 19 日	CF805	15105	15120	14875	14895	14990	223742	301168
12 月 20 日	CF805	14910	14945	14800	14830	14865	194516	319572
12 月 21 日	CF805	14845	14920	14825	14875	14870	116902	311954
12 月 22 日	CF805	14915	14985	14880	14930	14935	128842	306286
12 月 25 日	CF805	14955	14990	14905	14980	14950	109852	299288
12 月 26 日	CF805	14960	14980	14850	14960	14925	131304	306606
12 月 27 日	CF805	14985	15075	14930	14980	14990	100752	295556
12 月 28 日	CF805	14965	15070	14960	15040	15030	116412	293854
12 月 29 日	CF805	15050	15105	14900	14945	14995	157698	291894
2018 年								
1 月 2 日	CF805	14910	15045	14910	15040	15010	69604	287494
1 月 3 日	CF805	15060	15075	14930	14960	14980	95006	295694
1 月 4 日	CF805	14970	15035	14935	15010	14985	88420	299046
1 月 5 日	CF805	15010	15180	15010	15170	15090	186280	304818
1 月 8 日	CF805	15170	15190	15090	15175	15145	149242	303366
1 月 9 日	CF805	15180	15250	15155	15245	15215	134594	311840
1 月 10 日	CF805	15255	15280	15185	15250	15225	98494	306918
1 月 11 日	CF805	15245	15285	15200	15285	15260	92968	316552
1 月 12 日	CF805	15295	15510	15270	15450	15405	338790	383668
1 月 15 日	CF805	15410	15455	15215	15280	15315	228480	364014
1 月 16 日	CF805	15265	15300	15200	15230	15245	105248	355252
1 月 17 日	CF805	15220	15295	15135	15150	15205	111214	346846
1 月 18 日	CF805	15185	15560	15165	15515	15455	447734	432306
1 月 19 日	CF805	15500	15520	15260	15290	15375	283582	385166
1 月 22 日	CF805	15315	15545	15300	15520	15455	261448	422166
1 月 23 日	CF805	15505	15630	15440	15570	15550	453990	486210

续表

交易日期	合约代码	开盘	最高	最低	收盘	结算	成交量	持仓量
1月24日	CF805	15545	15610	15485	15495	15545	196576	475176
1月25日	CF805	15470	15585	15455	15515	15515	158630	469580
1月26日	CF805	15505	15635	15415	15520	15530	235754	464058
1月29日	CF805	15520	15565	15380	15400	15460	162002	454426
1月30日	CF805	15380	15405	15235	15255	15300	244430	418222
1月31日	CF805	15260	15300	15150	15195	15210	213458	384096
2月1日	CF805	15185	15245	15150	15165	15195	116638	370106
2月2日	CF805	15195	15245	15180	15195	15215	106508	360652
2月5日	CF805	15215	15220	15060	15080	15120	154934	341906
2月6日	CF805	15075	15115	15035	15050	15075	89930	332718
2月7日	CF805	15050	15125	15025	15055	15070	90914	333914
2月8日	CF805	15070	15080	14930	14945	15005	126488	331874
2月9日	CF805	14965	15015	14880	14880	14950	113640	330334
2月12日	CF805	14900	14940	14840	14885	14890	85068	320066
2月13日	CF805	14920	14935	14860	14865	14895	62436	319686
2月14日	CF805	14880	14995	14845	14900	14915	84074	308890
2月22日	CF805	15030	15065	14955	14980	15005	57674	306896
2月23日	CF805	15000	15090	14985	15080	15045	91212	309902
2月26日	CF805	15090	15260	15065	15245	15185	140246	289092
2月27日	CF805	15245	15255	15160	15190	15195	90768	280668
2月28日	CF805	15195	15230	15145	15195	15195	75982	275840
3月1日	CF805	15200	15270	15195	15245	15235	116012	272844
3月2日	CF805	15220	15270	15090	15175	15170	137908	272160
3月5日	CF805	15180	15390	15175	15360	15305	205794	269376
3月6日	CF805	15345	15460	15305	15425	15400	195746	286042
3月7日	CF805	15480	15485	15100	15220	15310	174466	273472
3月8日	CF805	15210	15260	15050	15125	15165	148340	258934
3月9日	CF805	15165	15255	15150	15230	15215	131400	253354
3月12日	CF805	15220	15235	15085	15085	15155	145616	250494

续表

交易日期	合约代码	开盘	最高	最低	收盘	结算	成交量	持仓量
3 月 13 日	CF805	15070	15095	14980	15060	15040	143606	233380
3 月 14 日	CF805	15080	15120	14990	15000	15040	107488	232166
3 月 15 日	CF805	15000	15065	14930	15005	14995	145804	222460
3 月 16 日	CF805	14980	15020	14930	14945	14980	77846	221744
3 月 19 日	CF805	14975	14990	14910	14920	14945	104920	221312
3 月 20 日	CF805	14925	14975	14905	14920	14945	106820	214886
3 月 21 日	CF805	14910	15045	14905	15010	14995	109678	210216
3 月 22 日	CF805	15015	15075	14975	15050	15025	104898	207064
3 月 23 日	CF805	15035	15055	14850	14955	14935	196564	190864
3 月 26 日	CF809	15495	15505	15360	15495	15440	127174	225062
3 月 27 日	CF809	15485	15550	15435	15480	15505	104566	227134
3 月 28 日	CF809	15475	15520	15215	15290	15360	283686	256510
3 月 29 日	CF809	15285	15335	15220	15245	15280	127914	265140
3 月 30 日	CF809	15285	15360	15220	15315	15290	122754	261232
4 月 2 日	CF809	15290	15390	15255	15270	15310	148204	269470
4 月 3 日	CF809	15275	15315	15200	15260	15265	153394	283292
4 月 4 日	CF809	15260	15270	15135	15240	15200	187962	298144
4 月 9 日	CF809	15310	15350	15225	15275	15280	86236	296860
4 月 10 日	CF809	15300	15315	15255	15295	15285	96864	303940
4 月 11 日	CF809	15275	15385	15270	15335	15340	141842	306626
4 月 12 日	CF809	15325	15380	15280	15285	15325	103286	310354
4 月 13 日	CF809	15295	15415	15235	15400	15330	167430	310360
4 月 16 日	CF809	15385	15430	15340	15390	15385	128740	298734
4 月 17 日	CF809	15385	15440	15305	15365	15370	164604	299882
4 月 18 日	CF809	15370	15370	15275	15350	15320	122806	301366
4 月 19 日	CF809	15345	15400	15330	15390	15365	155420	300808
4 月 20 日	CF809	15370	15475	15350	15360	15405	212346	300604
4 月 23 日	CF809	15400	15485	15400	15460	15445	190552	306658
4 月 24 日	CF809	15455	15490	15405	15415	15445	113464	300750

续表

交易日期	合约代码	开盘	最高	最低	收盘	结算	成交量	持仓量
4 月 25 日	CF809	15415	15415	15330	15335	15360	123452	293934
4 月 26 日	CF809	15330	15400	15330	15400	15375	96446	285762
4 月 27 日	CF809	15415	15440	15340	15395	15385	83504	280120
5 月 2 日	CF809	15415	15520	15390	15435	15450	127592	278010
5 月 3 日	CF809	15450	15595	15435	15565	15520	231138	296068
5 月 4 日	CF809	15555	15625	15525	15575	15570	162962	289198
5 月 7 日	CF809	15545	15775	15530	15730	15680	236368	297606
5 月 8 日	CF809	15750	15790	15675	15720	15725	156650	296358
5 月 9 日	CF809	15705	15760	15610	15650	15670	152360	285184
5 月 10 日	CF809	15660	15730	15630	15705	15680	110256	287398
5 月 11 日	CF901	15690	15760	15645	15670	15695	169918	278828
5 月 14 日	CF807	16400	16510	16390	16470	16460	95402	298578
5 月 15 日	CF901	16435	16475	16280	16380	16390	130612	296378
5 月 16 日	CF901	16360	17050	16325	17050	16825	447840	390334
5 月 17 日	CF901	17085	17180	16665	17045	16960	749498	410800
5 月 18 日	CF901	17010	17640	16970	17540	17405	1229238	524006
5 月 21 日	CF901	17600	18105	17385	18105	17850	1404558	579288
5 月 22 日	CF901	18070	18185	17780	17865	17975	1189858	575834
5 月 23 日	CF901	17905	18020	17305	17640	17675	1606014	584872
5 月 24 日	CF901	17650	17860	17435	17840	17690	1752456	655906
5 月 25 日	CF901	17905	18040	17760	17930	17920	1732492	713954
5 月 28 日	CF901	17920	17965	17675	17870	17840	1082606	714622
5 月 29 日	CF901	17890	18555	17795	18555	18205	1163796	785036
5 月 30 日	CF901	18850	19250	18570	18705	18900	2252672	750722
5 月 31 日	CF901	18590	18995	18550	18650	18805	1792772	790382
6 月 1 日	CF901	18650	18835	18500	18815	18690	1433706	803720
6 月 4 日	CF901	18855	19210	18300	18335	18730	2724398	833882
6 月 5 日	CF901	18370	18435	17980	17980	18230	1541492	802146
6 月 6 日	CF901	17680	17875	17400	17645	17680	1884956	683176

续表

交易日期	合约代码	开盘	最高	最低	收盘	结算	成交量	持仓量
6月7日	CF901	17705	17875	17550	17730	17740	1377614	709136
6月8日	CF901	17695	17840	17535	17625	17700	1247690	707198
6月11日	CF901	17625	17935	17420	17795	17725	1497534	728522
6月12日	CF901	17800	17880	17565	17705	17705	859294	754534
6月13日	CF901	17740	18360	17650	18090	18015	1449924	797114
6月14日	CF901	18040	18160	17540	17570	17875	1162624	763268
6月15日	CF901	17595	17790	17510	17550	17630	869142	741240
6月19日	CF901	17505	17790	16745	16745	17260	1397340	684238
6月20日	CF901	16650	17000	16615	16885	16840	905368	661764
6月21日	CF901	16910	17100	16760	16890	16905	823342	709608
6月22日	CF901	16920	17030	16850	16935	16925	572928	678630
6月25日	CF901	16955	17235	16895	16975	17080	837540	716042
6月26日	CF901	16955	16990	16680	16830	16840	501584	663130
6月27日	CF901	16850	16930	16760	16815	16845	421108	647276
6月28日	CF901	16850	16930	16620	16690	16790	568674	652956
6月29日	CF901	16670	16840	16605	16735	16740	412248	608844
7月2日	CF901	16735	16910	16705	16715	16815	478368	651808
7月3日	CF901	16695	16740	16490	16680	16610	536460	598758
7月4日	CF901	16730	16730	16440	16455	16590	361020	584596
7月5日	CF901	16465	16490	16045	16220	16270	568644	582414
7月6日	CF901	16245	16370	16070	16300	16230	502904	557130
7月9日	CF901	16300	16575	16250	16525	16450	486882	572654
7月10日	CF901	16575	16720	16475	16510	16595	442242	544608
7月11日	CF901	16525	16660	16330	16470	16485	467322	560274
7月12日	CF901	16480	16800	16465	16725	16645	477618	545518
7月13日	CF901	16740	17040	16630	16800	16870	569272	573954
7月16日	CF901	16800	16915	16725	16860	16825	333828	537320
7月17日	CF901	16865	16865	16530	16690	16695	397988	559076
7月18日	CF901	16705	16750	16630	16675	16690	224140	524886
7月19日	CF901	16695	16835	16640	16765	16730	348636	551912

续表

交易日期	合约代码	开盘	最高	最低	收盘	结算	成交量	持仓量
7月20日	CF901	16710	16820	16650	16690	16740	275546	524556
7月23日	CF901	16670	16725	16485	16580	16600	328146	552598
7月24日	CF901	16590	16705	16540	16700	16630	244498	505510
7月25日	CF901	16690	16970	16660	16855	16835	442758	555040
7月26日	CF901	16860	16960	16775	16780	16865	290698	526856
7月27日	CF901	16780	16915	16715	16735	16820	274450	531938
7月30日	CF901	16720	16810	16655	16770	16740	275272	524910
7月31日	CF901	16815	17320	16805	17155	17130	862908	612076
8月1日	CF901	17130	17205	16935	16995	17090	541780	567674
8月2日	CF901	17020	17170	16750	16875	16970	577888	564154
8月3日	CF901	16845	17095	16825	16940	16960	422264	523042
8月6日	CF901	16905	17180	16780	17155	16935	473020	525766
8月7日	CF901	17120	17490	17085	17310	17305	681466	553096
8月8日	CF901	17250	17365	17155	17245	17250	427454	533152
8月9日	CF901	17220	17555	17195	17280	17370	634042	581160
8月10日	CF901	17310	17375	17220	17310	17305	381172	539760
8月13日	CF901	17320	17430	16915	17015	17125	477602	565356
8月14日	CF901	16995	17050	16850	16905	16950	362734	517944
8月15日	CF901	16910	17045	16660	16690	16870	424416	526844
8月16日	CF901	16700	16750	16220	16645	16515	555466	462398
8月17日	CF901	16660	16745	16460	16510	16610	287772	454248
8月20日	CF901	16510	16865	16495	16825	16675	312016	451106
8月21日	CF901	16815	16970	16720	16955	16875	375472	466540
8月22日	CF901	17000	17145	16885	16925	17010	380520	450504
8月23日	CF901	16915	16975	16710	16725	16835	305024	450608
8月24日	CF901	16720	16930	16685	16875	16820	244450	433948
8月27日	CF901	16905	17190	16820	17110	17030	597384	509738
8月28日	CF901	17100	17175	16910	16980	17055	356958	457550
8月29日	CF901	16995	17110	16750	16760	16975	380706	469028
8月30日	CF901	16735	16820	16690	16795	16760	249626	448368
8月31日	CF901	16815	16825	16570	16695	16660	266662	461330

资料来源：郑州商品交易所。

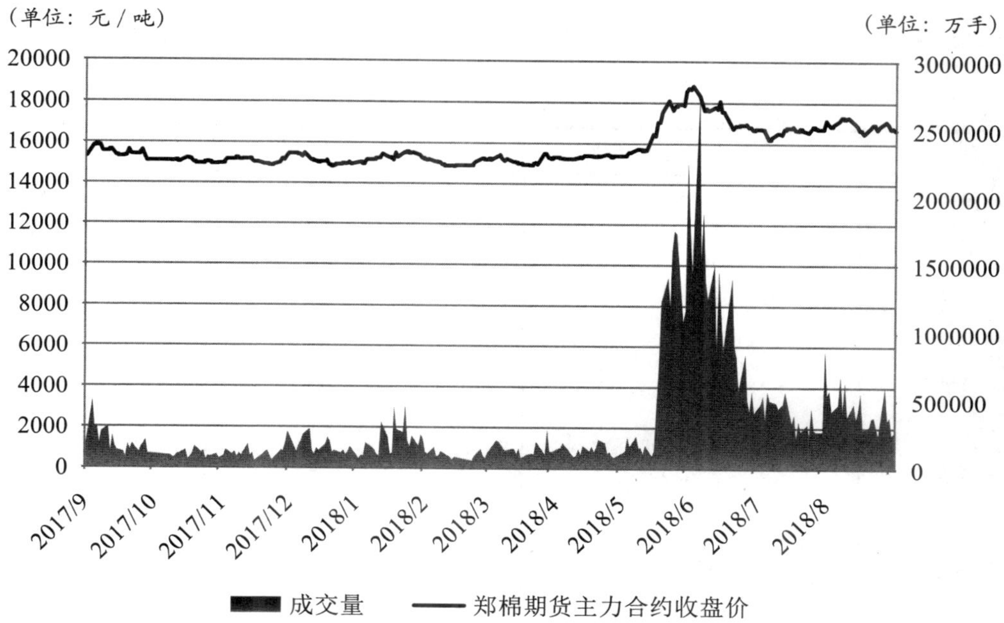

图 4–9　2017/2018 年度郑棉主力合约量价走势

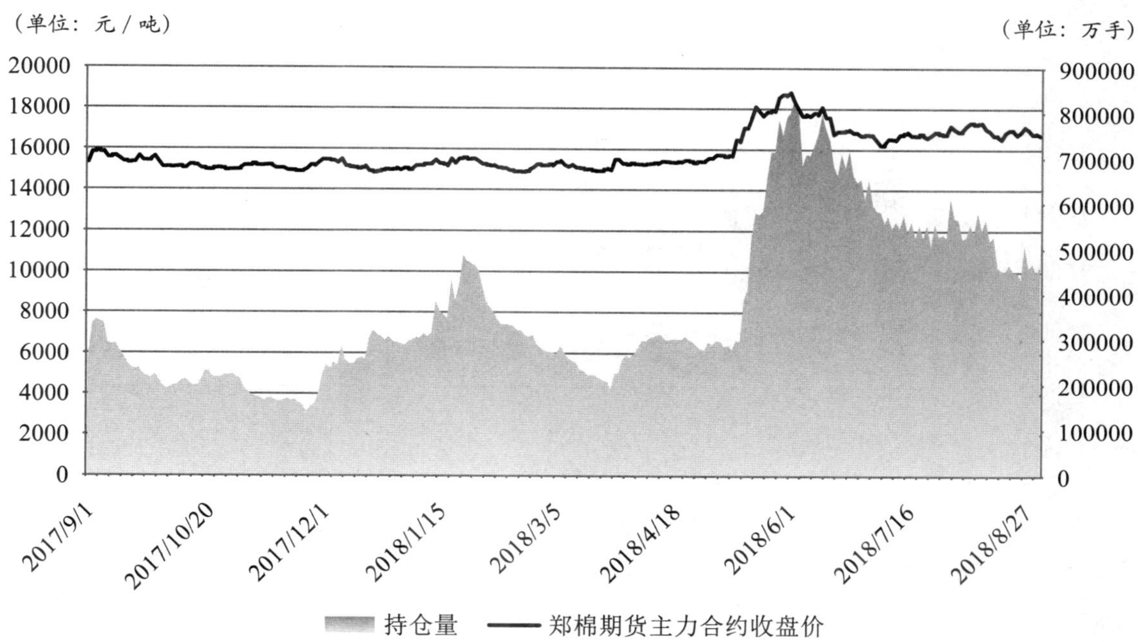

图 4–10　2017/2018 年度郑棉期货交易持仓量变化情况

表 4–31　2017/2018 年度郑州棉花期货与现货月平均价格

（单位：元/吨）

日　　期	国家棉花价格 B 指数	郑棉期货近月合约	价差（现货—期货）
2017 年 9 月	15881	15426	455
2017 年 10 月	15872	14964	908
2017 年 11 月	15833	15009	824
2017 年 12 月	15718	14903	815
2018 年 1 月	15674	15029	645
2018 年 2 月	15686	14842	844
2018 年 3 月	15679	14827	852
2018 年 4 月	15590	14837	753
2018 年 5 月	15796	16097	-301
2018 年 6 月	16379	16258	121
2018 年 7 月	16209	15665	544
2018 年 8 月	16271	16041	230

资料来源：国家棉花市场监测系统、郑州商品交易所。

（单位：元/吨）

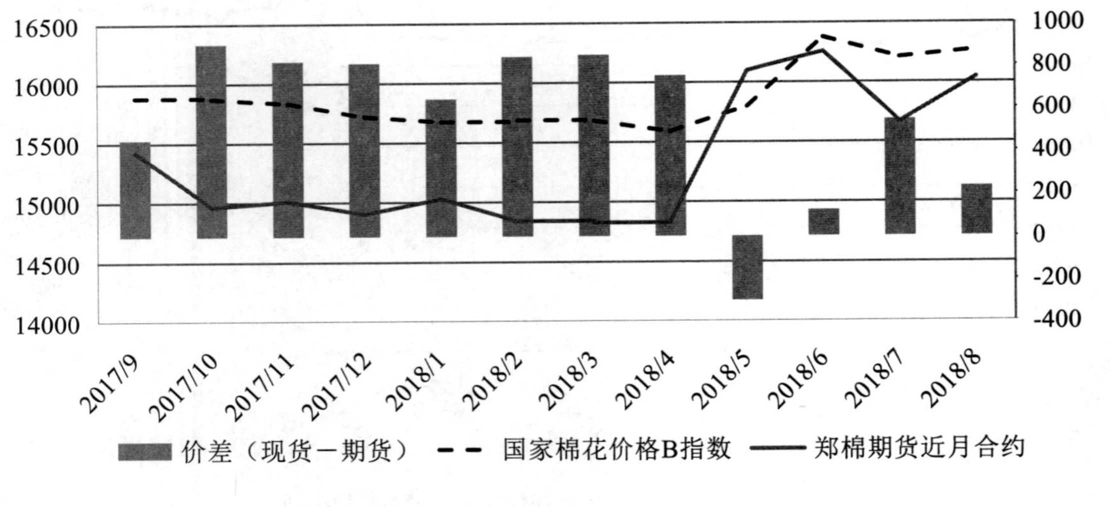

图 4–11　2017/2018 年度国内期、现货价格及差异

表 4–32　2017/2018 年度国内外现货月平均价格对比

（单位：元 / 吨）

日　　期	国家棉花价格 A 指数	国家棉花价格 B 指数	国际棉花指数 (SM) 折合人民币价格	国际棉花指数 (M) 折合人民币价格
2017 年 9 月	16307	15881	13904	13585
2017 年 10 月	16307	15872	13621	13267
2017 年 11 月	16274	15833	13794	13406
2017 年 12 月	16179	15718	14533	14132
2018 年 1 月	16136	15674	15418	14994
2018 年 2 月	16152	15686	14678	14250
2018 年 3 月	16148	15679	15005	14395
2018 年 4 月	16078	15589	14983	14333
2018 年 5 月	16273	15796	15031	14505
2018 年 6 月	16850	16379	16020	15526
2018 年 7 月	16745	16209	16061	15496
2018 年 8 月	16841	16271	16247	15667

1. 资料来源：为国家棉花市场监测系统。
2. 国际棉花指数折成人民币价格所采用的汇率为海关计征汇率，即每月使用上一个月第三个星期三（第三个星期三为法定节假日时，顺延采用第四个星期三的汇率）中国人民银行公布的美元对人民币的基准汇率；关税为配额内关税（1%）；增值税为 10%（2018 年 5 月 1 日起棉花增值税税率由 11% 降至 10%）；港口费用为 200 元 / 吨。

国际棉花指数简介

国际棉花指数（International Cotton Indices）包括 SM 级指数（Premium Index）和 M 级指数（Standard Index）。

1. 产地的选择：各主要棉花出口国家和地区，包括美国、印度、中亚、西非、澳大利亚、巴西等。

2. 等级的选择：SM 1—1/8"（相当于国棉 2 级）和 M 1–3/32"（相当于国棉 3 级）。

3. 报价的选择：各主要棉商报价的加权平均价。

4. 产地权重的选择：上年度各主要产地的棉花进口总量视为 100% 进行权重分配。

5. 指数的生成：国际棉花指数包括 SM 指数和 M 指数，分别由各主要产地这两个等级棉花报价的加权平均值生成。

表 4–33　2017/2018 年度国际棉花指数日价格

（单位：美分 / 磅）

日　期	2017/2018 年度国际棉花指数（SM）	2017/2018 年度国际棉花指数（M）
2017 年		
9 月 1 日	83.36	81.47
9 月 4 日	84.39	82.46
9 月 5 日	84.47	82.58
9 月 6 日	87.18	85.21
9 月 7 日	86.75	84.79
9 月 8 日	86.49	84.53
9 月 11 日	86.80	84.84
9 月 12 日	84.75	82.91
9 月 13 日	81.76	79.93
9 月 14 日	81.77	79.94
9 月 15 日	81.76	79.91
9 月 18 日	81.59	79.71
9 月 19 日	82.18	80.35
9 月 20 日	81.69	79.79
9 月 21 日	81.83	79.97
9 月 22 日	81.11	79.14
9 月 25 日	81.22	79.22
9 月 26 日	82.01	79.93
9 月 27 日	81.38	79.33
9 月 28 日	81.23	79.17
9 月 29 日	81.53	79.46
9 月 30 日	81.53	79.46
10 月 9 日	82.60	80.30
10 月 10 日	83.04	80.81
10 月 11 日	83.04	80.81
10 月 12 日	82.95	80.76
10 月 13 日	82.26	80.12
10 月 16 日	83.03	80.88

续表

日　　期	2017/2018 年度国际棉花指数（SM）	2017/2018 年度国际棉花指数（M）
10 月 17 日	82.15	80.05
10 月 18 日	82.20	80.05
10 月 19 日	82.14	80.01
10 月 20 日	81.91	79.81
10 月 23 日	81.67	79.62
10 月 24 日	83.56	81.27
10 月 25 日	83.49	81.23
10 月 26 日	83.35	81.12
10 月 27 日	82.58	80.42
10 月 30 日	82.72	80.61
10 月 31 日	82.98	80.82
11 月 1 日	82.74	80.58
11 月 2 日	82.52	80.37
11 月 3 日	83.14	80.92
11 月 6 日	82.29	79.95
11 月 7 日	82.63	80.30
11 月 8 日	82.10	79.84
11 月 9 日	82.53	80.20
11 月 10 日	82.14	79.80
11 月 13 日	82.54	80.08
11 月 14 日	82.64	80.25
11 月 15 日	82.32	79.92
11 月 16 日	82.41	79.99
11 月 17 日	82.76	80.33
11 月 20 日	82.95	80.53
11 月 21 日	84.45	82.03
11 月 22 日	83.79	81.38
11 月 23 日	84.40	81.90
11 月 24 日	84.40	81.90
11 月 27 日	85.18	82.67

续表

日　　期	2017/2018 年度国际棉花指数（SM）	2017/2018 年度国际棉花指数（M）
11 月 28 日	84.52	82.01
11 月 29 日	85.13	82.62
11 月 30 日	86.22	83.70
12 月 1 日	85.60	83.04
12 月 4 日	85.95	83.48
12 月 5 日	85.22	82.82
12 月 6 日	84.96	82.51
12 月 7 日	85.15	82.73
12 月 8 日	86.58	84.20
12 月 11 日	86.07	83.70
12 月 12 日	85.35	82.97
12 月 13 日	85.29	82.92
12 月 14 日	86.51	84.15
12 月 15 日	87.27	84.78
12 月 18 日	88.29	85.92
12 月 19 日	87.52	85.16
12 月 20 日	87.31	84.83
12 月 21 日	88.00	85.48
12 月 22 日	90.27	87.77
12 月 25 日	90.27	87.77
12 月 26 日	90.14	87.62
12 月 27 日	89.75	87.25
12 月 28 日	91.29	88.79
12 月 29 日	91.12	88.61
2018 年		
1 月 2 日	91.03	88.56
1 月 3 日	89.92	87.26
1 月 4 日	90.47	87.81
1 月 5 日	91.75	89.04
1 月 8 日	90.48	87.76

续表

日　期	2017/2018 年度国际棉花指数（SM）	2017/2018 年度国际棉花指数（M）
1 月 9 日	90.66	88.06
1 月 10 日	91.13	88.58
1 月 11 日	92.56	90.04
1 月 12 日	95.58	93.06
1 月 15 日	94.58	92.07
1 月 16 日	94.58	92.07
1 月 17 日	94.34	91.83
1 月 18 日	95.04	92.53
1 月 19 日	95.54	93.03
1 月 22 日	96.34	93.83
1 月 23 日	97.07	94.54
1 月 24 日	95.93	93.40
1 月 25 日	94.61	91.78
1 月 26 日	94.26	91.45
1 月 29 日	92.87	90.05
1 月 30 日	91.45	88.79
1 月 31 日	90.27	87.62
2 月 1 日	90.53	87.88
2 月 2 日	91.65	89.00
2 月 5 日	90.95	88.38
2 月 6 日	90.25	87.69
2 月 7 日	89.73	87.18
2 月 8 日	89.50	86.94
2 月 9 日	89.96	87.35
2 月 11 日	89.96	87.35
2 月 12 日	89.77	87.07
2 月 13 日	89.71	86.99
2 月 14 日	89.66	86.94
2 月 22 日	92.23	89.81
2 月 23 日	91.26	88.83

续表

日　期	2017/2018 年度国际棉花指数（SM）	2017/2018 年度国际棉花指数（M）
2 月 26 日	93.18	90.05
2 月 27 日	94.21	91.14
2 月 28 日	94.26	91.19
3 月 1 日	94.61	91.46
3 月 2 日	94.69	91.51
3 月 5 日	94.68	90.58
3 月 6 日	97.64	93.51
3 月 7 日	94.65	90.47
3 月 8 日	95.08	90.90
3 月 9 日	97.03	92.84
3 月 12 日	96.09	91.82
3 月 13 日	94.92	90.67
3 月 14 日	94.67	90.42
3 月 15 日	95.75	91.64
3 月 16 日	95.89	91.73
3 月 19 日	95.02	90.82
3 月 20 日	93.63	89.47
3 月 21 日	94.91	90.96
3 月 22 日	94.35	90.46
3 月 23 日	93.82	89.98
3 月 26 日	93.43	89.66
3 月 27 日	93.11	89.64
3 月 28 日	93.33	89.86
3 月 29 日	92.08	88.61
3 月 30 日	92.78	89.31
4 月 2 日	93.44	89.21
4 月 3 日	92.97	88.74
4 月 4 日	0.00	89.72
4 月 12 日	95.12	91.20
4 月 13 日	94.93	90.90

续表

日　期	2017/2018 年度国际棉花指数（SM）	2017/2018 年度国际棉花指数（M）
4 月 16 日	94.82	90.85
4 月 17 日	94.37	90.20
4 月 18 日	94.14	89.94
4 月 19 日	94.20	90.20
4 月 20 日	94.41	90.41
4 月 23 日	96.10	91.87
4 月 24 日	94.54	90.29
4 月 25 日	92.32	88.17
4 月 26 日	94.89	90.77
4 月 27 日	94.68	90.46
5 月 2 日	94.81	90.76
5 月 3 日	95.00	91.07
5 月 4 日	94.74	90.80
5 月 7 日	96.22	92.73
5 月 8 日	95.35	90.90
5 月 9 日	94.77	90.33
5 月 10 日	95.21	90.78
5 月 11 日	92.79	89.65
5 月 14 日	92.88	89.71
5 月 15 日	92.10	89.01
5 月 16 日	92.63	89.65
5 月 17 日	93.32	90.36
5 月 18 日	93.86	90.87
5 月 21 日	95.21	92.18
5 月 22 日	97.03	93.97
5 月 23 日	95.46	92.30
5 月 24 日	95.59	92.56
5 月 25 日	96.31	93.35
5 月 28 日	97.79	94.73
5 月 29 日	97.81	94.77

续表

日　期	2017/2018 年度国际棉花指数（SM）	2017/2018 年度国际棉花指数（M）
5 月 30 日	101.84	98.80
5 月 31 日	101.32	98.34
6 月 1 日	102.06	99.08
6 月 4 日	102.31	99.37
6 月 5 日	101.08	98.13
6 月 6 日	98.81	95.87
6 月 7 日	100.04	97.12
6 月 8 日	102.68	99.73
6 月 11 日	104.20	101.29
6 月 12 日	103.44	100.39
6 月 13 日	104.28	101.35
6 月 14 日	103.76	101.06
6 月 15 日	103.83	101.14
6 月 19 日	99.99	96.51
6 月 20 日	96.53	92.99
6 月 21 日	97.03	93.53
6 月 22 日	97.25	93.74
6 月 25 日	99.01	95.71
6 月 26 日	98.65	95.36
6 月 27 日	97.98	94.61
6 月 28 日	98.34	95.00
6 月 29 日	96.99	93.65
7 月 2 日	97.40	94.05
7 月 3 日	96.33	92.96
7 月 4 日	96.36	93.02
7 月 5 日	96.49	93.05
7 月 6 日	95.70	92.30
7 月 9 日	98.15	94.72
7 月 10 日	98.67	95.12
7 月 11 日	99.39	95.76

续表

日　期	2017/2018 年度国际棉花指数（SM）	2017/2018 年度国际棉花指数（M）
7 月 12 日	97.48	93.85
7 月 13 日	101.76	98.17
7 月 16 日	101.45	97.97
7 月 17 日	101.12	97.57
7 月 18 日	101.70	98.17
7 月 19 日	101.01	97.36
7 月 20 日	100.48	96.85
7 月 23 日	99.90	96.23
7 月 24 日	99.58	95.91
7 月 25 日	99.53	95.87
7 月 26 日	100.58	96.87
7 月 27 日	100.63	97.05
7 月 30 日	100.74	97.16
7 月 31 日	101.54	97.94
8 月 1 日	101.53	97.84
8 月 2 日	100.34	96.71
8 月 3 日	101.04	97.47
8 月 6 日	100.28	96.69
8 月 7 日	100.64	97.06
8 月 8 日	100.15	96.58
8 月 9 日	99.45	95.88
8 月 10 日	99.48	95.89
8 月 13 日	97.46	93.88
8 月 14 日	95.22	91.71
8 月 15 日	95.46	91.94
8 月 16 日	93.31	89.82
8 月 17 日	94.31	90.82
8 月 20 日	94.15	90.72
8 月 21 日	95.56	92.13
8 月 22 日	96.23	92.84

续表

日　期	2017/2018 年度国际棉花指数（SM）	2017/2018 年度国际棉花指数（M）
8 月 23 日	95.22	91.82
8 月 24 日	94.42	91.02
8 月 27 日	94.44	90.95
8 月 28 日	96.2	92.82
8 月 29 日	96.44	93.08
8 月 30 日	95.42	92.00
8 月 31 日	94.86	91.42

资料来源：国家棉花市场监测系统、中国棉花网。

表 4–34　2017/2018 年度国际期、现货月平均价格对比

（单位：美分 / 磅）

日　期	国际棉花指数（SM）	国际棉花指数 (M)	ICE 期货近月合约结算价
2017 年 9 月	83.03	81.10	71.26
2017 年 10 月	82.69	80.51	68.50
2017 年 11 月	83.35	80.97	70.31
2017 年 12 月	87.52	85.07	75.77
2018 年 1 月	93.20	90.60	80.35
2018 年 2 月	91.05	88.36	77.82
2018 年 3 月	94.64	90.74	82.92
2018 年 4 月	94.35	90.20	83.23
2018 年 5 月	95.55	92.16	86.88
2018 年 6 月	100.41	97.28	89.16
2018 年 7 月	99.36	95.82	87.57
2018 年 8 月	97.03	93.52	84.51

资料来源：国家棉花市场监测系统、美国洲际交易所（ICE）。

表 4–35　2017/2018 年度 ICE 棉花期货近月合约日结算价格

（单位：美分 / 磅）

日　期	结算价	日　期	结算价
2017 年		10 月 9 日	69.58
9 月 1 日	72.55	10 月 10 日	68.95
9 月 4 日	72.55	10 月 11 日	68.73
9 月 5 日	75.26	10 月 12 日	67.84
9 月 6 日	75.26	10 月 13 日	68.62
9 月 7 日	75.03	10 月 16 日	67.53
9 月 8 日	75.59	10 月 17 日	67.77
9 月 11 日	73.71	10 月 18 日	67.63
9 月 12 日	70.71	10 月 19 日	67.31
9 月 13 日	69.98	10 月 20 日	66.88
9 月 14 日	69.78	10 月 23 日	69.72
9 月 15 日	70.13	10 月 24 日	69.54
9 月 18 日	70.41	10 月 25 日	69.31
9 月 19 日	69.98	10 月 26 日	68.19
9 月 20 日	70.04	10 月 27 日	68.20
9 月 21 日	69.04	10 月 30 日	68.64
9 月 22 日	69.09	10 月 31 日	68.38
9 月 25 日	70.09	11 月 1 日	68.17
9 月 26 日	69.38	11 月 2 日	69.08
9 月 27 日	69.28	11 月 3 日	68.72
9 月 28 日	69.60	11 月 6 日	68.85
9 月 29 日	69.08	11 月 7 日	68.07
10 月 2 日	68.20	11 月 8 日	68.63
10 月 3 日	68.15	11 月 9 日	68.29
10 月 4 日	69.43	11 月 10 日	69.05
10 月 5 日	68.90	11 月 13 日	68.88
10 月 6 日	69.47	11 月 14 日	68.60

续表

日　期	结算价	日　期	结算价
11月15日	68.81	12月26日	77.43
11月16日	69.21	12月27日	78.95
11月17日	69.78	12月28日	78.80
11月20日	71.37	12月29日	78.63
11月21日	70.90	2018年	
11月22日	70.74	1月2日	77.50
11月23日	70.74	1月3日	78.11
11月24日	72.23	1月4日	79.25
11月27日	72.15	1月5日	78.01
11月28日	74.05	1月8日	78.14
11月29日	75.52	1月9日	78.35
11月30日	75.04	1月10日	79.65
12月1日	75.43	1月11日	82.65
12月4日	75.03	1月12日	81.68
12月5日	74.96	1月15日	81.68
12月6日	75.17	1月16日	81.43
12月7日	74.23	1月17日	82.14
12月8日	73.72	1月18日	82.63
12月11日	73.00	1月19日	83.42
12月12日	72.91	1月22日	83.41
12月13日	74.13	1月23日	82.26
12月14日	75.33	1月24日	82.27
12月15日	75.92	1月25日	81.88
12月18日	75.20	1月26日	80.48
12月19日	75.03	1月29日	78.36
12月20日	75.71	1月30日	77.03
12月21日	77.94	1月31日	77.28
12月22日	77.87	2月1日	78.35

续表

日　期	结算价	日　期	结算价
2月2日	77.30	3月14日	83.44
2月5日	76.57	3月15日	83.53
2月6日	76.19	3月16日	82.85
2月7日	75.96	3月19日	81.23
2月8日	76.62	3月20日	83.08
2月9日	76.68	3月21日	82.59
2月12日	76.45	3月22日	82.15
2月13日	76.38	3月23日	81.83
2月14日	75.60	3月26日	81.78
2月15日	75.41	3月27日	82.02
2月16日	75.72	3月28日	80.74
2月19日	75.72	3月29日	81.46
2月20日	77.51	4月2日	80.97
2月21日	78.91	4月3日	82.02
2月22日	80.54	4月4日	79.64
2月23日	81.45	4月5日	82.57
2月26日	81.70	4月6日	82.54
2月27日	81.76	4月9日	82.91
2月28日	81.65	4月10日	83.53
3月1日	82.57	4月11日	83.83
3月2日	82.72	4月12日	83.69
3月5日	85.41	4月13日	83.41
3月6日	83.84	4月16日	83.25
3月7日	84.20	4月17日	83.13
3月8日	85.12	4月18日	82.74
3月9日	84.52	4月19日	82.97
3月12日	83.28	4月20日	85.47
3月13日	82.98	4月23日	83.19

续表

日　期	结算价	日　期	结算价
4 月 24 日	82.26	6 月 1 日	93.30
4 月 25 日	84.76	6 月 4 日	92.10
4 月 26 日	84.99	6 月 5 日	89.84
4 月 27 日	85.33	6 月 6 日	90.95
4 月 30 日	84.68	6 月 7 日	93.72
5 月 1 日	85.12	6 月 8 日	94.94
5 月 2 日	85.01	6 月 11 日	94.75
5 月 3 日	84.45	6 月 12 日	95.21
5 月 4 日	86.35	6 月 13 日	93.81
5 月 7 日	85.99	6 月 14 日	93.41
5 月 8 日	85.38	6 月 15 日	90.72
5 月 9 日	85.86	6 月 18 日	87.32
5 月 10 日	84.56	6 月 19 日	83.32
5 月 11 日	84.62	6 月 20 日	83.21
5 月 14 日	83.70	6 月 21 日	83.21
5 月 15 日	83.76	6 月 22 日	85.43
5 月 16 日	84.35	6 月 25 日	85.94
5 月 17 日	85.03	6 月 26 日	85.04
5 月 18 日	86.55	6 月 27 日	85.75
5 月 21 日	88.42	6 月 28 日	84.93
5 月 22 日	87.35	6 月 29 日	85.38
5 月 23 日	86.96	7 月 2 日	84.50
5 月 24 日	87.46	7 月 3 日	84.54
5 月 25 日	89.21	7 月 4 日	84.54
5 月 28 日	89.21	7 月 5 日	83.73
5 月 29 日	93.21	7 月 6 日	86.38
5 月 30 日	92.49	7 月 9 日	87.16
5 月 31 日	93.15	7 月 10 日	87.50

续表

日　期	结算价	日　期	结算价
7月11日	85.24	8月7日	88.22
7月12日	89.24	8月8日	87.39
7月13日	88.90	8月9日	87.26
7月16日	88.88	8月10日	85.86
7月17日	89.20	8月13日	83.14
7月18日	88.83	8月14日	83.41
7月19日	88.30	8月15日	81.08
7月20日	87.74	8月16日	82.13
7月23日	87.47	8月17日	81.75
7月24日	87.32	8月20日	83.10
7月25日	88.80	8月21日	83.50
7月26日	89.03	8月22日	82.52
7月27日	89.06	8月23日	81.73
7月30日	89.95	8月24日	81.81
7月31日	90.28	8月27日	83.52
8月1日	89.06	8月28日	83.81
8月2日	89.44	8月29日	82.97
8月3日	88.67	8月30日	82.42
8月6日	88.69	8月31日	82.31

资料来源：美国洲际交易所（ICE）。

棉花进出口

表 4–36　2017/2018 年度中国棉花进口分国别统计

（单位：万吨）

国别	数量	国别	数量
合计	1321599	乌兹别克斯坦	85020
美国	556990	苏丹	25359
澳大利亚	313747	墨西哥	21860
印度	152701	贝宁	11132
巴西	86849	科特迪瓦	9734

资料来源：中国海关总署（不含已梳的棉花）。

表 4–37　2017/2018 年度中国棉花出口分国家或地区统计

（单位：吨）

国家或地区	数量	国家	数量
合计	35741	印度	380
越南	35741	泰国	343
印度尼西亚	14766	孟加拉国	299
韩国	12684	土耳其	297
日本	2896	朝鲜	179
马来西亚	740	巴林	21
中国台湾	390	其他	0

资料来源：中国海关总署（不含已梳的棉花）。

表 4–38　2003/2004 年度以来进口棉占中国用棉总量比例

（单位：吨）

年度	合计	国内产量	进口量	进口比例（%）
2003/2004	684.9	485.9	199.0	29.1
2004/2005	798.3	632.3	166.0	20.8
2005/2006	982.3	571.3	411.0	41.8
2006/2007	977.8	749.8	228.0	23.3
2007/2008	1033.0	789.0	244.0	23.6
2008/2009	943.8	799.1	144.7	15.3
2009/2010	926.1	675.7	250.4	27.0
2010/2011	880.7	623.1	257.6	29.2
2011/2012	1298.8	802.8	544.0	41.9
2012/2013	1201.1	761.5	439.6	36.6
2013/2014	1000.1	699.7	300.4	30.0
2014/2015	806.4	651.0	155.4	19.3
2015/2016	617.7	521.6	96.1	18.4
2016/2017	622.7	511.7	111.0	21.7
2017/2018	745.7	612.7	133.0	17.8

资料来源：国家棉花市场监测系统。

纺织品服装进出口

表 4–39　2017/2018 年度纺织品服装进口额分月统计

（单位：亿美元）

日期	纺织品		服装		纺织品服装	
	金额	同比（±%）	金额	同比（±%）	金额	同比（±%）
合计	176.61	6.25	77.46	15.30	254.07	8.85
2017 年 9 月	15.10	10.40	7.20	20.70	22.30	13.53
2017 年 10 月	14.18	7.00	5.78	18.40	19.97	10.07
2017 年 11 月	16.46	5.50	6.70	25.30	23.16	10.56

续表

日期	纺织品		服装		纺织品服装	
	金额	同比（±%）	金额	同比（±%）	金额	同比（±%）
2017 年 12 月	15.68	–1.80	5.92	–2.80	21.60	–2.08
2018 年 1 月	15.28	27.20	7.21	32.30	22.50	28.79
2018 年 2 月	8.90	–30.50	5.24	6.50	14.15	–20.23
2018 年 3 月	15.64	0.40	6.72	17.20	22.36	4.92
2018 年 4 月	15.09	11.40	5.21	30.20	20.29	15.68
2018 年 5 月	11.23	12.80	4.02	7.80	15.25	11.44
2018 年 6 月	16.06	6.30	6.37	–0.80	22.43	4.18
2018 年 7 月	16.66	18.80	7.73	14.70	24.39	17.47
2018 年 8 月	16.31	11.10	9.35	18.50	25.66	13.69

资料来源：中国海关总署。

表 4–40　2017/2018 年度纺织品服装出口额分月统计

（单位：亿美元）

日期	纺织品		服装		纺织品服装	
	金额	同比（±%）	金额	同比（±%）	金额	同比（±%）
合计	1170.71	9.78	1575.16	–0.62	2745.87	3.56
2017 年 9 月	89.69	16.18	147.80	–1.76	237.50	4.33
2017 年 10 月	91.85	6.83	124.98	–2.84	216.82	1.04
2017 年 11 月	99.89	10.62	131.26	4.23	231.15	6.90
2017 年 12 月	101.61	10.98	138.55	–2.96	240.16	2.49
2018 年 1 月	99.85	4.68	131.22	–7.56	231.07	–2.64
2018 年 2 月	89.18	94.42	114.25	78.79	203.43	85.32
2018 年 3 月	69.80	–23.28	71.84	–34.21	141.64	–29.24
2018 年 4 月	105.14	7.13	109.72	–7.00	214.86	–0.58
2018 年 5 月	112.44	8.06	122.01	–6.15	234.45	0.17
2018 年 6 月	106.84	10.58	147.94	0.69	254.77	4.61
2018 年 7 月	101.59	8.78	167.92	3.99	269.50	5.74
2018 年 8 月	102.83	6.06	167.69	1.10	270.52	2.93

资料来源：中国海关总署。

表 4–41　2017/2018 年度棉纱进出口分月统计

（单位：吨）

日期	进口		出口	
	数量	同比（±%）	数量	同比（±%）
合计	2149037	10.80	421546	14.58
2017 年 9 月	167412	8.74	35273	18.60
2017 年 10 月	169601	20.52	32138	21.45
2017 年 11 月	193879	8.42	34120	32.31
2017 年 12 月	188188	–6.70	35217	15.97
2018 年 1 月	195757	12.32	38338	35.69
2018 年 2 月	92084	–46.92	31579	45.24
2018 年 3 月	172163	–5.64	34680	–3.35
2018 年 4 月	157248	11.54	42941	32.46
2018 年 5 月	209298	47.50	38109	6.64
2018 年 6 月	195789	30.49	32699	–4.51
2018 年 7 月	204757	43.72	34049	5.84
2018 年 8 月	202860	27.76	32403	–7.66

资料来源：中国海关总署。

表 4–42　2017/2018 年度棉布进出口分月统计

（单位：万米）

日期	进口		出口	
	数量	同比（±%）	数量	同比（±%）
合计	38069	13.27	883043	2.14
2017 年 9 月	3035	–7.20	77349	9.00
2017 年 10 月	2999	6.53	81402	14.18
2017 年 11 月	3611	14.84	79194	14.79
2017 年 12 月	3543	8.73	71785	5.06
2018 年 1 月	3227	59.55	72622	–4.50

续表

日期	进口		出口	
	数量	同比（±%）	数量	同比（±%）
2018 年 2 月	1741	–25.16	61341	75.05
2018 年 3 月	3246	21.48	55904	–31.76
2018 年 4 月	3287	19.03	84149	0.57
2018 年 5 月	3707	39.11	85500	2.74
2018 年 6 月	3198	6.47	72064	–3.29
2018 年 7 月	3408	11.98	69511	–2.60
2018 年 8 月	3066	16.80	72221	–8.78

资料来源：中国海关总署。

棉花消费

表 4–43　2017/2018 年度全国纺织生产分月统计

（单位：万吨、亿米）

日期	纺纱产量	同比 (±%)	棉纱产量	同比 (±%)	化纤产量	同比 (±%)	棉布产量	同比 (±%)
总计	3800.2	–12.36	5128.3	–0.18	350.1	–13.85	2504.3	–16.94
2017 年 9 月	373.7	–0.45	441.0	13.37	35.1	3.54	254.8	–6.12
2017 年 10 月	379.8	–2.47	450.3	6.33	35.2	–4.09	262.0	–8.20
2017 年 11 月	381.5	–5.62	442.7	1.93	36.3	–0.82	268.6	–9.93
2017 年 12 月	377.6	–0.84	448.0	–0.69	38.5	–0.77	259.9	–1.89
2018 年 1—2 月	531.9	–12.43	715.7	–5.33	48.2	–11.23	354.3	–15.50
2018 年 3 月	295.8	–14.14	403.9	–7.26	28	–14.89	189.4	–18.89
2018 年 4 月	289.0	–19.23	424.1	–4.61	26.7	–22.83	180.9	–25.65
2018 年 5 月	294.5	–24.12	438.4	–8.34	25.9	–28.25	186.0	–28.54

续表

日期	纺纱产量	同比 (±%)	棉纱产量	同比 (±%)	化纤产量	同比 (±%)	棉布产量	同比 (±%)
2018 年 6 月	310.6	–16.44	470.7	4.95	26.9	–23.14	192.9	–24.00
2018 年 7 月	288.6	–20.93	451.1	3.70	24.7	–28.41	183.0	–25.82
2018 年 8 月	277.2	–24.05	442.4	1.70	24.6	–28.70	172.5	–30.08

资料来源：国家统计局。

中国棉花产销存预测

表 4–44　2001/2002 年度以来国内棉花产销存预测与价格对比

（单位：万吨、元 / 吨）

年度	期初库存	产量	进口量	消费量	出口量	期末库存	库存消费比（%）	年度均价
2001/2002	436.49	531.48	11.65	582.26	9.05	447.08	75.61	10140
2002/2003	447.08	491.70	71.90	659.84	15.1	394.55	58.46	12008
2003/2004	394.55	485.90	199.00	674.25	3.00	456.17	67.36	16100
2004/2005	456.17	632.30	166.00	871.54	1.00	440.06	50.43	12432
2005/2006	440.06	571.27	411.00	1032.01	1.00	467.87	45.29	14103
2006/2007	467.87	749.79	228.00	1166.66	1.86	337.51	28.88	13300
2007/2008	337.51	789.00	244.00	1111.56	1.50	351.59	31.59	13767
2008/2009	351.59	799.12	144.65	989.56	1.74	324.18	32.70	12162
2009/2010	324.18	675.70	250.47	1048.58	0.53	224.18	21.37	15753
2010/2011	224.18	623.05	257.63	937.48	2.66	194.11	20.65	25654
2011/2012	194.11	802.80	544.03	806.90	1.23	619.22	81.64	19192
2012/2013	659.72	761.50	439.61	801.22	0.93	897.09	123.06	19141
2013/2014	987.09	699.70	300.37	743.27	0.93	1188.98	159.77	18581

续表

年度	期初库存	产量	进口量	消费量	出口量	期末库存	库存消费比（%）	年度均价
2014/2015	1188.98	662.10	167.13	750.32	2.51	1209.29	160.63	13751
2015/2016	1209.29	521.60	96.14	759.26	2.38	1035.52	135.96	12865
2016/2017	1035.37	511.70	111.03	822.07	1.37	797.00	96.79	15683
2017/2018	797.00	612.70	133.00	856.89	1.44	662.08	77.14	15892
2018/2019	662.08	628.30	206.00	811.87	1.59	654.60	80.47	16122

注：1．资料来源：国家棉花市场监测系统（发布时间截至 2018 年 11 月 7 日）。
2．年度均价为国家棉花价格 B 指数的棉花年度均价。

（单位：万吨）

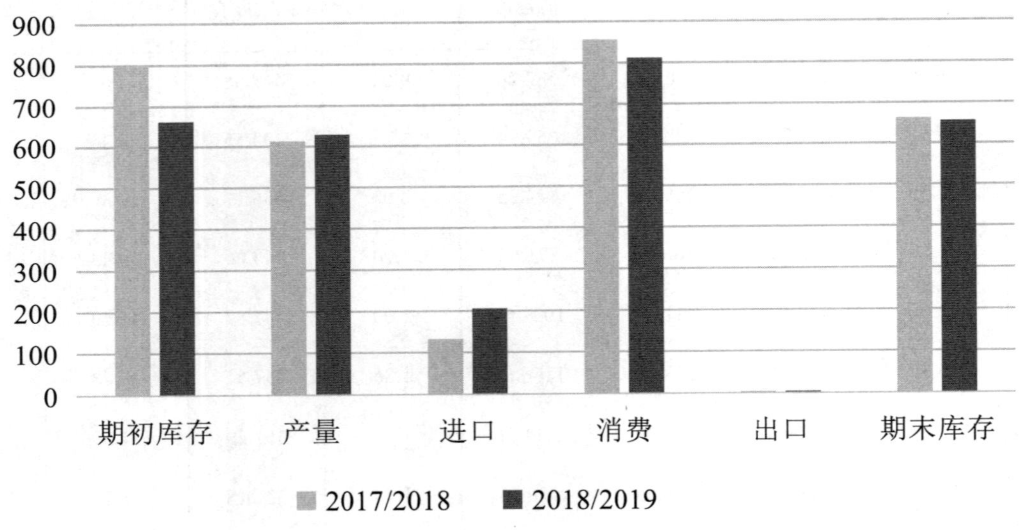

图 4–12　2017/2018 年度与 2018/2019 年度中国产销存预测同比对比

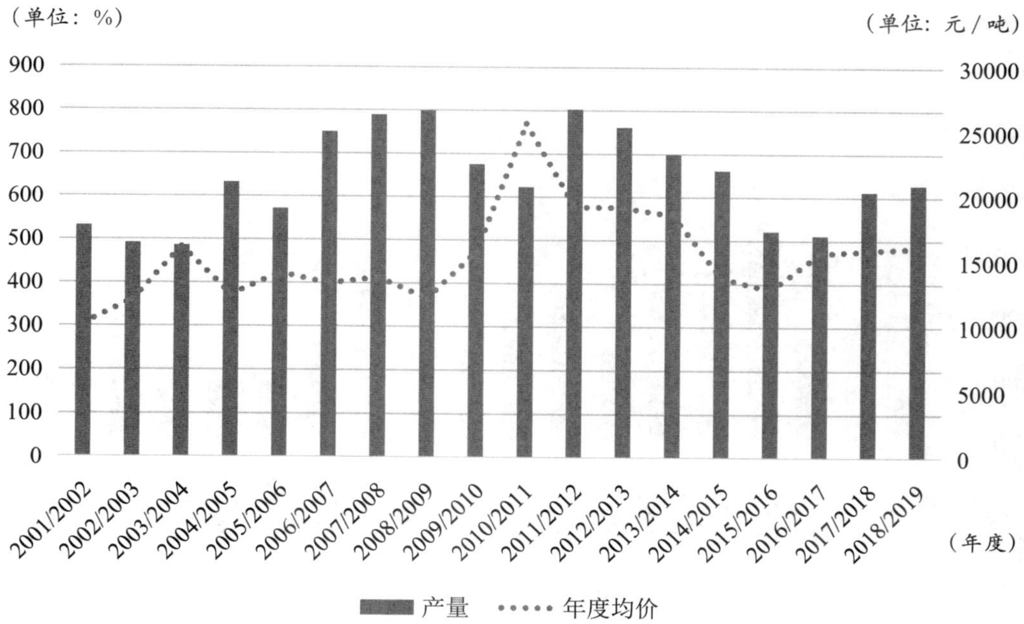

图 4–13　2001/2002 年度以来国内棉价与中国棉花产量预测对比

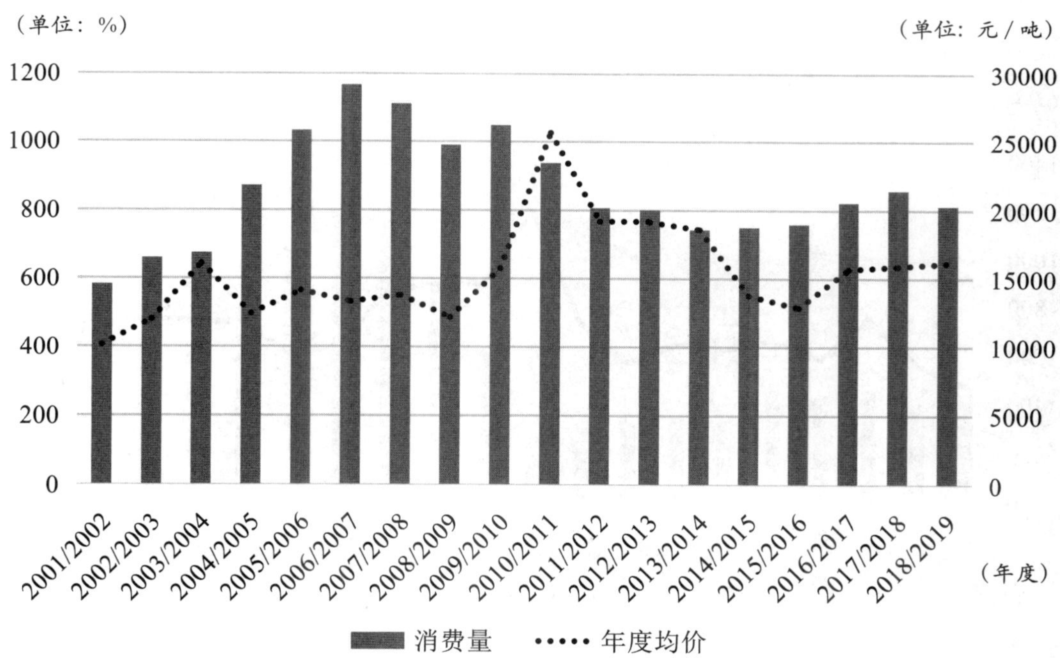

图 4–14　2001/2002 年度以来国内棉价与中国棉花消费量预测对比

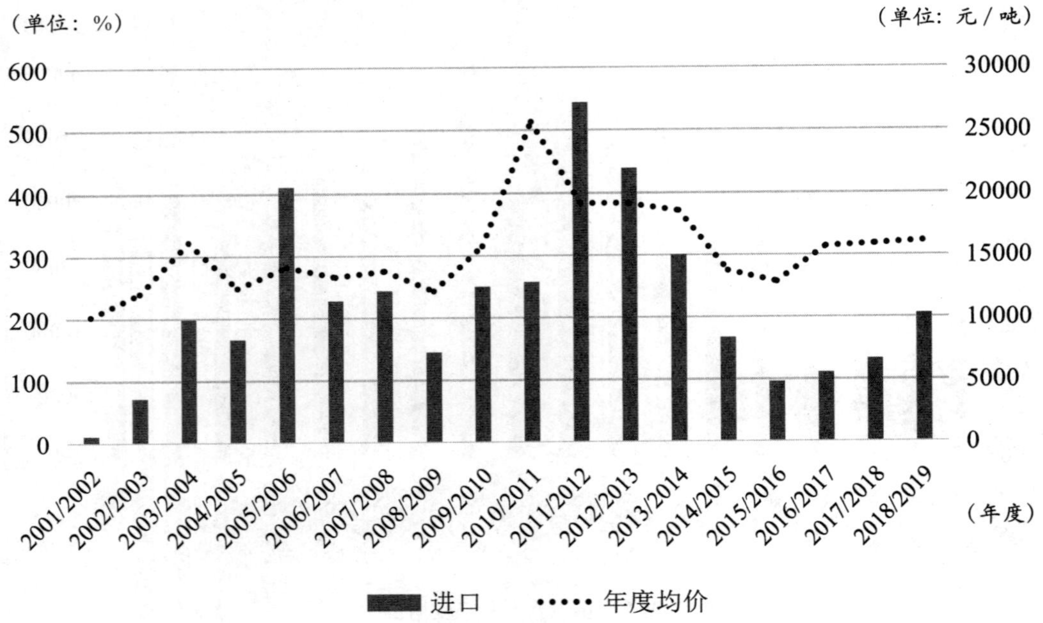

图 4–15　2001/2002 年度以来国内棉价与中国棉花进口量预测对比

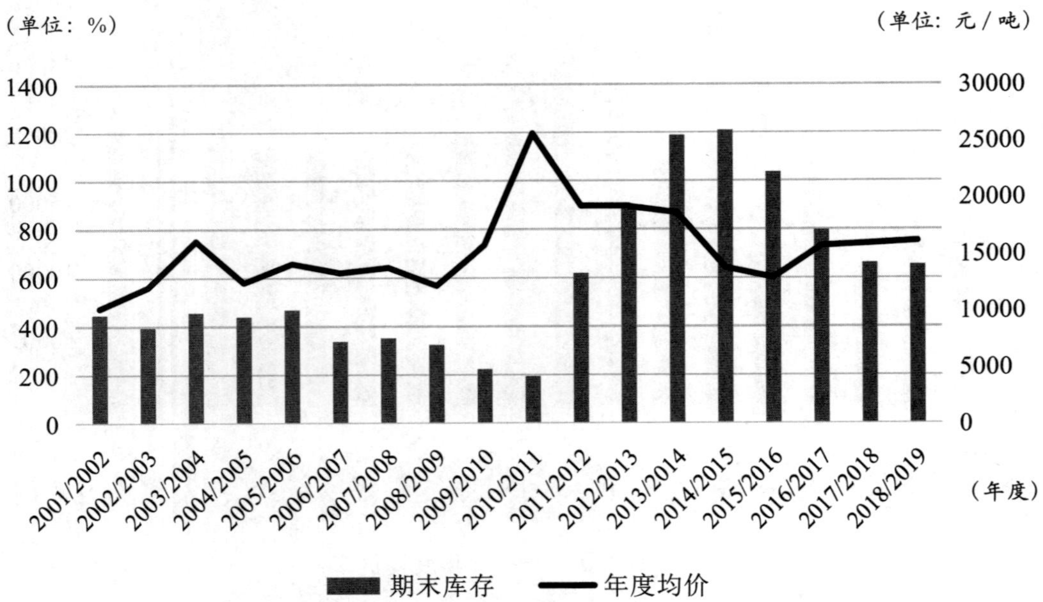

图 4–16　2001/2002 年度以来国内棉价与中国棉花期末库存预测对比

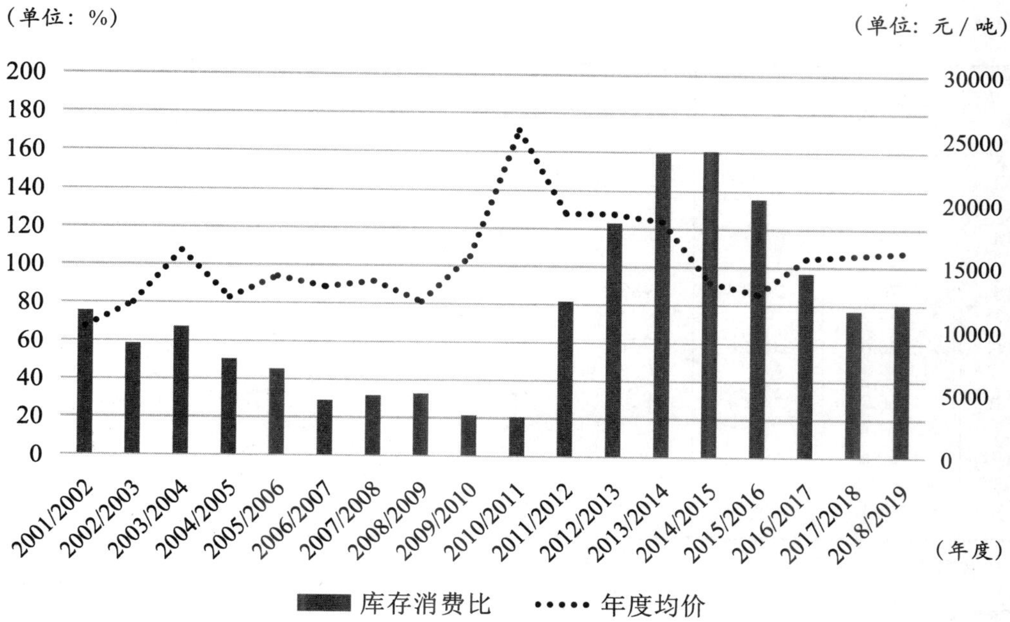

图 4–17　2001/2002 年度以来国内棉价与中国棉花库存消费比对比

全球棉花产销存预测

表 4–45　2003/2004 年度以来全球棉花产销存预测

（单位：万吨、美分 / 磅）

年度	期初库存	产量	进口量	消费量	出口量	期末库存	库存消费比（%）	国际棉花指数（M）
2003/2004	1042.5	2104.9	743.5	2135.7	721.8	1053.3	49.3	55.71
2004/2005	1053.3	2646.4	739.5	2377.7	760.9	1327.6	55.8	53.57
2005/2006	1327.6	2533.5	972.5	2546.8	978.1	1347.9	52.9	57.32
2006/2007	1347.9	2671.2	834.0	2704.4	814.7	1371.4	50.7	59.12
2007/2008	1371.4	2613.8	859.0	2696.3	846.3	1347.3	50.0	74.71
2008/2009	1347.3	2353.0	665.7	2401.5	657.7	1338.0	55.7	61.27
2009/2010	1338.0	2244.4	804.0	2601.7	779.6	1005.4	38.6	82.56
2010/2011	1005.4	2553.9	790.3	2514.6	759.9	1072.6	42.7	170.05
2011/2012	1072.6	2770.4	989.0	2266.9	998.8	1570.9	69.3	101.21

续表

年度	期初库存	产量	进口量	消费量	出口量	期末库存	库存消费比（%）	国际棉花指数（M）
2012/2013	1570.9	2697.5	1037.0	2356.8	1011.0	1945.1	82.5	89.59
2013/2014	1945.1	2620.5	897.1	2393.0	891.5	2176.2	90.9	90.79
2014/2015	2176.2	2595.7	785.2	2443.6	781.2	2326.6	95.2	72.04
2015/2016	2326.6	2093.6	771.7	2465.6	753.8	1966.7	79.8	71.27
2016/2017	1966.7	2322.4	820.7	2529.4	825.2	1750.6	69.2	82.26
2017/2018	1750.6	2693.2	892.2	2681.6	892.6	1751.5	65.3	88.97
2018/2019	1751.5	2585.3	908.2	2735.3	908.5	1593.6	58.3	

1. 数据来源：美国农业部，中国棉花网。

2. 2004/2005 年度以前为北欧到岸价 A 指数，2004/2005 年度以后为国际棉花指数（M）。

（单位：万/吨）

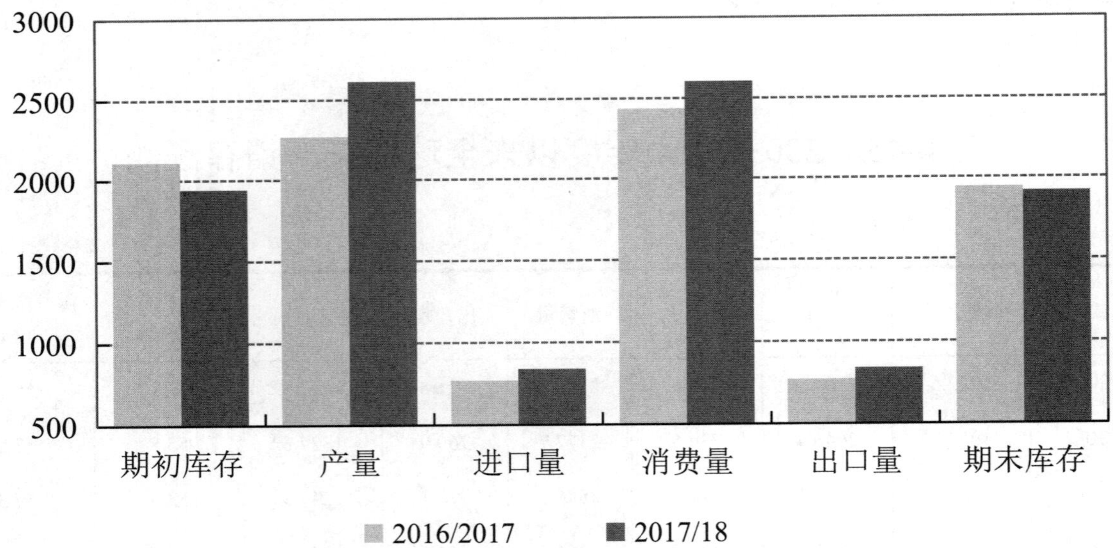

图 4-18　2016/2017 和 2017/2018 年度全球产销存预测比较

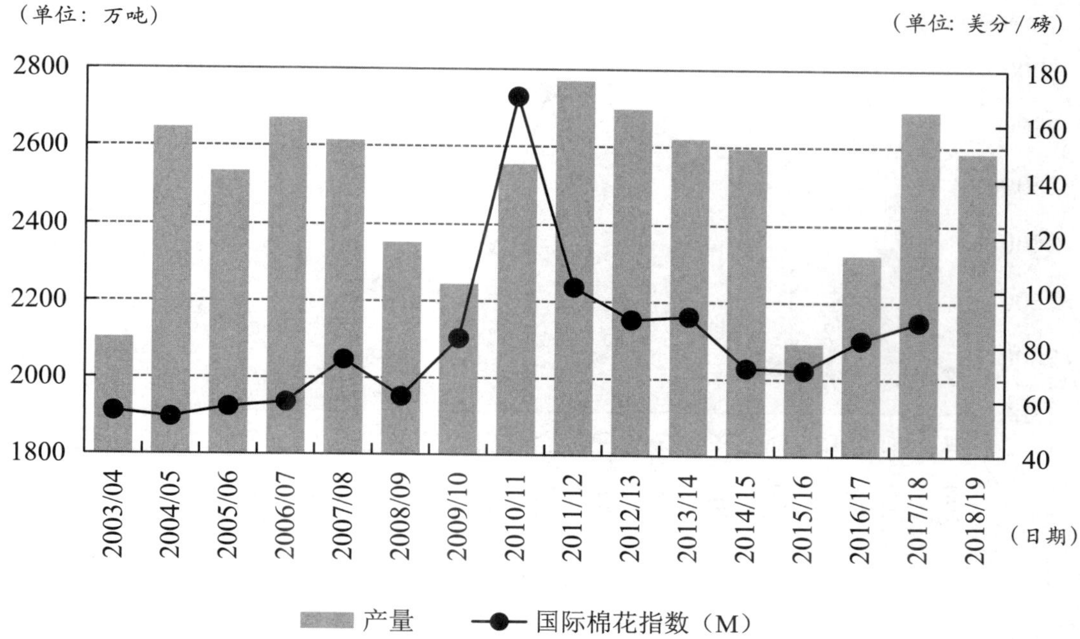

图 4–19 2003/2004 年度以来国际棉价与全球棉花产量变化

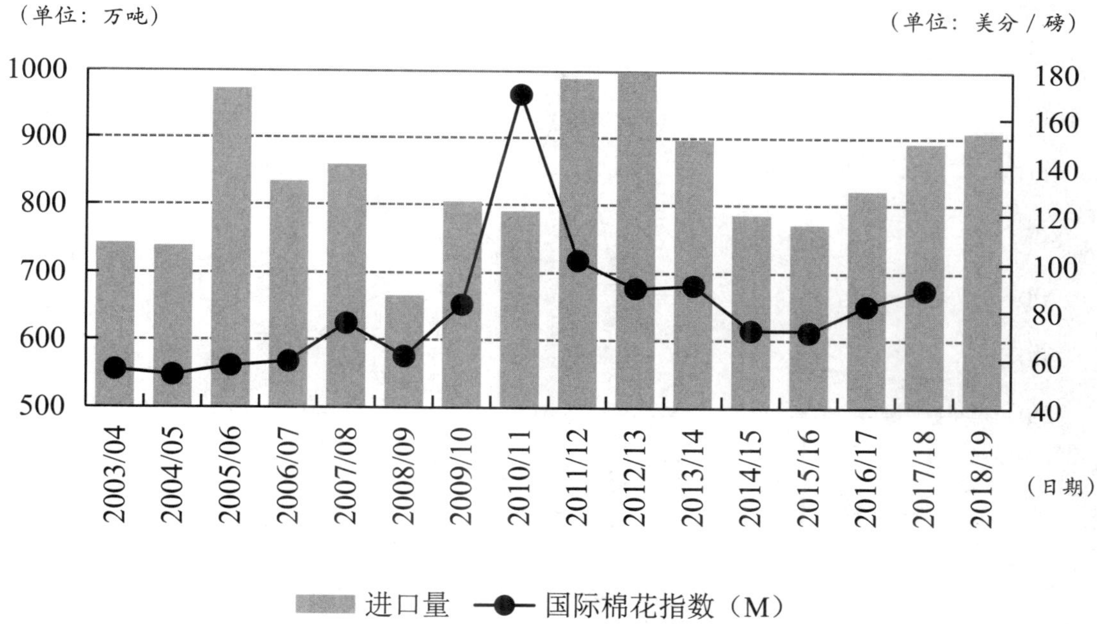

图 4–20 2003/2004 年度以来国际棉价与全球棉花进口量变化

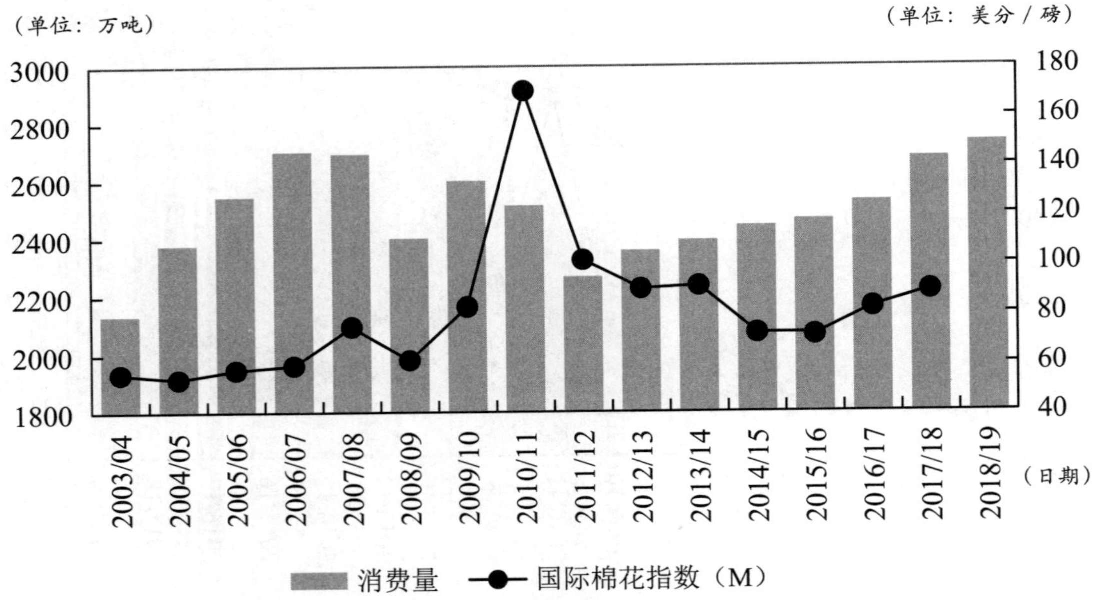

图 4–21　2003/2004 年度以来国际棉价与全球棉花消费量变化

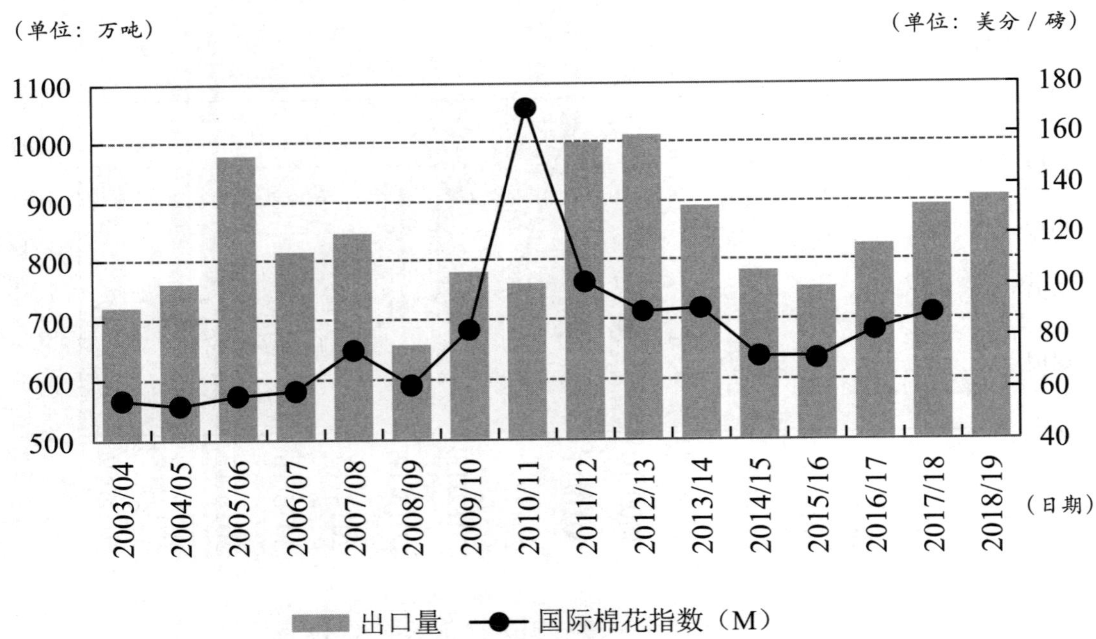

图 4–22　2003/2004 年度以来国际棉价与全球棉花出口量变化

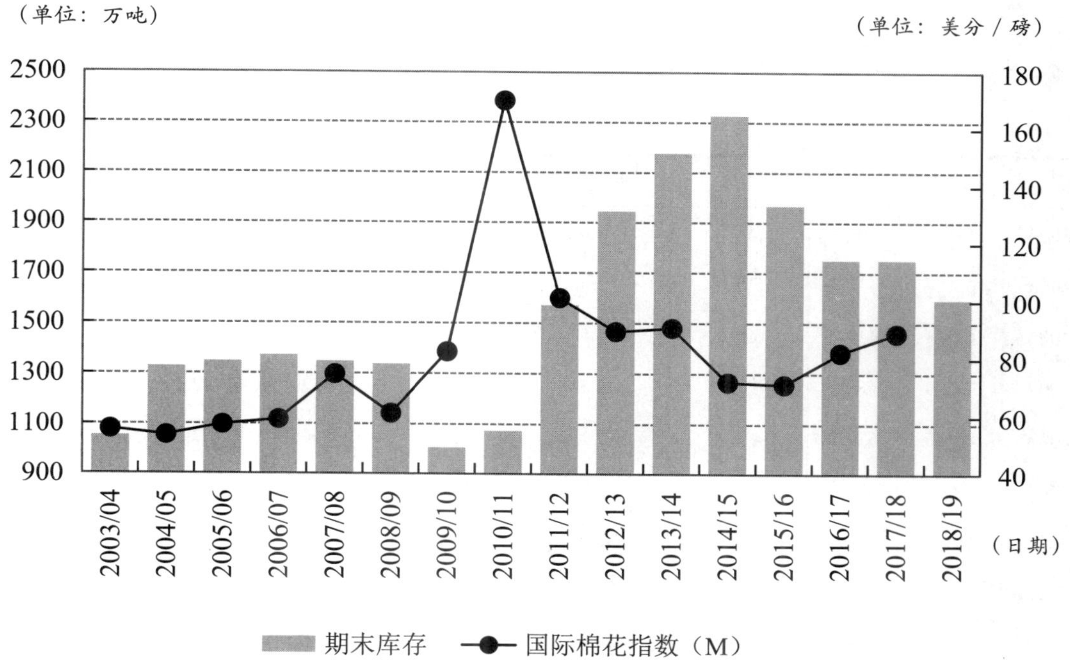

图 4–23　2003/2004 年度以来国际棉价与全球棉花期末库存变化

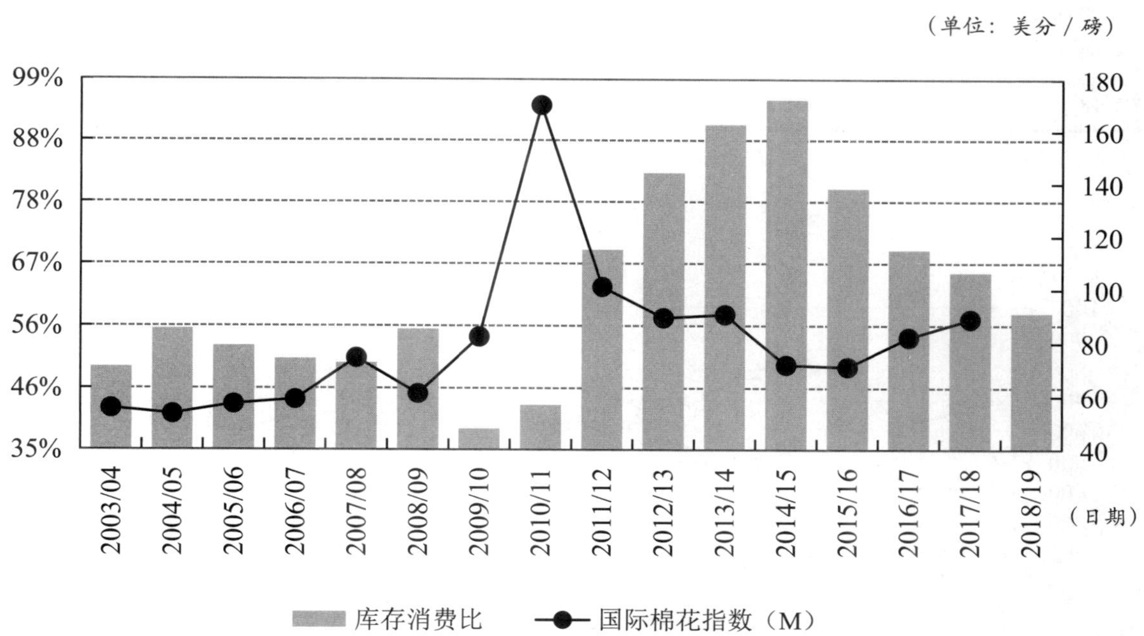

图 4–24　2003/2004 年度以来国际棉价与全球棉花库存消费比变化

表 4–46　2003/2004 年度以来主要国家和地区棉花产量预测统计

（单位：万吨）

年度	中国	印度	美国	巴基斯坦	乌兹别克斯坦	巴西	土耳其	澳大利亚	西非
2003/2004	518.2	304.8	397.5	170.8	89.3	131.0	89.3	34.8	92.8
2004/2005	659.7	413.7	506.2	242.5	113.2	128.5	90.4	65.3	100.9
2005/2006	618.3	414.8	520.2	214.5	120.8	102.3	77.3	59.9	90.6
2006/2007	772.9	489.9	470.0	208.6	116.5	152.4	82.7	29.4	81.9
2007/2008	805.6	537.8	418.2	186.2	116.5	160.2	67.5	13.6	57.0
2008/2009	799.1	507.3	279.0	185.9	100.2	119.3	42.0	33.2	57.0
2009/2010	696.7	533.4	265.4	201.2	84.9	118.7	38.1	38.6	55.9
2010/2011	664.1	592.2	394.2	188.1	89.3	196.0	45.9	91.4	56.3
2011/2012	740.3	631.4	339.1	230.8	91.4	189.4	74.9	119.8	70.2
2012/2013	762.0	620.5	377.0	202.5	98.0	130.6	57.7	100.2	90.4
2013/2014	713.1	675.0	281.1	206.8	89.3	174.2	50.1	89.3	91.1
2014/2015	664.1	675.0	353.9	213.4	89.3	152.4	68.6	50.1	96.5
2015/2016	529.1	620.5	283.7	174.2	80.6	141.5	57.7	52.3	100.1
2016/2017	457.2	587.9	359.8	179.6	80.6	141.5	69.7	98.0	84.4
2017/2018	544.3	642.3	466.8	178.5	80.6	169.8	87.1	102.3	91.4

资料来源：美国农业部（USDA）。

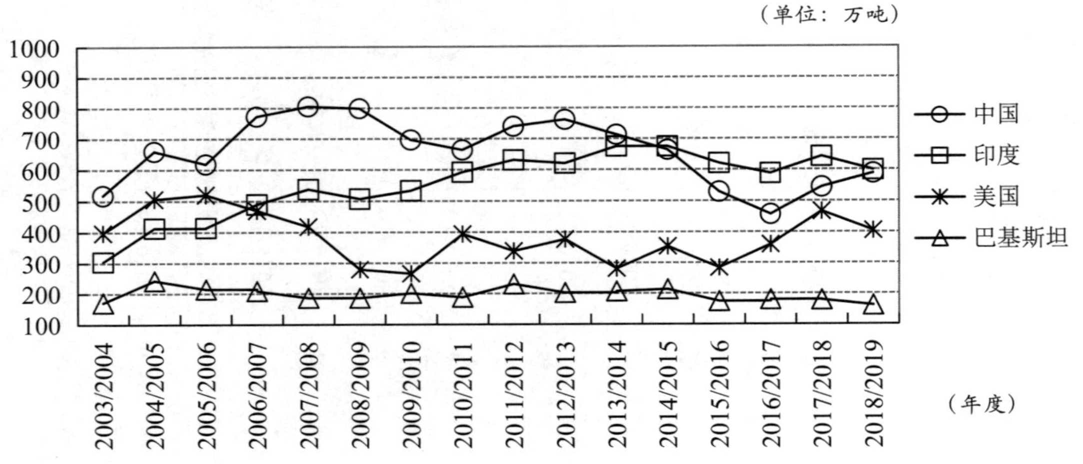

图 4–25　2003/2004 年度以来主要国家棉花产量变化

（单位：万吨）

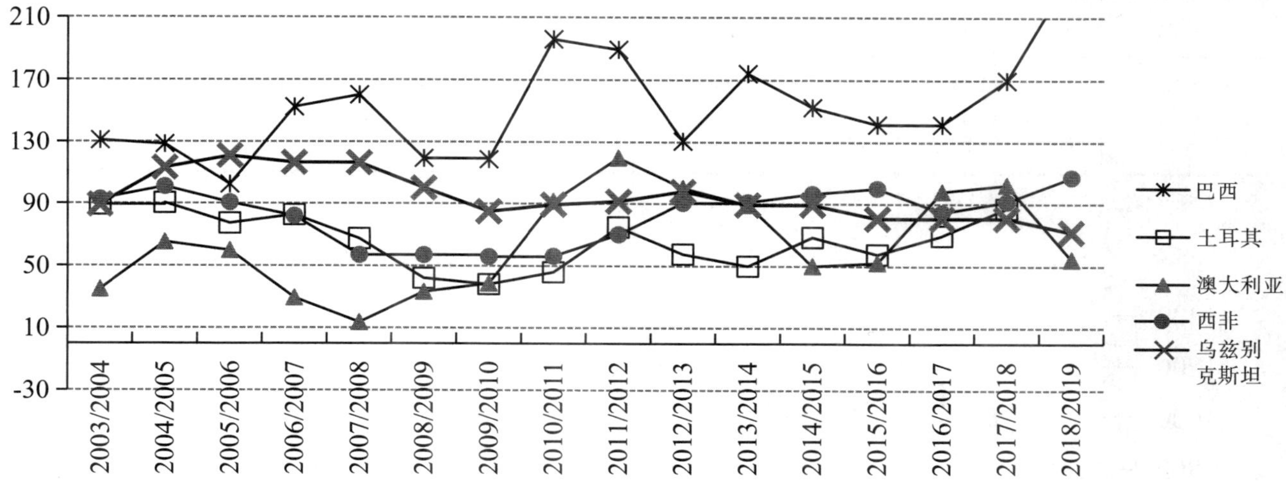

图 4–26　2003/2004 年度以来主要国家和地区棉花产量变化

表 4–47　2003/2004 年度以来主要国家棉花消费量预测统计

（单位：万吨）

年度	中国	印度	巴基斯坦	土耳其	美国	巴西	孟加拉国	印度尼西亚	泰国	越南
2003/2004	696.7	293.9	209.0	130.6	136.4	87.4	39.2	46.8	40.3	12.5
2004/2005	838.3	322.2	228.6	154.6	145.7	93.8	47.9	46.8	45.7	15.2
2005/2006	979.8	363.6	250.4	152.4	127.8	96.9	54.4	47.4	44.6	16.3
2006/2007	1088.6	394.1	261.3	158.9	107.4	99.6	69.7	51.7	42.5	21.2
2007/2008	1110.4	405.0	261.3	132.8	99.8	100.2	76.2	56.6	42.5	26.1
2008/2009	958.0	386.5	241.7	107.8	77.1	91.4	80.6	51.2	34.8	27.2
2009/2010	1088.6	430.0	226.4	128.5	77.3	95.8	87.1	56.6	38.6	34.8
2010/2011	1001.5	447.4	215.6	121.9	84.9	93.6	91.4	56.6	37.0	35.4
2011/2012	827.4	423.5	217.7	121.9	71.9	87.1	76.2	53.3	28.3	36.5
2012/2013	783.8	475.7	234.1	131.7	76.2	89.3	84.9	64.2	32.1	49.0
2013/2014	751.2	511.7	226.4	137.2	77.3	91.4	90.4	66.4	32.7	69.7
2014/2015	827.4	533.4	230.8	141.5	82.7	89.3	94.7	66.4	32.7	89.3
2015/2016	707.6	550.8	219.9	139.3	80.6	72.9	127.4	68.6	30.5	98.0

续表

年度	中国	印度	巴基斯坦	土耳其	美国	巴西	孟加拉国	印度尼西亚	泰国	越南
2016/2017	778.4	517.1	222.1	147.0	71.8	69.7	139.3	63.1	26.1	117.6
2017/2018	849.1	538.9	226.4	152.4	72.9	74	156.8	74.0	26.1	143.7

资料来源：美国农业部（USDA）。

（单位：万吨）

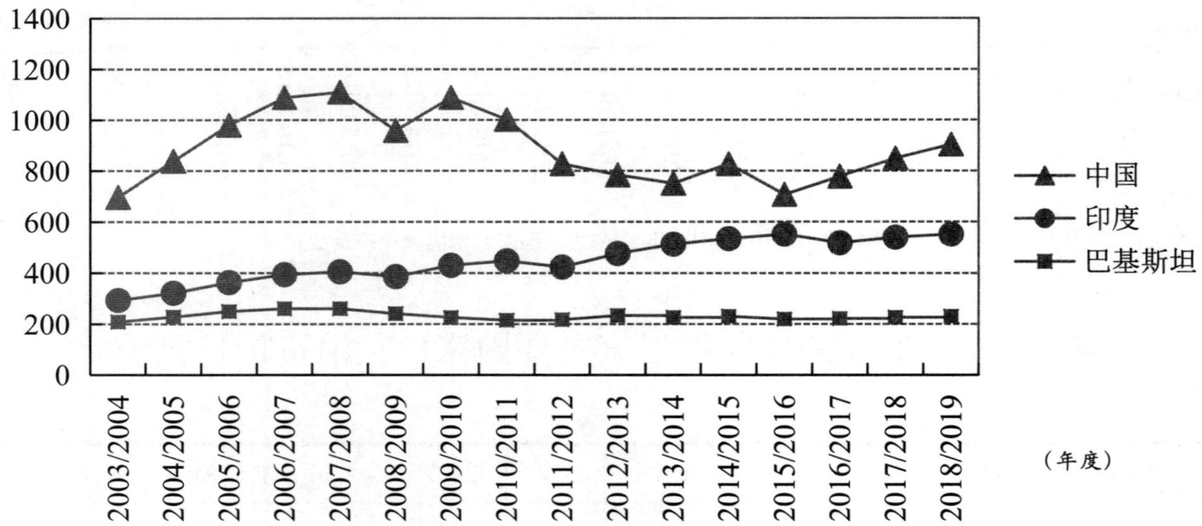

图 4–27　2003/2004 年度以来主要国家棉花消费量变化

（单位：万吨）

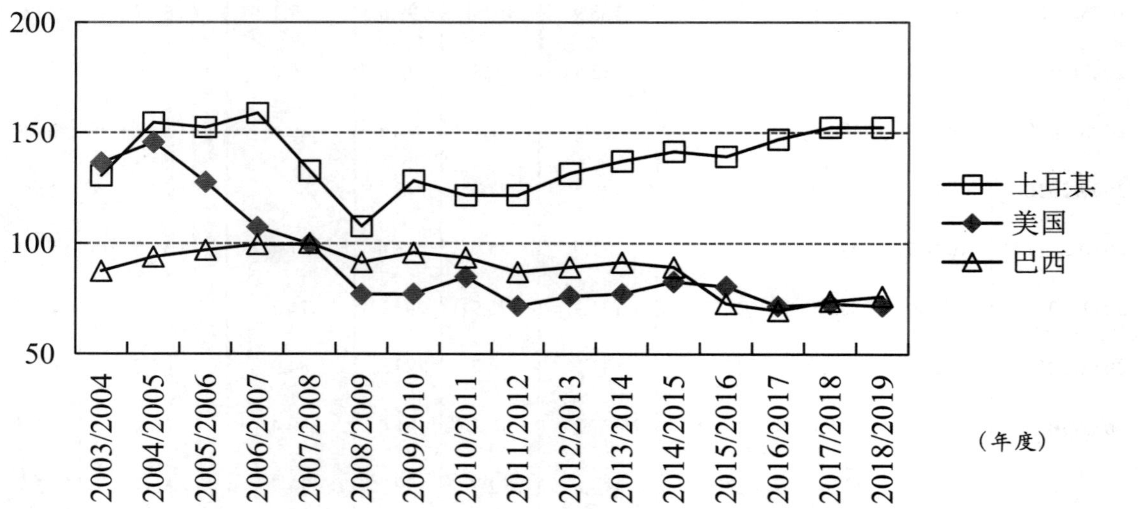

图 4–28　2003/2004 年度以来主要国家棉花消费量变化

（单位：万吨）

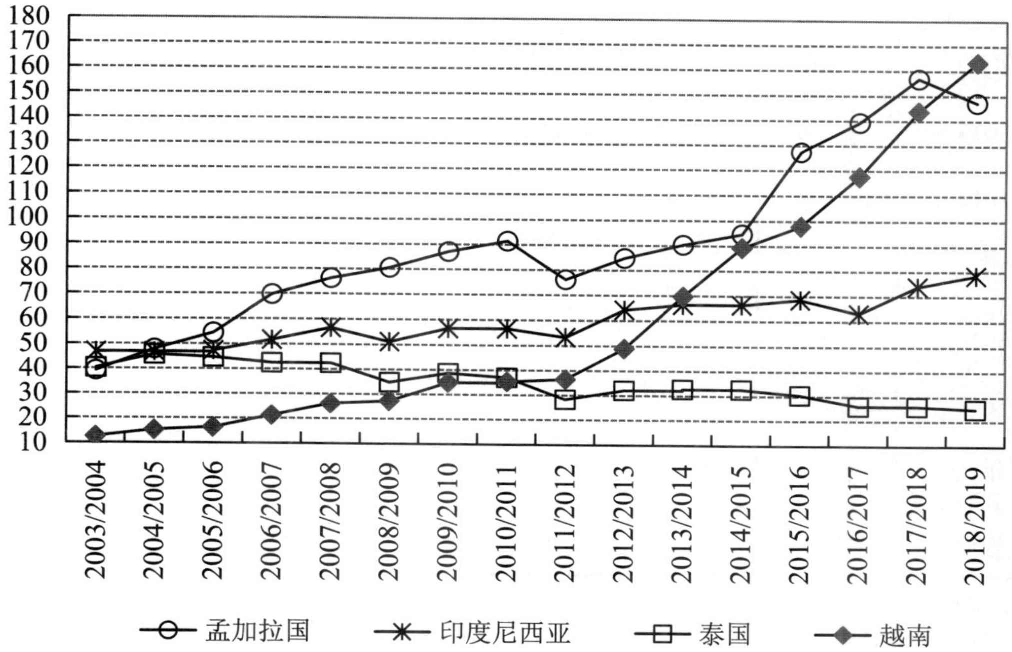

图 4–29　2003/2004 年度以来主要国家棉花进口量变化

表 4–48　2003/2004 年度以来主要国家棉花进口量预测统计

（单位：万吨）

年度	中国	土耳其	巴基斯坦	孟加拉国	印度尼西亚	泰国	墨西哥
2003/2004	192.3	51.6	39.3	39.2	46.8	36.5	11.8
2004/2005	139.0	74.3	38.2	49.0	47.9	49.7	15.0
2005/2006	419.9	76.2	35.2	53.3	47.9	41.2	15.1
2006/2007	230.5	87.7	50.2	70.8	52.3	41.5	21.3
2007/2008	251.0	71.1	85.1	78.4	58.8	42.0	26.3
2008/2009	152.3	63.6	41.7	82.7	52.3	34.9	27.2
2009/2010	237.4	95.7	34.3	87.1	58.8	39.3	36.9
2010/2011	260.8	72.9	31.4	92.5	56.6	38.1	34.2
2011/2012	534.2	51.9	19.6	71.9	54.4	27.5	35.4

续表

年度	中国	土耳其	巴基斯坦	孟加拉国	印度尼西亚	泰国	墨西哥
2012/2013	442.6	80.4	39.2	84.9	65.3	32.9	52.5
2013/2014	307.5	92.4	26.1	89.3	65.3	33.7	69.7
2014/2015	152.4	82.7	32.7	96.9	67.5	34.3	93.1
2015/2016	119.7	82.7	43.5	125.2	67.5	31.6	100.2
2016/2017	98.0	80.6	47.9	137.2	63.1	26.7	119.8
2017/2018	115.4	76.2	58.8	157.9	75.1	27.2	150.2
2018/2019	152.4	63.1	63.1	176.4	79.5	25.6	165.5

资料来源：美国农业部（USDA）。

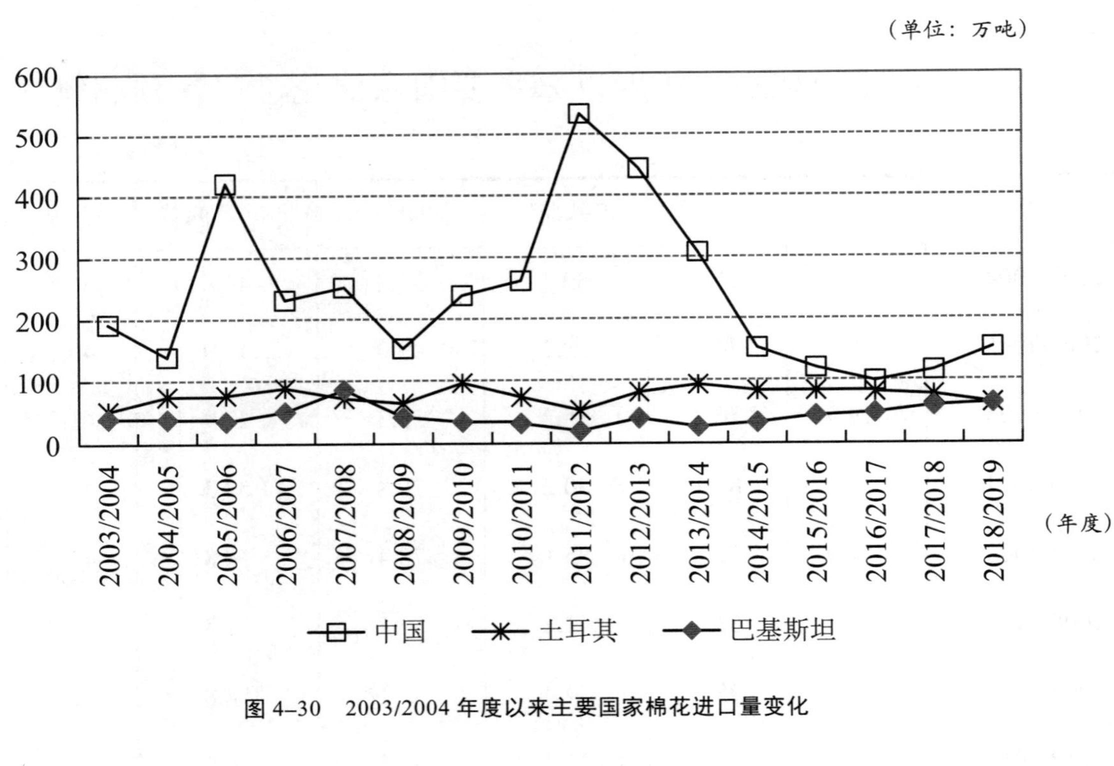

图 4–30　2003/2004 年度以来主要国家棉花进口量变化

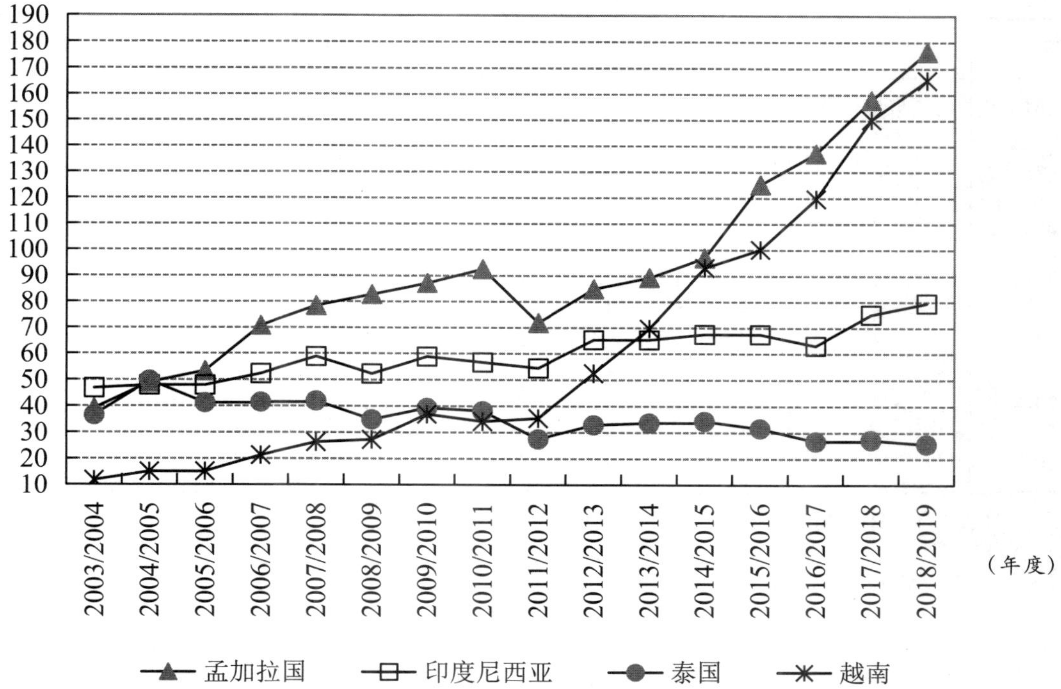

图 4–31　2003/2004 年度以来主要国家棉花出口量变化

表 4–49　2003/2004 年度以来主要国家和地区棉花出口量预测统计

（单位：万吨）

年度	美国	印度	乌兹别克斯坦	西非	澳大利亚	巴西
2003/2004	299.6	15.2	67.5	86.8	47.0	21.0
2004/2005	314.3	14.4	86.0	79.2	43.5	33.9
2005/2006	384.8	80.0	104.5	88.4	62.8	42.9
2006/2007	282.2	106.1	98.0	80.0	46.4	28.3
2007/2008	296.9	163.3	91.4	54.9	26.5	48.6
2008/2009	288.7	51.4	65.3	45.5	26.1	59.6
2009/2010	262.1	142.6	82.7	49.9	46.0	43.3
2010/2011	313.0	108.9	57.7	48.3	54.4	43.5
2011/2012	255.0	241.2	54.4	50.6	101.0	104.3

续表

年度	美国	印度	乌兹别克斯坦	西非	澳大利亚	巴西
2012/2013	283.6	168.7	69.7	84.0	134.3	93.8
2013/2014	229.3	204.7	58.8	81.9	105.6	48.6
2014/2015	217.7	108.9	50.1	77.9	69.7	74.0
2015/2016	217.7	115.4	50.1	102.9	56.6	91.4
2016/2017	265.6	91.4	46.8	77.2	89.3	63.1
2017/2018	322.2	93.6	26.1	80.0	93.6	87.1
2018/2019	326.6	95.8	17.4	100.7	78.4	126.3

资料来源：美国农业部（USDA）。

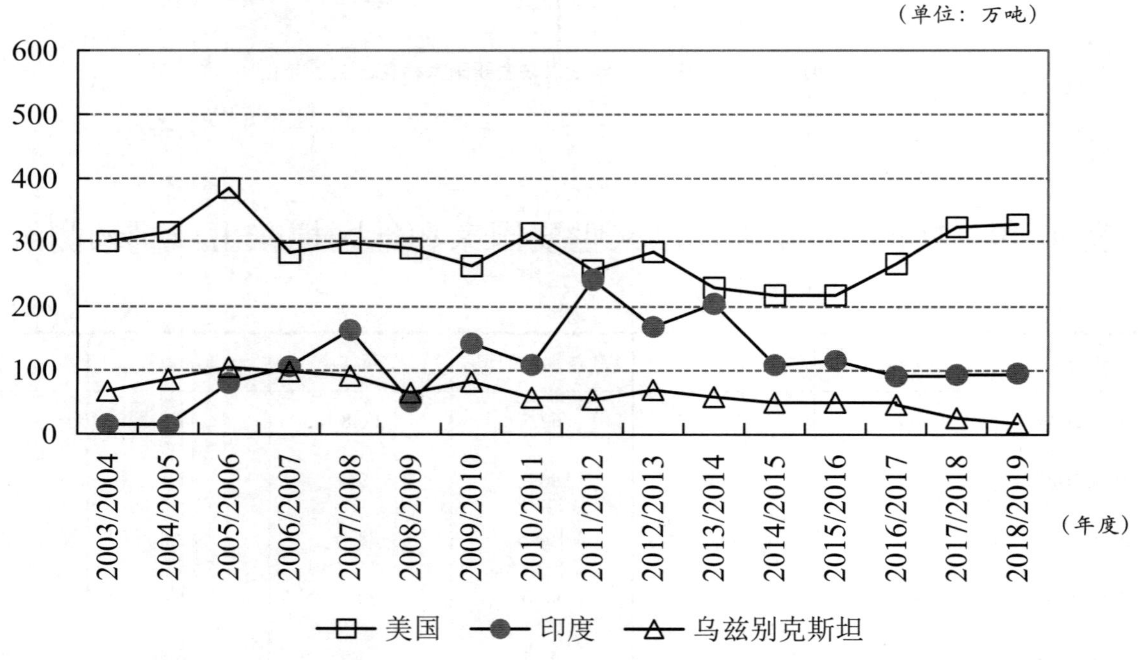

图 4–32　2003/2004 年度以来主要国家棉花出口量变化

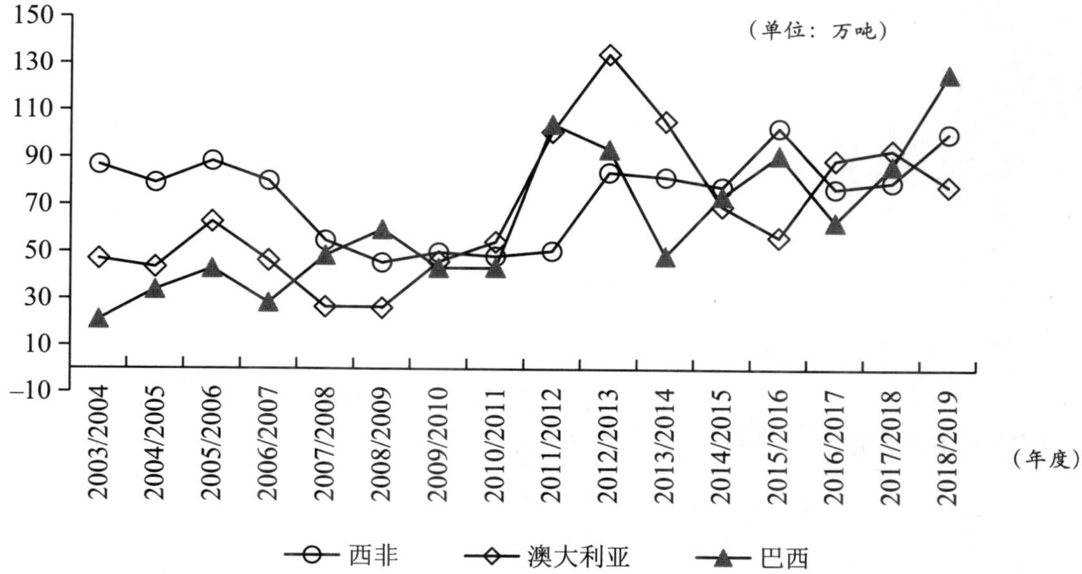

图 4–33　2003/2004 年度以来主要国家和地区棉花期末库存变化

表 4–50　2003/2004 年度以来主要国家棉花期末库存预测统计

（单位：万吨）

年度	中国	印度	巴基斯坦	土耳其	美国	巴西	孟加拉国	印度尼西亚	泰国	墨西哥
2003/2004	413.3	91.1	68.2	32.2	75.1	97.7	8.2	8.0	8.6	24.9
2004/2005	400.4	190.8	107.7	39.0	119.6	106.3	10.5	8.2	12.5	28.7
2005/2006	490.7	170.7	100.1	35.4	132.1	78.7	10.8	7.9	8.9	28.8
2006/2007	447.1	170.5	92.3	40.3	206.4	117.7	12.9	7.7	7.7	22.4
2007/2008	446.4	153.0	95.9	38.1	218.8	136.1	15.6	9.0	6.9	20.3
2008/2009	465.2	239.9	73.5	32.9	138.0	108.7	18.5	9.2	6.3	16.6
2009/2010	310.2	211.2	66.2	34.9	64.2	94.8	19.3	10.6	6.4	13.4
2010/2011	230.9	256.9	54.9	28.7	56.6	172.1	21.6	9.9	7.0	13.0
2011/2012	676.7	236.6	61.7	27.0	72.9	174.0	18.9	11.5	5.7	15.5
2012/2013	1096.5	260.6	59.0	28.6	82.7	126.3	21.0	13.2	5.8	14.1
2013/2014	1365.3	246.4	53.9	29.5	53.3	167.0	22.2	12.5	6.3	12.5
2014/2015	1353.3	296.5	58.8	35.0	106.7	161.0	26.8	14.0	7.3	15.2
2015/2016	1415.7	269.7	50.3	30.4	65.3	141.1	28.2	11.9	5.1	12.8
2016/2017	1041.8	256.8	56.4	31.7	104.5	148.3	33.7	11.5	4.8	11.3
2017/2018	863.7	287.0	53.1	38.7	126.3	180.4	39.6	14.5	4.9	14.0
2018/2019	661.2	175.8	51.3	36.5	95.8	227.1	45.3	14.4	3.9	15.3

资料来源：美国农业部（USDA）。

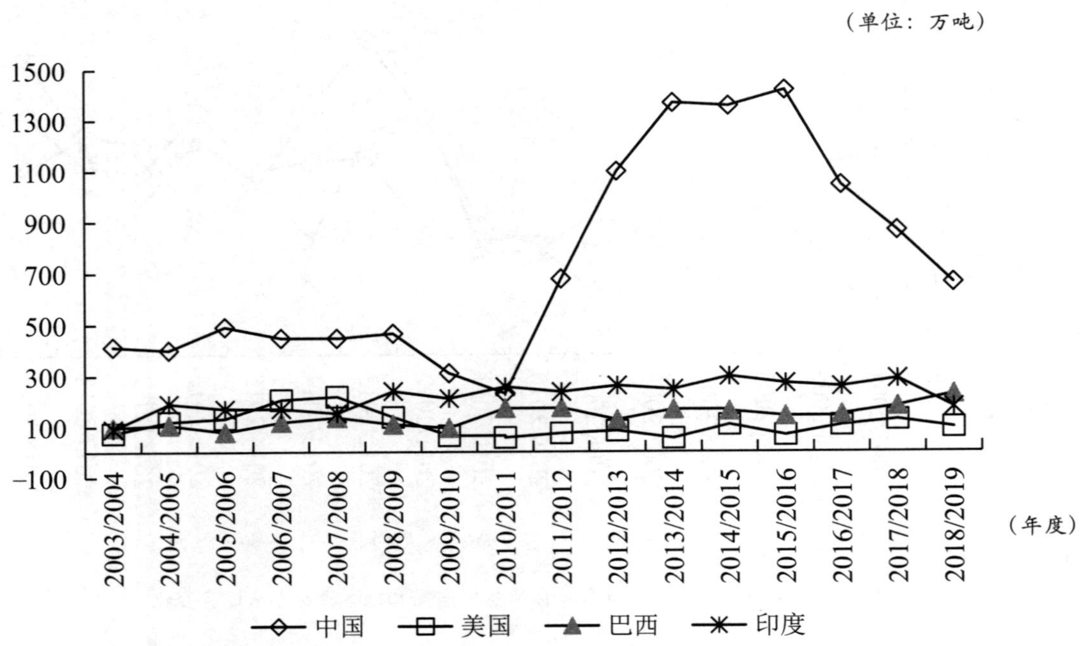

图 4–34　2003/2004 年度以来主要国家棉花期末库存变化

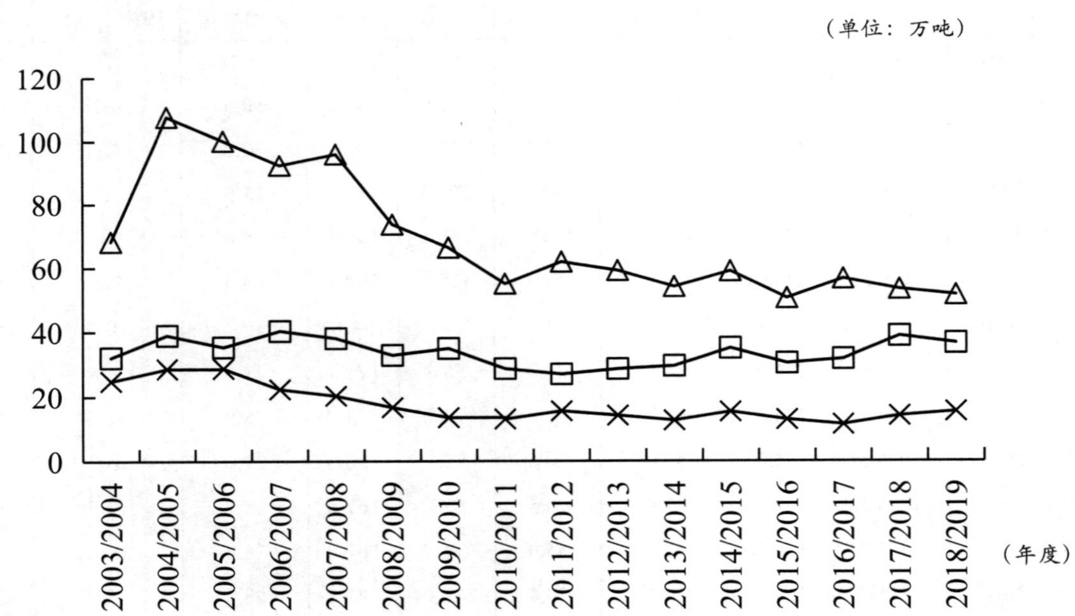

图 4–35　2003/2004 年度以来主要国家棉花期末库存变化

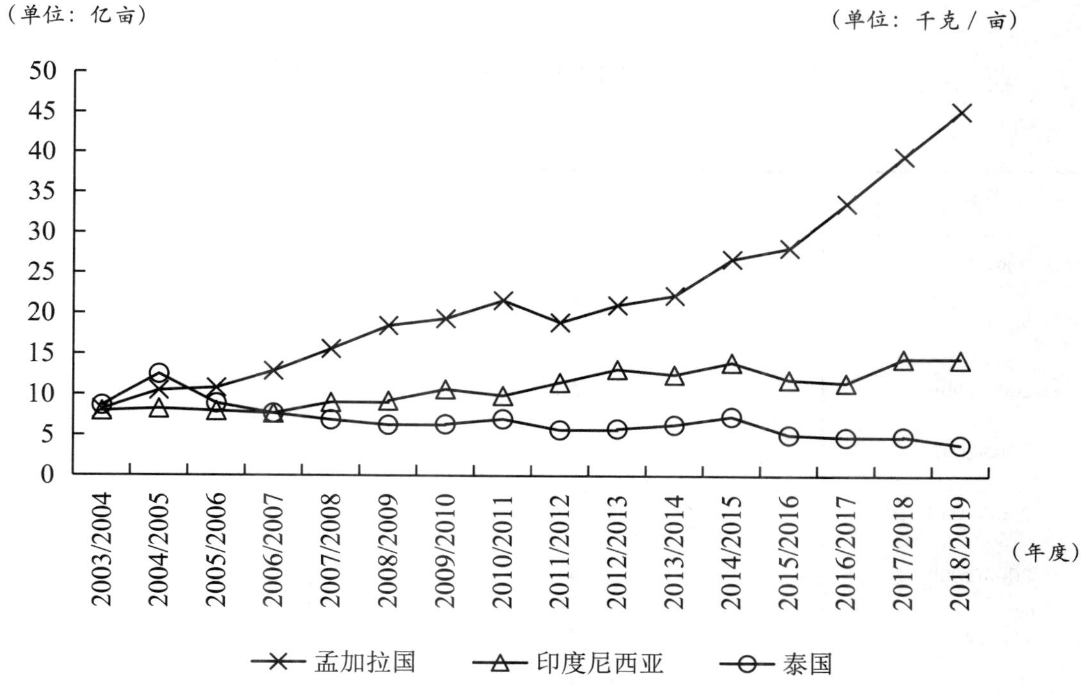

图 4–36　2003/2004 年度以来全球棉花种植面积和单产变化

表 4–51　2017/2018 年度主要国家棉花产销存预测

（单位：万／吨）

国家和地区	期初库存	产量	进口量	消费量	出口量	期末库存
全球	1751.6	2585.3	908.2	2735.3	908.5	1593.5
美国	93.6	404.7	0.1	71.8	326.6	95.8
澳大利亚	64.0	54.4	0.0	0.8	78.4	39.3
巴西	188.5	239.5	1.60	76.2	126.3	227.1
中国	827.7	587.9	152.4	903.6	3.3	661.2
印度	189.0	598.7	34.8	550.8	95.8	175.8
孟加拉国	40.4	2.9	176.4	174.2	0.0	45.3
巴基斯坦	61.7	161.1	63.1	230.8	3.3	51.3
乌兹别克斯坦	33.4	71.8	0.0	58.8	17.4	29.0
越南	25.7	0.1	165.5	163.3	0.0	28.0
缅甸	5.0	15.2	1.6	16.9	0.1	4.8
泰国	3.9	0.0	25.6	25.0	0.0	3.9
土耳其	40.9	93.6	63.1	152.4	8.7	36.5

资料来源：美国农业部（USDA）。

表 4–52　2003/2004 年度以来全球棉花种植面积和单产统计

（单位：亿亩、千克 / 亩）

年度	种植面积	单产
2003/2004	4.8	43.5
2004/2005	5.4	49.3
2005/2006	5.2	48.9
2006/2007	5.2	51.4
2007/2008	4.9	53.2
2008/2009	4.6	51.3
2009/2010	4.5	49.6
2010/2011	5.1	50.6
2011/2012	5.4	51.2
2012/2013	5.2	52.2
2013/2014	4.9	53.3
2014/2015	5.1	50.8
2015/2016	4.7	48.2
2016/2017	4.4	51.7
2017/2018	5.0	53.5

资料来源：美国农业部（USDA）。

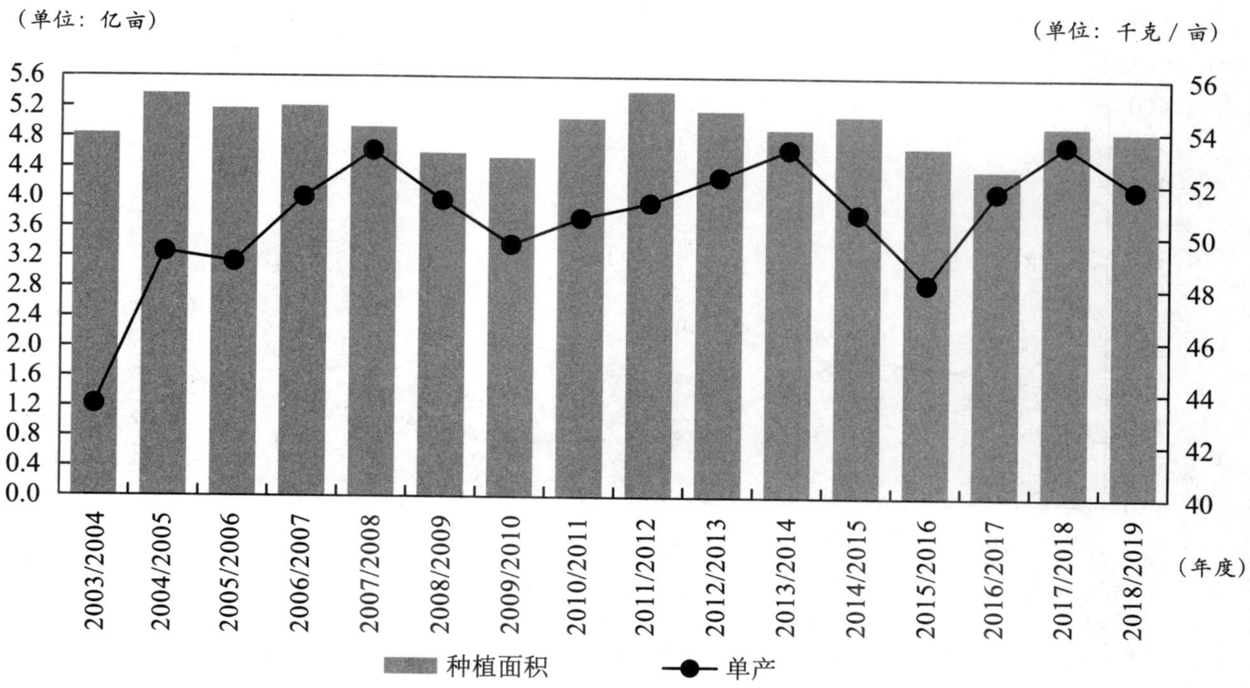

图 4–37　2003/2004 年度以来全球棉花种植面积和单产变化

表 4–53　2012/2013 年度以来 ICE 期货近月合约均价与美棉出口量对比

（单位：万吨、美分 / 磅）

年度	美棉出口装运量	ICE 期货价格
2012/2013	283.6	79.41
2013/2014	231.96	84.29
2014/2015	240.41	63.55
2015/2016	199.3	63.08
2016/2017	326.55	72.99
2017/2018	346.29	79.86

资料来源：美国农业部（USDA）。

（单位：美分 / 磅）

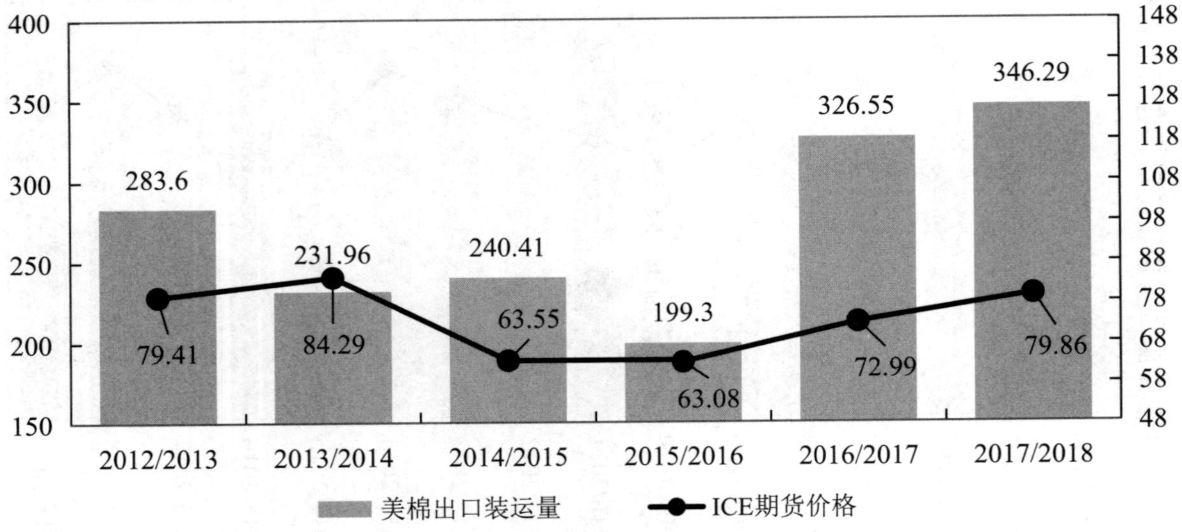

图 4–38　2012/2013 年度以来 ICE 期货近月合约均价与美棉出口量比较

表 4–54　2017/2018 年度美棉出口装运量分月统计

（单位：万吨）

日期	美棉出口装运量	美棉对中国出口装运量	比重（%）
2017 年 8 月	22.12	3.68	17
2017 年 9 月	12.5	1.96	16
2017 年 10 月	9.16	1.16	13
2017 年 11 月	16.40	3.25	20
2017 年 12 月	19.49	4.67	24
2018 年 1 月	26.32	7.18	27
2018 年 2 月	32.69	6.38	20
2018 年 3 月	53.75	8.64	16
2018 年 4 月	39.83	6.29	16
2018 年 5 月	53.14	6.24	12

续表

日期	美棉出口装运量	美棉对中国出口装运量	比重（%）
2018 年 6 月	36.14	2.75	8
2018 年 7 月	24.75	2.54	10

资料来源：美国农业部（USDA）。

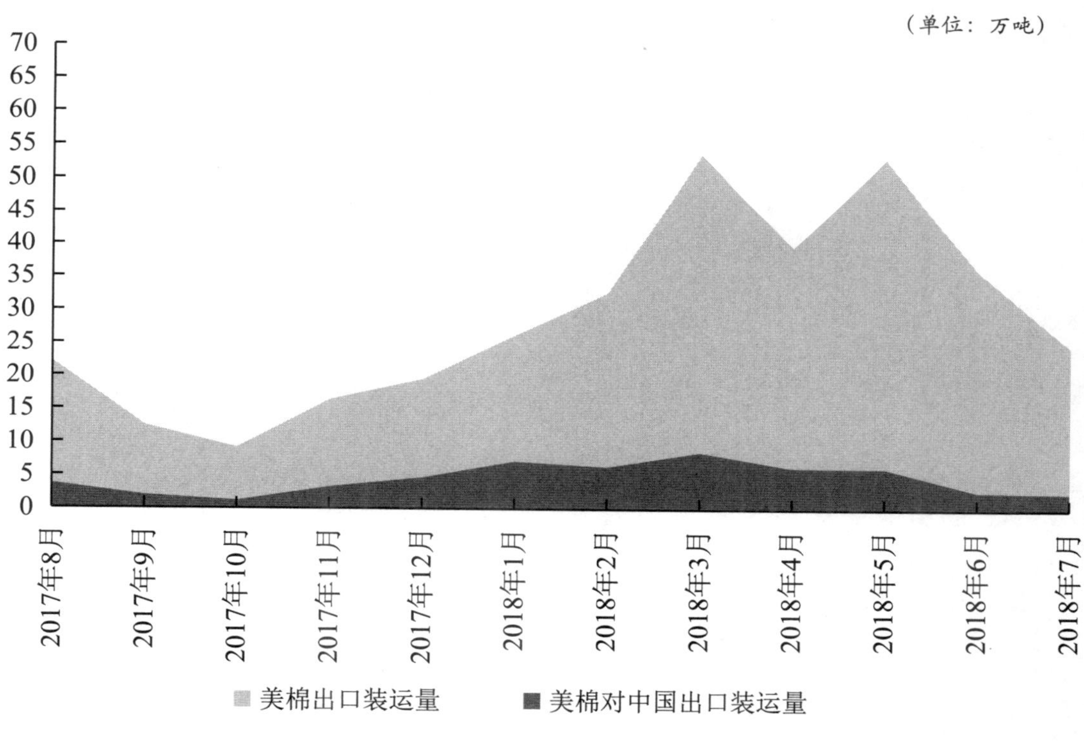

图 4–39　2017/2018 年度美棉出口装运量变化

第五部分

大 事 记

国 内 棉 花

2016/2017 年度储备棉轮出圆满收官

2016/2017 年度储备棉轮出至 9 月 29 日圆满收官。中国储备棉管理有限公司计划出库销售储备棉累计 437.8 万吨，实际成交 322 万吨，成交率 74%，其中新疆棉成交 183 万吨，地产棉成交 139 万吨。从储备棉所属的年度来看，2011 年度储备棉累计成交 13.9 万吨，2012 年度储备棉累计成交 140.6 万吨，2013 年度储备棉累计成交 167.5 万吨，累计成交家数 901 家。从成交价格看，成交平均价格 14754 元／吨，成交平均价格折标准级（3128）价格 15951 元／吨。

关于印发《2017 年兵团棉花目标价格改革工作实施方案》的通知

根据《国家发展改革委 财政部关于深化棉花目标价格改革的通知》（发改价格〔2017〕516 号）要求，兵团棉花目标价格改革工作领导小组办公室制定了《2017 年兵团棉花目标价格改革工作实施方案》。2017 年棉花目标价格改革政策调整较大，取消植棉师，预留 5% 用于机动补差的规定，改变特种棉补贴发放办法，由植棉师、团财务（政）部门发放给实际种植者，师、团不得截留、挪用，并严禁扩大补贴范围。各级纪检监察机关和审计、财务（政）等部门要加强对棉花目标价格补贴资金的监管和违纪行为的监察，对违反相关规定而发生问题的，一律追回补贴资金，并追究相关人员责任。

《关于调整指定棉花交割仓库升贴水的通告》和《关于调整棉花产地升贴水的通告》

2017 年 9 月 19 日起，根据郑商所发布的《关于调整指定棉花交割仓库升贴水的通告》和《关于调整棉花产地升贴水的通告》。新疆农资集团北疆农佳乐有限责任公司、石河子天银物流有限公司、库尔勒银星物流有限责任公司三家新疆棉花交割仓库的升贴水为 0，同时，郑商所取消了新疆生产加工的棉花升水 200 元／吨的规定，而非新疆生产加工的棉花用于期货交割时贴水为 200 元／吨。

新疆进一步深化小麦、玉米、棉花的供给侧结构性改革

2018 年 2 月 10 日，从自治区农业工作会议上获悉，今年，新疆将在前两年试点探索的基础上，进一步深化小麦、玉米、棉花的供给侧结构性改革，在更深层次和更广范围提升新疆大宗农作物供给质量和效益，加快推进生产由追求“量”向追求“质”转变。棉花生产方面，全区将以棉花质量调“优”、生产方式调“绿”、产业体系调“新”为方向，在 6 个地州的 12 个县市开展 110.1 万亩改革试点工作。棉花供给侧结构性改革将“南北有别”。

三项棉花加工国家标准将于 2018 年 6 月 1 日起实施

国家标准化管理委员会 2018 年 2 月 26 日发布了由中华全国供销合作总社郑州棉麻工程技术设计研究所主起草的 GB/T 18353-2018《棉花加工企业基本技术条件》、邯郸金狮棉机有限公司主起草的

GB/T 22335-2018《棉花加工技术规范》和GB/T 35834-2018《机采棉加工技术规范》国家标准，这三项标准均由中华全国供销合作总社提出、全国棉花加工标准化技术委员会归口，于2018年6月1日起实施。

关于组织2017/2018年度国家储备棉轮出销售的公告（2018年［轮出］第1号）

按照国家发展改革委、财政部公告2016年第9号有关安排，根据当前棉花供需形势和市场运行态势，经研究决定，2017/2018年度新棉上市期间（目前至明年2月底）原则上不安排轮入，2018年储备棉轮出销售将从3月12日开始，截止时间暂定为8月底，每日挂牌销售数量暂按3万吨安排。如一段时期内国内外市场价格出现明显快速上涨，储备棉竞价销售成交率一周有三日以上超过70%，将适当加大日挂牌数量、延长轮出销售期限，或采取其他措施，保证市场供应。

棉花增值税税率调整

国务院常务会议确定深化增值税改革的措施，进一步减轻市场主体税负。会议决定，从2018年5月1日起，将制造业等行业增值税税率从17%降至16%，棉花进口增值税将从11%下降1个百分点，有利于棉花进口成本下降。

农业农村部、财政部发布《2018年财政重点强农惠农政策》

2018年4月3日，农业农村部、财政部发布《2018年财政重点强农惠农政策》，其中提到继续在新疆和新疆生产建设兵团实施棉花目标价格补贴政策，棉花目标价格水平三年一定，2017—2019年为每吨18600元。补贴资金采取“一卡（折）通”等形式直接兑付给棉花实际种植者。

中美贸易摩擦不断升级

2018年4月以来，中美贸易摩擦升级。4月4日，美国政府宣布将对中国输美500亿元商品加征25%关税，6月15日公布了加征关税商品名单，并于7月6日正式生效，棉花和棉短绒在列。我国政府在反复磋商未果的情况下，不得已实行对等反制措施，中美贸易战正式拉开序幕。7月10日，摩擦升级，美国贸易代表办公室再次宣布拟对中国2000亿美元输美产品加征10%关税的建议清单。此次美方的建议征税清单涵盖6031个税号，其中纺织服装产品税号达1000余个，涉及绝大部分纺织原料、半成品以及少量服装附件产品。

郑商所棉花期权获批立项

2018年6月11日，郑州商品交易所棉花期权立项申请获中国证监会批复同意。在白糖期权成功上市和平稳运行一年之后，郑商所第二个期权品种继续锁定农产品。这是郑商所贯彻落实中央一号文件关于“深入推进农产品期货期权市场建设”政策精神的重大举措，将进一步提升期货市场服务乡村振兴战略的能力和水平。

国家发改委增发80万吨棉花进口滑准税配额

2018年6月14日，国家发展改革委发布《关于2018年棉花关税配额外优惠关税税率进口配额申请有关事项的公告》（以下简称《公告》），为保障纺织企业用棉需要，今年发放一定数量的棉花关税配额外优惠关税税率进口配额（以下简称“棉花进口滑准税配额”）。距离上次增发棉花进口滑准税配额已经时隔数年。本次棉花进口滑准税配额数量为80万吨，全部为非国营贸易配额。棉花进口滑准税配额申请时间为6月15—29日。

关于做好2017年度出疆棉花运费补贴申报工作的通知（新财建［2018］271号）

2018年8月17日，新疆维吾尔自治区财政厅发布2017年度出疆棉花运费补贴申报工作的通知，2017年度出疆棉花运费补贴标准为500元/吨，标准棉包重量统一按 0.227 吨计算。补贴申报和审核工作，采取电子和纸质要件相结合的办法进行。2017 年度出疆棉花运费补贴申报范围是：2016 年 9 月 1 日至 2018 年 8 月 31 日生产加工，并于 2017 年 9 月 1 日至 2018 年 8 月 31 日运输出疆的新疆地产棉花。

关于增设指定棉花交割仓库的公告 (2018) 第 49 号

2018 年 8 月 28 日，郑州商品交易所发布公告，决定增设新疆中新建现代物流股份有限公司、江苏银隆仓储物流有限公司为指定棉花交割仓库，自 2018 年 9 月 1 日起开展棉花期货交割业务。

国内纺织

印发《新疆纺织服装产业发展规划 (2018—2023 年)》《关于促进新疆纺织服装产业健康可持续发展的指导意见》等多项意见规划

2017 年 12 月，新疆维吾尔自治区制定印发《新疆纺织服装产业发展规划（2018—2023 年）》《关于促进新疆纺织服装产业健康可持续发展的指导意见》等多项意见规划，确立促进发展纺织服装产业带动就业的新体制机制，指明具体方向措施。

环境保护税实施

环境保护税于 2018 年 1 月 1 日起施行，法律施行之日起，依照法律规定征收环境保护税，不再征收排污费。

印染企业将持证上岗

我国今年全面推开排污许可制度，进而形成了以排污许可为核心的环境管理制度体系，但排污许可制度要得到切实执行，除了法律制度细节具体落地外，还要求执法能力及时跟上。而包括印染、制革等在内的 10 个行业的相关企业应于 2017 年 12 月 31 日前完成排污许可证申领工作。从 2018 年 1 月 1 日起，上述行业相关企业无证排污、不依证排污的，须承担相应的法律责任。

关于严格控制棉纺产业无序发展的紧急通知

2018 年 3 月 24 日，新疆维吾尔自治区人民政府发布《关于严格控制棉纺产业无序发展的紧急通知》（以下简称《通知》)，《通知》中指出，新疆维吾尔自治区要求暂停棉纺产业在建拟建项目建设，暂停办理棉纺项目用地、环境影响评价、项目备案以及项目建设有关的手续。《通知》同时指出，国家、新疆维吾尔自治区大力支持纺织服装产业发展的政策方针没有变，通过发展纺织服装产业带动 100 万人就业的初心没有变，停建棉纺项目主要是为了控制棉纺产业无序发展的势头，通过政策优化调整，实现纺织服装产业健康可持续发展。今后将集中政策资金对就业容量大的服装、针织、家纺等产业给予更大支持，进而推动新疆纺织服装产业由高速发展转向高质量发展，进一步优化纺织服装产业布局。

2018 年 7 月 1 日，我国调整印度等 5 国进口纺织品关税

国务院关税税则委员会 6 月 26 日通知，决定自 2018 年 7 月 1 日起，对原产于孟加拉国、印度、老挝、韩国、斯里兰卡的进口货物适用《〈亚洲—太平洋贸易协定〉第二修正案》协定税率。清单包括化学品、农产品、医疗用品、纺织品、服装、钢

铁和铝制品。这些产品分别获得不同程度的关税税率下调。其中，纺织原材料和初级产品税率多有下调，如供零售用的其他山羊绒纱线从6%降至4.2%，染色的较轻质全棉平纹布自10%降至6.5%。

2018年11月1日起纺织品进口关税税率下调

在2018年9月26日的国务院常务会议上，确定推动外商投资重大项目落地、降低部分商品进口关税和加快推进通关便利化的措施，促进更高水平对外开放。从2018年11月1日起，降低1585个税目工业品等商品进口关税税率，将部分国内市场需求大的工程机械、仪器仪表等机电设备平均税率由12.2%降至8.8%，纺织品、建材等商品平均税率由11.5%降至8.4%，纸制品等部分资源性商品及初级加工品平均税率由6.6%降至5.4%，并对同类或相似商品减并税级。

2018年第124届广交会11月4日闭幕，成交2064.94亿元人民币

2018年11月4日，第124届广交会落下帷幕。据悉，本届广交会累计出口成交2064.94亿元人民币（折合298.6亿美元）。采购商到会189812人，其中超四成来自“一带一路”沿线国家和地区。此外，对“一带一路”沿线国家出口成交96.3亿美元，增长2.7%，占总成交额约3成。

国际市场

中美贸易摩擦对市场产生深远影响

中美贸易摩擦不断升级给全球棉纺织产购销体系带来深刻影响。受中国对进口美棉加征25%关税的影响，中国棉花进口被迫转向非美棉，其他高等级机采棉，如澳棉和巴西棉的出口迎来重要市场机遇，美棉出口开始转向中国以外市场，东南亚的纺织生产和出口渔翁得利。

全球消费创历史新高

随着全球经济的复苏和化纤价格的上涨，棉花消费看到春天的希望，消费量连续第六年增加。根据美国农业部的预测，2017/2018年度全球棉花消费量为2681.6万吨，是2007/2008年度以来的最高水平。全球主要棉花消费国的消费普遍增加，中国增加54.5万吨，印度增加7.6万吨，巴基斯坦增加10.8万吨，孟加拉国增加15.2万吨，土耳其增加17.4万吨，越南增加26.1万吨，印度尼西亚增加4.4万吨。

ICE棉花期货价格上涨

2017/2018年度，ICE棉花期货先涨后跌，价格整体较上个年度有所抬高。年初在美棉出口和全球消费增加的带动下上涨到95美分的六年最高水平，但6月中旬开始在中美贸易战不断升级和美棉扩种的影响下回落，至8月31日跌至82美分左右，较上年度末上涨大约10美分。

澳大利亚长期干旱

2018年，澳大利亚遭遇多年不遇的严重干旱，主产区长时间干旱无雨，灌溉田的水供应大幅下降，直接影响到2018/2019年度棉花的种植面积和产量。澳大利亚棉花协会预计，2018/2019年度澳大利亚植棉面积和产量均减少一半，全球高等级棉供应受到影响。

巴西棉花产销“大跃进”

2017/2018年度，巴西植棉面积明显扩大，棉花产量从150万吨增加到200万吨，棉花质量不断提升，出口量增加30万吨，同比增长50%。随着巴西棉花质量等级的不断提高、中美贸易战带来影响和国内经济的复苏，巴西棉花产销形势一片大好，市场竞争力持续提升。

印度大幅上调MSP最低收购价

2019年4月印度政府将举行大选，当政的人民党为了争取农民选票，大幅提高各种农产品收储（也就是MSP）的价格，棉花的最低收购价比上年度提高了约25%。这使印度棉的出口竞争力下降。

宏观经济

中美贸易摩擦不断升级

2017年8月18日，美国总统特朗普签署总统备忘录，授意美国贸易代表办公室对中国发起“301调查”。24日，中国商务部就“301调查”表达中方立场，坚决捍卫中方和中国企业的合法权益。

2018年4月3日，美国公布拟加征关税的中国产品清单，涉及约500亿美元中国对美出口商品，磋商期为60天。4日，国务院关税税则委员会决定对原产于美国的大豆、汽车、化工产品等14类106项商品（包括棉花、棉短绒）加征25%关税。

2018年7月6日—9月24日，美国对自中国进口的合计500亿美元商品加征25%关税，对2000亿美元中国商品加征10%关税。同期，中国商务部宣布对合计500亿美元美国商品加征25%关税，对600亿美元美国商品加征5%—10%的关税。

储备棉继续轮出

2017年11月6日，按照国家发改委、财政部公告2016年第9号有关安排，根据当前棉花供需形势和市场运行态势，经研究决定，今年新棉上市期间（目前至明年2月底）原则上不安排轮入，2018年储备棉轮出销售将从3月12日开始，截止时间暂定为8月底，每日挂牌销售数量暂按3万吨安排。如一段时期内国内外市场价格出现明显快速上涨，储备棉竞价销售成交率一周有三日以上超过70%，将适当加大日挂牌数量、延长轮出销售期限，或采取其他措施，保证市场供应。

2018年7月31日，中国储备棉管理有限公司与全国棉花交易市场联合发布《关于继续做好2017/2018年度储备棉轮出销售工作的公告》（2018年〔轮出〕第4号），将储备棉轮出延长至9月底，轮出延期的重要作用在于保证市场供应，让国内棉花价格企稳，给纺织企业吃下“定心丸”，同时减少了纺织企业的原料采购成本，提高了纺织服装产品的市场竞争力。

增值税率降低

2018年3月28日，国务院常务会议确定：从2018年5月1日起，将制造业等行业增值税税率从17%降至16%，将交通运输、建筑、基础电信服务等行业及农产品等货物的增值税税率从11%降至10%，预计全年可减税2400亿元。

服装进口关税下调

2018年5月30日，国务院总理李克强主持召开国务院常务会议，确定进一步积极有效利用外资的措施，推动扩大开放促进经济升级；决定较大范围下调日用消费品进口关税。会议决定，从今年7月1日起，将服装鞋帽、厨房和体育健身用品等进口关税平均税率由15.9%降至7.1%。

发放进口棉滑准税配额

2018年6月14日，国家发展改革委发布《关于2018年棉花关税配额外优惠关税税率进口配额申请有关事项的公告》（2018年第7号），为保障纺织企业用棉需要，经研究决定，今年发放一定数量的棉花关税配额外优惠关税税率进口配额（简称棉花进口滑准税配额）。本次棉花进口滑准税配额数量为80万吨，全部为非国营贸易配额。

《亚洲—太平洋贸易协定》下调部分涉棉产品进口税率

2018年6月19日，国务院关税税则委员会关于实施《〈亚洲—太平洋贸易协定〉第二修正案》协定税率的通知显示，根据《中华人民共和国进出口关税条例》及经国务院核准的《〈亚洲—太平洋贸易协定〉第二修正案》，决定自2018年7月1日起，对原产于孟加拉国、印度、老挝、韩国、斯里兰卡的进口货物适用《〈亚洲—太平洋贸易协定〉第二修正案》协定税率。

海关总署：2017年前8个月我国外贸增长17.1%

据海关统计，2017年前8个月，我国货物贸易进出口总值17.83万亿元人民币，比去年同期（下同）增长17.1%。其中出口9.85万亿元，增长13%；进口7.98万亿元，增长22.5%；贸易顺差1.87万亿元，收窄15.1%。

发改委发布关于全面深化价格机制改革的意见（涉棉部分）

深入贯彻落实党的十九大精神，进一步落实《中共中央国务院关于推进价格机制改革的若干意见》（中发〔2015〕28号）要求，全面深化价格机制改革，推动供给侧结构性改革，更好地服务决胜全面建成小康社会。深化棉花目标价格改革：完善新疆棉花目标价格政策，合理确定目标价格水平和定价周期，优化补贴办法，探索开展“保险+期货”试点，促进新疆棉花优质稳定发展。

一号文件：中共中央 国务院关于实施乡村振兴战略的意见

2018年1月2日，中央一号文件提出关于实施乡村振兴战略的意见指出：提升农业发展质量，培育乡村发展新动能；推进乡村绿色发展，打造人与自然和谐共生发展新格局；繁荣兴盛农村文化，焕发乡风文明新气象；加强农村基层基础工作，构建乡村治理新体系；提高农村民生保障水平，塑造美丽乡村新风貌；打好精准脱贫攻坚战，增强贫困群众获得感；推进体制机制创新，强化乡村振兴制度性供给；汇聚全社会力量，强化乡村振兴人才支撑；开拓投融资渠道，强化乡村振兴投入保障；坚持和完善党对“三农”工作的领导。

政府工作报告确定经济发展目标

2018年3月5日，据政府工作报告，2018年发展目标为：国内生产总值增长6.5%左右，居民消费价格涨幅3%左右，城镇新增就业1100万人以上，城镇调查失业率5.5%以内，城镇登记失业率4.5%以内。

美联储加息

2018年3月21日，美国联邦储备委员会宣布将联邦基金利率目标区间上调25个基点到1.5%至1.75%的水平。这是美联储2018年以来的首次加息，符合市场普遍预期。美联储会后发表声明说，近几个月来，美国经济前景有所改善，美联储进一步加息有助于经济温和增长、就业市场保持稳健。

2018年6月13日，美国联邦储备委员会宣布将联邦基金利率目标区间上调25个基点到1.75%至2%的水平。这是美联储2018年来第二次加息。美联储官员预计今年共加息4次，多于3月份预测的3次；美联储官员预计2019年和2020年将分别加息3次和1次。

央行：2018下半年货币政策定调稳健　把好货币供给总闸门

2018年8月1日，人民银行召开2018年下半年工作电视会议，研究部署下半年重点工作。会议指出，下半年实施稳健的货币政策，把好货币供给总闸门，加强预调微调，保持流动性合理充裕。对于当前形势，会议判断，当前国内外经济金融形势错综复杂，做好2018年下半年工作，任务艰巨繁重。人民银行系统要实施稳健的货币政策，提高政策的前瞻性、灵活性、有效性，把握好力度和节奏，加强政策协调，更加注重引导预期，促进经济金融稳定运行。

政策文件

第六部分

国家发展改革委关于2018年粮食、棉花进口关税配额数量申请条件和分配原则的公告

【发布单位】国家发展改革委

【发布日期】2017年9月28日

根据《农产品进口关税配额管理暂行办法》，制定了《2018年粮食进口关税配额申领条件和分配原则》和《2018年棉花进口关税配额申领条件和分配原则》，现予以公告。

附件：1. 2018年粮食进口关税配额申领条件和分配原则

2. 2018年棉花进口关税配额申领条件和分配原则

国家发展改革委

2017年9月28日

附件1

2018年粮食进口关税配额申领条件和分配原则

根据《农产品进口关税配额管理暂行办法》（商务部、国家发展和改革委员会令2003年第4号），现将2018年粮食进口关税配额数量、申领条件和分配原则公布如下。

一、配额数量

2018年粮食进口关税配额量为：小麦963.6万吨，国营贸易比例90%；玉米720万吨，国营贸易比例60%；大米532万吨（其中，长粒米266万吨、中短粒米266万吨），国营贸易比例50%。

二、申领条件

2018年粮食进口关税配额申请者基本条件为：2017年10月1日前在工商管理部门登记注册；具有良好的财务状况、纳税记录和诚信情况；2016年以来在海关、税务等方面无违法违规记录；未列入"信用中国"网站受惩黑名单；没有违反《农产品进口关税配额管理暂行办法》的行为。

在具备上述条件的前提下，粮食进口关税配额申请者还必须符合下列条件之一。

（一）小麦

1. 国营贸易企业；

2. 2017年有进口实绩（不包括代理进口）的企业；

3. 2016年或2017年小麦用量10万吨以上的面粉生产企业；

4. 2016年或2017年面粉用量5万吨以上的食品生产企业；

5. 2017年无进口实绩，但有进出口经营权和由所在地商务部门出具的2017年度加工贸易企业经营状况及生产能力证明、以小麦或面粉为原料从事加

工贸易的企业。

（二）玉米

1. 国营贸易企业；

2. 2017 年有进口实绩（不包括代理进口）的企业；

3. 2016 年或 2017 年玉米用量 5 万吨以上的饲料生产企业；

4. 2016 年或 2017 年玉米用量 15 万吨以上的其他生产企业；

5. 2017 年无进口实绩，但有进出口经营权和由所在地商务部门出具的 2017 年度加工贸易企业经营状况及生产能力证明、以玉米为原料从事加工贸易的企业。

（三）大米（长粒米和中短粒米需分别申请）

1. 国营贸易企业；

2. 2017 年有进口实绩（不包括代理进口）的企业；

3. 具有粮食批发零售资格，2016 年或 2017 年大米销售额 1 亿元人民币以上的粮食企业；

4. 2016 年或 2017 年大米用量 5 万吨以上的食品生产企业；

5. 2017 年无进口实绩，但有进出口经营权和由所在地商务部门出具的 2017 年度加工贸易企业经营状况及生产能力证明、以大米为原料从事加工贸易的企业。

拥有多家加工厂的集团企业，须以各个加工厂名义独立申报、独立使用进口配额。

三、申请时间

2018 年粮食进口关税配额申请时间为 2017 年 10 月 15—30 日。

申请者可到国家发展改革委授权机构领取，或从国家发展改革委网站（http://www.ndrc.gov.cn）下载《2018 年粮食进口关税配额申请表》，并如实填写。

国家发展改革委各授权机构负责受理属地范围内的企业申请，并于 2017 年 11 月 30 日前将企业申请表转报国家发展改革委，同时抄报商务部。

企业申报有关信息将在国家发展改革委网站上公示。

四、分配原则

上述粮食进口关税配额将根据申请者的实际生产经营能力（包括历史生产加工、进口实绩、经营情况等）和其他相关商业标准进行分配。

五、其他要求

（一）申请者对其提交申请材料和信息的真实性承担主体责任，不得有任何隐瞒或提供虚假信息。对虚假申报或拒不履行承诺的失信者，有关部门将按照国家有关规定适时采取联合惩戒措施。对伪造有关资料骗取粮食进口关税配额证的，除依法收缴其配额证外，两年内不再受理其进口关税配额的申请。对伪造、变造或者买卖《农产品进口关税配额证》的，将依照有关法律规定追究其刑事责任。

（二）申请者获得的上述粮食进口关税配额必须自用，进口的货物须由本企业加工经营。其中，进口小麦、玉米的生产企业须在本厂加工使用；进口大米的贸易企业须以本企业名义组织销售。

（三）获得粮食进口关税配额的企业要积极配合国家发展改革委及其授权机构组织开展粮食进口关税配额申请、使用情况监督检查。

附表

2018 年粮食进口关税配额申请表

<table>
<tr><td colspan="4">企业名称：</td><td colspan="2" rowspan="2">统一社会信用代码：</td></tr>
<tr><td colspan="4">企业注册地址：</td></tr>
<tr><td colspan="4">企业性质：☐国有　☐股份制　☐民营　☐外商投资</td><td colspan="2">联系电话：</td></tr>
<tr><td colspan="2">注册资本（万元）：</td><td colspan="2">☐ 2016 年　☐ 2017 年纳税额（万元）：</td><td colspan="2">☐ 2016 年底　☐ 2017 年底资产负债率：</td></tr>
<tr><td colspan="3" rowspan="2">申请农产品配额名称：</td><td rowspan="2">申请数量（吨）</td><td colspan="2">一般贸易：</td></tr>
<tr><td colspan="2">加工贸易：</td></tr>
<tr><td colspan="2">☐ 2017 年有该农产品一般贸易进口实绩者</td><td colspan="2">☐ 2017 年有该农产品加工贸易进口实绩者</td><td colspan="2">☐ 2017 年无该农产品进口实绩者</td></tr>
<tr><td colspan="6">以下由生产企业填写</td></tr>
<tr><td rowspan="8">企业生产经营情况</td><td rowspan="5">一般贸易</td><td colspan="4">☐ 2016 年　☐ 2017 年</td></tr>
<tr><td colspan="2">产品名称：</td><td colspan="2">加工原料名称：</td></tr>
<tr><td colspan="2">年生产能力（吨）：</td><td colspan="2">年处理能力（吨）：</td></tr>
<tr><td colspan="2">年实际产量（吨）：</td><td colspan="2">年实际用量（吨）：</td></tr>
<tr><td colspan="4">该产品年销售额（万元）：</td></tr>
<tr><td rowspan="3">加工贸易</td><td colspan="2">出口产品名称：</td><td colspan="2">进口原料名称：</td></tr>
<tr><td colspan="2">年加工能力（吨）：</td><td colspan="2">年实际进口量（吨）：</td></tr>
<tr><td colspan="2">年实际出口量（吨）：</td><td colspan="2">年进口处理需求（吨）：</td></tr>
<tr><td colspan="6">以下由具有大米批发零售资格的粮食企业填写</td></tr>
<tr><td colspan="3">2016 年大米贸易年销售额（万元）：</td><td colspan="3">2017 年大米贸易完成销售额（万元）：</td></tr>
</table>

本企业已阅知国家发展改革委 2017 年第 14 号《公告》相关内容，承诺：保证符合国家规定的粮食进口关税配额申领条件，保证本申请表所填写的内容真实、准确、完整；获得粮食进口关税配额，保证按照国家有关法律、法规、规章开展粮食进口业务。如有违反本承诺的，愿意承担相应的法律责任，并接受联合惩戒。

申请企业（盖章）　　　　企业法定代表人（签字）：

填表说明：1. 企业名称与统一社会信用代码必须一一对应，一码一申请。2. "企业生产经营情况"：指企业 2016 年或 2017 年以申请进口的农产品（包括粉、粒）为主要原料加工产品实际生产经营情况，2016 年的以截至 2016 年底为准，2017 年的以截至 2017 年 9 月底为准。3. 申请加工贸易的企业按照当地商务部门出具的 2017 年度加工贸易企业经营状况及生产能力证明，填写产品"年加工能力""年实际出口量"和原料"年进口处理需求"。

附件 2

2018 年棉花进口关税配额申领条件和分配原则

根据《农产品进口关税配额管理暂行办法》（商务部、国家发展和改革委员会令 2003 年第 4 号），现将 2018 年棉花进口关税配额数量、申领条件和分配原则公布如下。

一、配额数量

2018 年棉花进口关税配额量为 89.4 万吨，其中国营贸易比例为 33%。

二、申领条件

2018 年棉花进口关税配额申请者基本条件为：2017 年 10 月 1 日前在工商管理部门登记注册；具有良好的财务状况、纳税记录和诚信情况；2016 年以来在海关、税务等方面无违法违规记录；未列入“信用中国”网站受惩黑名单；没有违反《农产品进口关税配额管理暂行办法》的行为。

在具备上述条件的前提下，棉花进口关税配额申请者还必须符合下列条件之一。

1. 国营贸易企业；
2. 2017 年有进口实绩（不包括代理进口）的企业；
3. 纺纱设备 5 万锭以上的棉纺企业。

三、申请时间

2018 年棉花进口关税配额申请时间为 2017 年 10 月 15—30 日。

申请者可到国家发展改革委授权机构领取，或从国家发展改革委网站（http://www.ndrc.gov.cn）下载《2018 年棉花进口关税配额申请表》，并如实填写。

国家发展改革委各授权机构负责受理属地范围内的企业申请，并于 2017 年 11 月 30 日前将企业申请表转报国家发展改革委，同时抄报商务部。

企业申报有关信息将在国家发展改革委网站上公示。

四、分配原则

上述棉花进口关税配额将根据申请者的实际生产经营能力（包括历史生产加工、进口实绩、经营情况等）和其他相关商业标准进行分配。

五、其他要求

（一）申请者对其提交申请材料和信息的真实性承担主体责任，不得有任何隐瞒或提供虚假信息。对虚假申报或拒不履行承诺的失信者，有关部门将按照国家有关规定适时采取联合惩戒措施。对伪造有关资料骗取棉花进口关税配额证的，除依法收缴其配额证外，两年内不再受理其进口关税配额的申请。对伪造、变造或者买卖《农产品进口关税配额证》的，将依照有关法律规定追究其刑事责任。

（二）申请者通过使用获得的棉花进口关税配额进口的货物由本企业加工经营。

（三）获得棉花进口关税配额的企业要积极配合国家发展改革委及其授权机构组织开展棉花进口关税配额申请、使用情况监督检查。

附表

2018年棉花进口关税配额申请表

<table>
<tr><td colspan="2">申请企业名称：</td><td rowspan="2">统一社会信用代码：</td></tr>
<tr><td colspan="2">企业注册地址：</td></tr>
<tr><td colspan="2">企业性质：☐国有　☐股份制　☐民营　☐外商投资</td><td>联系电话：</td></tr>
<tr><td>注册资本（万元）：</td><td>☐2016年　☐2017年纳税额（万元）：</td><td>☐2016年底　☐2017年底资产负债率：</td></tr>
<tr><td>配额申请数量</td><td>一般贸易（吨）：</td><td>加工贸易（吨）：</td></tr>
<tr><td>☐2017年有棉花一般贸易进口实绩者</td><td>☐2017年有棉花加工贸易进口实绩者</td><td>☐2017年无棉花进口实绩者</td></tr>
</table>

<table>
<tr><td colspan="4">以下由生产企业填写</td></tr>
<tr><td rowspan="8">企业生产经营情况</td><td></td><td colspan="2">☐2016年☐2017年</td></tr>
<tr><td rowspan="4">一般贸易</td><td>产品名称：</td><td>加工原料名称：</td></tr>
<tr><td>纺纱能力（万锭）：</td><td>年处理能力（吨）：</td></tr>
<tr><td>年实际产量（吨）：</td><td>年实际用量（吨）：</td></tr>
<tr><td colspan="2">该产品年销售额（万元）：</td></tr>
<tr><td rowspan="3">加工贸易</td><td>出口产品名称：</td><td>进口原料名称：</td></tr>
<tr><td>纺纱能力（万锭）：</td><td>年实际进口量（吨）：</td></tr>
<tr><td>年实际出口量（吨）：</td><td>年进口处理需求（吨）：</td></tr>
<tr><td colspan="4">以下由有进口实绩（不包括代理进口）的企业填写</td></tr>
<tr><td rowspan="7">企业实际进口情况</td><td></td><td>2016年</td><td>2017年</td></tr>
<tr><td rowspan="3">一般贸易配额</td><td>分配量（吨）：</td><td>分配量（吨）：</td></tr>
<tr><td>实际进口量（吨）：</td><td>已完成进口量（吨）：</td></tr>
<tr><td>调整期退回量（吨）：</td><td>调整期退回量（吨）：</td></tr>
<tr><td rowspan="3">加工贸易配额</td><td>分配量（吨）：</td><td>分配量（吨）：</td></tr>
<tr><td>实际进口量（吨）：</td><td>已完成进口量（吨）：</td></tr>
<tr><td>调整期退回量（吨）：</td><td>调整期退回量（吨）：</td></tr>
</table>

续表

本企业已阅知国家发展改革委2017年第14号《公告》相关内容，承诺：保证符合国家规定的棉花进口关税配额申领条件，保证本申请表所填写的内容真实、准确、完整；如获得棉花进口关税配额，保证按照国家有关法律、法规、规章开展棉花进口业务。有违反本承诺的，愿意承担相应法律责任，并接受联合惩戒。 申请企业（盖章）　　　　企业法定代表人（签字）：

填表说明：

1. 企业名称与统一社会信用代码必须一一对应，一码一申请。

2. “企业生产经营情况”指企业2016年或2017年以棉花为主要原料加工产品实际生产经营情况，2016年的以截至2016年底为准，2017年的以截至2017年9月底为准。

3. 申请加工贸易的企业按照当地商务部门出具的2017年度加工贸易企业经营状况及生产能力证明，填写纺纱能力、产品“年实际出口量”和原料“年实际进口量”。

4. “纺纱能力”指环锭纺产能，气流纺和涡流纺分别按1:10和1:20的比例折算为环锭纺产能。

商务部关于公布《2018年进口许可证管理货物分级发证目录》的公告

【发布单位】中华人民共和国商务部

【发布日期】2017年12月31日

根据《货物进口许可证管理办法》（商务部令2004年第27号）、《重点旧机电产品进口管理办法》（商务部、海关总署、质检总局令2008年第5号）和《2018年进口许可证管理货物目录》（商务部、海关总署、质检总局公告2017年第89号），现发布《2018年货物进口许可证发证目录》（见附件），现就有关事宜公告如下：

一、2018年实行进口许可证管理的货物共2种，由商务部配额许可证事务局（以下简称许可证局）和商务部委托的地方商务主管部门（以下简称委托机构）负责签发相应货物的进口许可证。

（一）许可证局负责签发重点旧机电产品的进口许可证。

（二）委托机构负责签发消耗臭氧层物质的进口许可证。

二、在京的属于国务院国资委管理的企业申领的进口许可证由许可证局签发。

三、进口许可证的签发，应严格按照《货物进口许可证管理办法》《重点旧机电产品进口管理办法》《2018年进口许可证管理货物目录》和《进口许可证签发工作规范》（商配发〔2007〕360号）等有关规定执行。许可证局负责对进口许可证签发业务进行监督检查和指导。

本目录自2018年1月1日起执行。《2017年进口许可证管理货物分级发证目录》同时废止。

中华人民共和国商务部

2017年12月31日

附件

2018 年货物进口许可证发证目录

货物种类	海关商品编号	商品名称及备注	单位
许可证局负责签发以下货物的进口许可证			
重点旧机电产品进口目录			
一、化工设备	8419409090	其他蒸馏或精馏设备	台 / 千克
	8419609010	液化器（将来自级联的 UF6 气体压缩并冷凝成液态 UF6）	台 / 千克
	8419899010	带加热装置的发酵罐（不发散气溶胶，且容积＞ 20 升）	台 / 千克
二、金属冶炼设备	8454100000	金属冶炼及铸造用转炉	台
	8454309000	其他金属冶炼及铸造用铸造机	台
三、工程机械	8425319000	其他电动卷扬机及绞盘	台 / 千克
	8426200000	塔式起重机	台
	8426411000	轮胎式起重机	台 / 千克
	8426419000	其他带胶轮的自推进起重机械	台
	8426491000	履带式自推进起重机械	台
	8426499000	其他不带胶轮的自推进起重机械	台 / 千克
	8426910000	供装于公路车辆的其他起重机械	台 / 千克
	8426990000	其他起重机械	台
	8427201000	集装箱叉车	台
	8427209000	其他机动叉车及有升降装置工作车（包括装有搬运装置的机动工作车）	台
	8427900000	其他叉车及可升降的工作车（工作车指装有升降或搬运装置）	台 / 千克
	8428101001	无障碍升降机	台 / 千克
	8428101090	其他载客电梯	台
	8428109000	其他升降机及倒卸式起重机	台
	8428400000	自动梯及自动人行道	台 / 千克
	8428602900	非单线循环式客运架空索道	台 / 千克

续表

货物种类	海关商品编号	商品名称及备注	单　位
四、起重运输设备	8426193000	龙门式起重机	台 / 千克
	8426194100	门式装卸桥	台 / 千克
	8426194200	集装箱装卸桥	台 / 千克
	8427101000	有轨巷道堆垛机	台 / 千克
	8427102000	无轨巷道堆垛机	台 / 千克
	8428602100	单线循环式客运架空索道	台
五、造纸设备	8439100000	制造纤维素纸浆的机器	台 / 千克
	8439200000	纸或纸板的抄造机器	台 / 千克
	8439300000	纸或纸板的整理机器	台 / 千克
六、电力、电气设备	8501610000	输出功率≤ 75KVA 交流发电机	台 / 千瓦
	8501620000	75KVA ＜输出功率≤ 375KVA 交流发电机	台 / 千瓦
	8501630000	375KVA ＜输出功率≤ 750KVA 交流发电机	台 / 千瓦
	8501641010	由使用可再生燃料锅炉和涡轮机组驱动的交流发电机，750KVA ＜输出功率≤ 350MVA	台 / 千瓦
	8501641090	其他 750KVA ＜输出功率≤ 350MVA 的交流发电机	台 / 千瓦
	8501642010	由使用可再生燃料锅炉和涡轮机组驱动的交流发电机，350MVA ＜输出功率≤ 665MVA	台 / 千瓦
	8501642090	其他 350MVA ＜输出功率≤ 665MVA 的交流发电机	台 / 千瓦
	8501643010	由使用可再生燃料锅炉和涡轮机组驱动的交流发电机，输出功率＞ 665MVA	台 / 千瓦
	8501643090	其他输出功率＞ 665MVA 的交流发电机	台 / 千瓦
	8502110000	输出功率≤ 75KVA 柴油发电机组（包括半柴油发电机组）	台 / 千瓦
	8502120000	75KVA ＜输出功率≤ 375KVA 柴油发电机组（包括半柴油发电机组）	台 / 千瓦
	8502131000	375KVA ＜输出功率≤ 2MVA 柴油发电机组（包括半柴油发电机组）	台 / 千瓦
	8502132000	输出功率＞ 2MVA 柴油发电机组（包括半柴油发电机组）	台 / 千瓦
	8502200000	装有点燃式活塞发动机的发电机组（内燃的）	台 / 千瓦
	8502390010	依靠可再生能源（太阳能、小水电、潮汐、沼气、地热能、生物质 / 余热驱动的汽轮机）生产电力的发电机组	台 / 千瓦
	8502390090	其他发电机组（风力驱动除外）	台 / 千瓦
	8515219100	直缝焊管机（电阻焊接式，全自动或半自动的）	台

续表

货物种类	海关商品编号	商品名称及备注	单　位
	8515212001	汽车生产线电阻焊接机器人	台
	8515212090	其他电阻焊接机器人	台
	8515219900	其他电阻焊接机器（全自动或半自动的）	台
	8515290000	其他电阻焊接机器及装置	台
	8515312000	电弧（包括等离子弧）焊接机器人	台
	8515319100	螺旋焊管机　备注：电弧（包括等离子弧）焊接	台
	8515319900	其他电弧（包括等离子弧）焊接机及装置（全自动或半自动的）	台
	8515390000	其他电弧（等离子弧）焊接机器及装置（非全自动或半自动的）	台
	8515809010	电子束、激光自动焊接机（将端塞焊接于燃料细棒或棒的自动焊接机）	台
	8515809090	其他焊接机器及装置	台
七、食品加工及包装设备	8419810000	加工热饮料、烹调、加热食品的机器	台 / 千克
	8421220000	过滤或净化饮料的机器及装置（过滤或净化水的装置除外 ）	台 / 千克
	8422301010	乳品加工用自动化灌装设备	台 / 千克
	8422301090	其他饮料及液体食品灌装设备	台
	8434200000	乳品加工机器	台 / 千克
	8438100010	糕点生产线	台 / 千克
	8438100090	通心粉、面条的生产加工机器（包括类似产品的加工机）	台 / 千克
	8438500000	肉类或家禽加工机器	台 / 千克
八、农业机械	8433510001	功率≥ 160 马力的联合收割机	台
	8433510090	功率＜ 160 马力的联合收割机	台
	8433599090	其他收割机及脱粒机	台 / 千克
	8434100000	挤奶机	台 / 千克
九、印刷机械	8443120000	办公室用片取进料式胶印机（片尺寸不超过 22 厘米 × 36 厘米，用品目 8442 项下商品进行印刷的机器）	台 / 千克
	8443140000	除卷取进料式凸版印刷机，但不包括苯胺印刷机（用品目 8442 项下商品进行印刷的机器）	台
	8443150000	除卷取进料式以外的凸版印刷机，但不包括苯胺印刷机（用品目 8442 项下商品进行印刷的机器）	台 / 千克
	8443160001	苯胺印刷机，线速度≥ 350 米 / 分钟，幅宽≥ 800 毫米（柔性版印刷机，用品目 8442 项下商品进行印刷的机器）	台

续表

货物种类	海关商品编号	商品名称及备注	单　位
	8443160002	机组式柔性版印刷机，线速度≥ 160m /min，250mm ≤幅宽＜ 800mm（具有烫印或全息或丝网印刷功能单元的）	台 / 千克
	8443160090	其他苯胺印刷机（柔性版印刷机，用品目 8442 项下商品进行印刷的机器）	台 / 千克
	8443198000	未列名印刷机（网式印刷机除外，用品目 8442 项下商品进行印刷的机器）	台 / 千克
十、纺织机械	8446304000	织物宽度＞ 30cm 的喷水织机	台
	8447202000	平型纬编机	台
	8451400000	其他洗涤、漂白或染色机器	台
	8453100000	生皮、皮革的处理或加工机器（包括鞣制机）	台
十一、船舶	8901101010	高速客船（包括主要用于客运的类似船舶）	艘
	8901101090	其他机动巡航船、游览船及各式渡船（包括主要用于客运的类似船舶）	艘
	8903100000	充气的娱乐或运动用快艇（包括充气的划艇及轻舟）	艘
	8903920001	8 米＜长度＜ 90 米的汽艇（装有舷外发动机的除外）	艘
	8903920090	其他汽艇（装有舷外发动机的除外）	艘
	8903990001	8 米＜长度＜ 90 米的娱乐或运动用其他机动船舶或快艇（包括划艇及轻舟）	艘
	8903990090	娱乐或运动用其他船舶或快艇（包括划艇及轻舟）	艘
	8901109000	非机动巡航船、游览船及各式渡船（以及主要用于客运的类似船舶）	艘
	8901909000	非机动货运船舶及客货兼运船舶	艘
十二、硒鼓	8443999010	其他印刷（打印）机、复印机及传真机的感光鼓和含感光鼓的碳粉盒	个
委托机构负责签发以下货物的进口许可证			
消耗臭氧层物质			
	2903191010	1，1，1- 三氯乙烷（甲基氯仿），用于清洗剂的除外	千克
	2903191090	1，1，1- 三氯乙烷（甲基氯仿），用于清洗剂的	千克
	2903399020	溴甲烷（甲基溴）	千克

续表

货物种类	海关商品编号	商品名称及备注	单　位
	2903710000	一氯二氟甲烷	千克
	2903720000	二氯三氟乙烷	千克
	2903730000	二氯一氟乙烷	千克
	2903740000	一氯二氟乙烷	千克
	2903750010	1，1，1，2，2-五氟-3，3-二氯丙烷	千克
	2903750020	1，1，2，2，3-五氟-1，3-二氯丙烷	千克
	2903750090	其他二氯五氟丙烷	千克
	2903760010	溴氯二氟甲烷	千克
	2903760020	溴三氟甲烷	千克
	2903771000	三氯氟甲烷	千克
	2903772011	二氯二氟甲烷	千克
	2903772012	三氯三氟乙烷，用于清洗剂除外（CFC-113）	千克
	2903772014	二氯四氟乙烷（CFC-114）	千克
	2903772015	一氯五氟乙烷（CFC-115）	千克
	2903772016	一氯三氟甲烷（CFC-13）	千克
	2903791011	一氟二氯甲烷	千克
	2903791012	1，1，1，2-四氟-2-氯乙烷	千克
	2903791013	三氟一氯乙烷	千克
	2903791014	1-氟-1，1-二氯乙烷	千克
	2903791015	1，1-二氟-1-氯乙烷	千克
	2903791090	其他仅含氟和氯的甲烷、乙烷及丙烷的卤化衍生物	千克
	2903799021	其他仅含溴、氟的甲烷、乙烷和丙烷	千克
	3824710011	二氯二氟甲烷和二氟乙烷的混合物（R-500）	千克
	3824710012	一氯二氟甲烷和二氯二氟甲烷的混合物（R-501）	千克
	3824710013	一氯二氟甲烷和一氯五氟乙烷的混合物（R-502）	千克

续表

货物种类	海关商品编号	商品名称及备注	单　位
	3824710014	三氟甲烷和一氯三氟甲烷的混合物（R-503）	千克
	3824710015	二氟甲烷和一氯五氟乙烷的混合物（R-504）	千克
	3824710016	二氯二氟甲烷和一氟一氯甲烷的混合物（R-505）	千克
	3824710017	一氟一氯甲烷和二氯四氟乙烷的混合物（R-506）	千克
	3824710018	二氯二氟甲烷和二氯四氟乙烷的混合物（R-400）	千克
	3824740011	二氟一氯甲烷、二氟乙烷和一氯四氟乙烷的混合物（R-401）	千克
	3824740012	五氟乙烷、丙烷和二氟一氯甲烷的混合物（R-402）	千克
	3824740013	丙烷、二氟一氯甲烷和八氟丙烷的混合物（R-403）	千克
	3824740014	二氟一氯甲烷、二氟乙烷、一氯二氟乙烷和八氟环丁烷的混合物（R-405）	千克
	3824740015	二氟一氯甲烷、2- 甲基丙烷（异丁烷）和一氯二氟乙烷的混合物（R-406）	千克
	3824740016	五氟乙烷、三氟乙烷和二氟一氯甲烷的混合物（R-408）	千克
	3824740017	二氟一氯甲烷、一氯四氟乙烷和一氯二氟乙烷的混合物（R-409）	千克
	3824740018	丙烯、二氟一氯甲烷和二氟乙烷的混合物（R-411）	千克
	3824740019	二氟一氯甲烷、八氟丙烷和一氯二氟乙烷的混合物（R-412）	千克
	3824740021	二氟一氯甲烷、一氯四氟乙烷、一氯二氟乙烷和 2- 甲基丙烷的混合物（R-414）	千克
	3824740022	二氟一氯甲烷和二氟乙烷的混合物（R-415）	千克
	3824740023	四氟乙烷、一氯四氟乙烷和丁烷的混合物（R-416）	千克
	3824740024	丙烷、二氟一氯甲烷和二氟乙烷的混合物（R-418）	千克
	3824740025	二氟一氯甲烷和八氟丙烷的混合物（R-509）	千克
	3824740026	二氟一氯甲烷和一氯二氟乙烷的混合物	千克
	3824740090	其他含甲烷、乙烷或丙烷的氢氯氟烃混合物（不论是否含甲烷、乙烷或丙烷的全氟烃或氢氟烃，但不含全氯氟烃）	千克

商务部、海关总署发布《2018 年出口许可证管理货物目录》的公告

【发布单位】中华人民共和国商务部海关总署
【发布日期】2017 年 12 月 31 日

依据《中华人民共和国对外贸易法》《中华人民共和国货物进出口管理条例》《消耗臭氧层物质管理条例》和有关规章，现公布《2018 年出口许可证管理货物目录》（以下简称为《目录》），自 2018 年 1 月 1 日起执行。商务部、海关总署 2016 年 12 月 30 日公布的《2017 年出口许可证管理货物目录》同时废止。有关事项公告如下：

一、列入目录的货物有 44 种，实行出口配额或出口许可证管理。

（一）实行出口配额管理的货物为：活牛（对港澳出口）、活猪（对港澳出口）、活鸡（对香港出口）、小麦、玉米、大米、小麦粉、玉米粉、大米粉、甘草及甘草制品、蔺草及蔺草制品、磷矿石、煤炭、原油、成品油（不含润滑油、润滑脂、润滑油基础油）、锯材、棉花、白银。

出口本款所列上述货物的，需按规定申请取得配额（全球配额或国别、地区配额），凭配额证明文件申领出口许可证。其中，出口甘草及甘草制品、蔺草及蔺草制品的，需凭配额招标中标证明文件申领出口许可证。

（二）实行出口许可证管理的货物为：活牛（对港澳以外市场）、活猪（对港澳以外市场）、活鸡（对港澳以外市场）、牛肉、猪肉、鸡肉、天然砂（含标准砂）、矾土、镁砂 、滑石块（粉）、氟石（萤石）、稀土、锡及锡制品、钨及钨制品、钼及钼制品、锑及锑制品、焦炭、成品油（润滑油、润滑脂、润滑油基础油）、石蜡、部分金属及制品、硫酸二钠、碳化硅、消耗臭氧层物质、柠檬酸、维生素 C、青霉素工业盐、铂金（以加工贸易方式出口）、铟及铟制品、摩托车（含全地形车）及其发动机和车架、汽车（包括成套散件）及其底盘等。其中，对向港、澳、台地区出口的天然砂实行出口许可证管理，对标准砂实行全球出口许可证管理。

消耗臭氧层物质的货样广告品需凭出口许可证出口。企业以一般贸易、加工贸易、边境贸易和捐赠贸易方式出口汽车、摩托车产品，需申领出口许可证，并符合申领许可证的条件；企业以工程承包方式出口汽车、摩托车产品，需凭中标文件等相关证明材料申领出口许可证；企业以上述贸易方式出口非原产于中国的汽车、摩托车产品，需凭进口海关单据和货物出口合同申领出口许可证；其他贸易方式出口汽车、摩托车产品免予申领出口许可证。

（三）以边境小额贸易方式出口以招标方式分配出口配额的货物和属于出口许可证管理的消耗臭氧层物质、摩托车（含全地形车）及其发动机和车架、汽车（包括成套散件）及其底盘等货物的，需按规定申领出口许可证。以边境小额贸易方式出口属于出口配额管理的货物的，由有关地方商务主管部门（省级）根据商务部下达的边境小额贸易配额和要求签发出口许可证。以边境小额贸易方式出口

本款上述以外的列入目录的货物，免于申领出口许可证。

（四）铈及铈合金（颗粒＜500μm）、钨及钨合金（颗粒＜500μm）、锆、铍的出口免于申领出口许可证，但需按规定申领两用物项和技术出口许可证。

（五）我国政府对外援助项下提供的目录内货物不纳入出口配额和出口许可证管理。

二、对玉米、大米、钨及钨制品、锑及锑制品、煤炭、原油、成品油、棉花、白银等货物实行出口国营贸易管理。

继续暂停对润滑油（27101991）、润滑脂（27101992）和润滑油基础油（27101993）一般贸易出口的国营贸易管理，实行出口许可证管理。企业凭货物出口合同申领出口许可证，海关凭出口许可证验放。其他贸易方式下出口管理仍按商务部、发展改革委、海关总署公告2008年第30号的规定执行。

三、加工贸易项下出口目录内货物的，按以下规定执行：

（一）以加工贸易方式出口属于配额管理的货物，凭配额证明文件、有效期内的《加工贸易企业经营状况及生产能力证明》和货物出口合同申领出口许可证。其中，出口以招标方式分配配额的货物，凭有效期内的《加工贸易企业经营状况及生产能力证明》、配额招标中标证明文件、海关加工贸易进口报关单和货物出口合同申领出口许可证。

（二）以加工贸易方式出口属于出口许可证管理的货物，凭有效期内的《加工贸易企业经营状况及生产能力证明》、有关批准文件、海关加工贸易进口报关单和货物出口合同申领出口许可证。其中，申领白银出口许可证需加验商务部批件；加工贸易项下出口成品油（润滑油、润滑脂和润滑油基础油）需凭有效期内的《加工贸易企业经营状况及生产能力证明》、海关加工贸易进口报关单和省级商务主管部门申请函申领出口许可证。加工贸易项下出口成品油（不含润滑油、润滑脂、润滑油基础油）免于申领出口许可证。

四、为实施出口许可证联网核销，对不属于“一批一证”制的货物，出口许可证签发时应在备注栏内填注“非一批一证”。在出口许可证有效期内，“非一批一证”制货物可以多次报关使用，但最多不超过12次。12次报关后，出口许可证即使尚存余额，海关也停止接受报关。属于“非一批一证”制的货物为：

1. 外商投资企业出口货物；

2. 加工贸易方式出口货物；

3. 补偿贸易项下出口货物；

4. 小麦、玉米、大米、小麦粉、玉米粉、大米粉、活牛、活猪、活鸡、牛肉、猪肉、鸡肉、原油、成品油、煤炭、摩托车（含全地形车）及其发动机和车架、汽车（包括成套散件）及其底盘。

消耗臭氧层物质的出口许可证管理实行“一批一证”制，出口许可证在有效期内一次报关使用。

五、为维护对外贸易秩序，对目录内部分货物实行指定口岸报关出口。

（一）甘草出口的报关口岸指定为天津海关、上海海关、大连海关；甘草制品出口的报关口岸指定为天津海关、上海海关。

（二）镁砂项下产品“按重量计含氧化镁70%以上的混合物”（海关商品编码为3824909200）的出口不再指定报关口岸，镁砂项下其他产品的出口指定大连（大窑湾、营口、鲅鱼圈、丹东、大东港、庄河）、青岛（莱州海关）、天津（东港、新港）、长春（图们）、满洲里为报关口岸。

（三）稀土出口的报关口岸指定为天津海关、上海海关、青岛海关、黄埔海关、呼和浩特海关、南昌海关、宁波海关、南京海关和厦门海关。

（四）锑及锑制品出口的报关口岸指定为黄埔海关、北海海关、天津海关。

（五）对台港澳地区出口天然砂的报关口岸限定于企业所在省的海关。

商 务 部

海关总署

2017年12月22日

附件

2018年出口许可证管理货物分级发证目录

序号	货物种类	海关商品编号	货　物　名　称	单位
1	活牛	0102290000	非改良种用家牛	千克/头
		0102390010	非改良种用濒危水牛	千克/头
		0102390090	非改良种用其他水牛	千克/头
		0102909010	非改良种用濒危野牛	千克/头
		0102909090	非改良种用其他牛	千克/头
2	活猪			
	活大猪	0103920010	重量在50千克及以上的其他野猪（改良种用的除外）	千克/头
		0103920090	重量在50千克及以上的其他猪（改良种用的除外）	千克/头
	活中猪	0103912010	10≤重量<50千克的其他野猪（改良种用的除外）	千克/头
		0103912090	10≤重量<50千克的其他猪（改良种用的除外）	千克/头
	活乳猪	0103911010	重量在10千克以下的其他野猪（改良种用的除外）	千克/头
		0103911090	重量在10千克以下的其他猪（改良种用的除外）	千克/头
3	活鸡	0105941000	超过185克改良种用鸡	千克/只
		0105949000	超过185克其他鸡（改良种用的除外）	千克/只
		0105999300	超过185克的非改良种用珍珠鸡	千克/只
4	牛肉			
	冰鲜牛肉	0201100010	整头及半头鲜或冷藏的野牛肉	千克
		0201100090	其他整头及半头鲜或冷藏的牛肉	千克
		0201200010	鲜或冷藏的带骨野牛肉	千克
		0201200090	其他鲜或冷藏的带骨牛肉	千克
		0201300010	鲜或冷藏的去骨野牛肉	千克
		0201300090	其他鲜或冷藏的去骨牛肉	千克
		0206100000	鲜或冷藏的牛杂碎	千克

续表

序号	货物种类	海关商品编号	货　物　名　称	单位
	冻 牛 肉	0202100010	冻藏的整头及半头野牛肉	千克
		0202100090	其他冻藏的整头及半头牛肉	千克
		0202200010	冻藏的带骨野牛肉	千克
		0202200090	其他冻藏的带骨牛肉	千克
		0202300010	冻藏的去骨野牛肉	千克
		0202300090	其他冻藏的去骨牛肉	千克
		0206210000	冻牛舌	千克
		0206220000	冻牛肝	千克
		0206290000	其他冻牛杂碎	千克
5	猪肉			
	冰 鲜 猪 肉	0203111010	鲜或冷藏整头及半头野乳猪肉	千克
		0203111090	其他鲜或冷藏的整头及半头乳猪肉	千克
		0203119010	其他鲜或冷藏整头及半头野猪肉	千克
		0203119090	其他鲜或冷藏的整头及半头猪肉	千克
		0203120010	鲜或冷藏的带骨野猪前腿、后腿及肉块	千克
		0203120090	鲜或冷藏的带骨猪前腿、后腿及其肉块	千克
		0203190010	其他鲜或冷藏的野猪肉	千克
		0203190090	其他鲜或冷藏的猪肉	千克
		0206300000	鲜或冷藏的猪杂碎	千克
	冻 猪 肉	0203219010	其他冻整头及半头野猪肉	千克
		0203219090	其他冻整头及半头猪肉	千克
		0203220010	冻带骨野猪前腿、后腿及肉	千克
		0203220090	冻藏的带骨猪前腿、后腿及其肉块	千克
		0203290010	冻藏野猪其他肉	千克
		0203290090	其他冻藏猪肉	千克
		0206410000	冻猪肝	千克
		0206490000	其他冻猪杂碎	千克
		0203211010	冻整头及半头野乳猪肉	千克
		0203211090	冻整头及半头乳猪肉	千克

续表

序号	货物种类	海关商品编号	货　物　名　称	单位
	鸡肉			
6	冰鲜鸡肉	0207110000	鲜或冷藏的整只鸡	千克
		0207131100	鲜或冷藏的带骨的鸡块	千克
		0207131900	其他鲜或冷藏的鸡块	千克
		0207132100	鲜或冷藏的鸡翼（不包括翼尖）	千克
		0207132900	其他鲜或冷藏的鸡杂碎	千克
	冻鸡肉	0207120000	冻的整只鸡	千克
		0207141100	冻的带骨鸡块（包括鸡胸脯、鸡大腿等）	千克
		0207141900	冻的不带骨鸡块（包括鸡胸脯、鸡大腿等）	千克
		0207142100	冻的鸡翼（不包括翼尖）	千克
		0207142200	冻的鸡爪	千克
		0207142900	冻的其他食用鸡杂碎（包括鸡翼尖、鸡肝等）	千克
7	小麦	1001110001	种用硬粒小麦	千克
		1001110090	种用硬粒小麦	千克
		1001190001	其他硬粒小麦	千克
		1001190090	其他硬粒小麦	千克
		1001910001	其他种用小麦及混合麦	千克
		1001910090	其他种用小麦及混合麦	千克
		1001990001	其他小麦及混合麦	千克
8	玉米	1005100001	种用玉米	千克
		1005100090	种用玉米	千克
		1005900001	其他玉米	千克
		1005900090	其他玉米	千克
9	大米	1006101101	种用籼米稻谷	千克
		1006101190	种用籼米稻谷	千克
		1006101901	其他种用稻谷	千克

续表

序号	货物种类	海关商品编号	货　物　名　称	单位
		1006101990	其他种用稻谷	千克
		1006109101	其他籼米稻谷	千克
		1006109190	其他籼米稻谷	千克
		1006109901	其他稻谷	千克
		1006109990	其他稻谷	千克
		1006201001	籼米糙米	千克
		1006201090	籼米糙米	千克
		1006209001	其他糙米	千克
		1006209090	其他糙米	千克
		1006301001	籼米精米（不论是否磨光或上光）	千克
		1006301090	籼米精米（不论是否磨光或上光）	千克
		1006309001	其他精米（不论是否磨光或上光）	千克
		1006309090	其他精米（不论是否磨光或上光）	千克
		1006401001	籼米碎米	千克
		1006401090	籼米碎米	千克
		1006409001	其他碎米	千克
		1006409090	其他碎米	千克
10	小麦粉	1101000001	小麦或混合麦的细粉	千克
		1101000090	小麦或混合麦的细粉	千克
		1103110001	小麦粗粒及粗粉	千克
		1103110090	小麦粗粒及粗粉	千克
		1103201001	小麦团粒	千克
		1103201090	小麦团粒	千克
11	玉米粉	1102200001	玉米细粉	千克
		1102200090	玉米细粉	千克
		1103130001	玉米粗粒及粗粉	千克
		1103130090	玉米粗粒及粗粉	千克
		1104199010	滚压或制片的玉米	千克
		1104230001	经其他加工的玉米	千克
		1104230090	经其他加工的玉米	千克

续表

序号	货物种类	海关商品编号	货　物　名　称	单位
12	大米粉	1102901101	籼米大米细粉	千克
		1102901190	籼米大米细粉	千克
		1102901901	其他大米细粉	千克
		1102901990	其他大米细粉	千克
		1103192101	籼米大米粗粒及粗粉	千克
		1103192190	籼米大米粗粒及粗粉	千克
		1103192901	其他大米粗粒及粗粉	千克
		1103192990	其他大米粗粒及粗粉	千克
13	甘草及甘草制品	1211903600	鲜、冷、冻或干的甘草（不论是否切割、压碎或研磨成粉）	千克
		1302120000	甘草液汁及浸膏	千克
		2938909010	甘草酸粉	千克
		2938909020	甘草酸盐类	千克
		2938909030	甘草次酸及其衍生物	千克
14	蔺草及蔺草制品	1401903100	蔺草（已净、漂白或染色的）	千克
		4601291111	蔺草制的提花席、双苜席、垫子（单位面积大于1平方米，不论是否包边）	千克 / 张
		4601291112	蔺草制的其他席子（单位面积大于1平方米，不论是否包边）	千克 / 张
		9404210010	蔺草包面的垫子（单件面积大于1平方米，无论是否包边）	个 / 千克
15	天然砂	2505100000	硅砂及石英砂（不论是否着色）	千克
		2505900010	标准砂（不论是否着色，二十六章的金属矿砂除外）	千克
		2505900090	其他天然砂（不论是否着色，二十六章的金属矿砂除外）	千克
16	矾土	2508300000	耐火黏土（不论是否煅烧）（包括矾土、焦宝石及其他耐火黏土）	
		2606000000	铝矿砂及其精矿	

续表

序号	货物种类	海关商品编号	货　物　名　称	单位
17	磷矿石	2510101000	未碾磨磷灰石	千克
		2510109000	其他未碾磨天然磷酸钙（包括天然磷酸铝钙及磷酸盐白垩，磷灰石除外）	千克
		2510201000	已碾磨磷灰石	千克
		2510209000	其他已碾磨天然磷酸钙（包括天然磷酸铝钙及磷酸盐白垩，磷灰石除外）	千克
18	镁砂	2519100000	天然碳酸镁（菱镁矿）	千克
		2519901000	熔凝镁氧矿（电熔镁，包括喷补料）	千克
		2519902000	烧结镁氧矿（重烧镁，包括喷补料）	千克
		2519903000	碱烧镁（轻烧镁）	千克
		2519909910	其他氧化镁含量在70%以上的矿产品	千克
		2530909910	废镁砖	千克
		2530909930	未煅烧的水镁石	千克
		3824999200	按重量计含氧化镁70%以上的混合物	千克
19	滑石块（粉）	2526102000	未破碎及未研粉的滑石（不论是否粗加修整或仅用锯或其他方法切割成矩形板块）	千克
		2526202001	滑石粉（体积百分比90%及以上的产品颗粒度小于等于18微米的）	千克
		2526202090	已破碎或已研粉的其他天然滑石	千克
		3824999100	按重量计含滑石50%以上的混合物	千克
20	氟石（萤石）	2529210000	按重量计氟化钙含量在97%及以下	千克
		2529220000	按重量计氟化钙含量在97%以上	千克
21	稀土	2530902000	其他稀土金属矿	千克
		2612200000	钍矿砂及其精矿	千克
		2805301100	钕（未相互混合或相互熔合）	千克
		2805301200	镝（未相互混合或相互熔合）	千克

续表

序号	货物种类	海关商品编号	货　物　名　称	单位
		2805301300	铽（未相互混合或相互熔合）	千克
		2805301400	镧（未相互混合或相互熔合）	千克
		2805301510*	颗粒＜500μm的铈及其合金（含量≥97%，不论球形、椭球体、雾化、片状、研碎金属燃料；未相互混合或相互熔合）	千克
		2805301590	其他金属铈（未相互混合或相互熔合）	千克
		2805301600	金属镨（未相互混合或相互熔合）	千克
		2805301700	金属钇（未相互混合或相互熔合）	千克
		2805301900	其他稀土金属	千克
		2805302100	其他电池级的稀土金属、钪及钇	千克
		2805302900	其他稀土金属、钪及钇	千克
		2846101000	氧化铈	千克
		2846102000	氢氧化铈	千克
		2846103000	碳酸铈	千克
		2846109010	氰化铈	千克
		2846109090	铈的其他化合物	千克
		2846901100	氧化钇	千克
		2846901200	氧化镧	千克
		2846901300	氧化钕	千克
		2846901400	氧化铕	千克
		2846901500	氧化镝	千克
		2846901600	氧化铽	千克
		2846901700	氧化镨	千克
		2846901920	氧化铒	千克
		2846901930	氧化钆	千克
		2846901940	氧化钐	千克
		2846901970	氧化镥	千克
		2846901980	氧化钪	千克
		2846901991	灯用红粉	千克

续表

序号	货物种类	海关商品编号	货　物　名　称	单位
		2846901992	按重量计中重稀土总含量≥ 30% 的其他氧化稀土（灯用红粉、氧化铈除外）	千克
		2846901999	其他氧化稀土（灯用红粉、氧化铈除外）	千克
		2846902100	氯化铽	千克
		2846902200	氯化镝	千克
		2846902300	氯化镧	千克
		2846902400	氯化钕	千克
		2846902500	氯化镨	千克
		2846902600	氯化钇	千克
		2846902800	混合氯化稀土	千克
		2846902900	其他未混合氯化稀土	千克
		2846903100	氟化铽	千克
		2846903200	氟化镝	千克
		2846903300	氟化镧	千克
		2846903400	氟化钕	千克
		2846903500	氟化镨	千克
		2846903600	氟化钇	千克
		2846903900	其他氟化稀土	千克
		2846904100	碳酸镧	千克
		2846904200	碳酸铽	千克
		2846904300	碳酸镝	千克
		2846904400	碳酸钕	千克
		2846904500	碳酸镨	千克
		2846904600	碳酸钇	千克
		2846904810	按重量计中重稀土总含量≥ 30% 的混合碳酸稀土	千克
		2846904890	其他混合碳酸稀土	千克
		2846904900	其他未混合碳酸稀土	千克
		2846909100	镧的其他化合物	千克
		2846909200	钕的其他化合物	千克

续表

序号	货物种类	海关商品编号	货　物　名　称	单位
		2846909300	铽的其他化合物	千克
		2846909400	镝的其他化合物	千克
		2846909500	镨的其他化合物	千克
		2846909690	钇的其他化合物（LED 用荧光粉除外）	千克
		2846909910	按重量计中重稀土总含量≥ 30% 的稀土金属、钪的其他化合物（LED 用荧光粉、铈的化合物除外）	千克
		2846909990	其他稀土金属、钪的其他化合物（LED 用荧光粉、铈的化合物除外）	千克
22	锡及锡制品			
	锡矿砂	2609000000	锡矿砂及其精矿	千克
	锡 及锡基合金	2825903100	二氧化锡	千克
		2825903900	其他锡的氧化物及氢氧化物	千克
		8001100000	未锻轧非合金锡	千克
		8001201000	锡基巴毕脱合金	千克
		8001202100	按重量计含铅量在 0.1% 以下的焊锡	千克
		8001202900	其他焊锡	千克
		8001209000	其他锡合金	千克
		8002000000	锡废碎料	千克
		8003000000	锡及锡合金条、杆、型材、丝	千克
		8007002000	锡板、片及带，厚度超过 0.2 毫米	千克
		8007004000	锡管及管子附件（例如接头，肘管，管套）	千克
23	钨及钨制品			
	钨砂	2611000000	钨矿砂及其精矿	
		2620991000	其他主要含钨的矿渣、矿灰及残渣	
	仲、偏钨酸铵	2841801000	仲钨酸铵	
		2841804000	偏钨酸铵	
	三氧化钨 及蓝色氧化钨	2825901200	三氧化钨	
		2825901910	蓝色氧化钨	

续表

序号	货物种类	海关商品编号	货　物　名　称	单位
	钨酸及其盐类	2825901100	钨酸	千克
		2825901100	钨酸钠	千克
		2841802000	钨酸钙	千克
	钨粉及其制品	2849902000	碳化钨	千克
		8101100010*	其他颗粒＜ 500μm 的钨及其合金（含量≥ 97%，不论球形、椭球体、雾化、片状、研碎金属燃料）	千克
		8101100090	其他钨粉末	千克
		8101940000	未锻轧钨（包括简单烧结的条、杆）	千克
		8101970000	钨废碎料	千克
24	钼及钼制品	2613100000	已焙烧的钼矿砂及其精矿	千克
		2613900000	其他钼矿砂及其精矿	千克
		2825700000	钼的氧化物及氢氧化物	千克
		2841701000	钼酸铵	千克
		2841709000	其他钼酸盐	千克
		8102100000	钼粉	千克
		8102940000	未锻轧钼，包括简单烧结的条、杆	千克
		8102970000	钼废碎料	千克
		8102990000	钼制品	千克
25	锑及锑制品			
	锑砂	2617101000	生锑（锑精矿，选矿产品）	千克
		2617109001	其他锑矿砂及其精矿（黄金价值部分）	千克
		2617109090	其他锑矿砂及其精矿（非黄金价值部分）	千克
	氧化锑	2825800000	锑的氧化物	千克
	锑（包括锑合金）及锑制品	8110101000	未锻轧锑	千克
		8110102000	锑粉末	千克
		8110200000	锑废碎料	千克
		8110900000	其他锑及锑制品	千克

续表

序号	货物种类	海关商品编号	货　物　名　称	单位
26	煤炭	2701110010	无烟煤（不论是否粉化，但未制成型）	千克
		2701121000	未制成型的炼焦煤（不论是否粉化）	千克
		2701129000	其他烟煤（不论是否粉化，但未制成型）	千克
		2701190000	其他煤（不论是否粉化，但未制成型）	千克
		2702100000	褐煤（不论是否粉化，但未制成型）	千克
27	焦炭	2704001000	焦炭或半焦炭（煤、褐煤或泥煤制成，不论是否成型）	千克
28	原油	2709000000	石油原油（包括从沥青矿物提取的原油）	千克
29	成品油	2710121000	车用汽油及航空汽油，不含生物柴油	千克
		2710122000	石脑油，不含生物柴油	千克
		2710129101	壬烯（碳九异构体混合物含量高于 90%），不含生物柴油	千克
		2710129190	其他壬烯，不含生物柴油	千克
		2710129910	异戊烯同分异构体混合物，不含生物柴油	千克
		2710129990	其他轻油及制品（包括按重量计含油≥ 70% 的制品），不含生物柴油	千克
		2710191100	航空煤油，不含生物柴油	千克 / 升
		2710191200	灯用煤油，不含生物柴油	千克 / 升
		2710191910	正构烷烃（C9-C13），不含生物柴油	千克 / 升
		2710191990	其他煤油馏分的油及制品，不含生物柴油	千克 / 升
		2710192300	柴油	千克 / 升
		2710199100	润滑油，不含生物柴油	千克 / 升
		2710199200	润滑脂，不含生物柴油	千克 / 升
		2710199300	润滑油基础油，不含生物柴油	千克 / 升
		2710200000	石油及从沥青矿物提取的油类（但原油除外）以及以上述油为基本成分（按重量计≥ 70%）的其他税目未列名制品（含生物柴油＜ 30%，废油除外）	千克 / 升
		2711110000	液化天然气	千克 / 升

续表

序号	货物种类	海关商品编号	货　物　名　称	单位
30	石蜡	2712200000	石蜡，不论是否着色（按重量计含油量小于 0.75%）	千克
		2712901000	微晶石蜡	千克
31	部分金属及制品			千克
	铋	2825902100	三氧化二铋	千克
		2825902900	其他铋的氧化物及氢氧化物	千克
		8106001091	其他未锻轧铋	千克
		8106001092	其他未锻轧铋废碎料	千克
		8106001099	其他未锻轧铋粉末	千克
		8106009090	其他铋及铋制品	千克
	钛	3206111000	钛白粉	千克
		8108202100	未锻轧海绵钛	千克
		8108202990	其他未锻轧钛	千克
		8108203000	钛的粉末	克
		8108300000	钛废碎料	克
	钨	3824300010	混合的未烧结金属碳化钨（包括自身混合或与金属黏合剂混合的）	克
	铂	7110199000	其他半制成铂	克
		7112921000	铂及包铂的废碎料（但含有其他贵金属除外）	克
		7112922001	铂含量在 3% 以上的其他含有铂及铂化合物的废碎料（但含有其他贵金属除外，主要用于回收）	克
		7112922090	其他含有铂及铂化合物的废碎料（但含有其他贵金属除外，主要用于回收铂）	克
		7111000000	以贱金属、银或金为底的包铂材料	克
		7115100000	金属丝布或格栅形状的铂催化剂	克
		2843900020	氯化铂	克
		2843900030	其他铂化合物	克
		2843900090	其他贵金属化合物，贵金属汞齐（不论是否已有化学定义）	克

续表

序号	货物种类	海关商品编号	货 物 名 称	单位
	钯	7110210000	未锻造或粉末状钯	克
		7110291000	板、片状钯	克
		7110299000	其他半制成钯	克
	铑	7110310000	未锻造或粉末状铑	克
		7110391000	板、片状铑	克
		7110399000	其他半制成铑	克
	钌 铱 锇	7110410000	未锻造或粉末状铱、锇、钌	克
		7110491000	板、片状铱、锇、钌	克
		7110499000	其他半制成铱、锇、钌	克
	铁合金	7202210010	硅铁，含硅量大于 55%，小于 90%	千克
		7202210090	硅铁，含硅量大于 90%	千克
		7202290010	硅铁，含硅量大于等于 30% 且不超过 55%	千克
		7202290090	硅铁，含硅量小于 30%	千克
		7202110000	锰铁，按重量计含碳量在 2% 以上	千克
		7202190000	锰铁，按重量计含碳量不超过 2%	千克
		7202300000	硅锰铁	千克
		7202410000	铬铁，按重量计含碳量在 4% 以上	千克
		7202490000	铬铁，按重量计含碳量不超过 4%	千克
		7202500000	硅铬铁	千克
		7202600000	镍铁	千克
		7202700000	钼铁	千克
		7202801000	钨铁	千克
		7202802000	硅钨铁	千克
		7202910000	钛铁及硅钛铁	千克
		7202921000	按重量计含钒量在 75% 及以上钒铁	千克
		7202929000	其他钒铁	千克
		7202930010	铁钽铌合金（钽含量＜ 10%）	千克
		7202930090	其他铌铁	千克
		7202991100	钕铁硼合金速凝永磁片	千克

续表

序号	货物种类	海关商品编号	货 物 名 称	单位
		7202991200	钕铁硼合金磁粉	千克
		7202991900	其他钕铁硼合金	千克
		7202999110	按重量计中重稀土总含量≥ 30% 的铁合金（按重量计稀土元素总含量在 10% 以上）	千克
		7202999191	稀土硅铁合金（按重量计稀土元素总含量在 10% 以上）	千克
		7202999199	其他按重量计稀土元素总含量在 10% 以上的铁合金	千克
		7202999900	其他铁合金	千克
	镍	7501100000	镍锍	千克
		7501201000	镍湿法冶炼中间品	千克
		7501209000	其他氧化镍烧结物、镍的其他中间产品	千克
		7502101000	未锻轧非合金镍，按重量计镍、钴总量≥ 99.99%，但钴含量≤ 0.005%	千克
		7502109000	其他未锻轧非合金镍	千克
		7502200000	未锻轧镍合金	千克
		7503000000	镍废碎料	千克
	钽	8103201100	松装密度小于 2.2 克 / 立方厘米的钽粉	千克
		8103201900	其他钽粉	千克
		8103209000	其他未锻轧钽，包括简单烧结而成的条、杆	千克
		8103300000	钽废碎料	千克
		8103909090	其他锻轧钽及其制品	千克
		8103901100	直径小于 0.5 毫米的钽丝	千克
		8103901900	其他钽丝	千克
	钴	8105201000	钴湿法冶炼中间品	千克
		8105202000	未锻轧钴	千克
		8105209001	钴锍及其他冶炼钴时所得的中间产品	千克
		8105209090	其他钴锍、未锻轧钴、粉末	千克
		8105300000	钴锍废碎料	千克
		8105900000	其他钴及制品	千克
		2827393000	氯化钴	千克

续表

序号	货物种类	海关商品编号	货　物　名　称	单位
		2917112000	草酸钴	千克
		2836993000	碳酸钴	千克
		2822001000	四氧化三钴	千克
		2822009000	其他钴的氧化物及氢氧化物（包括商品氧化钴，但四氧化三钴除外）	千克
		2833299010	硫酸钴	千克
	锆	8109200090*	其他未锻轧锆；粉末	千克
		8109300000*	锆废碎料	千克
		8109900090*	其他锻轧锆及锆制品	千克
		2825600090*	二氧化锆	千克
	锰	8111001010	未锻轧锰废碎料	千克
		8111001090	未锻轧锰；粉末	千克
		8111009000	其他锰及制品	千克
	铍	8112120000*	未锻轧铍、铍粉末	千克
		8112130000*	铍废碎料	千克
		8112190000*	其他铍及其制品	千克
	铬	8112210000	未锻轧铬；铬粉末	千克
		8112220000	铬废碎料	千克
		8112290000	其他铬及其制品	千克
	锗	8112921010	未锻轧锗废碎料	千克
		8112921090	未锻轧的锗；锗粉末	千克
		8112991000	其他锗及其制品	千克
		2825600001	锗的氧化物	千克
	钒	8112922001	未锻轧、废碎料或粉末状的钒氮合金	千克
		8112992001	其他钒氮合金	千克
		8112922010	未锻轧的钒废碎料	千克
		8112922090	未锻轧的钒；钒粉末	千克
		8112992090	其他钒及其制品	千克
		2825301000	五氧化二钒	千克
		2825309000	其他钒的氧化物及氢氧化物	千克

续表

序号	货物种类	海关商品编号	货　物　名　称	单位
	镓 铼 铌	8112924010	铌废碎料	千克
		8112924090	未锻轧的铌；粉末	千克
		8112929091	未锻轧的镓、铼废碎料	千克
		8112929099	未锻轧的镓、铼；粉末	千克
		8112994000	锻轧的铌及其制品	千克
		8112999090	锻轧的镓、铼及其制品	千克
32	硫酸二钠	2833110000	硫酸二钠	千克
33	碳化硅	2849200000	碳化硅	千克
		3824999910	粗制碳化硅（其中碳化硅含量大于 15%，按重量计）	千克
34	消耗臭氧层物质	2903140010	非用于清洗剂的四氯化碳	千克
		2903191010	1，1，1- 三氯乙烷（甲基氯仿），用于清洗剂的除外	千克
		2903399020	溴甲烷（甲基溴）	千克
		2903710000	一氯二氟甲烷	千克
		2903720000	二氯三氟乙烷	千克
		2903730000	二氯一氟乙烷	千克
		2903740000	一氯二氟乙烷	千克
		2903750010	1，1，1，2，2- 五氟 -3，3- 二氯丙烷	千克
		2903750020	1，1，2，2，3- 五氟 -1，3- 二氯丙烷	千克
		2903750090	其他二氯五氟丙烷	千克
		2903760010	溴氯二氟甲烷（halon-1211）	千克
		2903760020	溴三氟甲烷（halon-1301）	千克
		2903771000	三氯氟甲烷（CFC-11）	千克
		2903772011	二氯二氟甲烷（CFC-12）	千克
		2903772012	三氯三氟乙烷，用于清洗剂除外（CFC-113）	千克
		2903772014	二氯四氟乙烷（CFC-114）	千克
		2903772015	一氯五氟乙烷（CFC-115）	千克
		2903772016	一氯三氟甲烷（CFC-113）	千克
		2903791011	一氟二氯甲烷	千克
		2903791012	1，1，1，2- 四氟 -2- 氯乙烷	千克

续表

序号	货物种类	海关商品编号	货 物 名 称	单位
		2903791013	三氟一氯乙烷	千克
		2903791014	1- 氟 -1，1- 二氯乙烷	千克
		2903791015	1，1- 二氟 -1- 氯乙烷	千克
		2903791090	其他仅含氟和氯的甲烷、乙烷及丙烷的卤化衍生物	千克
		2903799021	其他仅含溴、氟的甲烷、乙烷和丙烷	千克
		3824710011	二氯二氟甲烷和二氟乙烷的混合物（R-500）	千克
		3824710012	一氯二氟甲烷和二氯二氟甲烷的混合物（R-501）	千克
		3824710013	一氯二氟甲烷和一氯五氟乙烷的混合物（R-502）	千克
		3824710014	三氟甲烷和一氯三氟甲烷的混合物（R-503）	千克
		3824710015	二氟甲烷和一氯五氟乙烷的混合物（R-504）	千克
		3824710016	二氯二氟甲烷和一氟一氯甲烷的混合物（R-505）	千克
		3824710017	一氟一氯甲烷和二氯四氟乙烷的混合物（R-506）	千克
		3824710018	二氯二氟甲烷和二氯四氟乙烷的混合物（R-400）	千克
		3824740011	二氟一氯甲烷、二氟乙烷和一氯四氟乙烷的混合物（R-401）	千克
		3824740012	五氟乙烷、丙烷和二氟一氯甲烷的混合物（R-402）	千克
		3824740013	丙烷、二氟一氯甲烷和八氟丙烷的混合物（R-403）	千克
		3824740014	二氟一氯甲烷、二氟乙烷、一氯二氟乙烷和八氟环丁烷的混合物（R-405）	千克
		3824740015	二氟一氯甲烷、2- 甲基丙烷（异丁烷）和一氯二氟乙烷的混合物（R-406）	千克
		3824740016	五氟乙烷、三氟乙烷和二氟一氯甲烷的混合物（R-408）	千克
		3824740017	二氟一氯甲烷、一氯四氟乙烷和一氯二氟乙烷的混合物（R-409）	千克
		3824740018	丙烯、二氟一氯甲烷和二氟乙烷的混合物（R-411）	千克
		3824740019	二氟一氯甲烷、八氟丙烷和一氯二氟乙烷的混合物（R-412）	千克
		3824740021	二氟一氯甲烷、一氯四氟乙烷、一氯二氟乙烷和 2- 甲基丙烷的混合物（R-414）	千克
		3824740022	二氟一氯甲烷和二氟乙烷的混合物（R-415）	千克
		3824740023	四氟乙烷、一氯四氟乙烷和丁烷的混合物（R-416）	千克

续表

序号	货物种类	海关商品编号	货　物　名　称	单位
		3824740024	丙烷、二氟一氯甲烷和二氟乙烷的混合物（R-418）	千克
		3824740025	二氟一氯甲烷和八氟丙烷的混合物（R-509）	千克
		3824740026	二氟一氯甲烷和一氯二氟乙烷的混合物	千克
		3824740090	其他含甲烷、乙烷或丙烷的氢氯氟烃混合物（不论是否含甲烷、乙烷或丙烷的全氟烃或氢氟烃，但不含全氯氟烃）	千克
35	柠檬酸	2918140000	柠檬酸	千克
		2918150000	柠檬酸盐及柠檬酸酯	千克
36	维生素C	2936270010	未混合的维生素C原粉（不论是否溶于溶剂）	千克
		2936270020	未混合的维生素C钙、维生素C钠(不论是否溶于溶剂）	千克
		2936270030	颗粒或包衣维生素C（不论是否溶于溶剂）	千克
		2936270090	维生素C酯类及其他（不论是否溶于溶剂）	千克
37	青霉素工业盐	2941109900	其他青霉素或衍生物及其盐（包括具有青霉烷酸结构和青霉素衍生物及其盐）	千克
38	锯材	4406110000	未浸渍的铁道及电车道针叶木枕木	千克／立方米
		4406120000	未浸渍的铁道及电车道非针叶木枕木	千克／立方米
		4407111091	非端部接合的红松厚板材(经纵锯、纵切、刨切或旋切，厚度超过6毫米）	千克／立方米
		4407111099	非端部接合的樟子松厚板材（经纵锯、纵切、刨切或旋切，厚度超过6毫米）	千克／立方米
		4407120091	非端部接合的濒危云杉及冷杉厚板材（经纵锯、纵切、刨切或旋切，厚度超过6毫米）	千克／立方米
		4407120099	非端部接合的其他云杉及冷杉厚板材（经纵锯、纵切、刨切或旋切，厚度超过6毫米）	千克／立方米
		4407112090	非端部接合的辐射松厚板材（经纵锯、纵切、刨切或旋切，厚度超过6毫米）	千克／立方米
		4407113090	非端部接合的花旗松厚板材（经纵锯、纵切、刨切或旋切，厚度超过6毫米）	千克／立方米
		4407119091	非端部接合的其他濒危松木厚板材（经纵锯、纵切、刨切或旋切，厚度超过6毫米）	千克／立方米
		4407119099	非端部接合的其他松木厚板材（经纵锯、纵切、刨切或旋切，厚度超过6毫米）	千克／立方米

续表

序号	货物种类	海关商品编号	货　物　名　称	单位
		4407190091	非端部接合的其他濒危针叶木厚板材（经纵锯、纵切、刨切或旋切，厚度超过 6 毫米）	千克 / 立方米
		4407190099	非端部接合的其他针叶木厚板材（经纵锯、纵切、刨切或旋切，厚度超过 6 毫米）	千克 / 立方米
		4407210090	非端部接合的美洲桃花心木（经纵锯、纵切、刨切或旋切，厚度超过 6 毫米）	千克 / 立方米
		4407220090	非端部接合的苏里南肉豆蔻木、细孔绿心樟及美洲轻木（经纵锯、纵切、刨切或旋切，厚度超过 6 毫米）	千克 / 立方米
		4407250090	非端部接合的红柳桉木板材（指深红色、浅红色及巴栲红柳桉木，经纵锯、纵切、刨切或旋切，厚度超过 6 毫米）	千克 / 立方米
		4407260090	非端部接合的白柳桉、其他柳桉木和阿兰木板材（经纵锯、纵切、刨切或旋切，厚度超过 6 毫米）	千克 / 立方米
		4407270090	非端部接合的沙比利木板材（经纵锯、纵切、刨切或旋切，厚度超过 6 毫米）	千克 / 立方米
		4407280090	非端部接合的伊罗科木板材（经纵锯、纵切、刨切或旋切，厚度超过 6 毫米）	千克 / 立方米
		4407291090	非端部接合的柚木板材（经纵锯、纵切、刨切或旋切，厚度超过 6 毫米）	千克 / 立方米
		4407294091	非端部接合的濒危热带红木厚板材（经纵锯、纵切、刨切或旋切，厚度超过 6 毫米）	千克 / 立方米
		4407294099	非端部接合的其他热带红木厚板材（经纵锯、纵切、刨切或旋切，厚度超过 6 毫米）	千克 / 立方米
		4407299091	非端部接合的南美蒺藜木（玉檀木）厚板材（经纵锯、纵切、刨切或旋切，厚度超过 6 毫米）	千克 / 立方米
		4407299092	非端部接合的其他未列名濒危热带木板材（经纵锯、纵切、刨切或旋切，厚度超过 6 毫米）	千克 / 立方米
		4407299099	非端部接合的其他未列名热带木板材（经纵锯、纵切、刨切或旋切，厚度超过 6 毫米）	千克 / 立方米
		4407910091	非端部接合的蒙古栎厚板材	千克 / 立方米
		4407910099	非端部接合的其他栎木（橡木）厚板材	千克 / 立方米
		4407920090	非端部接合的水青冈木（山毛榉木）厚板材（经纵锯、纵切、刨切或旋切，厚度超过 6 毫米）	千克 / 立方米

续表

序号	货物种类	海关商品编号	货　物　名　称	单位
		4407930090	非端部接合的槭木（枫木）厚板材（经纵锯、纵切、刨切或旋切，厚度超过 6 毫米）	千克 / 立方米
		4407940090	非端部接合的樱桃木厚板材（经纵锯、纵切、刨切或旋切，厚度超过 6 毫米）	千克 / 立方米
		4407950091	非端部接合的水曲柳厚板材	千克 / 立方米
		4407950099	非端部接合的其他白蜡木厚板材	千克 / 立方米
		4407960091	非端部接合的濒危桦木厚板材（经纵锯、纵切、刨切或旋切，厚度超过 6 毫米）	千克 / 立方米
		4407960099	非端部接合的其他桦木厚板材（经纵锯、纵切、刨切或旋切，厚度超过 6 毫米）	千克 / 立方米
		4407970090	非端部接合的杨木厚板材（经纵锯、纵切、刨切或旋切，厚度超过 6 毫米）	千克 / 立方米
		4407991091	非端部接合的濒危红木厚板材，但税号 4407.2940 所列热带红木除外（经纵锯、纵切、刨切或旋 切，厚度超过 6 毫米）	千克 / 立方米
		4407991099	非端部接合的其他红木厚板材，但税号 4407.2940 所列热带红木除外（经纵锯、纵切、刨切或旋 切，厚度超过 6 毫米）	千克 / 立方米
		4407998091	非端部接合的其他温带濒危非针叶厚板材（经纵锯、纵切、刨切或旋切，厚度超过 6 毫米）	千克 / 立方米
		4407998099	非端部接合的其他温带非针叶厚板材（经纵锯、纵切、刨切或旋切，厚度超过 6 毫米）	千克 / 立方米
		4407999092	非端部接合的沉香木及拟沉香木厚板材（经纵锯、纵切、刨切或旋切，厚度超过 6 毫米）	千克 / 立方米
		4407999095	非端部接合的其他濒危木厚板材（经纵锯、纵切、刨切或旋切，厚度超过 6 毫米）	千克 / 立方米
		4407999099	非端部接合的其他木厚板材（经纵锯、纵切、刨切或旋切，厚度超过 6 毫米）	千克 / 立方米
39	棉花	5201000001	未梳的棉花，包括脱脂棉花	千克
		5201000080	未梳的棉花，包括脱脂棉花	千克
		5201000090	未梳的棉花，包括脱脂棉花	千克
		5203000001	已梳的棉花	千克
		5203000090	已梳的棉花	千克

续表

序号	货物种类	海关商品编号	货 物 名 称	单位
40	白银	7106101100	平均粒径＜3微米非片状银粉	克
		7106101900	平均粒径≥3微米的非片状银粉	克
		7106102100	平均粒径＜10微米片状银粉	克
		7106102900	平均粒径≥10微米的片状银粉	克
		7106911000	纯度达99.99%及以上未锻造银，包括镀金、镀铂的银	克
		7106919000	其他未锻造银，包括镀金、镀铂的银	克
		7106921000	纯度达99.99%及以上半制成银，包括镀金、镀铂的银	克
		7106929000	其他半制成银，包括镀金、镀铂的银	克
41	铂金（铂或白金）	7110110000	未锻造或粉末状铂（加工贸易方式）	克
		7110191000	板、片状铂（加工贸易方式）	克
42	铟及铟制品	8112923010	未锻轧的铟、铟粉末	千克
		8112923090	未锻轧的铟废碎料	千克
		8112993000	锻轧的铟及其制品	千克
43	摩托车（含全地形车）及其发动机、车架	8407310000	往复式活塞引擎（第87章所列车辆用的点燃往复式活塞发动机，排气量≤50毫升）	台/千瓦
		8407320000	往复式活塞引擎（第87章所列车辆用的点燃往复式活塞发动机，50毫升＜排气量≤250毫升）	台/千瓦
		8714100010	摩托车架	千克
		8711100010	微马力摩托车及脚踏两用车（装有往复式活塞内燃发动机，微马力指排气量＝50毫升）	辆
		8711201000	小马力摩托车及脚踏两用车（装有往复式活塞内燃发动机，小马力指50毫升＜排气量≤100毫升）	辆
		8711202000	小马力摩托车及脚踏两用车（装有往复式活塞内燃发动机，小马力指100毫升＜排气量≤125毫升）	辆
		8711203000	小马力摩托车及脚踏两用车（装有往复式活塞内燃发动机，小马力指125毫升＜排气量≤150毫升）	辆
		8711204000	小马力摩托车及脚踏两用车（装有往复式活塞内燃发动机，小马力指150毫升＜排气量≤200毫升）	辆
		8711205010	小马力摩托车及脚踏两用车（装有往复式活塞内燃发动机，小马力指200毫升＜排气量＜250毫升）	辆
		8711205090	小马力摩托车及脚踏两用车（装有往复式活塞内燃发动机，小马力指排气量＝250毫升）	辆

续表

序号	货物种类	海关商品编号	货　物　名　称	单位
		8711301000	小马力摩托车及脚踏两用车（装有往复式活塞内燃发动机，小马力指 250 毫升＜排气量≤ 400 毫升）	辆
		8711302000	小马力摩托车及脚踏两用车（装有往复式活塞内燃发动机，小马力指 400 毫升＜排气量≤ 500 毫升）	辆
		8711400000	摩托车及脚踏两用车（装有往复式活塞内燃发动机，500 ＜排气量≤ 800 毫升）	辆
		8711500000	摩托车及脚踏两用车（装有往复式活塞内燃发动机，排气量＞ 800 毫升）	辆
		8703101100	全地形车	辆
44	汽车（包括成套散件）及其底盘	8701200000	半挂车用的公路牵引车	辆
		8702109100	30 座及以上仅装有压燃式活塞内燃发动机（柴油或半柴油发动机）的大型客车	辆
		8702109210	20 ≤座≤ 23 仅装有压燃式活塞内燃发动机（柴油或半柴油发动机）的客车	辆
		8702109290	24 ≤座≤ 29 仅装有压燃式活塞内燃发动机（柴油或半柴油发动机）的客车	辆
		8702109300	10 ≤座≤ 19 仅装有压燃式活塞内燃发动机（柴油或半柴油发动机）的客车	辆
		8702209100	30 座及以上同时装有压燃式活塞内燃发动机（柴油或半柴油发动机）及驱动电动机的大型客车	辆
		8702209210	20 ≤座≤ 23 同时装有压燃式活塞内燃发动机（柴油或半柴油发动机）及驱动电动机的客车	辆
		8702209290	24 ≤座≤ 29 同时装有压燃式活塞内燃发动机（柴油或半柴油发动机）及驱动电动机的客车	辆
		8702209300	10 ≤座≤ 19 同时装有压燃式活塞内燃发动机（柴油或半柴油发动机）及驱动电动机的客车	辆
		8702301000	30 座及以上同时装有点燃往复式活塞内燃发动机及驱动电动机的大型客车	辆
		8702302010	20 ≤座≤ 23 同时装有点燃往复式活塞内燃发动机及驱动电动机的客车	辆
		8702302090	24 ≤座≤ 29 同时装有点燃往复式活塞内燃发动机及驱动电动机的客车	辆
		8702303000	10 ≤座≤ 19 同时装有点燃往复式活塞内燃发动机及驱动电动机的客车	辆
		8702401000	30 座及以上仅装有驱动电动机的大型客车	辆

续表

序号	货物种类	海关商品编号	货　物　名　称	单位
		8702402010	20 ≤座≤ 23 仅装有驱动电动机的客车	辆
		8702402090	24 ≤座≤ 29 仅装有驱动电动机的客车	辆
		8702403000	10 ≤座≤ 19 仅装有驱动电动机的客车	辆
		8702901000	30 座及以上大型客车（其他型，指装有其他发动机的 30 座及以上的客运车）	辆
		8702902001	20 ≤座≤ 23 装有非压燃式活塞内燃发动机的客车	辆
		8702902090	24 ≤座≤ 29 装有非压燃式活塞内燃发动机的客车	辆
		8702903000	10 ≤座≤ 19 装有非压燃式活塞内燃发动机的客车	辆
		8703213010	仅装有排量≤ 1 升的点燃往复式活塞内燃发动机的小轿车	辆
		8703213090	仅装有排量≤ 1 升的点燃往复式活塞内燃发动机小轿车的成套散件	辆
		8703214010	仅装有排量≤ 1 升的点燃往复式活塞内燃发动机的越野车（4 轮驱动）	辆
		8703214090	仅装有排量≤ 1 升的点燃往复式活塞内燃发动机的越野车（4 轮驱动）的成套散件	辆
		8703215010	仅装有排量≤ 1 升的点燃往复式活塞内燃发动机的小客车（9 座及以下）	辆
		8703215090	仅装有排量≤ 1 升的点燃往复式活塞内燃发动机的小客车的成套散件（9 座及以下）	辆
		8703219010	仅装有排量≤ 1 升的点燃往复式活塞内燃发动机的其他载人车辆	辆
		8703219090	仅装有排量≤ 1 升的点燃往复式活塞内燃发动机的其他载人车辆的成套散件	辆
		8703223010	仅装有 1 升＜排量≤ 1.5 升点燃往复式活塞内燃发动机小轿车	辆
		8703223090	仅装有 1 升＜排量≤ 1.5 升点燃往复式活塞内燃发动机小轿车的成套散件	辆
		8703224010	仅装有 1 升＜排量≤ 1.5 升点燃往复活塞内燃发动机四轮驱动越野车	辆
		8703224090	仅装有 1 升＜排量≤ 1.5 升点燃往复活塞内燃发动机四轮驱动越野车的成套散件	辆

续表

序号	货物种类	海关商品编号	货　物　名　称	单位
		8703225010	仅装有 1 升＜排量≤ 1.5 升点燃往复式活塞内燃发动机小客车（≤ 9 座）	辆
		8703225090	仅装有 1 升＜排量≤ 1.5 升点燃往复式活塞内燃发动机小客车的成套散件（≤ 9 座）	辆
		8703229010	仅装有 1 升＜排量≤ 1.5 升点燃往复式活塞内燃发动机其他载人车辆	辆
		8703229090	仅装有 1 升＜排量≤ 1.5 升点燃往复式活塞内燃发动机其他载人车的成套散件	辆
		8703234110	仅装有 1.5 升＜排量≤ 2 升的点燃往复式活塞内燃发动机小轿车	辆
		8703234190	仅装有 1.5 升＜排量≤ 2 升的点燃往复式活塞内燃发动机小轿车的成套散件	辆
		8703234210	仅装有 1.5 升＜排量≤ 2 升的点燃往复式活塞内燃发动机越野车（4 轮驱动）	辆
		8703234290	仅装有 1.5 升＜排量≤ 2 升的点燃往复式活塞内燃发动机越野车的成套散件（4 轮驱动）	辆
		8703234310	仅装有 1.5 升＜排量≤ 2 升的点燃往复式活塞内燃发动机小客车（9 座及以下）	辆
		8703234390	仅装有 1.5 升＜排量≤ 2 升的点燃往复式活塞内燃发动机小客车的成套散件（9 座及以下）	辆
		8703234910	仅装有 1.5 升＜排量≤ 2 升的点燃往复式活塞内燃发动机的其他载人车辆	辆
		8703234990	仅装有 1.5 升＜排量≤ 2 升的点燃往复式活塞内燃发动机的其他载人车辆的成套散件	辆
		8703235110	仅装有 2 升＜排量≤ 2.5 升的点燃往复式活塞内燃发动机小轿车	辆
		8703235190	仅装有 2 升＜排量≤ 2.5 升的点燃往复式活塞内燃发动机小轿车的成套散件	辆
		8703235210	仅装有 2 升＜排量≤ 2.5 升的点燃往复式活塞内燃发动机越野车（4 轮驱动）	辆
		8703235290	仅装有 2 升＜排量≤ 2.5 升的点燃往复式活塞内燃发动机越野车的成套散件（4 轮驱动）	辆
		8703235310	仅装有 2 升＜排量≤ 2.5 升的点燃往复式活塞内燃发动机小客车（9 座及以下）	辆

续表

序号	货物种类	海关商品编号	货 物 名 称	单位
		8703235390	仅装有2升＜排量≤2.5升的点燃往复式活塞内燃发动机的小客车的成套散件（9座及以下）	辆
		8703235910	仅装有2升＜排量≤2.5升的点燃往复式活塞内燃发动机的其他载人车辆	辆
		8703235990	仅装有2升＜排量≤2.5升的点燃往复式活塞内燃发动机的其他载人车辆的成套散件	辆
		8703236110	仅装有2.5升＜排量≤3升的点燃往复式活塞内燃发动机小轿车	辆
		8703236190	仅装有2.5升＜排量≤3升的点燃往复式活塞内燃发动机小轿车的成套散件	辆
		8703236210	仅装有2.5升＜排量≤3升的点燃往复式活塞内燃发动机越野车（4轮驱动）	辆
		8703236290	仅装有2.5升＜排量≤3升的点燃往复式活塞内燃发动机越野车的成套散件（4轮驱动）	辆
		8703236310	仅装有2.5升＜排量≤3升的点燃往复式活塞内燃发动机小客车（9座及以下）	辆
		8703236390	仅装有2.5升＜排量≤3升的点燃往复式活塞内燃发动机小客车的成套散件（9座及以下）	辆
		8703236910	仅装有2.5升＜排量≤3升的点燃往复式活塞内燃发动机的其他载人车辆	辆
		8703236990	仅装有2.5升＜排量≤3升的点燃往复式活塞内燃发动机的其他载人车辆的成套散件	辆
		8703241110	仅装有3升＜排量≤4升的点燃往复式活塞内燃发动机小轿车	辆
		8703241190	仅装有3升＜排量≤4升的点燃往复式活塞内燃发动机小轿车的成套散件	辆
		8703241210	仅装有3升＜排量≤4升的点燃往复式活塞内燃发动机越野车（4轮驱动）	辆
		8703241290	仅装有3升＜排量≤4升的点燃往复式活塞内燃发动机越野车的成套散件（4轮驱动）	辆
		8703241310	仅装有3升＜排量≤4升的点燃往复式活塞内燃发动机的小客车（9座及以下）	辆
		8703241390	仅装有3升＜排量≤4升的点燃往复式活塞内燃发动机的小客车的成套散件（9座及以下）	辆

续表

序号	货物种类	海关商品编号	货　物　名　称	单位
		8703241910	仅装有 3 升＜排量≤ 4 升的点燃往复式活塞内燃发动机的其他载人车辆	辆
		8703241990	仅装有 3 升＜排量≤ 4 升的点燃往复式活塞内燃发动机的其他载人车辆的成套散件	辆
		8703242110	仅装有排气量＞ 4 升的点燃往复式活塞内燃发动机小轿车	辆
		8703242190	仅装有排气量＞ 4 升的点燃往复式活塞内燃发动机小轿车的成套散件	辆
		8703242210	仅装有排气量＞ 4 升的点燃往复式活塞内燃发动机越野车（4 轮驱动）	辆
		8703242290	仅装有排气量＞ 4 升的点燃往复式活塞内燃发动机越野车的成套散件（4 轮驱动）	辆
		8703242310	仅装有排气量＞ 4 升的点燃往复式活塞内燃发动机的小客车（9 座及以下）	辆
		8703242390	仅装有排气量＞ 4 升的点燃往复式活塞内燃发动机的小客车的成套散件（9 座及以下）	辆
		8703242910	仅装有排气量＞ 4 升的点燃往复式活塞内燃发动机的其他载人车辆	辆
		8703242990	仅装有排气量＞ 4 升的点燃往复式活塞内燃发动机的其他载人车辆的成套散件	辆
		8703311110	仅装有排气量≤ 1 升的压燃式活塞内燃发动机小轿车	辆
		8703311190	仅装有排气量≤ 1 升的压燃式活塞内燃发动机小轿车的成套散件	辆
		8703311910	仅装有排气量≤ 1 升的压燃式活塞内燃发动机的其他载人车辆	辆
		8703311990	仅装有排气量≤ 1 升的压燃式活塞内燃发动机的其他载人车辆的成套散件	辆
		8703312110	仅装有 1 升＜排气量≤ 1.5 升的压燃式活塞内燃发动机小轿车	辆
		8703312190	仅装有 1 升＜排气量≤ 1.5 升的压燃式活塞内燃发动机小轿车的成套散件	辆
		8703312210	仅装有 1 升＜排气量≤ 1.5 升的压燃式活塞内燃发动机越野车（4 轮驱动）	辆
		8703312290	仅装有 1 升＜排气量≤ 1.5 升的压燃式活塞内燃发动机越野车的成套散件（4 轮驱动）	辆

续表

序号	货物种类	海关商品编号	货　物　名　称	单位
		8703312310	仅装有 1 升＜排气量≤ 1.5 升的压燃式活塞内燃发动机小客车（9 座及以下）	辆
		8703312390	仅装有 1 升＜排气量≤ 1.5 升的压燃式活塞内燃发动机小客车的成套散件（9 座及以下）	辆
		8703312910	仅装有 1 升＜排气量≤ 1.5 升的压燃式活塞内燃发动机的其他载人车辆	辆
		8703312990	仅装有 1 升＜排气量≤ 1.5 升的装压燃式活塞内燃发动机的其他载人车辆的成套散件	辆
		8703321110	仅装有 1.5 升＜排量≤ 2 升的压燃式活塞内燃发动机小轿车	辆
		8703321190	仅装有 1.5 升＜排量≤ 2 升的压燃式活塞内燃发动机小轿车的成套散件	辆
		8703321210	仅装有 1.5 升＜排量≤ 2 升的压燃式活塞内燃发动机越野车（4 轮驱动）	辆
		8703321290	仅装有 1.5 升＜排量≤ 2 升的压燃式活塞内燃发动机越野车的成套散件（4 轮驱动）	辆
		8703321310	仅装有 1.5 升＜排量≤ 2 升的装压燃式活塞内燃发动机小客车（9 座及以下）	辆
		8703321390	仅装有 1.5 升＜排量≤ 2 升的压燃式活塞内燃发动机小客车的成套散件（9 座及以下）	辆
		8703321910	仅装有 1.5 升＜排量≤ 2 升的压燃式活塞内燃发动机的其他载人车辆	辆
		8703321990	仅装有 1.5 升＜排量≤ 2 升的压燃式活塞内燃发动机的其他载人车辆的成套散件	辆
		8703322110	仅装有 2 升＜排量≤ 2.5 升的压燃式活塞内燃发动机小轿车	辆
		8703322190	仅装有 2 升＜排量≤ 2.5 升的燃式活塞内燃发动机小轿车的成套散件	辆
		8703322210	仅装有 2 升＜排量≤ 2.5 升的燃式活塞内燃发动机越野车（4 轮驱动）	辆
		8703322290	仅装有 2 升＜排量≤ 2.5 升的燃式活塞内燃发动机越野车的成套散件（4 轮驱动）	辆
		8703322310	仅装有 2 升＜排量≤ 2.5 升的燃式活塞内燃发动机小客车（9 座及以下）	辆

续表

序号	货物种类	海关商品编号	货　物　名　称	单位
		8703322390	仅装有 2 升＜排量≤ 2.5 升的压燃式活塞内燃发动机小客车的成套散件（9 座及以下）	辆
		8703322910	仅装有 2 升＜排量≤ 2.5 升的压燃式活塞内燃发动机的其他载人车辆	辆
		8703322990	仅装有 2 升＜排量≤ 2.5 升的压燃式活塞内燃发动机的其他载人车辆的成套散件	辆
		8703331110	仅装有 2.5 升＜排量≤ 3 升的压燃式活塞内燃发动机小轿车	辆
		8703331190	仅装有 2.5 升＜排量≤ 3 升的压燃式活塞内燃发动机小轿车的成套散件	辆
		8703331210	仅装有 2.5 升＜排量≤ 3 升的压燃式活塞内燃发动机越野车（4 轮驱动）	辆
		8703331290	仅装有 2.5 升＜排量≤ 3 升的压燃式活塞内燃发动机越野车的成套散件（4 轮驱动）	辆
		8703331310	仅装有 2.5 升＜排量≤ 3 升的压燃式活塞内燃发动机小客车（9 座及以下）	辆
		8703331390	仅装有 2.5 升＜排量≤ 3 升的压燃式活塞内燃发动机小客车的成套散件（9 座及以下）	辆
		8703331910	仅装有 2.5 升＜排量≤ 3 升的压燃式活塞内燃发动机的其他载人车辆	辆
		8703331990	仅装有 2.5 升＜排量≤ 3 升的压燃式活塞内燃发动机的其他载人车辆的成套散件	辆
		8703332110	仅装有 3 升＜排量≤ 4 升的压燃式活塞内燃发动机小轿车	辆
		8703332190	仅装有 3 升＜排量≤ 4 升的压燃式活塞内燃发动机小轿车的成套散件	辆
		8703332210	仅装有 3 升＜排量≤ 4 升的压燃式活塞内燃发动机越野车（4 轮驱动）	辆
		8703332290	仅装有 3 升＜排量≤ 4 升的压燃式活塞内燃发动机越野车的成套散件（4 轮驱动）	辆
		8703332310	仅装有 3 升＜排量≤ 4 升的压燃式活塞内燃发动机小客车（9 座及以下）	辆
		8703332390	仅装有 3 升＜排量≤ 4 升的压燃式活塞内燃发动机小客车的成套散件（9 座及以下）	辆

续表

序号	货物种类	海关商品编号	货　物　名　称	单位
		8703332910	仅装有3升＜排量≤4升的压燃式活塞内燃发动机的其他载人车辆	辆
		8703332990	仅装有3升＜排量≤4升的压燃式活塞内燃发动机的其他载人车辆的成套散件	辆
		8703336110	仅装有排量＞4升的压燃式活塞内燃发动机小轿车	辆
		8703336190	仅装有排量＞4升的压燃式活塞内燃发动机小轿车的成套散件	辆
		8703336210	仅装有排量＞4升的压燃式活塞内燃发动机越野车（4轮驱动）	辆
		8703336290	仅装有排量＞4升的压燃式活塞内燃发动机越野车的成套散件（4轮驱动）	辆
		8703336310	仅装有排量＞4升的压燃式活塞内燃发动机小客车（9座及以下）	辆
		8703336390	仅装有排量＞4升的压燃式活塞内燃发动机小客车的成套散件（9座及以下）	辆
		8703336910	仅装有排量＞4升的压燃式活塞内燃发动机其他载人车辆	辆
		8703336990	仅装有排量＞4升的压燃式活塞内燃发动机其他载人车辆的成套散件	辆
		8703401110	同时装有点燃往复式活塞内燃发动机（排量≤1升）及驱动电动机的小轿车（可通过接插外部电源进行充电的除外）	辆
		8703401190	同时装有点燃往复式活塞内燃发动机（排量≤1升）及驱动电动机的小轿车的成套散件（可通过接插外部电源进行充电的除外）	辆
		8703401210	同时装有点燃往复式活塞内燃发动机（排量≤1升）及驱动电动机的越野车（4轮驱动）（可通过接插外部电源进行充电的除外）	辆
		8703401290	同时装有点燃往复式活塞内燃发动机（排量≤1升）及驱动电动机的越野车（4轮驱动）的成套散件（可通过接插外部电源进行充电的除外）	辆
		8703401310	同时装有点燃往复式活塞内燃发动机（排量≤1升）及驱动电动机的小客车（9座及以下，可通过接插外部电源进行充电的除外）	辆

续表

序号	货物种类	海关商品编号	货　物　名　称	单位
		8703401390	同时装有点燃往复式活塞内燃发动机（排量≤1升）及驱动电动机的小客车的成套散件（9座及以下，可通过接插外部电源进行充电的除外）	辆
		8703401910	同时装有点燃往复式活塞内燃发动机（排量≤1升）及驱动电动机的其他载人车辆（可通过接插外部电源进行充电的除外）	辆
		8703401990	同时装有点燃往复式活塞内燃发动机（排量≤1升）及驱动电动机的其他载人车辆的成套散件（可通过接插外部电源进行充电的除外）	辆
		8703402110	同时装有点燃往复式活塞内燃发动机（1升＜排量≤1.5升）及驱动电动机的小轿车（可通过接插外部电源进行充电的除外）	辆
		8703402190	同时装有点燃往复式活塞内燃发动机（1升＜排量≤1.5升）及驱动电动机的小轿车的成套散件（可通过接插外部电源进行充电的除外）	辆
		8703402210	同时装有点燃往复式活塞内燃发动机（1升＜排量≤1.5升）及驱动电动机的四轮驱动越野车（可通过接插外部电源进行充电的除外）	辆
		8703402290	同时装有点燃往复式活塞内燃发动机（1升＜排量≤1.5升）及驱动电动机的四轮驱动越野车的成套散件（可通过接插外部电源进行充电的除外）	辆
		8703402310	同时装有点燃往复式活塞内燃发动机（1升＜排量≤1.5升）及驱动电动机的小客车（9座及以下，可通过接插外部电源进行充电的除外）	辆
		8703402390	同时装有点燃往复式活塞内燃发动机（1升＜排量≤1.5升）及驱动电动机的小客车的成套散件（9座及以下，可通过接插外部电源进行充电的除外）	辆
		8703402910	同时装有点燃往复式活塞内燃发动机（1升＜排量≤1.5升）及驱动电动机的其他载人车辆（可通过接插外部电源进行充电的除外）	辆
		8703402990	同时装有点燃往复式活塞内燃发动机（1升＜排量≤1.5升）及驱动电动机的其他载人车辆的成套散件（可通过接插外部电源进行充电的除外）	辆
		8703403110	同时装有点燃往复式活塞内燃发动机（1.5升＜排量≤2升）及驱动电动机的小轿车（可通过接插外部电源进行充电的除外）	辆

续表

序号	货物种类	海关商品编号	货　物　名　称	单位
		8703403190	同时装有点燃往复式活塞内燃发动机（1.5 升＜排量≤ 2 升）及驱动电动机的小轿车的成套散件（可通过接插外部电源进行充电的除外）	辆
		8703403210	同时装有点燃往复式活塞内燃发动机（1.5 升＜排量≤ 2 升）及驱动电动机的四轮驱动越野车（可通过接插外部电源进行充电的除外）	辆
		8703403290	同时装有点燃往复式活塞内燃发动机（1.5 升＜排量≤ 2 升）及驱动电动机的四轮驱动越野车的成套散件（可通过接插外部电源进行充电的除外）	辆
		8703403310	同时装有点燃往复式活塞内燃发动机（1.5 升＜排量≤ 2 升）及驱动电动机的小客车（9 座及以下，可通过接插外部电源进行充电的除外）	辆
		8703403390	同时装有点燃往复式活塞内燃发动机（1.5 升＜排量≤ 2 升）及驱动电动机的小客车的成套散件（9 座及以下，可通过接插外部电源进行充电的除外）	辆
		8703403910	同时装有点燃往复式活塞内燃发动机（1.5 升＜排量≤ 2 升）及驱动电动机的其他载人车辆（可通过接插外部电源进行充电的除外）	辆
		8703403990	同时装有点燃往复式活塞内燃发动机（1.5 升＜排量≤ 2 升）及驱动电动机的其他载人车辆的成套散件（可通过接插外部电源进行充电的除外）	辆
		8703404110	同时装有点燃往复式活塞内燃发动机（2 升＜排量≤ 2.5 升）及驱动电动机的小轿车（可通过接插外部电源进行充电的除外）	辆
		8703404190	同时装有点燃往复式活塞内燃发动机（2 升＜排量≤ 2.5 升）及驱动电动机的小轿车的成套散件（可通过接插外部电源进行充电的除外）	辆
		8703404210	同时装有点燃往复式活塞内燃发动机（2 升＜排量≤ 2.5 升）及驱动电动机的四轮驱动越野车（可通过接插外部电源进行充电的除外）	辆
		8703404290	同时装有点燃往复式活塞内燃发动机（2 升＜排量≤ 2.5 升）及驱动电动机的四轮驱动越野车的成套散件（可通过接插外部电源进行充电的除外）	辆
		8703404310	同时装有点燃往复式活塞内燃发动机（2 升＜排量≤ 2.5 升）及驱动电动机的小客车（9 座及以下，可通过接插外部电源进行充电的除外）	辆

续表

序号	货物种类	海关商品编号	货　物　名　称	单位
		8703404390	同时装有点燃往复式活塞内燃发动机（2升＜排量≤2.5升）及驱动电动机的小客车的成套散件（9座及以下，可通过接插外部电源进行充电的除外）	辆
		8703404910	同时装有点燃往复式活塞内燃发动机（2升＜排量≤2.5升）及驱动电动机的其他载人车辆（可通过接插外部电源进行充电的除外）	辆
		8703404990	同时装有点燃往复式活塞内燃发动机（2升＜排量≤2.5升）及驱动电动机的其他载人车辆的成套散件（可通过接插外部电源进行充电的除外）	辆
		8703405110	同时装有点燃往复式活塞内燃发动机（2.5升＜排量≤3升）及驱动电动机的小轿车（可通过接插外部电源进行充电的除外）	辆
		8703405190	同时装有点燃往复式活塞内燃发动机（2.5升＜排量≤3升）及驱动电动机的小轿车的成套散件（可通过接插外部电源进行充电的除外）	辆
		8703405210	同时装有点燃往复式活塞内燃发动机（2.5升＜排量≤3升）及驱动电动机的四轮驱动越野车（可通过接插外部电源进行充电的除外）	辆
		8703405290	同时装有点燃往复式活塞内燃发动机（2.5升＜排量≤3升）及驱动电动机的四轮驱动越野车的成套散件（可通过接插外部电源进行充电的除外）	辆
		8703405310	同时装有点燃往复式活塞内燃发动机（2.5升＜排量≤3升）及驱动电动机的小客车（9座及以下，可通过接插外部电源进行充电的除外）	辆
		8703405390	同时装有点燃往复式活塞内燃发动机（2.5升＜排量≤3升）及驱动电动机的小客车的成套散件（9座及以下，可通过接插外部电源进行充电的除外）	辆
		8703405910	同时装有点燃往复式活塞内燃发动机（2.5升＜排量≤3升）及驱动电动机的其他载人车辆（可通过接插外部电源进行充电的除外）	辆
		8703405990	同时装有点燃往复式活塞内燃发动机（2.5升＜排量≤3升）及驱动电动机的其他载人车辆的成套散件（可通过接插外部电源进行充电的除外）	辆
		8703406110	同时装有点燃往复式活塞内燃发动机（3升＜排量≤4升）及驱动电动机的小轿车（可通过接插外部电源进行充电的除外）	辆

续表

序号	货物种类	海关商品编号	货　物　名　称	单位
		8703406190	同时装有点燃往复式活塞内燃发动机（3升＜排量≤4升）及驱动电动机的小轿车的成套散件（可通过接插外部电源进行充电的除外）	辆
		8703406210	同时装有点燃往复式活塞内燃发动机（3升＜排量≤4升）及驱动电动机的四轮驱动越野车（可通过接插外部电源进行充电的除外）	辆
		8703406290	同时装有点燃往复式活塞内燃发动机（3升＜排量≤4升）及驱动电动机的四轮驱动越野车的成套散件（可通过接插外部电源进行充电的除外）	辆
		8703406310	同时装有点燃往复式活塞内燃发动机（3升＜排量≤4升）及驱动电动机的小客车（9座及以下，可通过接插外部电源进行充电的除外）	辆
		8703406390	同时装有点燃往复式活塞内燃发动机（3升＜排量≤4升）及驱动电动机的小客车的成套散件（9座及以下，可通过接插外部电源进行充电的除外）	辆
		8703406910	同时装有点燃往复式活塞内燃发动机（3升＜排量≤4升）及驱动电动机的其他载人车辆（可通过接插外部电源进行充电的除外）	辆
		8703406990	同时装有点燃往复式活塞内燃发动机（3升＜排量≤4升）及驱动电动机的其他载人车辆的成套散件（可通过接插外部电源进行充电的除外）	辆
		8703407110	同时装有点燃往复式活塞内燃发动机（排量＞4升）及驱动电动机的小轿车（可通过接插外部电源进行充电的除外）	辆
		8703407190	同时装有点燃往复式活塞内燃发动机（排量＞4升）及驱动电动机的小轿车的成套散件（可通过接插外部电源进行充电的除外）	辆
		8703407210	同时装有点燃往复式活塞内燃发动机（排量＞4升）及驱动电动机的四轮驱动越野车（可通过接插外部电源进行充电的除外）	辆
		8703407290	同时装有点燃往复式活塞内燃发动机（排量＞4升）及驱动电动机的四轮驱动越野车的成套散件（可通过接插外部电源进行充电的除外）	辆
		8703407310	同时装有点燃往复式活塞内燃发动机（排量＞4升）及驱动电动机的小客车（9座及以下，可通过接插外部电源进行充电的除外）	辆

续表

序号	货物种类	海关商品编号	货　物　名　称	单位
		8703407390	同时装有点燃往复式活塞内燃发动机（排量＞4升）及驱动电动机的小客车的成套散件（9座及以下，可通过接插外部电源进行充电的除外）	辆
		8703407910	同时装有点燃往复式活塞内燃发动机（排量＞4升）及驱动电动机的其他载人车辆（可通过接插外部电源进行充电的除外）	辆
		8703407990	同时装有点燃往复式活塞内燃发动机（排量＞4升）及驱动电动机的其他载人车辆的成套散件（可通过接插外部电源进行充电的除外）	辆
		8703409010	其他同时装有点燃往复式活塞内燃发动机及驱动电动机的载人车辆（可通过接插外部电源进行充电的除外）	辆
		8703409090	其他同时装有点燃往复式活塞内燃发动机及驱动电动机的载人车辆的成套散件（可通过接插外部电源进行充电的除外）	辆
		8703501110	同时装有压燃式活塞内燃发动机（柴油或半柴油发动机，排量≤1升）及驱动电动机的小轿车（可通过接插外部电源进行充电的除外）	辆
		8703501190	同时装有压燃式活塞内燃发动机（柴油或半柴油发动机，排量≤1升）及驱动电动机的小轿车的成套散件（可通过接插外部电源进行充电的除外）	辆
		8703501910	同时装有压燃式活塞内燃发动机（柴油或半柴油发动机，排量≤1升）及驱动电动机的其他载人车辆（可通过接插外部电源进行充电的除外）	辆
		8703501990	同时装有压燃式活塞内燃发动机（柴油或半柴油发动机，排量≤1升）及驱动电动机的其他载人车辆的成套散件（可通过接插外部电源进行充电的除外）	辆
		8703502110	同时装有压燃式活塞内燃发动机（柴油或半柴油发动机，1升＜排量≤1.5升）及驱动电动机的小轿车（可通过接插外部电源进行充电的除外）	辆
		8703502190	同时装有压燃式活塞内燃发动机（柴油或半柴油发动机，1升＜排量≤1.5升）及驱动电动机的小轿车的成套散件（可通过接插外部电源进行充电的除外）	辆
		8703502210	同时装有压燃式活塞内燃发动机（柴油或半柴油发动机，1升＜排量≤1.5升）及驱动电动机的四轮驱动越野车（可通过接插外部电源进行充电的除外）	辆

续表

序号	货物种类	海关商品编号	货　物　名　称	单位
		8703502290	同时装有压燃式活塞内燃发动机（柴油或半柴油发动机，1 升＜排量≤ 1.5 升）及驱动电动机的四轮驱动越野车的成套散件（可通过接插外部电源进行充电的除外）	辆
		8703502310	同时装有压燃式活塞内燃发动机（柴油或半柴油发动机，1 升＜排量≤ 1.5 升）及驱动电动机的小客车（9 座及以下，可通过接插外部电源进行充电的除外）	辆
		8703502390	同时装有压燃式活塞内燃发动机（柴油或半柴油发动机，1 升＜排量≤ 1.5 升）及驱动电动机的小客车的成套散件（9 座及以下，可通过接插外部电源进行充电的除外）	辆
		8703502910	同时装有压燃式活塞内燃发动机（柴油或半柴油发动机，1 升＜排量≤ 1.5 升）及驱动电动机的其他载人车辆（可通过接插外部电源进行充电的除外）	辆
		8703502990	同时装有压燃式活塞内燃发动机（柴油或半柴油发动机，1 升＜排量≤ 1.5 升）及驱动电动机的其他载人车辆的成套散件（可通过接插外部电源进行充电的除外）	辆
		8703503110	同时装有压燃式活塞内燃发动机（柴油或半柴油发动机，1.5 升＜排量≤ 2 升）及驱动电动机的小轿车（可通过接插外部电源进行充电的除外）	辆
		8703503190	同时装有压燃式活塞内燃发动机（柴油或半柴油发动机，1.5 升＜排量≤ 2 升）及驱动电动机的小轿车的成套散件（可通过接插外部电源进行充电的除外）	辆
		8703503210	同时装有压燃式活塞内燃发动机（柴油或半柴油发动机，1.5 升＜排量≤ 2 升）及驱动电动机的四轮驱动越野车（可通过接插外部电源进行充电的除外）	辆
		8703503290	同时装有压燃式活塞内燃发动机（柴油或半柴油发动机，1.5 升＜排量≤ 2 升）及驱动电动机的四轮驱动越野车的成套散件（可通过接插外部电源进行充电的除外）	辆
		8703503310	同时装有压燃式活塞内燃发动机（柴油或半柴油发动机，1.5 升＜排量≤ 2 升）及驱动电动机的小客车（9 座及以下，可通过接插外部电源进行充电的除外）	辆
		8703503390	同时装有压燃式活塞内燃发动机（柴油或半柴油发动机，1.5 升＜排量≤ 2 升）及驱动电动机的小客车的成套散件（9 座及以下，可通过接插外部电源进行充电的除外）	辆
		8703503910	同时装有压燃式活塞内燃发动机（柴油或半柴油发动机，1.5 升＜排量≤ 2 升）及驱动电动机的其他载人车辆（可通过接插外部电源进行充电的除外）	辆

续表

序号	货物种类	海关商品编号	货　物　名　称	单位
		8703503990	同时装有压燃式活塞内燃发动机（柴油或半柴油发动机，1.5 升＜排量≤ 2 升）及驱动电动机的其他载人车辆的成套散件（可通过接插外部电源进行充电的除外）	辆
		8703504110	同时装有压燃式活塞内燃发动机（柴油或半柴油发动机，2 升＜排量≤ 2.5 升）及驱动电动机的小轿车（可通过接插外部电源进行充电的除外）	辆
		8703504190	同时装有压燃式活塞内燃发动机（柴油或半柴油发动机，2 升＜排量≤ 2.5 升）及驱动电动机的小轿车的成套散件（可通过接插外部电源进行充电的除外）	辆
		8703504210	同时装有压燃式活塞内燃发动机（柴油或半柴油发动机，2 升＜排量≤ 2.5 升）及驱动电动机的四轮驱动越野车（可通过接插外部电源进行充电的除外）	辆
		8703504290	同时装有压燃式活塞内燃发动机（柴油或半柴油发动机，2 升＜排量≤ 2.5 升）及驱动电动机的四轮驱动越野车的成套散件（可通过接插外部电源进行充电的除外）	辆
		8703504310	同时装有压燃式活塞内燃发动机（柴油或半柴油发动机，2 升＜排量≤ 2.5 升）及驱动电动机的小客车（9 座及以下，可通过接插外部电源进行充电的除外）	辆
		8703504390	同时装有压燃式活塞内燃发动机（柴油或半柴油发动机，2 升＜排量≤ 2.5 升）及驱动电动机的小客车的成套散件（9 座及以下，可通过接插外部电源进行充电的除外）	辆
		8703504910	同时装有压燃式活塞内燃发动机（柴油或半柴油发动机，2 升＜排量≤ 2.5 升）及驱动电动机的其他载人车辆（可通过接插外部电源进行充电的除外）	辆
		8703504990	同时装有压燃式活塞内燃发动机（柴油或半柴油发动机，2 升＜排量≤ 2.5 升）及驱动电动机的其他载人车辆的成套散件（可通过接插外部电源进行充电的除外）	辆
		8703505110	同时装有压燃式活塞内燃发动机（柴油或半柴油发动机，2.5 升＜排量≤ 3 升）及驱动电动机的小轿车（可通过接插外部电源进行充电的除外）	辆
		8703505190	同时装有压燃式活塞内燃发动机（柴油或半柴油发动机，2.5 升＜排量≤ 3 升）及驱动电动机的小轿车的成套散件（可通过接插外部电源进行充电的除外）	辆
		8703505210	同时装有压燃式活塞内燃发动机（柴油或半柴油发动机，2.5 升＜排量≤ 3 升）及驱动电动机的四轮驱动越野车（可通过接插外部电源进行充电的除外）	辆

续表

序号	货物种类	海关商品编号	货 物 名 称	单位
		8703505290	同时装有压燃式活塞内燃发动机（柴油或半柴油发动机，2.5 升＜排量≤ 3 升）及驱动电动机的四轮驱动越野车的成套散件（可通过接插外部电源进行充电的除外）	辆
		8703505310	同时装有压燃式活塞内燃发动机（柴油或半柴油发动机，2.5 升＜排量≤ 3 升）及驱动电动机的小客车（9 座及以下，可通过接插外部电源进行充电的除外）	辆
		8703505390	同时装有压燃式活塞内燃发动机（柴油或半柴油发动机，2.5 升＜排量≤ 3 升）及驱动电动机的小客车的成套散件（9 座及以下，可通过接插外部电源进行充电的除外）	辆
		8703505910	同时装有压燃式活塞内燃发动机（柴油或半柴油发动机，2.5 升＜排量≤ 3 升）及驱动电动机的其他载人车辆（可通过接插外部电源进行充电的除外）	辆
		8703507990	同时装有压燃式活塞内燃发动机（柴油或半柴油发动机，排量＞ 4 升）及驱动电动机的其他载人车辆的成套散件（可通过接插外部电源进行充电的除外）	辆
		8703509010	其他同时装有压燃式活塞内燃发动机（柴油或半柴油发动机）及驱动电动机的载人车辆（可通过接插外部电源进行充电的除外）	辆
		8703509090	其他同时装有压燃式活塞内燃发动机（柴油或半柴油发动机）及驱动电动机的载人车辆的成套散件（可通过接插外部电源进行充电的除外）	辆
		8703600000	同时装有点燃往复式活塞内燃发动机及驱动电动机、可通过接插外部电源进行充电的其他载人车辆	辆
		8703700000	同时装有压燃活塞内燃发动机（柴油或半柴油发动机）及驱动电动机、可通过接插外部电源进行充电的其他载人车辆	辆
		8703900021	其他型排气量≤ 1 升的其他载人车辆	辆
		8703900022	其他型 1 升＜排气量≤ 1.5 升的其他载人车辆	辆
		8703900023	其他型 1.5 升＜排气量≤ 2 升的其他载人车辆	辆
		8703900024	其他型 2 升＜排气量≤ 2.5 升的其他载人车辆	辆
		8703900025	其他型 2.5 升＜排气量≤ 3 升的其他载人车辆	辆
		8703900026	其他型 3 升＜排气量≤ 4 升的其他载人车辆	辆
		8703900027	其他型排气量＞ 4 升的其他载人车辆	辆
		8704210000	柴油型其他小型货车（装有压燃式活塞内燃发动机，小型指车辆总重量≤ 5 吨）	辆

续表

序号	货物种类	海关商品编号	货　物　名　称	单位
		8704223000	柴油型其他中型货车（装有压燃式活塞内燃发动机，中型指 5 吨＜车辆总重量＜ 14 吨）	辆
		8704224000	柴油型其他重型货车（装有压燃式活塞内燃发动机，重型指 14 吨≤车辆总重≤ 20 吨）	辆
		8704230010	固井水泥车、压裂车、混砂车、连续油管车、液氮泵车用底盘	辆
		8704230020	起重≥ 55 吨汽车起重机用底盘	辆
		8704230030	车辆总重量≥ 31 吨清障车专用底盘	辆
		8704230090	柴油型的其他超重型货车（装有压燃式活塞内燃发动机，超重型指车辆总重量＞ 20 吨）	辆
		8704310000	总重量≤ 5 吨的其他货车（汽油型，装有点燃式活塞内燃发动机）	辆
		8704323000	5 吨＜总重量≤ 8 吨的其他货车（汽油型，装有点燃式活塞内燃发动机）	辆
		8704324000	总重量＞ 8 吨的其他货车（汽油型，装有点燃式活塞内燃发动机）	辆
		8704900000	装有其他发动机的货车	辆
		8706002100	车辆总重量≥ 14 吨的货车底盘（装有发动机）	台

说明：标有“*”的货物可免于申领出口许可证，但需按规定申领两用物项和技术出口许可证。

国家发展改革委、商务部公布《2018 年农产品进口关税配额再分配公告》

【发布单位】国家发展改革委、商务部

【发布日期】2017 年 8 月 11 日

根据《农产品进口关税配额管理暂行办法》，特制定《2018 年农产品进口关税配额再分配公告》，现予以公布。

2018 年农产品进口关税配额再分配公告

根据《农产品进口关税配额管理暂行办法》（商务部、国家发 展和改革委员会令 2003 年第 4 号，以下简称《暂行办法》）、《2018 年粮食进口关税配额申领条件和分配原则》和《2018 年棉花进口关税配额申领条件和分配原则》（国家发展和改革委员会公告 2017 年第 14 号，以下简称《分配原则》）、《2018 年食糖进口关税配 额申请和分配细则》（商务部公告2017年第59号，以下简称《分配细则》）中的有关规定，现将2018年农产品进口关税配额再分 配有关事项公告如下。

一、持有 2018年小麦、玉米、大米、棉花、食糖进口关税配额的最终用户，当年未就全部配额数量签订进口合同，或已签订进口合同但预计年底前无法从始发港出运的，均应将其持有的关税配额量中未完成或不能完成的部分于9月15日前交还所在地的省（自治区、直辖市、计划单列市、新疆生产建设兵团）发展改革委、商务主管部门。国家发展改革委、商务部将对交还的配额进行再分配。对最终用户9月15日前没有交还且年底前未充分使用的配额，国家发展改革委、商务部在分配下一年农产品进口关税配额时按比例相应扣减。

二、获得本公告第一条所列商品2018年进口关税配额并全部使用完毕（需提供进口报关单复印件）的最终用户，以及符合《分配原则》《分配细则》中所列申请条件但在年初分配时未申请 2018年进口关税配额的新用户，可以向所在地省（自治区、直辖市、计划单列市、新疆生产建设兵团）发展改革委、商务主管部门提出农产品进口关税配额再分配申请。

三、申请者需在9月1—15日以书面形式向所在地省（自治区、直辖市、计划单列市、新疆生产建设兵团）发展改革委、商务主管部门递交关税配额再分配申请。相关商品申请格式见附件。

四、各省（自治区、直辖市、计划单列市、新疆生产建设兵团）发展改革委、商务主管部门对申请者的申请进行受理后，于9月1日开始将符合条件的申请通过农产品进口关税配额计算机管理系统分别进行申报，并于9月20日前将申请按时间顺序汇总后，以书面形式分别上报国家发展改革委、商务部。

五、国家发展改革委、商务部按照网上申报的顺序对用户交回的配额进行再分配。10月1日前将关税配额再分配的结果通知到最终用户。

当符合条件的申请数量总和小于关税配额再分配量时，每个申请者的申请均可获得满足；当符合条件的申请数量总和大于关税配额再分配量时，按照《分配原则》《分配细则》中的有关规定进行再分配。

六、再分配关税配额的有效期等其他事项按照《暂行办法》《分配原则》《分配细则》执行。

七、小麦、玉米、大米、棉花进口关税配额的再分配，由国家发展改革委会同商务部以及各省（自治区、直辖市、计划单列市、新疆生产建设兵团）发展改革委组织实施；食糖进口关税配额再分配，由商务部以及各省（自治区、直辖市、计划单列市、新疆生产建设兵团）商务主管部门组织实施。

附件：1. 2018 年粮食进口关税配额再分配申请表

2. 2018年棉花进口关税配额再分配申请表

3. 2018年食糖进口关税配额再分配申请表

附件1

附件 1

2018年粮食进口关税配额再分配申请表

<table>
<tr><td colspan="3">企业名称：</td><td rowspan="2">统一社会信用代码：</td></tr>
<tr><td colspan="3">企业注册地址：</td></tr>
<tr><td colspan="3">企业性质：☐ 国有 ☐股份制 ☐民营 ☐外商投资</td><td>联系电话：</td></tr>
<tr><td>注册资本（万元）：</td><td colspan="2">2017年纳税额（万元）：</td><td>2017年底资产负债率：</td></tr>
<tr><td colspan="2" rowspan="2">申请农产品配额名称：</td><td rowspan="2">申请数量（吨）：</td><td>一般贸易：</td></tr>
<tr><td>加工贸易：</td></tr>
</table>

续表

<table>
<tr><td>□ 2017 年有该农产品一般贸易进口实绩者</td><td>□ 2017 年有该农产品加工贸易进口实绩者</td><td>□ 2017 年无该农产品进口实绩者</td></tr>
</table>

<table>
<tr><td colspan="4">以下由生产企业填写</td></tr>
<tr><td rowspan="10">企业生产经营情况</td><td rowspan="5">一般贸易</td><td colspan="2">□ 2017 年　□ 2018 年</td></tr>
<tr><td>产品名称：</td><td>加工原料名称：</td></tr>
<tr><td>年生产能力（吨）：</td><td>年处理能力（吨）：</td></tr>
<tr><td>年实际产量（吨）：</td><td>年实际用量（吨）：</td></tr>
<tr><td colspan="2">该产品年销售额（万元）：</td></tr>
<tr><td rowspan="5">加工贸易</td><td colspan="2">□ 2017 年　□ 2018 年</td></tr>
<tr><td>出口产品名称：</td><td>进口原料名称：</td></tr>
<tr><td>年加工能力（吨）：</td><td>年实际进口量（吨）：</td></tr>
<tr><td>年实际出口量（吨）：</td><td>年进口处理需求（吨）：</td></tr>
</table>

<table>
<tr><td colspan="2">以下由具有大米批发零售资格的粮食企业填写</td></tr>
<tr><td>2017 年大米贸易年销售额（万元）：</td><td>2018 年大米贸易完成销售额（万元）：</td></tr>
<tr><td colspan="2">以下由有进口实绩（不包括代理进口）的企业填写</td></tr>
</table>

<table>
<tr><td rowspan="7">企业实际进口情况</td><td></td><td>2017 年</td><td>2018 年</td></tr>
<tr><td rowspan="3">一般贸易配额</td><td>分配量（吨）：</td><td>分配量（吨）：</td></tr>
<tr><td>实际进口量（吨）：</td><td>已完成进口量（吨）：</td></tr>
<tr><td>调整期退回量（吨）：</td><td>调整期退回量（吨）：</td></tr>
<tr><td rowspan="3">加工贸易配额</td><td>分配量（吨）：</td><td>分配量（吨）：</td></tr>
<tr><td>实际进口量（吨）：</td><td>已完成进口量（吨）：</td></tr>
<tr><td>调整期退回量（吨）：</td><td>调整期退回量（吨）：</td></tr>
</table>

本企业已阅知《2018 年农产品进口关税配额再分配公告》相关内容，承诺保证符合国家规定的粮食进口关税配额申领条件，保证本申请表所填写的内容真实、准确、完整；获得粮食进口关税配额，保证按照国家有关法律、法规、规章开展粮食进口业务。如有违反本承诺的，愿意承担相应的法律责任，并接受联合惩戒。

申请企业（盖章）　　　　企业法定代表人（签字）：

填表说明：

1. 企业名称与统一社会信用代码必须一一对应，一码一申请。

2. “企业生产经营情况”指企业 2017 年或 2018 年以申请进口的农产品（包括粉、粒）为主要原料加工产品实际生产经营情况，2017 年的以截至年底为准，2018 年的以截至 2018 年 6 月底为准。

3. 申请加工贸易的企业按照当地商务部门出具的加工贸易企业经营状况及生产能力证明，填写产品“年加工能力”“年实际出口量”和原料“年进口处理需求”。

附件 2

2018 年棉花进口关税配额再分配申请表

<table>
<tr><td colspan="3">企业名称：</td><td rowspan="2">统一社会信用代码：</td></tr>
<tr><td colspan="3">企业注册地址：</td></tr>
<tr><td colspan="3">企业性质：☐ 国有　☐股份制　☐民营　☐外商投资</td><td>联系电话：</td></tr>
<tr><td>注册资本（万元）：</td><td colspan="2">2017 年纳税额（万元）：</td><td>2017 年底资产负债率：</td></tr>
<tr><td colspan="3" rowspan="2">棉花进口关税配额再分配申请数量（吨）</td><td>一般贸易：</td></tr>
<tr><td>加工贸易：</td></tr>
<tr><td>☐ 2017 年有棉花一般贸易进口实绩者</td><td colspan="2">☐ 2017 年有棉花加工贸易进口实绩者</td><td>☐ 2017 年无棉花进口实绩者</td></tr>
<tr><td colspan="4">以下由生产企业填写</td></tr>
</table>

<table>
<tr><td rowspan="9">企业生产经营情况</td><td rowspan="5">一般贸易</td><td colspan="2">☐ 2017 年　☐新企业</td></tr>
<tr><td>产品名称：</td><td>加工原料名称：</td></tr>
<tr><td>纺纱能力（万锭）：</td><td>年处理能力（吨）：</td></tr>
<tr><td>年实际产量（吨）：</td><td>年实际用量（吨）：</td></tr>
<tr><td colspan="2">该产品年销售额（万元）：</td></tr>
<tr><td rowspan="4">加工贸易</td><td colspan="2">☐ 2017 年　☐新企业</td></tr>
<tr><td>出口产品名称：</td><td>进口原料名称：</td></tr>
<tr><td>纺纱能力（万锭）：</td><td>年实际进口量（吨）：</td></tr>
<tr><td>年实际出口量（吨）：</td><td>年进口处理需求（吨）：</td></tr>
<tr><td colspan="4">以下由有进口实绩（不包括代理进口）的企业填写</td></tr>
</table>

<table>
<tr><td rowspan="7">企业实际进口情况</td><td></td><td>2017 年</td><td>2018 年</td></tr>
<tr><td rowspan="3">一般贸易配额</td><td>分配量（吨）：</td><td>分配量（吨）：</td></tr>
<tr><td>实际进口量（吨）：</td><td>已完成进口量（吨）：</td></tr>
<tr><td>调整期退回量（吨）：</td><td>调整期退回量（吨）：</td></tr>
<tr><td rowspan="3">加工贸易配额</td><td>分配量（吨）：</td><td>分配量（吨）：</td></tr>
<tr><td>实际进口量（吨）：</td><td>已完成进口量（吨）：</td></tr>
<tr><td>调整期退回量（吨）：</td><td>调整期退回量（吨）：</td></tr>
</table>

续表

本企业已阅知《2018 年农产品进口关税配额再分配公告》相关内容，承诺保证符合国家规定的棉花进口关税配额申领条件，保证本申请表所填写的内容真实、准确、完整；获得棉花进口关税配额，保证按照国家有关法律、法规、规章开展棉花进口业务。如有违反本承诺的，愿意承担相应的法律责任，并接受联合惩戒。

申请企业（盖章）　　　　企业法定代表人（签字）：

填表说明：

1. 企业名称与统一社会信用代码必须一一对应，一码一申请。

2. “企业生产经营情况”指企业 2017 年或 2018 年以棉花为主要原料加工产品实际生产经营情况，2017 年的以截至年底为准，2018 年的以截至 2018 年 6 月底为准。

3. 申请加工贸易的企业按照当地商务部门出具的加工贸易企业经营状况及生产能力证明，填写纺纱能力、产品“年实际出口量”和原料“年实际进口量”。

4. “纺纱能力”指环锭纺产能，气流纺和涡流纺分别按 1:10 和 1:20 的比例折算为环锭纺产能。

5. 企业实际进口情况包括使用中期调整再分配获得配额进口的情况。

附件 3

2018 年食糖进口关税配额再分配申请表

<table>
<tr><td colspan="4">企业名称：</td></tr>
<tr><td colspan="4">企业注册地址：</td></tr>
<tr><td colspan="4">企业性质：☐国有　☐股份制　☐民营　☐外商投资</td></tr>
<tr><td colspan="4">企业类型：☐生产企业　☐贸易企业</td></tr>
<tr><td colspan="4">统一社会信用代码：</td></tr>
<tr><td colspan="4">联系电话：</td></tr>
<tr><td>申请配额名称：</td><td>☐ 2017 年有食糖一般贸易进口实绩者</td><td>☐ 2017 年有食糖加工贸易进口实绩者</td><td>☐ 2017 年无食糖进口实绩者</td></tr>
<tr><td rowspan="2">一般贸易</td><td>申请数量：</td><td rowspan="2">加工贸易</td><td>申请数量：</td></tr>
<tr><td>报关口岸：①　②</td><td>报关口岸：①　②</td></tr>
<tr><td colspan="4">以下由生产企业填写：</td></tr>
<tr><td rowspan="4">2017 年企业产品及生产能力</td><td>产品名称：</td><td colspan="2"></td></tr>
<tr><td>日产量（吨）：</td><td colspan="2">日食糖使用量（吨）：</td></tr>
<tr><td>年产量（吨）：</td><td colspan="2">年食糖使用量（吨）：</td></tr>
<tr><td colspan="3">该产品年销售额（万元）：</td></tr>
<tr><td colspan="4">以下由有加工贸易进口实绩的企业填写：</td></tr>
</table>

续表

2017 年加工贸易配额	申请到配额量（吨）：	加工贸易配额	已申领到配额量（吨）：
	实际进口量（吨）：		已完成进口量（吨）：
	调整期退回量（吨）：		调整期退回量（吨）：
以下由有一般贸易进口实绩的企业填写（不包括代理进口）：			
2017 年一般贸易配额	分配量（吨）：	2018 年一般贸易配额	分配量（吨）：
	实际进口量（吨）：		已完成进口量（吨）：
	调整期退回量（吨）：		调整期退回量（吨）：
是否同意对外提供本企业基本信息和配额申领数量　　□是　　□否			

本企业已阅知《2018 年农产品进口关税配额再分配公告》相关内容。本企业郑重承诺提交的食糖关税配额各项申报材料真实、准确、有效。获得食糖关税配额后，保证按照国家有关法律、法规、规章开展进口业务。如有违反本承诺，愿承担相关责任和后果。

申请企业盖章：　　　　　　　　　　企业法人代表签字：

填表说明："企业产品及生产能力"指以食糖为主要原料生产的产品日产量及年产量、食糖日使用量及年使用量。

2018年储备棉轮换有关安排的公告

【发布单位】国家发展改革委、财政部
【发布文号】2017年第18号
【发布日期】2017年11月6日

按照国家发展改革委、财政部公告2016年第9号有关安排，根据当前棉花供需形势和市场运行态势，经研究决定，今年新棉上市期间（目前至明年2月底）原则上不安排轮入，2018年储备棉轮出销售将从3月12日开始，截止时间暂定为8月底，每日挂牌销售数量暂按3万吨安排。如一段时期内国内外市场价格出现明显快速上涨，储备棉竞价销售成交率一周有三日以上超过70%，将适当加大日挂牌数量、延长轮出销售期限，或采取其他措施，保证市场供应。

特此公告。

关于组织2017/2018年度国家储备棉轮出销售的公告

【发布单位】中国储备棉管理有限公司 全国棉花交易市场 中国纤维检验局
【发布文号】2018年第1号
【发布日期】2018年3月6日

各涉棉企业：

根据国家发展和改革委员会、财政部公告（2016年第9号和2017年第18号）精神，中国储备棉管理有限公司、全国棉花交易市场分别制定了《2017/2018年度国家储备棉出库实施细则》（见附件一）和《2017/2018年度国家储备棉轮出交易办法》（见附件二），现予以公布。储备棉出库公证检验事宜按照中国纤维检验局发布的《2015/2016年度国家储备棉轮出公证检验实施办法》（见附件三）执行。

为确保储备棉轮出顺利开展，各竞买企业应及时按要求提货，加快出库。如不及时出库影响公证检验工作的，有关方面将采取措施限制其参与竞价交易。

特此公告。

附件：

1. 2017/2018年度国家储备棉出库实施细则

2. 2017/2018年度国家储备棉轮出交易办法

3. 2015/2016年度国家储备棉轮出公证检验实施办法

附件 1

2017/2018 年度国家储备棉出库实施细则

根据国家发改委和财政部联合发布的 2017 年第 18 号公告有关精神，中国储备棉管理有限公司（以下简称“中储棉公司”）制定 2017/2018 年度国家储备棉出库实施细则。

一、出库储备棉数量、结构和库点安排

本年度出库储备棉为 2011—2013 年度储备棉。具体出库储备棉结构和库点根据出库公检情况，同时兼顾储备棉安全管理需要。

二、储备棉销售和提货流程

（一）储备棉销售方式。储备棉销售通过全国棉花交易市场（以下简称“交易市场”）公开竞价销售。

（二）数据的发布和传递。储备棉出库点和储备棉相关检验数据通过中储棉公司、中国纤维检验局、全国棉花交易市场对外发布。交易数据由中储棉公司在交易的前一日向交易市场提供。交易闭市后交易市场将成交结果及时传中储棉公司。

（三）签订合同。竞卖交易成交即《国家储备棉购销合同》（见附件一）生效。在成交后 3 个工作日内，买方应通过传真等方式办理盖章签字手续并经交易市场见证以完备合同形式，否则视为买方违约。

（四）货款结算。买方须于成交后 5 个工作日内将成交货款汇至中储棉公司“储备棉结算专户”，账号为：

收款单位：中国储备棉管理有限公司

开户行：中国农业发展银行总行营业部

行　号：203100000027

账　号：20399990010100000242801

中储棉公司不接受承兑汇票。超过 5 个工作日未收到货款视同买方违约，中储棉公司通知交易市场扣除相应保证金。为加快结算速度，减少资金在途时间，买方要按照合同金额汇款，并在汇款备注栏标注成交合同号。

（五）办理提货单。中储棉公司确认资金到账后的 2 个工作日内开具《储备棉出库单》，《储备棉出库单》由中储棉公司客服中心统一办理。中储棉公司客服中心地址及联系方式：

地址：北京市海淀区紫竹院路 116 号嘉豪国际中心 B 座 15 层

邮编：100097

联系电话：010-58931136

传真号码：010-58931123

（六）提货要求。买方凭《储备棉出库单》原件或者电子验证码到相应承储单位办理提货手续。买方应于《储备棉出库单》开具之日起 10 个工作日（含）内提货，超过 10 个工作日（不含）未提货的，承储单位需转作商品棉保管，买方应及时与承储单位签订商品棉保管合同，明确保管、保险等相关责任及费用标准，有关费用由买方承担。转为商品棉后，棉花若发生保管及出库等问题与中储棉公司无关。

应买方要求，承储单位应在代办运输、申报车皮计划、搬倒、装运等方面提供必要协助。储备棉出库费执行国家有关部门统一规定。除双方事先另有约定外，储备棉承储单位不得额外收取任何费用，不得强行要求买方使用指定的运输工具。提货批次中存在崩包、炸包情况的，买方与承储单位现场协商解决。储备棉提货过程中所有票据的合法性和有效性由提供方负责。

（七）释放交易保证金。开具《储备棉出库单》或提供电子验证码后，中储棉公司通知交易市场释

放买方交易保证金。保证金已释放，如买方出现违约，中储棉公司将从买方货款中扣除违约金。

（八）开具增值税专用发票。买方需提货完成并验收无误后，方可向中储棉公司申请开具增值税专用发票。买方通过储备棉出库（自助）服务信息系统《开票申请》模块在线提交开具增值税专用发票申请，中储棉公司不接收纸质开票申请。

为提高开具发票速度，确保提供开票的相关资料准确无误，买方须通过储备棉出库（自助）服务信息系统在线填写《储备棉竞买企业基本信息备案表》（见附件二），并盖章传真至中储棉公司客服中心。

中储棉公司财务部地址：北京市西城区华远街17号8层

电话：010-83326588

储备棉出库（自助）服务信息系统网址：http://paochu.emiancang.com/

（九）交易手续费。中储棉公司根据有关规定，按照最终销售出库的数量支付交易手续费。

三、公证检验和质量纠纷处理

（一）储备棉出库公证检验

本年度出库的国产棉进行100%公检（质量指标包包检验、重量指标批批检验），质量和重量差异在允差范围内的按照重新公证检验结果销售。出库储备棉质量和重量以相关机构出具的证书为准。

出库公证检验由中国纤维检验局组织实施，相关细则按照《2016年出库国家储备棉公证检验实施办法》执行，相关承储单位要全力做好配合公正检验工作，确保储备棉出库任务顺利进行。

（二）质量重量纠纷处理

质量重量纠纷采用复检机制进行处理。买方按照《2016年中央储备棉出库公证检验实施办法》关于复检的有关规定，向交易市场提出申请，交易市场初审后转中纤局受理复检。

已经销售的储备棉除以下情况，一律不予退货。

1. 经中纤局认定属于掺杂使假。

2. 经中纤局复检质量或重量不相符的。

3. 棉包内部有污染、霉变情况。

鉴于储备棉按捆销售，发生以上情况退货时，仅接受整捆棉花全部退货，买方负责将退货棉花交回指定承储单位，经验收无误后方可退货。

在库复检和退货所发生的配合公检费、入库费按国家核定标准执行。退货棉花需保持包装完好，如需回包整理的，费用由买方承担。

四、信息发布和上报

中储棉公司通过中国棉花网和中国棉花信息网发布每日上市数据、成交结果和相关公告，每周将出库情况汇总统计，连同存在的问题报有关部门。

五、其他事项

（一）此次出库储备棉按捆销售，每捆棉花具体情况以中储棉公司通过中储棉公司官网、中国棉花网、交易市场官网、中国棉花信息网公布的上市数据为准。

（二）买方须出具委托书，委托指定经办人员办理《储备棉出库单》以及增值税专用发票领取等手续。

（三）中储棉公司委托中储棉花信息中心有限公司（以下简称信息中心）免费对《储备棉出库单》实行电子认证，买方可凭《储备棉出库单》验证码短信到相关承储库办理提货手续，也可凭中储棉公司出具的纸质《储备棉出库单》原件到相关仓库办理提货手续。使用《储备棉出库单电子认证服务》详见信息中心发布的《关于〈储备棉出库单〉电子认证服务有关事项的公告》。

（四）储备棉出库费为45元/吨（国家法定节假日出库费为60元/吨）。由于本年度储备棉提前进行出库公检，大部分储备棉压批堆码，装车出库时需倒垛。倒垛费最高不得超过40元/吨。以上费用由买方自行承担，提货前与相关承储单位结清。严禁承储单位超标准收费。

（五）各承储单位要进一步完善出库流程，接到中储棉公司出库指令后，及时联系买方，合理安排出库时间，不得以任何理由延迟出库。如发生买方投诉或提起诉讼，将由故意拖延提货的承储企业承担相应责任。

（六）买方违约后，交易市场定期将违约金划转至中储棉公司账户。本次储备棉竞卖结束后，由中储棉公司统一上缴财政部。

（七）中储棉公司投诉电话：400-660-2856，传真：010-58931123。买方企业也可登录储备棉出库（自助）服务信息系统《在线投诉与评价》模块进行投诉和在线评价。

附件：1.《国家储备棉购销合同》

2.《储备棉竞买企业基本信息备案表》

中国储备棉管理有限公司

2018 年 3 月 6 日

国家储备棉购销合同
（2018 版）

出卖人：　　　　　　合同编号：　　　　　　签订地点：北京市西城区

买受人：　　　　　　见证编号：　　　　　　签订时间：　　年　月　日

捆号	数量（吨）	单价　（元 / 吨）	金额（元）	承储仓库	备注
					提货需倒垛的，产生的费用由买方自行承担
人民币金额（大写）					

第一条　根据《中华人民共和国合同法》及国家发展改革委、财政部公告 2017 年第 18 号，经双方协商一致，签订本合同。

第二条　数量、单价、承储仓库。

第三条　质量标准：按（GB1103.1–2012）《棉花锯齿加工细绒棉国家标准》《2015/2016 年度国家储备棉轮出公证检验实施办法》及有关规定执行。

第四条　验收办法：按相关检验机构出具的公证检验证书及有关公告规定验收。

第五条　交（提）货方式：本合同项下货物所有权自出卖人将《储备棉出库单》或电子验证码交付买受人时转移至买受人。买受人自提。出库费由买受人自理。

第六条　运输方式：买受人负责运输，费用及风险自理，出卖人可代办运输。

第七条　货款支付方式、期限及结算：买受人自交易成交后 5 个工作日内，按合同载明的金额和出卖人账号向出卖人支付货款。出卖人在收到货款后向买受人开具《储备棉出库单》或提供电子验证码。买受人对所购买棉花验收无异议，且提货完毕后，提出开票申请，出卖人开具增值税发票。

第八条　履约保证金：经双方认可同意，各自向全国棉花交易市场交纳履约保证金1000元/吨。如合同执行完毕，双方没有异议，由全国棉花交易市场退还各自的履约保证金。如一方有违约行为，按第九条规定，由全国棉花交易市场负责从违约方的履约保证金中扣除相应的金额给另一方。

第九条　违约责任：

（一）买受人未按合同第七条付款，超过合同规定付款期限之日起，出卖人有权单方解除合同，买受人应按未履行的合同数量按1000元/吨的标准向出卖人偿付违约金。违约金由出卖人上交国家财政。

（二）买受人已支付货款，出卖人未按合同交货，并未能及时纠正的，买受人有权单方解除合同。合同终止后，出卖人应于10个工作日内退还货款，并按中国人民银行同期存款利率标准，支付已预付货款的利息。

（三）买受人须于出卖人开具《储备棉出库单》或生成电子验证码之日起10个工作日内提货完毕。买受人10个工作日内未完成提货的，买受人应与承储仓库签订商品棉保管合同，全部仓库费用包括但不限于仓储费等及货物毁损灭失风险由买受人承担。

（四）因不可抗力不能执行本合同或需修改合同时，需经双方协商认可并报全国棉花交易市场备案或见证。

第十条　合同履行中发生争议可由当事人双方协商解决；协商不成，可报请全国棉花交易市场调解；协商或调解不成，当事人双方一致同意向出卖人所在地人民法院提起诉讼。

第十一条　《2017/2018年度国家储备棉轮出交易办法》《2017/2018年度国家储备棉出库实施细则》《2015/2016年国家储备棉出库公证检验实施办法》及中国储备棉管理有限公司官方网站（www.cncrc.com.cn）或中国棉花网（www.cncotton.com）或全国棉花交易市场官网（www.cnce.com）或中国棉花信息网（www.cottonchina.org）适时发布的相关规定与本合同具有同等法律效力。如发生冲突的，以中国储备棉管理有限公司官方网站最新发布的相关规定为准。

第十二条　其他事项：

（一）买受人如对质量有异议，按《2015/2016年国家储备棉出库公证检验实施办法》《2017/2018年度国家储备棉轮出交易办法》《2017/2018年度国家储备棉出库实施细则》和有关规定处理。

（二）出卖人交货是指出卖人在确认收到买受人货款后开具《储备棉出库单》或提供电子验证码，同时向承储仓库发出出库通知。承储仓库根据出库量情况及时安排合同项下货物出库。

（三）未尽事宜，双方协商解决。

第十三条　本合同一式三份，出卖人、买受人各一份，全国棉花交易市场见证一份。本合同由全国棉花交易市场给出唯一编号，并加盖全国棉花交易市场见证专用章。

出卖人（章）：	买受人（章）：	
地址：	地址：	
邮编：	邮编：	
法定代表人：	法定代表人：	
委托人：	委托人：	见证（章）：
电话：	电话：	
开户行：	开户行：	
行号：		
账号：	账号：	经办人：
税号：	税号：	

储备棉竞买企业基本信息备案表

企业基本信息	单位名称		交易商代码	
	所在地		企业类型	
	纱锭规模（万锭）		月用棉量（吨）	
	拟购新疆棉总量（吨）		拟购地产棉总量（吨）	
	主要纱线品种（支）			
	通讯地址		邮编	
	法定代表人姓名		手机	
	业务联系人		手机	
	座机号码		传真号码	
增值税发票开票信息	单位名称			
	纳税人类型			
	纳税人识别号			
	地址			
	电话			
	开户行			
	银行账号			
	财务联系人		电话	

注：1. 交易商代码为竞拍企业在全国棉花交易市场的交易商代码；
2. 首次填写，请将纸质版备案表加盖公章传真至中储棉客户服务中心；
3. 如需变更信息请在线修改，并将纸质版备案表加盖公章传真至中储棉客户服务中心；
4. 提交前认真查看录入内容，保证信息正确性；
5. 联系电话 010–58931136，传真号码：010–58931123。

企业名称：

（盖章）

年　月　日

附件 2

2017/2018 年度国家储备棉轮出交易办法

第一章　总则

第一条　为保证国家储备棉（以下简称“储备棉”）轮出交易按照“公开、公正、公平”的原则进行，根据《中华人民共和国合同法》及有关规定，制定本办法。

第二条　本办法适用于规范 2017/2018 年度储备棉轮出交易行为，全国棉花交易市场（以下简称“交易市场”）、买方、卖方和储备棉承储仓库等相关各方须遵守此办法。

第二章　交易地点和时间

第三条　储备棉轮出交易由国家有关部门委托交易市场组织实施。

第四条　轮出交易时间暂定为 2018 年 3 月 12 日至 2018 年 8 月 31 日期间的国家法定工作日。每日具体交易时间分为上午和下午各 1 节，即：上午交易节自 10:00 开始交易，10:30 开始 30 秒倒计时，11:00 开始 15 秒倒计时，直至闭市；下午交易节自 3:00 开始交易，3:30 开始 30 秒倒计时，4:00 开始 15 秒倒计时，直至闭市。如上午交易节至下午 3:00 仍未结束，则下午交易节于上午交易节结束后即开始。

第三章　交易资格

第五条　储备棉轮出交易的卖方为中国储备棉管理有限公司（以下简称“中储棉公司”）。

参与储备棉轮出交易的买方为经国家工商行政管理部门登记注册的法人企业，资信状况良好，无不良经营记录。

参与轮出交易的买方应注册为交易市场交易商。如企业尚未成为交易市场交易商，须按照交易市场有关规定办理入市手续，交易市场相应开通交易权限。

第六条　交易商通过网络远程参与轮出交易。交易商应对其在交易市场的一切交易活动承担经济和法律责任。

第四章　交易方式

第七条　储备棉轮出通过竞卖交易方式销售。

竞卖交易是指拟销售的储备棉质量和数量等基础数据通过交易市场预先公布后挂牌报价，由符合资格的买方交易商（以下简称“买方”）自主加价，按价格优先、时间优先原则，以最高购买价成交，双方通过交易市场签订购销合同的交易方式。

第八条　竞卖交易实行倒计时制。即所有参与交易的买方对当日某一交易节内所有批次的储备棉在规定时间内不再提出任何新的报价，则该交易节全场结束竞价，自动成交。

第九条　标准级（3128B）储备棉的销售底价按国家有关部门规定的方式计算确定，非标准级储备棉的销售底价由交易市场按中国棉花协会公布的有关质量差价表计算确定。每日上市数量和实际批次储备棉的销售底价以届时公布的上市数据为准。

买方在销售底价基础上自主加价，每次最小加价幅度为 20 元 / 吨。

第十条　成交后，买方与中储棉公司签订经国家工商行政管理部门登记备案的《国家储备棉购销合同》，交易市场见证。

第十一条　交易的计量单位为“吨”，计价单位为“元 / 吨”（含增值税）。

第五章　交易信息披露

第十二条　可上市交易的轮出储备棉的公证检验数据及时通过中国纤维检验局（以下简称“中纤局”）、中储棉公司和交易市场网站上发布。

第十三条　储备棉轮出交易资源由国家有关部门委托中储棉公司负责组织，由中纤局按照GB1103.1–2012《棉花第1部分：锯齿加工细绒棉》国家标准组织全面公证检验，每批储备棉的公证检验证书标示结果作为参与交易和成交结算货款的质量、重量依据。

第十四条　中储棉公司至迟于上市交易前1个工作日前按照有关部门规定的格式向交易市场提供拟上市交易的储备棉生产年度、产地、存放仓库、质量、数量、上市日期等基础资料。

第十五条　交易市场至迟于上市交易前1个工作日对外公布拟上市交易的储备棉资料。

第十六条　交易市场通过官网（www.cnce.com）“2017/2018年度储备棉轮出”专栏免费提供交易实时行情服务。

第十七条　交易市场及时将成交情况报送国家有关部门和中储棉公司。

第六章　保证金、货款收付和手续费

第十八条　参加储备棉轮出交易的买方须于交易前在交易市场指定账户存放不少于30万元的保证金。交易市场预存交易商的交易保证金实行专户管理，具体账户为：

收款单位：北京全国棉花交易市场集团有限公司

开户行：中国农业发展银行总行营业部

账　号：20399990010100000038471

或：

开户行：中国工商银行北京金融街支行营业室

账　号：0200216819200056225

或：

开户行：中国建设银行北京苏州桥支行

账　号：11001079800053005023

交易市场只接受本单位的汇款作为交易保证金。为确保保证金及时入账，请在汇款用途里注明交易商代码和储备棉保证金。

第十九条　交易过程中，买方如保证金不足，将暂停交易，直至补足为止。

第二十条　成交后，交易市场从买方预存保证金中根据成交数量按1000元／吨的标准暂扣其保证金作为履约保证金。

第二十一条　买方须于成交后3个工作日内签订《国家储备棉购销合同》，并于成交后5个工作日内将成交货款汇至中储棉公司“储备棉结算专户”，否则视为买方违约，交易市场扣除相应合同违约金后，相关批次棉花重新上市交易。

为简化操作手续，买方通过在交易市场提供的《国家储备棉购销合同》上加盖电子印章的方式完成买方签订购销合同的手续，具体办理手续按交易市场有关规定程序执行。

为加快结算速度，减少资金在途时间，买方应按照合同金额汇款，并在汇款备注栏中标注成交合同号。

第二十二条　中储棉公司在确认收到买方货款后2个工作日内向买方开具《储备棉出库单》，同时向承储仓库发出出库通知。买方凭《储备棉出库单》原件或中储棉公司与买方约定的其他方式到承储仓库办理提货手续。

第二十三条　交易市场根据中储棉公司的通知释放买方履约保证金，或将有关保证金扣为违约金。交易市场定期将违约金划转给中储棉公司，由中储棉公司上交中央财政。

为规范买方行为，凡参与2017/2018年度储备棉竞卖的买方发生一次违约，则在扣除其违约保证金的基础上暂停竞买一周，累计出现三次违约，则直接取消其本年度储备棉购买资格。交易市场通过官网（www. cnce. com）“2016/2017年度储备棉轮出”专栏公布违约情况，接受公众监督。

第二十四条　交易市场按10元／吨（含税）向成交的买方收取交易手续费。中储棉公司的交易手续费按有关政策规定执行。

第七章　交货及提货

第二十五条　除不可抗力外，买方应于有关批次《储备棉出库单》开具之日起10个工作日（含）内提货完毕，承储仓库应及时办理出库有关事宜，不得无故拒绝、拖延、阻扰。

买方逾期未提货的，相关棉花转作商品棉管理，具体由买方与承储仓库协商签订商品棉保管合同，并按双方协议执行。

第二十六条　应买方要求，承储仓库应在代办运输、申报车皮计划、搬倒、装运等方面提供必要协助。

第二十七条　储备棉交货和提货过程中，所有票据的合法性和有效性由提供方负责。

第二十八条　储备棉出库相关费用执行国家有关部门统一规定标准。除双方事先另有约定外，储备棉承储仓库不得额外收取任何费用，不得强行要求买方使用指定的运输工具。

第八章　质量、重量保障和交易纠纷处理

第二十九条　买方如对购买的储备棉的质量和重量检验结果有异议，可以在《储备棉出库单》出具之日起的10个工作日内向交易市场提交复检申请，交易市场经初审符合申请条件的，及时转交中纤局并抄送中储棉公司，中纤局指定复检机构按申请人申请项目进行复检；超出10个工作日，有关单位不接受复检申请。

公证检验的储备棉可接受公定重量、颜色级、轧工质量、长度、马克隆值、断裂比强度和长度整齐度指数的复检申请。

有关复检程序和结果反馈按照中纤局有关规定执行。

交易市场复检申请传真号码：010-88087278；联系电话：010-59338692。

第三十条　买方在提交复检申请的同时，需将复检费用预存在交易市场储备棉交易保证金账户，或保障买方在交易市场预存的可动用保证金数额足够支付复检费用。

复检费用标准为：只检验质量的，费用标准为43元/吨；只检验重量的，费用标准为37元/吨；同时检验质量和重量的，费用标准为80元/吨。

第三十一条　储备棉的质量复检结果中，颜色级、轧工质量、长度级、马克隆值级、断裂比强度级、长度整齐度指数中任意一项指标与原公证检验结果不一致的，买方可提出退货，如买方选择不退货，仍按原公证检验结果结算货款。

储备棉的重量复检结果与原公定重量检验结果差异在1%及以内的，按原公定重量检验结果结算货款；重量复检结果与原公定重量检验结果差异在1%以上的，买方可提出退货，如买方选择不退货，仍按原公定重量检验结果结算货款。

仓库配合复检发生的搬倒费用（40元/吨）由买方承担。如复检结果与原公证检验结果一致的，有关复检费用由买方承担，否则，买方交易商不承担复检费用。

质量复检结果与原公证检验结果是否一致的标准按中纤局发布的有关规定执行。

第三十二条　除非发生下列情形，已成交储备棉不予退货。

1. 经中纤局认定的掺杂使假；

2. 经中纤局复检认定质量或重量与原检验结果不一致的；

3. 棉包内部有污染、霉变现象。

轮出的储备棉如存在掺杂使假等严重质量问题，由中纤局按照《棉花质量监督管理条例》予以处理。

第三十三条　在买方购买的储备棉符合退货条件且买方选择退货的情况下，中储棉公司按相关规定办理退货手续。

买方只能按成交时的整“捆”办理退货。

第三十四条　交易市场鼓励交易双方协商解决纠纷，协商不成的可向交易市场申请调解，协商或调解不成的，可以向合同签订地人民法院提起法律诉讼。

第九章　其他

第三十五条　买方可到中储棉公司自行领取《储备棉出库单》（纸质）以及增值税专用发票，也可委托指定人员凭委托书到中储公司办理有关单据和发票的领取手续。

第三十六条　在交易或提货过程中发现交易资料有误时，属于提供资料错误，由中储棉公司负责；

属于交易市场数据处理错误，由交易市场负责。因上述原因造成的退货，不作为买方违约处理。

第三十七条　承储仓库和买方的历史债务纠纷，不得与储备棉提货业务挂钩。

第三十八条　买方对所购买储备棉验收无异议后，向中储棉公司申请开具增值税发票。

第三十九条　交易市场于轮出交易结束后及时向买卖双方交付各种费用清单和发票。

第十章　附　则

第四十条　储备棉轮出交易期间，交易市场每日对外公布价格行情、成交量、成交单位、成交价格等信息。公布的价格行情主要包括最高价、最低价、加权平均价等。

第四十一条　根据有关部门规定，储备棉轮出交易过程通过各种媒体向社会公开，接受公众监督。交易市场咨询、举报电话：4008106850。

第四十二条　本办法由交易市场负责制定和解释。

第四十三条　本办法经国家有关部门批准后实施。

附件 3

2015/2016 年度国家储备棉轮出公证检验实施办法

第一章　总则

第一条　为配合 2015/2016 年度国家储备棉（以下简称中央储备棉）轮出工作，做好轮出中央储备棉的公证检验，保障轮出中央储备棉质量和重量检验数据的真实性和准确性，根据《棉花质量监督管理条例》、国家有关部门发布的 2015/2016 年度中央储备棉轮出计划，制定本办法。

第二条　本办法适用于 2015/2016 年度轮出的中央储备棉公证检验。

第二章　组织管理及检验项目

第三条　中国纤维检验局（以下简称中纤局）负责轮出中央储备棉公证检验的管理工作，并依据 2015/2016 年度中央储备棉轮出计划，负责组织承担中央储备棉公证检验的专业纤维检验机构（以下简称承检机构）对轮出的中央储备棉实施公证检验。

承检机构由承担在仓库检验的机构（以下简称在库机构）和承担实验室检验的机构（以下简称公检实验室）组成。

第四条　检验依据及检验方式：依据《棉花　第1部分：锯齿加工细绒棉》国家标准（GB 1103.1–2012）和中纤局发布的技术规范，承检机构对轮出的中央储备棉实施公证检验，逐批出具公检证书。

第五条　公证检验项目：国产棉检验公定重量、颜色级、轧工质量、长度、马克隆值、断裂比强度、长度整齐度指数；进口棉检验颜色级、轧工质量、长度、马克隆值、断裂比强度、长度整齐度指数。

第三章　工作职责

第六条　中纤局职责

（一）根据国家有关部门研究确定的 2015/2016 年度中央储备棉轮出工作职责分工和检验项目与要求，制定公证检验实施办法，组织承检机构做好相关准备。

（二）根据国家有关部门制订的 2015/2016 年度中央储备棉轮出计划及销售进度，以及中国储备棉管理有限公司（以下简称中储棉总公司）提供的中央储备棉存放地点及数量，及时下达公证检验任务并组织承检机构实施公证检验。

（三）负责向国家有关部门提供轮出中央储备棉

公证检验进度和相关情况，并及时协调有关单位解决公证检验中的新问题、新情况。

（四）负责向中储棉总公司提供轮出中央储备棉公证检验结果的电子数据。

第七条　检验机构职责

（一）按照中纤局的管理要求，提前做好中央储备棉轮出公证检验各项准备工作。

（二）在库机构根据中纤局下达的检验任务，及时与承储仓库联系接洽，督促其落实配合公证检验所需的现场工作条件及搬倒设备，确定启动公证检验的时间；按时到库，负责现场核验轮出中央储备棉的实物、数量、垛位卡、批号、包号等信息与中储棉总公司提供的台账等报验信息是否一致；按照国家标准和检验操作规程对国产棉进行重量公证检验、报送电子数据，出具重量公检证书；分别按照对进口棉和国产棉的抽样比例要求，逐批抽取品质公证检验所需的样品并与公检实验室在仓库进行交接。

在库机构需配合承储仓库做好各项安全防范工作。

（三）公检实验室根据中纤局下达的公证检验任务，及时与在库机构做好衔接，确定在库机构开始工作时间；按时到仓库与在库机构进行样品交接，在符合要求的公检实验室完成品质公证检验，报送电子数据，出具品质公检证书。

第八条　中储棉总公司职责

（一）负责提供轮出中央储备棉的存放地点、数量、台账明细表及承储仓库联系方式等报验信息。

（二）负责通知承储仓库做好公证检验相关准备工作，并抄送中纤局等有关单位。

（三）负责协调承储仓库配备满足现场检验所需的工作场地及装卸、搬倒、称重等设备。

（四）协调承储仓库配合公检机构做好公证检验，保证公证检验进度。

第九条　承储仓库职责

（一）根据承储仓库实际条件，提供满足现场公证检验所需的装卸、搬倒、称重等设备和配合人员。称重等现场设备应在有效法定检定周期内。

（二）开辟专门的检验工作区域，对需要公证检验的中央储备棉进行拆垛整理，按检验需求逐批码放在检验区，配合承检机构做好公证检验。

（三）指定专人负责解决公证检验期间相关事宜。

（四）保障现场检验安全；负责现场取样棉包的回包、回垛整理等。

第四章　公证检验工作流程

第十条　拆捆整理

承储仓库将待公证检验的中央储备棉进行拆捆整理，按批次码放到检验区域。原则上应以4层8包或3层6包为一个单元，码放时要露出棉包两侧的取样口。同一批棉花应码放在同一个工作面上。

在可以达到随机抽样的比例要求的前提下，进口棉可以不进行拆捆，在原棉垛抽样。抽样时仓库应提供必要的配合人员和设备。

在确保安全作业和检验工作质量的前提下，在库机构应与承储仓库配合，根据仓库实际情况优化流程，可以采取棉花下垛、过磅、取样穿插进行的方式进行检验。

第十一条　核验货物

中纤局将中储棉公司提供的台账明细表下发承检机构，在库机构据此现场核验棉包实物、数量、垛位卡、批号、包号等信息与中储棉公司提供的台账等报验信息是否一致。有以下任一情况，该批棉花暂不检验，在库机构与承储仓库确认情况后，及时上报中纤局，中纤局协调中储棉总公司进行检查核实后，由中纤局和中储棉总公司分别将处理意见书面通知在库机构和承储仓库。

（一）批次棉包实物与报验信息不一致或存在人为调换迹象的，如，同一批次棉包唛头标示不一致、悬挂条码与唛头标识不符、改换包头、无验讫印章等现象；

（二）在库机构收到中纤局下发的台账信息中批次总包数与导出条码明细的批次总数不一致的；

（三）承储仓进行拆捆时，整理出的某批次实际包数未达到该批次报验包数，且缺失数量达到或超过报验包数5%的；

（四）因复包等原因出现白包数量占该批次总包

数的比例达到或超过5%的；

（五）棉包出现严重污染、水渍，发现火烧、霉变等现象，或者有异味及包装不完整、严重崩包、炸包等现象的。

第十二条 国产棉重量公证检验：

国产棉重量公证检验的项目包括：毛重、皮重、净重、回潮率、含杂率、公定重量。

毛重检验由在库机构在承储仓库的配合下完成，相关记录填写在棉花衡重检验单上。

皮重检验的棉包皮重原则上采用入库检验的棉包皮重结果。必要时可在现场测试一个棉包。

回潮率检验执行现行有效的国家标准。遇有天气状况可能影响检验结果的，应暂停检验。

含杂率检验样品应当和品质检验样品同时抽取，依据《原棉含杂率试验方法》（GB/T 6499-2012）国家标准进行检验，填写棉花含杂率检验单。不得采取估验方式进行杂质检验。

在库机构应于每日将当日已完成批次的检验数据进行审核，审核后及时将相关电子数据报送至中纤局。数据一经上报，不得变更。

重量公证检验过程中的原始单据应与台账明细等报验材料装订成册，存档备查。

第十三条 取样

所有样品抽取应当在称重之后进行。

在库机构依据棉花国家标准规定的取样方法及国家有关部门要求，进口棉按照10%的比例、国产棉按照100%比例对核验合格批次的中央储备棉逐批抽取品质检验样品，并抽取含杂率检验样品。

对于无法取到符合检验需求样品的棉包，可开包取样。但要避免对棉包包装的过度破坏，以减小对回垛及运输的影响。

第十四条 加盖验讫印章

对取样的棉包应逐包加盖验讫印章，印章字迹应清晰可辨认。棉布包装的加盖在棉包包身和包头，塑料包装的棉包加盖在不干胶标签上。对无法加盖印章的棉包（如塑料材质包装），须标注便于辨认的标记。

印章内容包括：验讫标志、检验机构代码和中储棉总公司英文缩写（CNCRC）。印章形状为圆形，直径6cm。印章第一行内容是中储棉总公司英文缩写，第二行内容是检验机构代码，第三行内容是验讫标志。

第十五条 样品交接

在库机构和公检实验室样品交接人员按照检验操作规程有关要求，逐批清点样品无误后，在样品交接单上签字确认，完成交接。

第十六条 品质公证检验

依据棉花国家标准、相关技术规范和棉花颜色级、轧工质量实物标准等，公检实验室对抽取棉样进行品质公证检验，检验项目包括：颜色级、轧工质量、长度、马克隆值、断裂比强度、长度整齐度指数。

品质公证检验执行中纤局制定发布的相关检验操作规程。

公检实验室应于每日将当日已完成批次的检验数据进行审核，审核后及时将电子数据报送中纤局。数据一经上报，不得变更。

第十七条 中纤局审核发送数据

中纤局对承检机构上报的公证检验数据审核后，以电子数据形式发送至中储棉总公司。同时，中纤局将审核结果通知承检机构。

第十八条 出具公检证书

在库机构和公检实验室分别根据中纤局通知的审核结果出具重量公检证书和品质公检证书。品质公检证书由公检实验室交予在库机构后，在库机构将品质公检证书与重量公检证书一并交予承储仓库，并与承储仓库办理证书交接手续。证书一式两份，一份由承储仓库留存，一份随货同行。

第十九条 交接公检证书时，相应批次的品质检验样品应随证书一同交接给承储仓库并办理交接手续，供承储仓库随货提供给购棉方（与中储棉总公司签署合同的买受人）。

第五章 复检规定

第二十条 购棉方应对所购中央储备棉质量、重量进行验收，对轮出中央储备棉中存在崩包、炸包问题的，应在提货时及时协调仓库予以解决。购棉方若对质量、重量有异议，且提供相关检验结果的，可在储备棉出库单开具后10个工作日内向全国棉花交易市场提交复检申请，全国棉花交易市场初审符合申请条件的交中纤局，中纤局指定复检机构，按申请人申请项目进行复检。

第二十一条　复检项目：2014/2015年度公证检验的进口棉可接受颜色级、轧工质量、长度、马克隆值的复检申请；2015/2016年度公证检验的进口棉可接受颜色级、轧工质量、长度、马克隆值、断裂比强度、长度整齐度指数的复检申请；2015/2016年度公证检验的国产棉可接受公定重量、颜色级、轧工质量、长度、马克隆值、断裂比强度、长度整齐度指数的复检申请。

第二十二条　复检样品重新抽取，申请人应确保棉花按批次单独码放，件数完整、未经使用。

第二十三条　申请复检应当提交的材料：《国家储备棉（轮出）公证检验复检申请单》（附件1）、购买合同复印件、储备棉出库单复印件、轮出中央储备棉公证检验证书复印件。复检所有申请材料应当加盖购棉方单位公章。

第二十四条　中纤局收到符合要求的复检申请资料后，出具《国家储备棉（轮出）公证检验复检受理通知书》（附件2），向复检申请人告知复检机构或不予受理理由。

对超出规定时限的复检申请不予受理。

第二十五条　复检后由复检单位出具棉花国家公证检验复检证书，原公检证书作废。一次复检为终局检验。

第二十六条　根据复检允差值判定标准（附件3），复检结果与原公证检验结果一致的，由复检申请方承担因复检发生的相关费用；复检结果与原公证检验结果不一致的，复检申请方不承担任何费用。

第六章　附则

第二十七条　对公证检验过程中发现质量违法问题线索的，停止公证检验，按照《棉花质量监督管理条例》予以处理。

第二十八条　中纤局接受各购棉企业、承储仓库以及涉棉行业的企业单位对检验机构的工作质量、工作作风等进行监督。中纤局监督举报电话：010–51006258，举报邮箱：jubao@cfi.gov.cn。

第二十九条　本办法由中国纤维检验局负责解释。

第三十条　本办法自发布之日起实施。

附件：

1. 国家储备棉（轮出）公证检验复检申请单
2. 国家储备棉（轮出）公证检验复检受理通知书
3. 国家储备棉（轮出）公证检验复检允差判定标准

附件3–1

国家储备棉（轮出）公证检验复检申请单

中国纤维检验局：

我公司竞拍购买的国家储备棉，经初步检验与公检结果不一致，特提出复检申请，请你局安排检验机构进行复检。

如复检结果与原验结果一致，我公司同意缴纳复检所需费用。

申请单位：（加盖公章）		申请日期	
全国棉花交易市场初审意见		审核日期	
储备棉轮出提货仓库			
棉花现存放单位			

续表

棉花现存放地址						
联系人及联系电话						
棉花是否未经使用、件数完整、按批次单独码放						
序号	批号	产地	件数	公检证书编号	出证日期	申请复检项目
1						
2						
3						
4						

公检结果（附证书复印件）：

自检结果（附检验报告复印件）：

购棉企业质量验收过程、使用的仪器设备型号、仪器设备检定情况：

附件 3-2

国家储备棉（轮出）公证检验复检受理通知书

______________：

你单位提出的轮出中央储备棉公证检验复检申请（轮出中央储备棉公检证书编号：______________），经我局审核，□同意／□不同意受理。

对我局同意复检的申请，请你单位据此受理通知书及时联系复检机构，安排复检事宜。

特此通知。

附表：

（一）复检机构：______________（同意受理情况下填写）

联 系 人：__________

电　　话：__________

（二）不予受理原因：__________（不同意受理情况下填写）

1.	
2.	
3.	
4.	
5.	

中国纤维检验局（复检受理章）

年　　月　　日

附件 3-3

国家储备棉（轮出）公证检验复检允差判定标准

项目	单位	允差值	判定标准
上半部平均长度	mm	±0.6	批次比对，平均长度在允差值范围内，判定为一致
长度整齐度指数	%	±1.5	批次比对，长度整齐度指数平均值在允差值范围内，判定为一致
断裂比强度	cN/tex	±1.5	批次比对，断裂比强度平均值在允差值范围内，判定为一致
马克隆值	—	±0.2	批次比对，马克隆值平均值在允差值范围内，判定为一致
颜色级	—	—	逐样比对，每批棉花颜色级相符率不低于 80%，判定为一致
轧工质量	好、中、差	—	逐样比对，每批棉花轧工质量相符率不低于 80%，判定为一致
公定重量	Kg	±1%	复检公定重量与原公定重量相差在 ±1% 范围内，判定为一致

关于 2017/2018 年度储备棉轮出有关事项的公告

【发布单位】中国储备棉管理有限公司 全国棉花交易市场
【发布日期】2018 年 6 月 2 日

各涉棉企业：

为规范储备棉轮出交易秩序，保障棉纺织企业用棉需要，经有关部门研究决定，现就 2017/2018 年度储备棉轮出有关事项公告如下。

一、自 2018 年 6 月 4 日起至本年度轮出结束，储备棉轮出交易仅限纺织用棉企业参与竞买，停止非纺织用棉企业参与竞买。如非纺织用棉企业违规参与竞买，结果无效，并取消其今后参与储备棉轮出交易资格，有关信息将纳入全国信用信息共享平台，在“信用中国”网站公开。

二、纺织用棉企业购买的储备棉，仅限于本企业自用（竞买企业与纺织用棉企业的统一社会信用代码或税务登记号必须相同），不得转卖。否则一经发现，将取消其今后参与储备棉轮出交易资格，并将有关信息纳入全国信用信息共享平台，在“信用中国”网站公开。

特此公告。

关于继续做好 2017/2018 年度储备棉轮出销售工作的公告

【发布单位】中国储备棉管理有限公司 全国棉花交易市场
【发布日期】2017 年 7 月 30 日

各纺织用棉企业：

为保证新棉上市前棉花供应稳定，合理引导市场预期，确保新旧年度棉花市场平稳有序过渡，经有关部门研究决定，2017/2018 年度储备棉轮出销售截止时间为 9 月 30 日。

特此公告。

第七部分

附　录

附录 1　国内主要涉棉机构通讯录

涉棉机构	通信地址	电话
国家发展和改革委员会经济贸易司	北京市西城区月坛南街 38 号	010–68502000
财政部经济建设司	北京市西城区三里河南三巷 3 号	010–68551114
商务部对外贸易司	北京市东长安街 2 号	010–65197420
农业部种植业管理司	北京市朝阳区农展馆南里 11 号	010–64193366
农业部农村经济研究中心	北京市西城区西四砖塔胡同 56 号	010–66115901
中国海关总署信息中心	北京市建国门内大街 6 号	010–65195623
国家发展和改革委员会农村经济司	北京市西城区月坛南街 38 号	010–68783311
国家统计局工交司	北京市西城区月坛南街 57 号	010–68782859
中国农业发展银行	北京市西城区月坛北街甲 2 号	010–68081453
中国纤维检验局	北京市东城区安定门东大街 5 号	010–51106110
中国棉花协会	北京市复兴门内大街 45 号主楼 7 层	010–66053900
中国棉花协会棉花加工分会	北京市西直门南大街 2 号成铭大厦	010–66118607
中国棉纺织行业协会	北京东长安街 12 号	010–85229479
中国纺织品进出口商会	北京市朝阳区潘家园南里 12 号楼	010–67739316
中国储备粮管理集团有限公司	北京市海淀区西四环中路 16 号院 8 号楼	010–68776900
中国储备棉管理有限公司	北京市西城区华远街 17 号	010–58519365
中华棉花集团有限公司	北京市西城区宣武门外大街甲 1 号环球财讯中心 B 座 11–12 层	010–59338189
中棉工业有限责任公司	北京市西城区宣武门外大街甲 1 号环球财讯中心 B 座 6 层	010–59338976
中纺棉花进出口公司	北京市建国门内大街 19 号中纺大厦 7 层	010–85112255
国家棉花市场监测系统	北京市海淀区紫竹院路 116 号嘉豪国际中心 B 座 15 层	010–58931122
全国棉花交易市场	北京市西城区宣武门外大街甲 1 号环球财讯中心 B 座 15 层	010–88086850
郑州商品交易所	河南省郑州市郑东新区商务外环路 30 号	0371–65610069
中国农科院棉花研究所	河南省安阳市开发区黄河大道 38 号	0372–2562200
安徽财经大学棉花工程研究所	安徽省蚌埠市宏业路 255 号	0552–3112124

附录 2　国内主要棉花纤维检验机构

单位名称	地址	电话
中国纤维检验局	北京市东城区安定门东大街 5 号	010–51106110
北京市纺织纤维检验所	北京市朝阳区朝阳北路 60 号	010–59796990
天津市纺织纤维检验所	天津市南开区科研西路 2 号增 6 号	022–60266979
河北省纤维检验局	河北省石家庄市中华南大街 537 号	0311–67568296
山西省纤维检验局	山西省太原市并州西街 51 号	0351–2024189
内蒙古自治区纤维检验局	内蒙古自治区呼和浩特市新城区内蒙展览馆东路	0471–4963542
辽宁省纤维检验局	辽宁省沈阳市和平区永安北路 8 号	024–23894057
吉林省纤维检验处	吉林省长春市卫星路 7440 号	0431–85315584
黑龙江省纤维检验局	黑龙江省哈尔滨市香坊区珠江路 100 号	0451–82309475
上海市纤维检验所	上海市长乐路 1228 号	021–62495305
江苏省纤维检验所	江苏省江苏省南京市光华东街 3 号	025–84670512
浙江省纤维检验局	浙江省杭州市天目山路 222 号	0571–85123534
宁波市纤维检验所	浙江省宁波市江南路 1588 号 F 座	0574–87326309
安徽省纤维检验局	安徽省合肥市包河工业园省质检中心园区内（延安路 13 号）	0551–63356467
福建省纤维检验局	福建省福州市仓山区照屿路 17 号	0591–83710801 0591–87893952
江西省纤维检验局	江西省南昌市高新技术开发区火炬大街 188 号	0791–8101480
山东省纤维检验局	山东省济南市经二路 343 号（济南二环北路 18 号）	0531–87911540
青岛市纺织纤维检验所	山东省青岛市延安三路 123 号	0532–83890032
河南省纤维检验局	河南省郑州市东明路北 17 号	0371–63297181
湖北省纤维检验局	湖北省武汉市武昌区公平路 8 号	027–88224867
湖南省纤维检验局	湖南省长沙市新建西路 41 号	0731–89967222
广州市纤维产品检测院	广东省广州市海珠区滨江中路草芳围 35–2 号	020–34402303
广西壮族自治区纤维检验所	广西南宁市新竹路 12 号	0771–5869795 0771–5843391
重庆市纤维检验局	重庆市渝北区高新园云杉北路 50 号	023–89232606
四川省纤维检验局	四川省成都市蜀都大道少城路 7 号（人民公园斜对面）	028–86639111
贵州省纤维检验局	贵州省贵阳市云岩区头桥海马冲街 45 号	0851–6518084

续表

单位名称	地址	电话
云南省纤维检验所	云南省昆明市教场东路21号	0871–5191011
陕西省纤维检验局	陕西省西安市西八路尚平路18号	029–87444832
甘肃省纤维检验局	甘肃省兰州市金昌南路208号质检大楼	0931–8828553
青海省纤维检验局	青海省西宁市西关大街31号古城台青海质监大楼	0971–6111169
宁夏回族自治区纤维检验局	宁夏银川市兴庆区凤凰南街193号	0951–7860500
新疆维吾尔自治区纤维检验局	新疆乌鲁木齐市新华南路167号	0991–2823582

附录 3 2017/2018 年度新体制棉花加工企业公证检验进度表

（数据统计截至 2018 年 08 月 31 日 24 点）

序号	企业名称
全国统计 1030 家	
自治区 657 家	
1	博尔塔拉蒙古自治州中亚有限责任公司
2	博乐市聚鑫棉业有限责任公司
3	博尔塔拉蒙古自治州恒昌棉业有限责任公司
4	博州亚东有限责任公司
5	博乐市银博棉业有限责任公司
6	博乐银丰棉花加工有限责任公司
7	博乐捷福棉业有限公司贝乡轧花厂
8	博乐市协力棉花加工有限责任公司
9	博尔塔拉蒙古自治州华棉棉业有限责任公司
10	博尔塔拉蒙古自治州恒昌棉业有限责任公司套特轧花厂
11	博乐捷福棉业有限公司乌镇轧花厂
12	博乐市华棉棉业有限公司
13	新疆新贝棉业有限公司
14	新疆金宏祥高科农业股份有限公司
15	新疆贝正国合棉业有限公司贝正轧花厂
16	精河县恒隆棉业有限公司
17	精河县泽汇纺织有限责任公司
18	精河县新棉织布有限公司原料加工厂
19	精河县群品棉业有限公司
20	精河县托里金穗棉业有限公司
21	新疆惠农棉业有限公司大河沿子轧花厂
22	新疆贝正国合棉业有限公司八家户轧花厂
23	精河县天顺祥棉花加工有限公司
24	新疆贝正国合棉业有限公司南方轧花厂
25	新疆惠农棉业有限公司阿合其轧花厂
26	精河县诺森农业发展有限公司
27	新疆惠农棉业有限公司棉种轧花厂
28	新疆贝正国合棉业有限公司二牧场轧花厂
29	精河县天顺祥棉花加工有限公司河西分公司
30	精河县康瑞棉花加工有限公司
31	精河县和丰棉业有限公司
32	新疆贝正国合棉业有限公司曼福轧花厂
33	新疆贝正国合棉业有限公司托托轧花厂
34	精河县裕泰棉业有限公司
35	精河县西域阳光纺织有限公司原料加工厂
36	昌吉利华棉业有限责任公司昌吉市开发区轧花厂
37	新疆丰汇棉业有限公司
38	昌吉一通工贸有限公司大西渠轧花厂
39	新疆昌吉州棉麻有限责任公司二分公司
40	中棉集团昌吉市棉花有限公司老龙河轧花厂
41	昌吉利华棉业有限责任公司昌吉市佃坝轧花厂
42	昌吉市下巴湖棉花加工厂
43	新疆锦华东戈壁棉业有限公司
44	昌吉回族自治州海天棉花加工有限责任公司
45	昌吉利华棉业有限责任公司昌吉市老龙河分公司
46	阜康市喜丰棉业有限责任公司
47	呼图壁县万源棉业有限公司

续表

序号	企业名称	序号	企业名称
48	呼图壁县宏昌棉业有限公司	76	玛纳斯县丰元棉花育种基地良种棉轧花厂
49	呼图壁县新米棉业有限责任公司	77	玛纳斯县丰棉棉业有限公司
50	新疆锦华廿里店棉业有限公司	78	玛纳斯县沣泽棉业有限责任公司
51	新疆锦华大桥棉业有限公司	79	玛纳斯县兰桥棉业有限公司
52	呼图壁县隆祥轧花有限责任公司	80	玛纳斯万盈棉业有限公司
53	呼图壁县嘉丰棉业有限公司	81	玛纳斯县大漠棉业有限责任公司
54	呼图壁县天源棉业有限公司	82	新疆宏祥棉业有限公司
55	新疆锦华祁家户棉业有限公司	83	玛纳斯县新民畜产品有限责任公司
56	新疆锦华北戈壁棉业有限公司	84	玛纳斯县潮鑫棉业有限责任公司
57	呼图壁县康瑞棉花加工有限公司	85	哈密市锦渝棉业有限责任公司
58	呼图壁县西域良种棉有限责任公司	86	哈密市益加棉业有限公司
59	呼图壁县云龙棉业有限公司	87	哈密市万隆棉花有限责任公司
60	呼图壁县隆华棉业有限公司	88	哈密市绵棉种植专业合作社
61	呼图壁县天鼎棉业有限公司	89	哈密市祥腾农副产品专业合作社
62	呼图壁县东泉棉业有限公司	90	哈密二堡镇白银棉花专业合作社
63	呼图壁县大丰棉业有限公司	91	哈密市欢乐农民专业合作社
64	新疆万达棉业有限公司	92	哈密双银棉业有限责任公司二堡棉花加工厂
65	乌鲁木齐市米东区供销棉麻有限责任公司昌吉市农之鑫轧花厂	93	哈密信合棉业股份有限公司
66	吉木萨尔县庭州棉麻有限责任公司	94	哈密双银棉业有限责任公司大泉湾棉花加工厂
67	中棉集团玛纳斯棉业有限公司	95	新疆利嘉棉业有限公司哈密市二堡镇轧花厂
68	玛纳斯银天棉业有限公司乐土驿轧花厂	96	哈密天云棉业有限公司
69	玛纳斯县拓宏棉业有限责任公司	97	哈密市良种棉加工厂
70	玛纳斯县金海利棉业有限公司	98	哈密市中发农产品专业合作社
71	玛纳斯新众棉业有限责任公司	99	克拉玛依市独山子华银棉花产业有限责任公司
72	新疆鑫棉科技发展有限责任公司六户地镇轧花厂	100	克拉玛依华扬棉业有限公司
73	新疆广物棉业有限责任公司	101	克拉玛依市杰鑫棉花加工厂
74	玛纳斯银天棉业有限公司北五岔金仕达轧花厂	102	克拉玛依鑫达棉业有限公司
75	玛纳斯银天棉业有限公司北五岔轧花厂	103	克拉玛依市银磊棉业有限公司
		104	克拉玛依市天地农牧实业有限公司棉花加工厂
		105	克拉玛依市小拐乡聚源机械化采棉农民专业合作社

续表

序号	企业名称
106	奎屯银锦棉业有限公司
107	奎屯瑞丰轧花有限公司锦丰分公司
108	奎屯利锦棉业有限公司
109	奎屯金龙棉业有限责任公司
110	奎屯聚丰棉业有限责任公司
111	奎屯昌鑫棉业有限责任公司
112	奎屯利丰棉业有限责任公司
113	奎屯恒锦棉业有限公司
114	奎屯林丰棉业有限责任公司
115	奎屯起步达农业发展有限公司
116	奎屯巨达农业科技发展有限公司
117	新疆鲁创油脂有限公司
118	伊犁哈萨克自治州伊欣棉业有限责任公司棉花油脂蛋白厂
119	奎屯浩泰棉业有限公司
120	奎屯瑞丰轧花有限公司
121	伊犁州奎屯银和棉业有限公司
122	奎屯世丰棉业有限公司
123	新疆华纺纺织有限公司
124	新疆奎屯云森纺织有限公司
125	奎屯银雪棉业有限公司
126	奎屯康瑞棉花加工有限公司
127	伊犁哈萨克自治州伊欣棉业有限责任公司奎屯棉花加工厂
128	奎屯准噶尔棉业有限公司
129	奎屯康泰棉麻有限公司
130	新疆银汇棉纺织有限公司
131	奎屯叁强棉麻工贸有限公司
132	奎屯裕盛棉业有限公司
133	奎屯银瑞棉花贸易有限公司
134	和布克赛尔蒙古自治县新久棉业有限公司
135	和布克赛尔县察和特开发区禹杰棉花加工厂
136	和布克赛尔蒙古自治县华丰有限责任公司察和特棉花加工厂
137	沙湾县康瑞棉花加工有限责任公司
138	沙湾县鑫盛祥棉业有限公司
139	沙湾县银瑞丰农业发展有限公司
140	沙湾县秦岭棉业有限责任公司
141	沙湾德盛棉业有限责任公司
142	沙湾县康华工贸有限责任公司康华棉业分公司
143	沙湾利华棉业有限公司第七棉花加工厂
144	沙湾利华棉业有限公司第二棉花加工厂
145	沙湾利华棉业有限公司第六棉花加工厂
146	沙湾利华棉业有限公司第五棉花加工厂
147	沙湾县棉花产业有限责任公司优质棉分公司
148	沙湾利华棉业有限公司第四棉花加工厂
149	新疆天鹰鑫绿农业科技有限公司
150	沙湾县思远棉业有限责任公司
151	沙湾县元一棉业有限责任公司
152	沙湾县棉花产业有限责任公司秦棉分公司
153	中棉集团沙湾棉业有限公司
154	沙湾县华瑞棉业有限责任公司
155	沙湾县棉花产业有限责任公司荣棉分公司
156	沙湾县棉花产业有限责任公司兴棉分公司
157	沙湾县鑫达有限公司
158	沙湾县银珠棉业有限责任公司
159	新疆宝地种业有限责任公司棉花加工厂
160	沙湾利华棉业有限公司第八棉花加工厂
161	沙湾县元康棉业有限公司
162	沙湾如意品诚棉业有限公司
163	沙湾县利华棉业有限公司

续表

序号	企业名称
164	沙湾利华棉业有限公司第三棉花加工厂
165	沙湾县泰和棉业有限公司
166	新疆太和龙瑞农业发展有限责任公司
167	托里县顺志棉业加工有限公司
168	托里县兵锦棉业有限公司
169	乌苏市锦鹏棉纺织有限公司宏发棉花加工厂
170	乌苏市恒辉棉业有限责任公司
171	乌苏市骏腾工贸有限公司
172	乌苏市昌和棉业有限公司
173	乌苏市宏翔棉业有限公司
174	乌苏市新海棉业有限公司
175	乌苏市天和祥瑞棉业有限公司
176	乌苏市鑫胜棉业有限责任公司
177	乌苏市祥瑞棉业有限公司
178	乌苏市锦和棉业有限公司
179	新疆福日棉业有限公司一厂
180	乌苏市江海棉业有限公司
181	乌苏市锦丰祥良种棉科技开发有限公司
182	乌苏市光辉棉花加工有限责任公司
183	乌苏市创锦棉业有限公司
184	乌苏市哈图布呼农牧发展有限责任公司
185	乌苏市汇通棉花加工厂
186	乌苏市星光棉麻有限责任公司
187	乌苏市鑫丰益棉业有限公司第三棉花加工厂
188	乌苏市昌茂纺织有限责任公司九间楼棉花加工厂
189	乌苏市阿克其棉业有限公司
190	乌苏市锦鹏棉纺织有限公司城镇棉花加工厂
191	乌苏市光辉棉花加工有限责任公司汇银分公司
192	乌苏市利达棉花加工有限责任公司
193	乌苏市杨帅棉花加工有限责任公司
194	乌苏市顺达棉业有限公司
195	乌苏市光辉棉花加工有限责任公司隆兴分公司
196	乌苏市锦和棉业有限公司西湖分公司
197	乌苏市百泉棉业有限责任公司
198	乌苏市锦泰棉花加工有限责任公司
199	乌苏市光辉棉花加工有限责任公司新棉分公司
200	乌苏市古尔图锦纺棉业有限责任公司
201	乌苏市新鑫棉业有限责任公司
202	乌苏市康隆棉业有限责任公司
203	乌苏市石桥银翔棉业有限责任公司
204	乌苏市皇宫银海棉业有限公司
205	乌苏市新棉创业棉业有限责任公司
206	乌苏市鑫丰益棉业有限公司第二棉花加工厂
207	乌苏市隆兴棉业有限责任公司
208	乌苏市立新棉花加工有限责任公司
209	乌苏市鼎瑞棉业有限责任公司
210	乌苏市康瑞棉花加工有限责任公司
211	乌苏市星亚棉花加工有限责任公司
212	乌苏市新棉红星棉业有限责任公司
213	乌苏市甘河子恒丰棉业有限公司
214	乌苏市创新棉业有限公司
215	乌苏市胜远棉业有限责任公司
216	乌苏市鑫丰益棉业有限公司
217	鄯善县新昱棉麻有限责任公司达浪坎棉花加工厂
218	鄯善县新昱棉麻有限责任公司新城棉花加工厂
219	吐鲁番市大林棉业有限公司
220	吐鲁番同润棉业有限责任公司
221	吐鲁番市华泰棉业有限责任公司胜金乡棉花加工厂
222	吐鲁番市华泰棉业有限责任公司艾丁湖乡棉花加工厂

续表

序号	企业名称	序号	企业名称
223	托克逊县西域棉业有限责任公司	251	阿克苏建光棉业有限责任公司
224	托克逊县天马棉业有限责任公司	252	新疆阿克苏沧源棉业有限责任公司
225	托克逊县工尚棉花加工有限责任公司	253	阿克苏地区腾达棉业有限责任公司
226	托克逊县天马棉业有限责任公司第一分公司	254	阿克苏地区宏丰棉业有限责任公司
227	托克逊县天马种子有限公司	255	阿克苏大海实业有限公司
228	托克逊县银星棉业有限责任公司	256	阿克苏华鹰农业科技发展有限公司第一轧花厂
229	乌鲁木齐市米东区供销棉麻有限责任公司蒋家湾轧花厂	257	温宿县太自然棉业有限公司
		258	阿克苏天成棉业有限责任公司
230	乌鲁木齐市米东区供销棉麻有限责任公司昌吉市黎明轧花厂	259	阿克苏西部棉业有限责任公司
		260	阿克苏恒信棉业有限公司
231	乌鲁木齐市米东区供销棉麻有限责任公司昌吉市五十户轧花厂	261	阿克苏地区友谊棉花加工有限责任公司
232	奎屯华生棉业有限责任公司	262	阿克苏市金田农场有限责任公司
233	奎屯诚丰棉业有限公司	263	阿克苏昌盛棉业有限责任公司
234	奎屯银乐棉业有限公司	264	阿克苏新得利棉业有限公司
235	奎屯盛丰祥棉业有限公司	265	新疆阿克苏市广联实业有限公司
236	奎屯新锦棉业有限责任公司	266	阿克苏永兴棉业有限责任公司
237	奎屯裕鼎棉业有限公司	267	阿克苏地区宏欣棉业有限公司
238	奎屯顺银棉业有限公司	268	阿克苏地区兴盛棉业有限责任公司
239	奎屯升茂棉业有限公司	269	温宿纵横棉业有限责任公司
240	奎屯永光棉业有限公司	270	阿克苏地区永衡棉业有限责任公司
241	奎屯锦立祥棉业有限公司	271	阿克苏地区供销社兴农合作农场棉花加工厂
242	伊犁八棉锡达棉业有限公司	272	阿克苏贝乐棉业有限公司
243	阿克苏市同旺纺织有限责任公司棉花加工厂	273	阿克苏地区百隆棉业有限责任公司
244	阿克苏兴昌棉业有限公司	274	新和县佳利农业发展股份有限公司塔木托克拉克乡轧花厂
245	阿克苏地区金诚棉业有限责任公司		
246	阿克苏地区天泉棉业有限责任公司	275	阿克苏地区天宇棉业有限责任公司
247	阿克苏联发棉业有限公司	276	库车盛华棉业有限公司
248	阿克苏地区金泰棉业有限责任公司	277	阿克苏市潘氏棉业有限公司
249	阿克苏润通仓储服务有限责任公司	278	阿克苏鑫牛棉业有限公司
250	阿克苏利华新创棉业有限公司二厂	279	阿克苏华鹰农业科技发展有限公司第二轧花厂

续表

序号	企业名称
280	阿克苏地区金翔棉业有限责任公司
281	新疆汇联棉花加工有限公司
282	库车利生棉业有限责任公司
283	阿克苏润德棉业有限公司
284	阿克苏昌盛实业轧花有限公司
285	阿克苏泰星棉业有限公司
286	阿克苏永翔棉业有限责任公司
287	中棉工业新疆棉业有限公司阿瓦提棉花加工厂
288	阿克苏市侨兴棉业有限责任公司
289	阿克苏利华新创棉业有限公司一厂
290	阿克苏永华棉业有限责任公司
291	新疆阿克苏天山种业有限责任公司良种棉加工三厂
292	新疆得力棉业有限公司塔里木轧花厂
293	新疆鑫隆棉业有限公司
294	阿克苏金金棉业有限公司
295	中棉集团阿瓦提县棉业有限公司
296	新疆鲁泰丰收棉业有限责任公司第三加工厂
297	阿瓦提新新棉业有限责任公司乌鲁却勒棉花收购加工厂
298	新疆鲁泰丰收棉业有限责任公司第一加工厂
299	阿瓦提银花棉业有限责任公司
300	阿瓦提禾源棉业有限公司
301	新疆华孚恒丰棉业有限公司九连棉花加工厂
302	阿瓦提县卡尔墩农场有限责任公司
303	阿克苏溢达农业发展有限公司
304	阿瓦提县农科院丰元科技有限责任公司
305	阿瓦提县天韵棉业有限责任公司
306	阿瓦提新雅棉业有限公司一厂
307	阿克苏渝棉农业有限公司
308	中棉集团阿瓦提棉花产业化有限公司
309	阿瓦提县金泰棉业有限公司
310	新疆嘉圣华棉业有限公司
311	新疆华孚恒丰棉业有限公司棉花加工厂
312	阿瓦提新新棉业有限责任公司塔木托拉克棉花收购加工厂
313	阿瓦提县新雅宏伟棉业有限公司
314	柯坪县汇隆棉业有限责任公司
315	柯坪县金泰棉业有限公司
316	柯坪县海峰棉业有限责任公司
317	柯坪县兴丰棉业有限责任公司
318	库车县白金棉花油脂加工有限责任公司
319	库车县兴合棉花有限责任公司
320	库车天润棉业有限公司
321	库车县白钻石棉花油脂加工有限责任公司
322	库车腾联棉业有限公司库车英叶棉花加工厂
323	库车中棉棉业科技有限公司
324	库车县棉麻公司哈尼喀塔木轧花三厂
325	库车昊昆棉业有限公司
326	库车县龟兹种业公司比西巴格轧花厂
327	库车腾欣棉业有限公司库车棉花加工厂
328	库车泰昌棉业有限公司
329	新疆腾丰棉花产业有限公司库车草湖棉花加工厂
330	库车县天富棉业有限公司
331	库车腾宏丰棉业有限公司库车宏达棉花加工厂
332	库车昆仑棉业有限公司
333	库车县恒丰棉业有限责任公司
334	库车县纵横棉业有限责任公司
335	库车银花棉业有限责任公司
336	库车县龟兹种业公司良种棉轧花厂
337	库车县白泉棉业有限责任公司

续表

序号	企业名称	序号	企业名称
338	阿克苏英达雅军垦农场棉业有限公司	368	沙雅新源棉业有限责任公司
339	库车新盛农牧有限责任公司轧花厂	369	沙雅益康棉业有限公司托依堡分公司
340	新疆恺缌珈棉业有限责任公司	370	沙雅县利华创新棉业有限公司
341	新疆腾丰棉花产业有限公司库车墩阔坦棉花加工厂	371	沙雅县利华创新棉业有限公司沙雅第二棉花加工厂
342	库车县金朋棉业有限责任公司轧花厂	372	新疆鸿力棉业有限公司盖孜库木轧花厂
343	库车联发棉业有限公司	373	温宿县银丰棉业有限公司
344	库车金鑫棉业有限公司	374	温宿银花棉业有限责任公司
345	库车永翔棉业有限责任公司	375	新疆金丰源种业股份有限公司良种棉加工二厂
346	沙雅富力棉花有限责任公司托依堡轧花厂	376	新和益新棉业有限公司
347	沙雅利华棉业有限公司古力巴克加工厂	377	温宿博嘉棉业有限责任公司
348	沙雅利华棉业有限公司红旗加工厂	378	温宿信泰棉业有限责任公司
349	沙雅利华棉业有限公司	379	温宿县银利棉业有限公司
350	沙雅新垦棉花有限责任公司	380	阿克苏大草原棉业有限公司
351	沙雅银花棉业有限责任公司	381	新疆金丰源种业股份有限公司良种棉加工一厂
352	沙雅塔里木兴农棉花有限责任公司	382	阿克苏天玉种业有限公司原（良）种棉加工厂
353	新疆天玉丰收棉业有限公司	383	中棉集团新和棉业有限公司
354	沙雅国泰棉花有限公司	384	阿克苏丰盛棉花加工厂
355	沙雅益康棉业有限公司红旗轧花厂	385	新和县永红有限责任公司棉花加工厂
356	沙雅正大棉业有限责任公司	386	新疆桑塔木种业股份有限公司良种棉轧花厂
357	沙雅纵横棉花有限责任公司	387	新和金泰实业有限公司
358	沙雅县华瑞棉业有限责任公司	388	新疆益康集团有限责任公司轧花厂
359	新疆沙雅白云商贸有限责任公司努尔巴格轧花厂	389	新和县嘉丰棉业有限公司
360	新疆守信种业科技有限责任公司	390	新和县永红有限责任公司玉奇喀特乡棉花加工厂
361	沙雅守信棉业有限公司	391	新和银花棉业有限责任公司
362	新疆国泰棉业有限公司	392	新和县宏信棉业有限责任公司
363	阿克苏溢达棉业有限公司	393	新和县宏信机采棉有限公司
364	沙雅银泰棉业有限公司	394	博湖宝丰棉业有限责任公司博斯腾湖棉花收购加工厂
365	新疆鸿力棉业有限公司海楼乡包孜墩轧花厂	395	博湖县桦峰棉业有限责任公司
366	沙雅恒洋棉业有限责任公司	396	和静银星棉业有限责任公司县城棉花收购加工轧花厂
367	沙雅塔里木润城农牧有限责任公司监狱轧花厂		

续表

序号	企业名称	序号	企业名称
397	和静冠农棉业有限责任公司	424	新疆利华棉业股份有限公司第三棉花加工厂
398	新疆成岳棉花产业有限公司巴润哈尔莫墩镇轧花厂	425	巴州同庆丰棉业有限公司
399	和硕县利华棉业有限责任公司	426	新疆利华棉业股份有限公司第四棉花加工厂
400	新疆豫棉惠农农业发展有限公司库尔勒第一棉花加工厂	427	新疆利华棉业股份有限公司第五棉花加工厂
401	新疆豫棉惠农农业发展有限公司库尔勒第二棉花加工厂	428	库尔勒惠祥棉种有限公司
402	新疆豫棉惠农农业发展有限公司库尔勒第三棉花加工厂	429	新疆泰昌实业有限责任公司轧花厂
403	巴州国棉配送棉业有限公司	430	巴州宏益棉业有限公司轧花厂
404	库尔勒市良种棉轧花厂	431	巴州尉杨棉业有限公司
405	库尔勒宝丰棉业有限责任公司	432	巴州鸿泰棉业有限公司轧花二厂
406	库尔勒鑫福棉业有限责任公司	433	轮台鸿泰种业有限公司草湖乡棉花收购站
407	新疆维吾尔自治区国家农作物原种场库尔勒哈拉苏轧花厂	434	巴州鸿泰棉业有限公司野云沟棉花收购站
408	巴州正圣棉业有限公司	435	轮台县家家旺棉业有限责任公司
409	新疆利华棉业股份有限公司第一棉花加工厂	436	轮台县远江农工贸有限责任公司棉花加工厂
410	新疆银通棉业有限公司库尔勒轧花厂	437	轮台县塔河棉业有限责任公司
411	库尔勒市银翔棉业有限公司	438	轮台县永盛棉花工贸有限责任公司
412	库尔勒顺盛棉业有限责任公司	439	巴州鸿泰棉业有限公司轧花一厂
413	新疆银通棉业有限公司哈拉玉宫轧花厂	440	巴州鸿泰棉业有限公司轧花四厂
414	新疆国家棉花原原种繁殖基地库尔勒市阿瓦提乡轧花厂	441	轮台县银恒棉业有限公司
415	库尔勒包头湖棉花加工有限责任公司	442	轮台鸿泰种业有限公司原种棉轧花厂
416	巴州亚中棉业有限公司迎宾路棉花收购加工厂	443	巴州鸿泰棉业有限公司轧花三厂
417	巴州冠农库尔楚棉业有限公司	444	新疆国欣种业有限公司
418	巴州恒熙棉业有限公司	445	且末县昆仑棉业有限责任公司棉花加工一厂
419	巴州浩鑫棉业有限公司轧花厂	446	且末县新垦棉业有限责任公司
420	库尔勒旭鑫棉花加工有限责任公司	447	且末县昆仑棉业有限责任公司棉花加工二厂
421	巴州德润商贸有限公司普惠棉花加工厂	448	且末县昆仑棉业有限责任公司棉花加工三厂
422	巴州德福农贸有限责任公司	449	若羌玖润棉业有限公司棉花加工二厂
423	新疆利华棉业股份有限公司第二棉花加工厂	450	巴州宏业统其克棉花加工有限公司
		451	巴州天华种业有限责任公司
		452	巴州富德纺织有限责任公司
		453	尉犁县全俊棉业有限公司

续表

序号	企业名称	序号	企业名称
454	尉犁县众望纺织有限公司	483	巴楚县汇富棉业有限公司
455	巴州亿成棉业有限公司	484	巴楚县银信棉纺有限公司
456	中棉集团巴州棉业有限公司	485	新疆棉花产业（集团）巴楚棉业有限责任公司恰瓦克轧花厂
457	巴州恒通棉业有限公司	486	新疆棉花产业（集团）巴楚棉业有限责任公司唐巴扎轧花厂
458	新疆千棉棉业有限责任公司	487	新疆棉花产业（集团）巴楚棉业有限责任公司阿克萨克马热勒轧花厂
459	尉犁县中良棉业有限责任公司	488	新疆棉花产业（集团）巴楚棉业有限责任公司群库恰克轧花厂
460	尉犁县罗布淖尔国有资产投资有限公司塔里木棉花收购站	489	新疆棉花产业（集团）巴楚棉业有限责任公司阿拉根轧花厂
461	尉犁县诸旺农牧业有限公司	490	巴楚县良种轧花厂（有限公司）三厂
462	尉犁县九九棉业有限公司	491	巴楚县良种轧花厂（有限公司）
463	尉犁泰富棉业有限公司	492	巴楚县银鑫良种棉有限责任公司
464	尉犁县瑞成棉业有限责任公司	493	新疆棉花产业（集团）巴楚棉业有限责任公司下马力轧花厂
465	巴州泰昌农业开发有限公司轧花厂	494	新疆棉花产业（集团）巴楚棉业有限责任公司色力布亚轧花厂
466	新疆承天种业科技股份有限公司	495	巴楚县光大棉业有限责任公司
467	尉犁县瑞华棉业有限责任公司	496	巴楚县康顺棉业有限责任公司
468	尉犁县棉麻公司琼库勒收购站	497	巴楚县鑫鹏棉业有限责任公司
469	巴州孔雀棉业有限责任公司	498	新疆润孚棉业有限公司
470	巴州迈思创棉业有限公司	499	新疆棉花产业（集团）巴楚棉业有限责任公司阿瓦提轧花厂
471	尉犁兴平棉业有限责任公司	500	巴楚县裕华棉业有限公司
472	尉犁县林丰棉业有限公司	501	巴楚县震华棉纺有限责任公司轧花厂
473	巴州顺泰棉业有限责任公司	502	巴楚县金谷棉业有限公司
474	尉犁县中良棉业有限责任公司库尔勒分厂	503	巴楚县华联棉业有限责任公司
475	巴州百家惠纺织有限责任公司	504	巴楚县冠农棉业有限责任公司
476	巴州天盛棉业有限公司	505	巴楚县德昌棉业有限公司
477	和田银丰棉业有限责任公司	506	新疆棉花产业集团伽师棉业有限公司卧里托呼拉克乡轧花厂
478	和田天王纺织有限公司		
479	和田县银河棉业有限责任公司		
480	和田县白金棉业有限公司		
481	皮山县利兴棉业有限责任公司		
482	新疆棉花产业（集团）巴楚棉业有限责任公司英吾斯坦轧花厂		

续表

序号	企业名称	序号	企业名称
507	喀什伽师金诚棉业有限公司	530	新疆棉花产业（集团）麦盖提棉业有限责任公司央塔克轧花厂
508	新疆棉花产业集团伽师棉业有限公司古勒鲁克乡轧花厂	531	新疆棉花产业（集团）麦盖提棉业有限责任公司县城轧花厂
509	新疆棉花产业集团伽师棉业有限公司米夏乡轧花厂	532	新疆棉花产业（集团）麦盖提棉业有限责任公司克孜勒阿瓦提轧花厂
510	新疆棉花产业集团伽师棉业有限公司玉代克力克乡轧花厂	533	新疆棉花产业（集团）麦盖提棉业有限责任公司库尔玛轧花厂
511	伽师县银丰棉花有限责任公司	534	麦盖提县天宇纺织有限责任公司
512	新疆棉花产业集团伽师棉业有限公司县城轧花厂	535	麦盖提基地军联棉业有限责任公司
513	新疆棉花产业集团伽师棉业有限公司和夏瓦提乡轧花厂	536	麦盖提良种棉业有限公司
		537	麦盖提九九棉业有限公司
514	新疆棉花产业集团伽师棉业有限公司夏普吐勒乡轧花厂	538	喀什新花棉业有限公司
		539	喀什金盛棉业有限责任公司
515	喀什广新纺织股份有限公司	540	喀什水控棉业有限公司
516	伽师新雅棉业有限公司	541	麦盖提县宏丰棉业有限公司
517	新疆棉花产业集团伽师棉业有限公司克孜勒苏乡轧花厂	542	喀什星宇农业开发有限公司
		543	喀什中利农业开发有限公司
518	伽师县中加棉业有限公司	544	伽师县皖新棉业有限责任公司
519	喀什实信棉业有限责任公司	545	麦盖提县浩丰实业有限公司
520	喀什永泰现代农业开发有限公司	546	新疆棉花产业（集团）莎车棉业有限责任公司伯什坎轧花厂
521	新疆棉花产业（集团）莎车棉业有限责任公司墩瓦格轧花厂	547	莎车华丰棉业有限公司
522	喀什天利纺织原料有限公司莎车县分公司	548	新疆棉花产业集团英夏尔棉业有限公司英尔力克乡轧花厂
523	喀什新粤纺织有限公司		
524	喀什亿顺农业开发有限责任公司	549	新疆棉花产业集团英夏尔棉业有限公司牙甫泉镇轧花厂
525	新疆棉花产业（集团）麦盖提棉业有限责任公司尕孜库勒轧花厂	550	新疆棉花产业（集团）莎车棉业有限责任公司阿瓦提轧花厂
526	麦盖提县机采棉加工厂有限公司		
527	麦盖提县博锦农业发展有限公司	551	新疆棉花产业（集团）莎车棉业有限责任公司艾力西湖轧花厂
528	新疆棉花产业（集团）麦盖提棉业有限责任公司吐曼塔勒轧花厂	552	新疆棉花产业（集团）莎车棉业有限责任公司阿斯兰巴格轧花厂
529	新疆棉花产业（集团）麦盖提棉业有限责任公司希依提墩轧花厂	553	新疆棉花产业（集团）莎车棉业有限责任公司吾达力克轧花厂

续表

序号	企业名称	序号	企业名称
554	新疆棉花产业（集团）莎车棉业有限责任公司依干其轧花厂	577	新疆棉花产业（集团）叶城棉业有限责任公司江格勒斯轧花厂
555	新疆棉花产业（集团）莎车棉业有限责任公司依什库力轧花厂	578	喀什丝绸棉业有限公司
556	新疆棉花产业（集团）莎车棉业有限责任公司荒地轧花厂	579	新疆棉花产业（集团）叶城棉业有限责任公司库其轧花厂
		580	叶城县兵棉棉业有限公司
557	新疆棉花产业（集团）莎车棉业有限责任公司再热甫夏提轧花厂	581	英吉沙县棉麻公司克孜勒加工厂
558	莎车县新龙棉业有限责任公司	582	英吉沙县棉麻公司苏盖提加工厂
559	莎车县叶尔羌棉业有限责任公司	583	英吉沙县棉麻公司城镇加工厂
560	莎车县良种场轧花厂	584	英吉沙县棉麻公司芒申加工厂
561	莎车县叶尔羌棉业有限责任公司二厂	585	新疆棉花产业集团岳普湖棉业有限公司下巴扎乡轧花厂
562	新疆棉花产业（集团）莎车棉业有限责任公司阿拉买提轧花厂	586	喀什富新棉业有限公司
563	新疆棉花产业（集团）莎车棉业有限责任公司阿扎提巴格轧花厂	587	岳普湖县兵棉棉业有限公司
		588	喀什君丰农业发展有限公司
564	新疆棉花产业（集团）莎车棉业有限责任公司巴格阿瓦提轧花厂	589	新疆棉花产业集团岳普湖棉业有限公司阿其克乡轧花厂
565	新疆棉花产业（集团）莎车棉业有限责任公司恰热克轧花厂	590	新疆棉花产业集团岳普湖棉业有限公司铁力木乡轧花厂
566	莎车县中加棉业有限公司	591	新疆棉花产业集团岳普湖棉业有限公司县城轧花厂
567	莎车县叶尔羌叶河棉业有限责任公司	592	新疆棉花产业集团岳普湖棉业有限公司绿洲轧花厂
568	莎车县昆仑棉业有限责任公司	593	岳普湖震源棉业有限公司
569	莎车县银絮棉业有限责任公司	594	新疆棉花产业集团岳普湖棉业有限公司巴依瓦提轧花厂
570	新疆棉花产业（集团）疏附棉业有限责任公司栏杆轧花厂		
571	喀什利明棉业有限公司	595	新疆棉花产业集团泽普棉业有限公司阿克塔木乡轧花厂
572	疏勒县润丰棉业有限公司	596	新疆棉花产业集团泽普棉业有限公司依玛乡轧花厂
573	疏勒县忠兴棉业有限公司	597	新疆棉花产业集团泽普棉业有限公司古鲁巴格乡轧花厂
574	新疆棉花产业集团英夏尔棉业有限公司罕南力克镇轧花厂	598	泽普县富强棉业有限责任公司
575	新疆棉花产业集团英夏尔棉业有限公司城区轧花厂	599	新疆棉花产业集团泽普棉业有限公司阿依库勒乡轧花厂
576	新疆棉花产业（集团）叶城棉业有限责任公司零公里轧花厂	600	阿克陶县恒丰棉麻有限公司

续表

序号	企业名称	序号	企业名称
601	克州欣汇联实业有限公司	630	新疆前海利农棉业股份有限公司
602	阿克陶县昌隆棉业有限公司	631	莎车县三得利棉业有限责任公司
603	阿克陶县金泰棉业有限公司	632	奎屯创锦棉业有限公司
604	阿克陶县盛丰棉业有限责任公司	633	新疆博赛银丰棉业有限公司
605	阿克陶县鲁丰棉业有限责任公司	634	新疆生产建设兵团农五师种棉加工厂
606	阿克陶县奔达实业有限公司	635	沙湾县新赛棉业有限责任公司
607	新疆阿图什金泉商贸有限责任公司阿克陶县轧花厂	636	新疆新赛精纺有限公司
608	克州宏健棉业有限责任公司	637	农五师师直棉花加工厂
609	阿克陶县托塔依农场轧花厂	638	麦盖提县邦顺棉业有限公司
610	阿克陶县天人棉业有限责任公司	639	克拉玛依市锦田棉业有限公司
611	阿克陶县昌盛棉业有限责任公司	640	呼图壁县锦源棉业有限责任公司
612	阿克陶县盛丰棉业有限责任公司第二轧花厂	641	新疆明瑞棉业有限公司
613	阿克陶县恒丰棉麻有限公司轧花厂	642	奎屯顺裕棉业有限公司
614	克州富民棉业有限公司	643	呼图壁县宏盛棉业有限公司
615	克州百川棉业有限责任公司	644	新疆生产建设兵团第十三师立亨棉业有限公司
616	阿图什市海纳棉业有限公司	645	新疆生产建设兵团第十三师柳树泉农场绿柳棉花加工厂
617	中棉集团克州棉业有限公司	646	新疆生产建设兵团第十三师红星三场棉花收购加工厂
618	阿图什市供销合作社联合社棉麻公司	647	哈密天宇农业科技发展有限责任公司棉花加工厂
619	新疆生产建设兵团第二师永兴供销有限责任公司棉麻二分公司	648	新疆生产建设兵团第十三师天元供销（集团）有限公司棉花加工厂
620	巴州冠农棉业有限责任公司普惠轧花厂	649	和田金泰棉业有限公司
621	农二师群克棉业有限公司	650	阿拉尔市天绒棉业有限责任公司
622	尉犁银丰棉业有限公司	651	新疆生产建设兵团棉麻公司库尔勒轧花厂
623	巴州冠农十八团渠棉业有限责任公司	652	伽师县兵棉棉业有限公司
624	新疆生产建设兵团农二师昆山棉业有限公司	653	昌吉金西域棉业有限责任公司玛纳斯县分公司
625	新疆生产建设兵团农二师银莱棉业有限公司	654	哈密市兵棉棉业有限公司
626	新疆生产建设兵团第二师万佳棉业有限责任公司	655	沙雅宏信棉花有限责任公司
627	新疆前海惠农生物科技股份有限公司	656	奎屯惠民棉业有限公司
628	新疆前海新农棉业股份有限公司	657	阿克苏锦阿棉业有限责任公司
629	新疆前海益农棉业股份有限公司		

续表

序号	企业名称
建设兵团 139 家	
1	新疆生产建设兵团第一师十二团棉花加工厂
2	新疆生产建设兵团第一师十四团加工厂
3	新疆生产建设兵团第一师一团加工厂
4	新疆生产建设兵团第一师八团棉花加工厂
5	新疆生产建设兵团第一师三团粮油加工厂
6	新疆生产建设兵团第一师七团加工厂
7	新疆生产建设兵团第一师阿拉尔农场阿拉尔加工二厂
8	新疆生产建设兵团第一师十六团加工厂
9	新疆生产建设兵团第一师幸福农场棉业加工厂
10	新疆生产建设兵团第一师十三团幸福城加工厂
11	新疆生产建设兵团第一师六团加工厂
12	新疆塔里木河种业股份有限公司金银川分公司
13	新疆蓝泊湾棉业有限责任公司
14	新疆生产建设兵团第一师二团加工厂
15	新疆生产建设兵团第一师十一团棉副产品加工厂
16	新疆生产建设兵团第一师十三团红桥加工厂
17	新疆生产建设兵团第一师阿拉尔农场阿拉尔加工一厂
18	新疆生产建设兵团第一师二团棉花加工二厂
19	新疆生产建设兵团第一师五团加工厂
20	新疆生产建设兵团第一师八团棉花加工二厂
21	新疆塔里木河种业股份有限公司阿拉尔分公司
22	新疆生产建设兵团农一师一团沙井子民族农场
23	新疆塔里木河种业股份有限公司阿拉尔良种繁育场
24	阿拉尔农一师棉麻鹏飞棉业有限责任公司
25	新疆生产建设兵团第二师二十九团棉花加工厂
26	新疆生产建设兵团第二师三十团棉花加工一分厂
27	新疆生产建设兵团第二师三十一团英库勒种子加工厂
28	新疆生产建设兵团第二师三十四团轧花厂
29	第二师三十五团加工厂
30	第二师三十三团乌鲁克机采棉花加工厂
31	新疆生产建设兵团第二师三十一团加工厂
32	第二师三十三团加工厂
33	巴州冠农棉业有限责任公司
34	新疆生产建设兵团第二师二十九团棉种加工厂
35	新疆生产建设兵团第二师三十团棉花加工二分厂
36	新疆生产建设兵团第二师三十一团卡拉加工厂
37	铁门关市丰润棉业有限公司
38	新疆生产建设兵团第二师三十一团机采棉加工厂
39	图木舒克市四十四团中心团场齐干却勒加工厂
40	图木舒克市五十三团综合加工厂
41	图木舒克市准噶尔棉业有限公司
42	新疆生产建设兵团第三师四十二团加工厂
43	第三师四十五团综合加工一厂
44	新疆生产建设兵团伽师总场综合加工厂
45	图木舒克市四十九团综合加工厂
46	第三师四十五团轧花二厂
47	图木舒克市五十一团综合加工厂
48	新疆丰达农业有限公司
49	新疆前海泽农棉业股份有限公司
50	霍城县六十三团综合加工厂
51	新疆生产建设兵团农四师六十四团加工厂
52	农四师六十七团棉花加工厂
53	新疆赛里木现代农业股份有限公司霍热分公司
54	新疆生产建设兵团第五师八十三团场轧花厂一分厂
55	新疆生产建设兵团农五师八十五团轧花厂
56	农五师八十六团综合加工厂
57	新疆生产建设兵团第五师八十九团

续表

序号	企业名称	序号	企业名称
58	新疆生产建设兵团第五师九十团	88	农七师前山总场综合加工厂
59	新疆生产建设兵团第五师九十一团轧花厂	89	奎屯锦垦棉业有限公司
60	新疆生产建设兵团第五师八十二团联合加工厂	90	农七师科克兰木总场加工厂
61	农五师八十四团保尔德轧花厂	91	克拉玛依市共青镇农工商联合企业总公司加工厂
62	新疆生产建设兵团第六师新湖农场三场轧花厂	92	新疆克拉玛依市五五农工商联合企业总公司棉花加工厂
63	新疆生产建设兵团第六师一〇三团轧花厂		
64	新疆生产建设兵团第六师芳草湖农场四场轧花厂	93	新疆锦棉种业科技股份有限公司良种加工二厂
65	新疆生产建设兵团第六师一〇五团轧花厂	94	农七师苏兴滩总场加工厂
66	新疆生产建设兵团农业建设第六师一〇二团轧花厂	95	奎屯锦姿棉业有限公司
67	新疆生产建设兵团第六师新湖农场一场轧花厂	96	石河子市银康棉业有限公司
68	新疆昌吉枣园加工厂	97	第八师石河子市一四八团二加工厂
69	新疆生产建设兵团第六师芳草湖农场二场轧花厂	98	石河子总场泉水地加工厂
70	新疆生产建设兵团第六师芳草湖农场六场轧花厂	99	新疆石大棉业有限责任公司
71	第六师共青团农场综合加工厂	100	石河子市银耀棉业有限公司
72	新疆生产建设兵团第六师新湖农场二场轧花厂	101	石河子市银宏棉业有限公司
73	新疆生产建设兵团第六师新湖农场六场轧花厂	102	石河子市银恒棉业有限公司
74	新疆生产建设兵团第六师一〇六团加工厂	103	石河子市银硕棉业有限公司
75	新疆生产建设兵团第六师芳草湖农场一场轧花厂	104	石河子市银宝棉业有限公司
76	新疆生产建设兵团第六师芳草湖农场三场轧花厂	105	石河子市银安棉业有限公司
77	新疆生产建设兵团第六师芳草湖农场五场轧花厂	106	石河子市银鹏棉业有限公司
78	新疆芳草湖准噶尔棉业有限责任公司	107	石河子市银旭棉业有限公司
79	新疆鹏飞棉业有限公司	108	石河子市银冠棉业有限公司
80	阜康市六运湖天山棉业有限公司	109	（作废原厂被兼并）
81	玛纳斯县旺隆农业开发有限公司	110	石河子市银鼎棉业有限公司
82	玛纳斯县鑫裕棉业有限公司	111	（作废原厂被 66070 兼并）
83	新疆生产建设兵团第六师新湖农场七场轧花厂	112	第八师一五〇团加工二厂
84	新疆生产建设兵团第六师新湖农场四场轧花厂	113	石河子市银沙棉业有限公司
85	车排子农工商联合企业总公司加工厂	114	（作废原厂被兼并）
86	农七师柳沟总场加工厂	115	（作废原厂被 66072 兼并）
87	新疆锦棉棉业股份有限公司高泉棉花加工厂	116	石河子市石城棉业有限责任公司

续表

序号	企业名称
117	石河子市富银棉业有限公司
118	石河子开发区银祥棉业有限责任公司
119	石河子新安棉花加工厂
120	（作废原厂被兼并）
121	克拉玛依一三六团联合加工厂
122	（作废原厂被 66018 兼并）
123	（作废原厂被 66072 兼并）
124	（作废原厂被 66065 兼并）
125	（作废原厂被 66065 兼并）
126	石河子市农丰良种棉脱棉加工有限公司
127	石河子市宏兴和棉业有限公司
128	石河子开发区德威立业工贸有限责任公司基地轧花厂
129	石河子开发区华丰棉业有限责任公司
130	新疆银力棉业股份有限公司第一加工厂
131	石河子市都邦天云棉业有限公司
132	石河子市鸿福棉业有限公司
133	新疆生产建设兵团第十三师火箭农场粮棉油加工厂
134	新疆屯南圣洁棉麻有限公司
135	新疆生产建设兵团第十三师红星四场粮棉加工厂
136	新疆生产建设兵团第十三师红星二场粮棉加工厂
137	新疆生产建设兵团第十三师红星一场粮棉加工厂
138	新疆生产建设兵团第十三师黄田农场加工厂
139	新疆生产建设兵团第十三师红星二牧场棉花加工厂
安徽 6 家	
1	东至县金湖工贸有限责任公司
2	安徽白云棉业股份有限公司
3	宿松县松厦棉花有限公司
4	安庆市清怡良种轧花有限责任公司
5	无为县华龙棉业有限公司
6	安徽省万友棉业有限公司
甘肃 15 家	
1	甘肃省敦煌种业股份有限公司瓜州优质棉种繁育加工厂
2	金塔县益盛棉业有限公司
3	甘肃省国营小宛农场棉花公司
4	瓜州县常鸿棉业有限责任公司
5	瓜州县广源农业开发有限责任公司
6	敦煌市莫高棉业有限公司
7	敦煌联友棉业有限责任公司
8	敦煌市飞天棉业有限责任公司
9	金塔县金举棉业有限公司
10	敦煌富民棉业有限责任公司
11	瓜州银地棉业有限公司
12	瓜州县张氏农业综合开发有限责任公司
13	敦煌市银盛棉业有限公司
14	瓜州县金兴棉业有限责任公司
15	瓜州县常捷棉业有限责任公司
河北 60 家	
1	河间市国欣棉花专业合作社
2	东光县金源棉业有限公司
3	东光县兴业棉业有限公司
4	东光县瑞丹棉纺有限公司
5	吴桥县梁集镇银鑫棉花加工厂
6	吴桥县文勇农产品购销有限公司
7	东光县玉洁棉业有限公司
8	东光县银利棉业有限公司
9	东光县聚兴棉业有限公司
10	东光县骏源棉纺有限公司
11	沧州优胜棉业有限公司

续表

序号	企业名称
12	南皮华宇棉业有限公司
13	吴桥县聚兴棉业有限公司
14	东光县裕丰棉业有限公司
15	吴桥县梁集镇龙腾棉花加工厂
16	东光县嘉汇棉业有限公司
17	东光县华兴纺织有限责任公司宏业分公司
18	邱县瑞丰棉花加工厂
19	邱县永兴棉花加工厂
20	河北鑫强棉业有限公司
21	邱县和润棉业有限公司
22	邯郸达源棉业有限公司
23	河北龙兴棉纺织印染有限公司
24	衡水市冀州区宏远良棉有限责任公司
25	衡水市冀州区欧尚棉业有限公司
26	衡水市三益农产品有限公司
27	故城县恒裕棉业有限公司
28	衡水市聚强棉业有限公司
29	衡水市冀州区鑫鼎棉业有限公司
30	故城县融润棉业有限公司
31	故城县银沙棉业有限公司
32	中棉集团南宫宏泰棉花有限公司
33	衡水华悦棉业有限公司
34	唐山市丰南鸿运棉花收购加工厂
35	唐山市丰南区王兰庄镇兴海棉花收购加工厂
36	唐山市丰南区隆昌棉业有限公司
37	唐山市丰南区鑫硕棉业有限公司
38	河北德宏棉业有限公司
39	河北强达棉业有限公司
40	威县裕华棉业有限责任公司
41	威县全财棉业有限公司
42	广宗县顺兴棉业有限公司
43	威县华鑫棉毛有限公司
44	蕴德棉业有限公司
45	威县腾达棉业有限责任公司
46	威县巨久棉业有限公司
47	威县银海棉业有限责任公司
48	广宗县银海棉花加工厂
49	威县四通棉业有限公司
50	河北金田棉业有限公司
51	临西县恒生棉花加工厂
52	威县国龙棉业有限公司
53	广宗县昌泰棉业有限公司
54	河北宇汇棉业有限公司
55	威县西环棉业有限公司
56	河北腾盛棉业有限责任公司
57	广宗县东兴棉花加工厂
58	河北德博棉业有限公司
59	河北省新合作棉花有限责任公司威县分公司
60	广宗县荆寨棉花加工厂
湖北 15 家	
1	湖北中威棉业有限公司
2	黄梅县高华棉业有限责任公司
3	监利县鑫泰棉花工贸有限公司
4	潜江市金城棉业有限公司
5	天门景天棉业有限公司渔薪分厂
6	武汉市盛发棉业有限公司
7	湖北顺和棉业有限公司
8	湖北省仙桃银丰棉花有限公司
9	仙桃市银基棉业有限公司
10	仙桃市永强棉业有限责任公司

续表

序号	企业名称	序号	企业名称
11	湖北硒乡棉业有限公司	14	博兴县纳利达棉业有限公司
12	孝感市银棉商贸有限责任公司	15	无棣县鸿丰棉花有限公司
13	枝江市白银纺贸有限责任公司江南棉花收购加工厂	16	无棣德海纺织有限公司
14	枝江银丰棉业有限公司	17	山东顺鑫棉业有限公司
15	枝江市龙洲工贸有限责任公司	18	滨州市恒昌棉业有限公司
湖南 3 家		19	巨野县立宇棉业有限公司
1	安乡云锦棉业有限公司	20	沾化恒盛棉业有限公司
2	南县常冠纺织原料有限公司	21	无棣华胜棉业有限公司
3	华容县惠农棉业有限责任公司	22	邹平县东岳棉业有限公司
江苏 4 家		23	平原县裕丰棉厂
1	海安县浦港棉业有限公司	24	武城县瑞金棉业有限公司
2	江苏华星轧花油脂有限公司	25	武城县發洋棉业有限公司
3	东台市唐洋棉业有限公司	26	武城县天宏棉业有限公司
4	江苏银都棉麻股份有限公司	27	德州新明棉业有限公司
江西 1 家		28	武城县银海棉花加工厂
1	江西彭泽大丰棉业有限公司	29	武城县银恒棉业有限公司
山东 115 家		30	武城县兴宏棉花加工厂
1	滨州市大地棉油有限公司	31	武城县华源棉业有限公司
2	滨州市泽兴棉业有限公司	32	武城县第九棉花加工厂
3	阳信县润田棉业有限公司	33	武城县厚丰棉业有限公司
4	山东省惠民县聚鑫棉业有限责任公司	34	武城县星海棉业有限公司
5	邹平县三利纺织有限公司	35	夏津县新时棉业有限公司
6	博兴县嘉禾棉业有限公司	36	武城县龙强棉业有限公司
7	山东省博兴县宏润棉业有限公司	37	乐陵市银海棉业有限公司
8	山东省博兴县德鑫棉业有限公司	38	武城县吉兴棉业有限公司
9	博兴县昌盛棉业有限公司	39	武城县广发棉业有限公司
10	山东省博兴县华茂棉业有限公司	40	武城县金亿棉业有限公司
11	滨州鑫源棉花加工有限公司	41	武城县鑫兴棉业有限公司
12	惠民县富国棉业有限公司	42	广饶县鲁饶棉业有限公司
13	惠民县瑞银棉业有限公司	43	利津海盛工贸有限责任公司

续表

序号	企业名称	序号	企业名称
44	广饶县华源工贸有限责任公司	74	巨野县申花棉花有限公司
45	利津县犇鑫棉籽油加工有限公司	75	菏泽中泰棉业有限公司
46	利津中正纺织有限公司	76	巨野县金秋棉花有限公司
47	东营市瑞丰油棉加工有限责任公司	77	成武县海韵棉业有限公司
48	东营市富源棉业有限公司	78	成武县晨翔棉业有限公司
49	东营市庚泰棉业有限公司	79	巨野县宏兴棉业有限责任公司
50	广饶县胜源工贸有限责任公司	80	巨野县鑫原棉花加工有限公司
51	利津振山棉油有限公司	81	夏津县银东弘润棉业有限公司
52	东营市润丰棉业有限公司	82	济宁市利民棉纺织股份有限公司
53	东营市华茂棉花收购有限公司	83	山东鑫诚棉业有限公司
54	利津县棉花良种加工服务站	84	金乡县霍古商贸有限公司
55	广饶县华能油棉加工有限公司	85	金乡县鑫东棉业有限公司
56	东营市河口区美华棉业有限公司	86	金乡县银利农贸有限公司
57	广饶县天鑫棉业有限公司	87	金乡县众鑫商贸有限公司
58	东营市艾维格谷物有限公司	88	鱼台县鑫盛棉花加工有限公司
59	利津县宏鑫纺织有限公司	89	金乡县威哥农贸有限公司
60	东营通旺农业发展有限公司	90	金乡县金昊源农贸有限公司
61	东营三益棉业有限公司	91	金乡县宏大棉业有限公司
62	广饶县天宇棉业有限公司	92	金乡县东方棉业有限公司
63	巨野县泰金棉业有限公司	93	金乡县恒创棉业有限公司
64	巨野县文媛棉业有限公司	94	金乡县银诚棉业有限公司
65	巨野县锦源棉花加工有限公司	95	金乡县锦花商贸有限公司
66	成武县鑫隆棉业有限公司	96	金乡县银星农贸有限公司
67	成武县大田集供销专业合作社	97	济宁市众鑫棉纺织品有限公司
68	成武县新鲁棉棉业有限公司	98	金乡县泰升棉业有限公司
69	巨野县国丰棉业有限公司	99	金乡县华星棉业有限公司
70	山东瑞星棉业有限公司	100	嘉祥县椿林棉纺织品有限公司
71	成武县东仁棉业有限公司	101	济宁市明源棉业有限公司
72	巨野祥和棉业有限公司	102	金乡县泰鑫棉业有限公司
73	巨野县鲁玉棉花加工有限公司	103	金乡县东信棉业有限公司

续表

序号	企业名称
104	高唐县晟泽棉业有限公司
105	山东智德纺织有限公司
106	高唐新昊棉纺织有限公司
107	高唐县永恒棉业有限公司
108	高唐县鑫洲棉业有限公司
109	高唐恒丰棉业有限公司
110	临清市通泽棉业有限公司
111	高唐县利源棉业有限公司
112	高唐县鑫林工贸有限公司
113	高唐县庆丰棉绒加工有限公司
114	高唐县欣佳棉业有限公司
115	高唐县恒瑞源棉业有限公司
天津 15 家	
1	天津市宁河县金裕棉花加工有限公司
2	天津永泰棉业有限公司
3	天津市宁河县春意棉业有限公司
4	天津市宁河县福东棉业有限公司
5	天津市宁河县凤顺棉业有限公司
6	天津市宁河县伟业棉业有限公司
7	天津市宁河县聚源达棉业有限公司
8	天津市宁河县鑫旺棉业有限公司
9	天津旺盛达棉业有限公司
10	天津市瑾虹棉业有限公司
11	天津市宁河县海发棉花加工有限公司
12	天津市宁河县永兴源棉业有限公司
13	天津市宁河县大田棉业有限公司
14	天津市金角轧花有限公司
15	天津市银兴棉业有限公司

图书在版编目（CIP）数据

中国棉花年鉴．2017/2018 / 中储棉花信息中心有限公司编．—北京：中译出版社，2019.8
ISBN 978-7-5001-6012-0

Ⅰ．①中… Ⅱ．①中… Ⅲ．①棉花－作物经济－中国－2017-2018－年鉴 Ⅳ．①F326.12-54

中国版本图书馆 CIP 数据核字（2019）第 156814 号

出版发行 / 中译出版社
地　　址 / 北京市西城区车公庄大街甲 4 号物华大厦 6 层
电　　话 / (010) 68359376　68359827（发行部）　68359719（编辑部）
邮　　编 / 100044
传　　真 / 010-68357870
电子邮箱 / book@ctph.com.cn
网　　址 / http://www.ctph.com.cn

责任编辑 / 王博佳
封面设计 / 魏　倩

排　　版 / 北京竹页文化传媒有限公司
印　　刷 / 北京玺诚印务有限公司
经　　销 / 新华书店

规　　格 / 880 毫米 ×1230 毫米　1/16
印　　张 / 19.5
版　　次 / 2019 年 8 月第一版
印　　次 / 2019 年 8 月第一次

ISBN 978-7-5001-6012-0　**定价**：480.00 元